中国革命老区振兴研究全书
丛书主编：刘耀彬；执行主编：彭继增
南昌大学红色基因传承研究中心2023年度基金重点项目（HSZD2302）
国家自然科学基金项目（42061026）

新时代中国革命老区振兴发展与红色基因传承研究

王圣云　潘柳欣　顾筱和　等著

中国财经出版传媒集团
经济科学出版社
Economic Science Press
·北京·

图书在版编目（CIP）数据

新时代中国革命老区振兴发展与红色基因传承研究/王圣云等著．--北京：经济科学出版社，2023.11
（中国革命老区振兴研究全书）
ISBN 978-7-5218-5362-9

Ⅰ.①新… Ⅱ.①王… Ⅲ.①革命纪念地-区域经济发展-研究-中国 Ⅳ.①F127

中国国家版本馆 CIP 数据核字（2023）第 218215 号

责任编辑：李一心
责任校对：孙　晨
责任印制：范　艳

新时代中国革命老区振兴发展与红色基因传承研究
XINSHIDAI ZHONGGUO GEMING LAOQU ZHENXING FAZHAN
YU HONGSE JIYIN CHUANCHENG YANJIU
王圣云　潘柳欣　顾筱和　等著
经济科学出版社出版、发行　新华书店经销
社址：北京市海淀区阜成路甲 28 号　邮编：100142
总编部电话：010-88191217　发行部电话：010-88191522
网址：www.esp.com.cn
电子邮箱：esp@esp.com.cn
天猫网店：经济科学出版社旗舰店
网址：http://jjkxcbs.tmall.com
北京季蜂印刷有限公司印装
710×1000　16 开　22.25 印张　390000 字
2023 年 11 月第 1 版　2023 年 11 月第 1 次印刷
ISBN 978-7-5218-5362-9　定价：87.00 元
(图书出现印装问题，本社负责调换。电话：010-88191545)
(版权所有　侵权必究　打击盗版　举报热线：010-88191661
QQ：2242791300　营销中心电话：010-88191537
电子邮箱：dbts@esp.com.cn)

序

革命老区是党和人民军队的根,是中国人民选择中国共产党的历史见证。革命老区大部分位于多省交界地区,很多仍属于欠发达地区。党和国家高度重视革命老区的振兴发展,关心关爱老区人民。2012年以来,国务院先后批准了支持赣南等原中央苏区和陕甘宁、左右江、大别山、川陕等革命老区振兴发展的政策文件,部署实施了一批支持措施和重大项目,助力革命老区如期打赢脱贫攻坚战,为全面建成小康社会做出了积极贡献。当前革命老区迎来了脱贫攻坚成果巩固以及高质量发展的新时期,开启了2035年与全国同步现代化的新征程。

江西是一片书写了中国革命光荣与梦想、浸染着无数革命先烈热血的红土地。井冈山是中国革命的摇篮,南昌是中国人民解放军的诞生地,瑞金是中华苏维埃共和国临时中央政府成立的地方,安源是中国工人运动的策源地,于都是万里长征的出发地。习近平总书记始终对江西革命老区饱含着赤子之心,始终对老区人民倾注着深情大爱。2019年5月20日,习近平总书记在江西调研时来到当年长征的出发地赣州于都,深刻指出:"我来这里也是想让全国人民都知道,中国共产党不忘初心,全中国人民也要不忘初心,不忘我们的革命宗旨、革命理想,不忘我们的革命前辈、革命先烈,不要忘了我们苏区的父老乡亲们。"[①] 总书记要求江西"努力在加快革命老区高质量发展上作示范、在推动中部地区崛起上勇争先"。2023年10月10日至13日,习近平总书记时隔四年再次亲临红色江西考察,总书记勉励江西"努力在加快革命老区高质量发展上走在前、在推动中部地区崛起上勇争先、在推进长江经济带发展上善作为。"[②] 总书记的讲话既是对江西的发展要求,

---

[①] 《弘扬"长征精神" 重整行装再出发》,共产党员网,2019年6月21日。
[②] 《在加快革命老区高质量发展上走在前》,载于《江西日报》2023年10月19日。

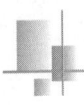

同时也为江西指明了前进方向。

"在加快革命老区高质量发展上作示范""在加快革命老区高质量发展上走在前"是总书记对江西的殷切希望，是新时代江西的政治担当和时代使命。南昌大学作为江西省唯一的国家"双一流"学科建设高校，作为老区大学，有责任担当起研究老区、服务老区、助力老区高质量发展，推进革命老区与全国同步实现现代化的时代使命。为了实现这个使命，南昌大学搭建了全国首个中国革命老区智慧数据中心，数据涵盖 1389 个老区县（市、旗、区）。建立了以大数据为支撑，持续完善和开发革命老区绿色发展、美丽中国建设与现代化建设的大数据监测和政策评估平台。南昌大学积极推动将教育部人文社科重点研究基地"中国中部经济社会发展研究中心"重组为革命老区现代化研究平台，组织骨干力量编撰了这套《中国革命老区振兴研究全书》（简称《全书》）。

《全书》的"全"首先体现在研究对象是全国所有的革命老区县（市、旗、区），而不在于某一个或某一类的革命老区，这是"全"的第一要义，也是革命老区空间维度的"全"；其二，在于研究包含了革命老区振兴发展的全过程，时间维度上包含了"过去"的扶贫、脱贫，"现在"的脱贫巩固和高质量发展以及"未来"如何实现与全国同步现代化，这是研究时间维度上的"全"；第三，在于研究包含了振兴史的梳理、振兴政策的整理、振兴绩效的评价、高质量发展和同步现代化的规划设计，有历史、有政策、有理论、有案例、有实证，是为研究内容上的"全"。尽管本套丛书力求在以上三个方面尽量"全面"，但"全面"不等于"周全"，本套丛书的本质使命不在于"周全完结"，在于"不全之全"，在于"开始"，在于开启一个全面关注老区、关心老区、关爱老区、研究老区、服务老区的新时代。

我越来越感觉到，这个新的时代已来！

是为序。

刘耀彬
2023 年 10 月 30 日

前言

一

在习近平新时代中国特色社会主义思想的指引下,国务院2021年2月印发了《关于新时代支持革命老区振兴发展的意见》,强调要"努力走出一条新时代振兴发展新路,把革命老区建设得更好,让革命老区人民过上更好生活,逐步实现共同富裕"。2022年党的二十大报告再次明确要深入实施区域协调发展战略,支持革命老区加快发展。从国家新一轮区域协调和共同富裕战略视域来看,革命老区振兴发展研究是十分重要和紧迫的现实研究课题。

经过多年的振兴发展,中国革命老区已经历史性地摆脱贫困,如期实现全面小康,踏上了社会主义现代化建设新征程。但革命老区振兴发展不平衡不充分问题十分突出,革命老区同我国发达地区相比存在的发展相对滞后现象短时间内依然难以改变,这已成为我国实现社会主义现代化建设目标的突出制约。

进入新时代,伴随着国家支持革命老区的政策体系发生了从"1258"到"1+N+X"的转变,革命老区振兴发展迎来各项重大政策机遇交汇叠加,进入推进高质量跨越式发展的关键时期。我国革命老区经济社会发展步入快车道,振兴发展迈向中国社会主义现代化建设新阶段。这就要求我们站在新时代高度对革命老区振兴发展水平或成效做出综合评价和科学研究,尤其需要在综合评价研究基础上,加强"综合性考量、横纵向比较、多层次评判"集成研究,坚持"补短板、强弱项、显特色"等问题导向,助力革命老区振兴发展水平再上新台阶。

二

本书站在革命老区实现振兴发展的新历史方位，瞄准新时代我国革命老区振兴发展政策转向，基于县级、城市、省域和连片地区等多种空间尺度，选取2012年、2021年新时代革命老区振兴发展的"关键十年"时间节点，重点对中国革命老区振兴发展与红色基因传承贡献进行评价、分析和比较研究。

本书主要根据《国务院关于新时代支持革命老区振兴发展的意见》提出的2025年和2035年我国革命老区振兴发展的近中期战略目标，基于红色基因、生态环境、经济发展、居民生活、公共服务等振兴发展的分项维度，选取具体指标构建中国革命老区振兴发展评价指标体系。

本书运用加权TOPSIS法对我国12个重点连片革命老区涉及的593个县（市、区）振兴发展水平进行综合评价。基于对2012年、2021年我国12个重点连片革命老区、所涉及的21个革命老区省份以及12个重点革命老区城市进行了振兴发展水平评价和横纵向比较，给出了2012~2021年我国革命老区各区域尺度振兴发展进程演变全景图，定量揭示出各革命老区振兴发展成效及存在的优势和"短板"；给出了其在红色基因、生态环境、经济发展、居民生活、公共服务五个领域的振兴发展特征和分项格局；尤其从位序变化等方面指明了我国各大革命老区、各省份及全国革命老区的振兴发展走势和方向。本书可为学界、政府和社会各界了解与推进我国革命老区实现全域振兴、全面振兴提供重要的数据支撑和科学参考。

本书凸显红色基因传承对革命老区振兴发展的引领作用，定量评估了革命老区振兴发展的"红色"贡献。从文化视角对红色基因进行了概念性解构，认为红色基因的文化结构包括"红色基因的物质形态、红色基因的制度层面、红色基因的精神层面"三个层面。在此基础上，本书构建了红色基因传承对革命老区振兴发展的贡献率测算模型，从静态和动态两方面综合测算了中国革命老区红色基因传承贡献，并选取江西省革命老区为实证案例，测算了江西省革命老区县红色基因传承的贡献率，为落实习近平总书记2023年10月考察江西时提出的"在加快革命老区高质量发展上走在前、在推动中部地区崛起上勇争先、在推进长江经济带发展上善作为"，2019年5月视察江西时提出的"在加快革命老区高质量发展上作示范、在推动中部地区崛起上勇争先"以及2023年7月江西省委提出的"打造革命老区高质量发展高地"等提供一定的决策参考。最后，本书指出了新时代中国革命老区实现全面振兴的战略思路和路径，为我国革命老区加快振兴发展、与全国同步实现现代化及促进共同富裕提供新思路和政策建议。

三

从内容结构来看，本书主要内容共十章。

第一章是绪论。给出了我国革命老区在全国现代化进程中的地位，革命老区发展优势、机遇和挑战，重点对我国革命老区空间范围与区域分布进行了阐述。

第二章是新时代中国革命老区振兴发展评价指标体系构建研究。建立了振兴发展综合评价指标体系，构建了定量评价模型，并对指标选取、数据处理与评价方法构建进行了详细说明。

第三章是基于县域的中国革命老区振兴发展成效研究。从县市和市辖区两个层面，对中国革命老区振兴发展进行了总体评价、排名变化和区域差异分析。

第四章为中国革命老区振兴发展分维评价。分别对红色基因维度、生态环境维度、经济发展维度、居民生活维度、公共服务维度五个维度的中国革命老区振兴发展水平进行评价和分析。

第五章为中国革命老区振兴发展分省评价。分别对东部、中部和西部革命老区省份的振兴发展度进行评价和比较。

第六章为中国重点连片革命老区振兴发展评价。分别对太行革命老区、浙西南革命老区、大别山革命老区、赣闽粤革命老区、湘赣边界革命老区、沂蒙革命老区、湘鄂渝黔革命老区、海陆丰革命老区、左右江革命老区、琼崖革命老区、川陕革命老区、陕甘宁革命老区12个重点连片革命老区振兴发展水平进行评价和分项指数分析，并提出了各革命老区的发展策略。

第七章为革命老区重点城市振兴发展与对口支援。分别对12个革命老区重点城市的振兴发展水平进行评价，并阐述其主要经验和做法、未来发展方向、产业发展态势以及对口支援进展。

第八章为中国革命老区振兴发展的红色基因传承贡献研究。首先对红色基因进行了文化解构和定义，然后构建了红色基因传承的贡献率测算模型，据此分别从省域层面、县域层面对我国革命老区振兴发展的红色基因传承贡献进行定量评估和比较，给出了各省份红色基因传承在革命老区振兴发展中的贡献排序。

第九章为江西省革命老区红色基因传承的贡献分析。对江西省革命老区县红色基因传承的贡献率进行了测算与县际比较分析，介绍了江西省红色基因传承的三大核心精神，阐述了江西省红色基因传承的主要任务。

第十章为新时代中国革命老区实现全面振兴发展的战略路径。指出了新时代我国革命老区实现振兴发展仍需重视的突出问题，给出了新时代促进我国革命老区振兴发展的战略思路和路径。

目 录

第一章 绪论 ………………………………………………………… 1
  第一节 新时代中国革命老区振兴发展背景与优势 ……………… 1
  第二节 新时代中国革命老区振兴发展机遇与挑战 ……………… 5
  第三节 新时代中国革命老区范围界定与区域分布 ……………… 12

第二章 新时代中国革命老区振兴发展评价指标体系构建 …… 19
  第一节 评价指标选取 …………………………………………… 19
  第二节 数据处理说明 …………………………………………… 24
  第三节 振兴发展度模型构建 …………………………………… 27

第三章 基于县域的中国革命老区振兴发展成效评价 ………… 29
  第一节 中国革命老区县域振兴发展总体态势演变 …………… 29
  第二节 中国革命老区县域振兴发展度排名变化 ……………… 31
  第三节 中国革命老区县域振兴发展度区域比较 ……………… 53

第四章 中国革命老区振兴发展分维评价 ……………………… 59
  第一节 红色基因维度振兴发展 ………………………………… 63
  第二节 生态环境维度振兴发展 ………………………………… 72
  第三节 经济发展维度振兴发展 ………………………………… 76
  第四节 居民生活维度振兴发展 ………………………………… 82
  第五节 公共服务维度振兴发展 ………………………………… 89

1

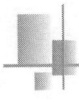

第五章　中国革命老区振兴发展分省评价 ……… 96
　　第一节　东部革命老区省份振兴发展 ……… 96
　　第二节　中部革命老区省份振兴发展 ……… 108
　　第三节　西部革命老区省份振兴发展 ……… 119

第六章　中国重点连片革命老区振兴发展评价 ……… 135
　　第一节　十二个重点连片革命老区振兴发展格局演进 ……… 135
　　第二节　十二个重点连片革命老区振兴发展分维分析 ……… 160

第七章　中国革命老区重点城市振兴发展与对口支援 ……… 200
　　第一节　革命老区重点城市概况 ……… 200
　　第二节　革命老区重点城市振兴发展评价 ……… 211
　　第三节　革命老区重点城市振兴发展方向 ……… 230
　　第四节　革命老区重点城市产业发展态势 ……… 241
　　第五节　革命老区重点城市对口支援进展 ……… 246

第八章　中国革命老区振兴发展的红色基因传承贡献 ……… 255
　　第一节　红色基因的文化结构解析 ……… 256
　　第二节　革命老区红色基因传承贡献率测算方法 ……… 260
　　第三节　革命老区红色基因传承的主要指标分析 ……… 262
　　第四节　中国革命老区红色基因传承贡献的县域比较 ……… 267
　　第五节　中国革命老区红色基因传承贡献的省域格局 ……… 276

第九章　江西省革命老区红色基因传承的贡献分析 ……… 281
　　第一节　革命老区红色基因传承的江西贡献评估 ……… 281
　　第二节　江西省革命老区县红色基因传承贡献比较 ……… 286
　　第三节　江西省红色基因传承的核心精神引领 ……… 289
　　第四节　江西省革命老区红色基因传承的主要任务 ……… 291

第十章　新时代中国革命老区全面振兴发展战略路径　……………294
　　第一节　新时代我国革命老区振兴发展面临的突出问题…………294
　　第二节　新时代我国革命老区实现振兴发展的关键思路…………296
　　第三节　新时代我国革命老区实现振兴发展的政策建议…………297

参考文献　……………………………………………………………………300
附录　…………………………………………………………………………304
后记　…………………………………………………………………………342

第一章

绪　　论

第一节　新时代中国革命老区振兴发展背景与优势

一、革命老区大多位于多省交界地区，地理位置独特，具有连片协同开发的区位优势

在革命战争时期，因自然禀赋和社会历史条件，处于多省交界地区的独特地理性区位使革命老区成为党和军队生存发展的天然屏障。在改革开放初期，上述区位条件逐渐成为革命老区经济发展的不利因素。进入新时代，为促进区域协调发展，国家实施由先进帮扶后进、发达地区带动落后地区的发展策略，形成具有中国特色的革命老区振兴发展新模式。我国革命老区（省、市、县）充分利用处于省际交界地带的独特地理区位条件，积极开展省际、市际和县际经济合作，加快了革命老区之间、革命老区县域之间的连绵式开发和协同发展。①

二、革命老区人口众多，县域广布，是我国实现社会主义现代化的重要依托

当前，我国革命老区经济社会发展步入快车道，振兴发展迈向中国社会主义现代化建设新阶段。但中国革命老区人口众多，12个重点连片革命老

---

① 车文斌：《振兴发展　革命老区从小康走向富裕》，载于《当代县域经济》2021年第11期。

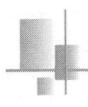

区所涉及县域共593个，分布在全国21个省份。2021年12个重点连片革命老区面积的全国占比为13.249%，县域数量的全国占比为20.858%，县域人口的全国占比为22.334%（见表1-1）。中国革命老区在全国具有重要地位，其同步实现现代化对全国社会主义现代化建设具有重大现实价值。

表1-1　中国12个重点连片革命老区基本情况与全国比较：2012~2021年

指标	2021年县域数	2021年行政面积（万平方公里）	户籍人口数（万人） 2012年	户籍人口数（万人） 2021年
全国	2843	960	135404	141260
12个重点连片革命老区	593	127.1936	30643	31549
12个重点连片革命老区占比（%）	20.858	13.249	22.631	22.334

资料来源：户籍人口数根据《中国县域统计年鉴》、各省统计年鉴、各县（区）统计公报等整理而来，县域数、行政面积来源于国家民政部。

三、革命老区红色资源富集，红色基因多样，红色引擎赋能老区振兴

红色精神、红色印记等红色基因是革命老区扭转区位劣势和发展落后局面的新动能与新驱动力。革命根据地的红色基因见证了革命先烈艰苦的斗争历史，为革命老区振兴发展留下宝贵的、种类多样的、特色鲜明的红色资源。如中西部地区集中了土地革命战争时期的遗址遗迹，西北边区保留了抗日战争时期中国共产党人的战斗风貌，东北、华北、华东和华中地区留下了大量解放战争时期的革命纪念地。这些特色鲜明的红色资源为各重点连片革命老区开发红色旅游资源，带动经济发展提供了得天独厚的资源优势[①]。根据2016年公布的《关于印发全国红色旅游经典景区名录的通知》，全国包含300处红色旅游经典景区，其中，12个重点连片革命老区涉及的593个县（市、区）中就有181个县（市、区）拥有至少一处红色旅游经典景区。

革命老区红色文化内涵丰富、外延广阔，孕育于革命先烈的奋斗历程，根植于各地的传统文化精神，带有地域和时代的双重烙印。2021年9

[①] 朱玉芳：《发展红色旅游　助力革命老区乡村振兴》，载于《中国旅游报》2020年12月14日第3版。

月中央宣传部梳理出第一批中国共产党人精神谱系的伟大精神,49 项伟大精神中包含 16 项红色革命精神(见表 1-2),除大别山精神、西柏坡精神起源于大革命时期和解放战争时期外,其他 14 项红色革命精神均发轫于土地革命战争时期或抗日战争时期的各个革命老区。尤其是老区精神是新民主主义革命时期中国共产党人精神形态的总称,涵盖了地域性革命精神,其核心内涵是"爱党信党、坚定不移;不屈不挠、敢于胜利;自强不息、艰苦奋斗;求真务实、开拓创新"①,是革命老区实现振兴发展的红色精神财富。

表 1-2　　　　　　　　　与革命老区相关的红色革命精神

红色革命精神	发轫时期	所在革命老区
井冈山精神	土地革命战争时期	井冈山革命根据地
苏区精神	土地革命战争时期	中央革命根据地
长征精神	土地革命战争时期	西北革命根据地等
遵义会议精神	土地革命战争时期	湘鄂川黔革命根据地
延安精神	土地革命战争时期	西北革命根据地
抗战精神	抗日战争时期	所有抗日民主根据地
红岩精神	抗日战争时期	中共中央南方局
西柏坡精神	解放战争时期	——
照金精神	土地革命战争时期	西北革命根据地
东北抗联精神	抗日战争时期	东北抗日游击区
南泥湾精神	抗日战争时期	陕甘宁边区
太行精神(吕梁精神)	抗日战争时期	晋冀豫抗日根据地
大别山精神	大革命时期	——
沂蒙精神	抗日战争时期	山东抗日民主根据地
老区精神	土地革命战争时期	所有革命根据地
张思德精神	抗日战争时期	陕甘宁边区

---

① 张帆:《老区精神研究述评》,载于《苏区研究》2022 年第 6 期。

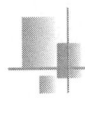

四、革命老区生态优势突出，生态福祉存量明显，绿色转型发展潜力巨大

打好生态优势牌，打通生态优势向生态财富转化路径，是革命老区实现振兴发展，大力提升老区人民生态福祉，补齐老区经济福祉短板的重要抓手。据作者初步统计，2020年12个重点连片革命老区林地面积约58.872万平方公里，占全国林地总面积的25.972%；平均林地面积占比为46.37%，而同年全国平均林地面积为23.04%，革命老区的林地资源优势十分明显。我国12个重点连片革命老区中（见表1-3），2020年浙西南革命老区、赣闽粤原中央苏区、湘赣边界革命老区和左右江革命老区的林地面积占比均超过60%；陕甘宁、大别山革命老区承担了护林防沙和水土保持的重要责任。全国革命老区振兴规划明确指出，国家优先支持革命老区开展各类生态文明试点，设立国家重点生态功能区[①]。深入开发和利用好革命老区的生态优势，实现从生态资源优势向生态价值优势转变，带动革命老区绿色发展，这是革命老区发挥其后发优势的重要途径。

表1-3　2010年、2020年中国12个重点连片革命老区林地面积及占比

12个连片革命老区	总面积（平方公里）	林地面积（平方公里） 2010年	林地面积（平方公里） 2020年	林地面积占比（%） 2010年	林地面积占比（%） 2020年
太行革命老区	101203	30048	30140	29.691	29.782
浙西南革命老区	25474	21533	21349	84.529	83.807
大别山革命老区	111454	33212	32976	29.799	29.587
赣闽粤原中央苏区	212007	144169	143417	68.002	67.647
湘赣边界革命老区	51881	37966	37740	73.179	72.743
沂蒙革命老区	25934	2404	2406	9.270	9.278
湘鄂渝黔革命老区	187695	108658	109033	57.891	58.090

---

① 姚林香、卢光熙：《革命老区振兴规划实施的乡村振兴效应——基于对省界毗邻地区县域样本的分析》，载于《中国农村经济》2023年第3期。

续表

12个连片革命老区	总面积（平方公里）	林地面积（平方公里）		林地面积占比（%）	
		2010年	2020年	2010年	2020年
海陆丰革命老区	21435	12349	12181	57.611	56.830
左右江革命老区	180747	117414	109819	64.960	60.758
琼崖革命老区	27663	16708	16500	60.398	59.648
川陕革命老区	154023	52405	53273	34.024	34.587
陕甘宁革命老区	170061	20120	19888	11.831	11.695

资料来源：林地数据由土地利用遥感数据处理得到。

第二节 新时代中国革命老区振兴发展机遇与挑战

一、新时代国家支持革命老区振兴发展政策体系发生明显变化，革命老区振兴发展迈向新征程

2012年以来，国家强化革命老区振兴发展政策的顶层设计，注重政策的系统性、独立性、整体性与针对性，中办、国办印发了《关于加大脱贫攻坚力度支持革命老区开发建设的指导意见》这一全国革命老区振兴发展的总体指导意见。国务院、国办出台了《关于支持赣南等原中央苏区振兴发展的若干意见》《关于山东沂蒙革命老区参照执行中部地区有关政策的通知》2个区域性政策意见。国务院批准了支持赣闽粤原中央苏区、陕甘宁、左右江、大别山、川陕5个革命老区振兴发展的专项规划。国务院扶贫办、国家发展改革委印发了武陵山、秦巴山、滇桂黔石漠化、六盘山、吕梁山、燕山—太行山、大别山、罗霄山8个区域发展与扶贫攻坚规划。我国整体上已构建起汇集各方力量支持革命老区的"1258"政策体系。

近年来，中央部委、对口支援省市、中央企业、科研机构、社会各界等齐心协力，共出台了上百个支援老区发展的政策文件，部署和实施了一批支

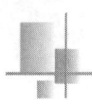

持措施和重大项目①②。国家发展和改革委加强部门协同和上下联动，会同相关部门和地方制定出台了"1+N+X"的政策体系。其中，"1"是认真落实《关于新时代支持革命老区振兴发展的意见》（国发〔2021年〕3号）；"N"是出台新时代支持革命老区振兴的"N"项实施方案，包括《"十四五"特殊类型地区振兴发展规划》和"十四五"支持革命老区巩固拓展脱贫攻坚成果衔接推进乡村振兴、推动红色旅游高质量发展、加快基础设施建设、生态环境保护修复等实施方案；"X"是制定新时代支持革命老区振兴发展的"X"项专项政策，包括对口支援、对口合作、干部人才、财政金融、土地利用等支持革命老区振兴发展的专项支持政策。在"1+N+X"政策体系中，国家顶层设计的重点革命老区由"1258"政策体系中的5个增加到12个，这意味着革命老区振兴发展已经迈入全面建设社会主义现代化的新征程③。2015年3月6日习近平总书记在参加十二届全国人大三次会议江西代表团审议时发表讲话："决不能让老区群众在全面建成小康社会进程中掉队，立下愚公志、打好攻坚战，让老区人民同全国人民共享全面建成小康社会成果。"在习近平新时代中国特色社会主义思想的指引下，国务院2021年2月印发了《关于新时代支持革命老区振兴发展的意见》，强调要"努力走出一条新时代振兴发展新路，把革命老区建设得更好，让革命老区人民过上更好生活，逐步实现共同富裕"。2022年党的二十大报告也再次明确要深入实施区域协调发展战略，支持革命老区加快发展。进入新时代，我国革命老区跑出振兴发展加速度，振兴发展步伐明显加快。

二、革命老区经济水平进步明显，但仍然低于全国平均水平

推动革命老区振兴发展是我国区域经济高质量发展的内在要求，更是实现共同富裕的题中之义。当前，我国革命老区振兴发展已取得明显进展，与全国同步全面建成小康社会，开启了全面振兴新进程。从表1-4来看，据

---

① 龚斌磊、张启正、袁菱苒等：《革命老区振兴发展的政策创新与效果评估》，载于《管理世界》2022年第8期。

② 荀护生、童章舜：《新时代革命老区振兴发展的历史逻辑和现实意义》，载于《理论视野》2022年第7期。

③ 刘奥、张双龙：《革命老区振兴规划实施的共同富裕效应——基于城乡收入差距视角》，载于《中国农村经济》2023年第3期。

作者初步统计，2021年革命老区生产总值达到144098亿元，相当于全国GDP总量的12.600%，2012~2021年革命老区生产总值规模实现翻番，年均增速较快，达到8.077%。但与此同时，2012~2021年革命老区生产总值占全国的比重有所下降，生产总值年均增速较全国平均低了1.091个百分点。从人均指标可以看出，2012~2021年革命老区人均生产总值由23373元上升至45675元，老区人民经济发展水平显著提升。但2012年革命老区人均生产总值相当于全国平均的60.940%，到2021年这一比例下降到56.415%，低于全国平均水平，革命老区经济发展任务艰巨。

表1-4 中国12个重点连片革命老区经济指标与全国比较：2012~2021年

指标	区域	2012年	2021年	2012~2021年年均增速（%）
生产总值	全国（亿元）	519322	1143670	9.168
	12个重点连片革命老区（亿元）	71622	144098	8.077
	12个重点连片革命老区占比（%）	13.792	12.600	
人均生产总值（元/人）	全国	38354	80962	8.656
	12个重点连片革命老区	23373	45675	7.728

资料来源：户籍人口数、生产总值根据《中国县域统计年鉴》、各省统计年鉴、各县（区）统计公报等整理而来，全国数据来源于国家统计公报，人均GDP由GDP除以户籍人口数计算，年均增速为年均增长率。

三、革命老区产业结构不断调整和优化，第三产业对振兴发展的支撑作用日益增强

从产业结构来看（见图1-1），中国12个重点连片革命老区三次产业比例由2012年的15.575∶51.898∶32.527，调整为2021年的11.893∶43.020∶45.087。近10年间，12个重点连片革命老区第一产业、第二产业比重分别下降3.682个百分点、8.878个百分点，而第三产业占比提高了12.560个百分点，支撑革命老区经济总量增长的主要力量逐渐向附加值更高的第三产业转变。2021年革命老区第一、二产业的占比较全国水平而言更高，而第三产业占比较全国更低，但产业结构调整速度明显快于全国平均水平，革命老区产业结构优化成效显著。与此同时，革命老区工业经济持续壮大，2021

年12个重点连片革命老区规模以上工业企业数达到63249家，较2012年增长了17886家，工业总体实力再上新台阶。

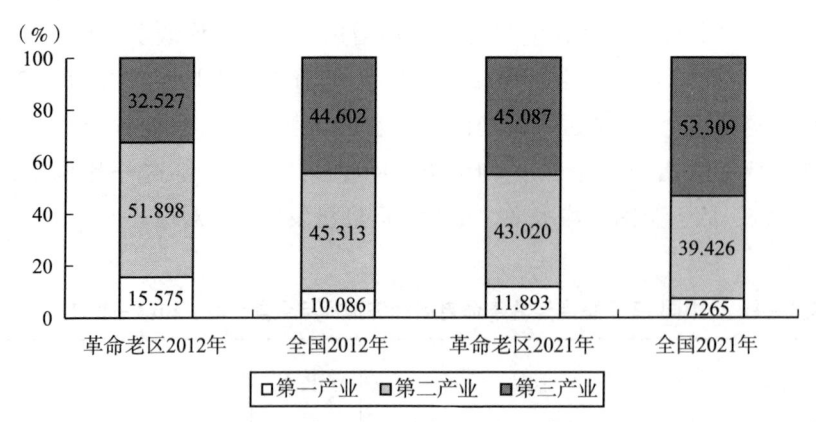

图1-1 中国12个重点连片革命老区三次产业结构与全国比较：2012年、2021年

资料来源：数据根据《中国县域统计年鉴》、各省统计年鉴、各县（区）统计公报等整理而来，全国数据来源于国家统计公报。

四、革命老区发展不平衡、不协调等问题依然突出，相对处于"低水平均衡"

1. 2012~2021年我国革命老区与非革命老区之间的经济发展差距明显扩大

脱贫攻坚时期，革命老区贫困状况相对严峻，国家确定的160个重点帮扶县中就有69个老区县[①]。国家、社会、个人积极开展产业、教育、科技、医疗卫生等帮扶行动，中央财政转移支付资金、专项债券、预算内投资、信贷审批、财政投资补助均向革命老区倾斜，2001~2021年中央财政累计安排革命老区转移支付资金1213.8亿元[②]，2020年革命老区实现全面脱贫。但是，我国革命老区与非革命老区之间差距仍然明显。由表1-5可见，相比2012年，2021年革命老区与非革命老区之间GDP均值、人均GDP均值的差距均扩大。

---

① 中国老促会：《全国老区宣传工作会议在京召开》，中国老区网，2022年7月9日，http://www.zhongguolaoqu.com/index.php？m=content&c=index&a=show&catid=31&id=70559。

② 刘奥、张双龙：《革命老区振兴规划实施的共同富裕效应——基于城乡收入差距视角》，载于《中国农村经济》2023年第3期。

表1–5　　　　　中国12个重点连片革命老区经济指标
与非革命老区比较：2012年、2021年

指标	区域	2012年	2021年
GDP均值 （亿元）	非革命老区	144.529	251.565
	革命老区	106.678	213.583
	非革命老区与革命老区差值	37.851	37.982
人均GDP均值 （元/人）	非革命老区	33273	55511
	革命老区	23060	44684
	非革命老区与革命老区差值	10213	10827

注：革命老区表示12个重点连片革命老区所涉及的县（市、区）；非革命老区表示非12个重点连片革命老区所涉及的县（市、区）。数据来源于《中国县域统计年鉴》、各省份统计年鉴、各县（区）统计公报等。

2. 我国革命老区内部经济差距相对较小，整体处于低水平均衡状态

从区域经济差异来看，应用极差和标准差分析区域经济绝对差异，用基于广义熵指数的泰尔指数（Theil – GE1）分析区域经济相对差异。从表1–6来看，2012~2021年12个重点连片革命老区经济差异呈现绝对差异扩大、相对差异缩小的态势。从12个重点连片革命老区与全国、非革命老区的比较来看，不论是绝对差异还是相对差异，中国革命老区的区域经济差异都更小，我国区域经济差异相对集中在非革命老区。即和非革命老区相比，我国革命老区县域发展普遍不充分，其县域之间的经济差距较小，处于低水平均衡。

表1–6　　　　12个重点连片革命老区经济差异演变与全国、
非革命老区比较：2012年、2021年

指标			GDP		人均GDP	
			2012年	2021年	2012年	2021年
绝对差异	极差 （万元）	全国	27237213	47444432	39.2023	61.9664
		革命老区	8990200	18351298	20.9536	38.9327
		非革命老区	27237213	47444432	39.2023	61.9664
	标准差 （万元）	全国	1747273	3105496	3.4107	4.9217
		革命老区	1046768	2021777	2.0476	3.4509
		非革命老区	1931667	3411895	3.7521	5.3313

续表

指标			GDP		人均GDP	
			2012年	2021年	2012年	2021年
相对差异	Theil－GE1	全国	0.48272	0.46605	0.34568	0.26596
		革命老区	0.33216	0.30402	0.24254	0.19177
		非革命老区	0.51297	0.51307	0.35723	0.28223

注：革命老区表示12个重点连片革命老区所涉及的县（市）；非革命老区表示非12个重点连片革命老区所涉及的县（市）。受数据所限，"全国"表示除港澳台、西藏外的30个省份所涉及的所有县（市），下同。

3. 2012～2021年中国革命老区经济发展相对差异趋于缩小

进一步从12个重点连片革命老区内部区域经济差异来看（见表1－7），无论是GDP还是人均GDP，2012～2021年12个重点连片革命老区的经济绝对差异均趋于扩大，但比较可知，经济总量差距远大于经济水平差距，且GDP的绝对差异比人均GDP绝对差异扩大得更快，也即革命老区县域之间经济总量的差距比经济发展水平的差距拉大趋势更显著。具体来看，2012～2021年GDP的极差和标准差均增长了1倍以上，人均GDP的极差和标准差却分别增长了14.158%和49.662%。其中，2012年、2021年12个重点连片革命老区生产总值最高与最低的县（市、区）均是神木市与佛坪县。2012年神木市的GDP（9038500万元）与佛坪县的GDP（48300万元）相差8990200万元，2021年则扩大至18351298万元。2012年、2021年人均GDP最高的依然是神木市，最低的则是都安瑶族自治县，2021年二者人均GDP分别为40.0299万元和1.0972万元。为比较分析12个连片革命老区GDP和人均GDP的相对差异及其演变特征，进一步计算二者泰尔指数（Theil－GE1），可以发现，中国革命老区人均GDP的相对差异比GDP的相对差异更小，且2012～2021年中国革命老区GDP、人均GDP的相对差异均趋于缩小。

4. 革命老区城乡差距相对较小，但城乡居民人均收入均低于全国平均水平

从城乡差距来看，中国革命老区城乡之间收入水平存在差距，但较全国平均而言更小。经作者根据县级数据计算，2021年12个重点连片革命老区的城镇居民人均可支配收入为36113元，同期农村居民人均可支配收入为

16718元，其城乡收入比为2.160∶1，而同一时期全国城乡收入比达到2.504∶1，与全国城乡收入比相比，革命老区城乡收入差距相对较小。从城乡收入水平来看，2021年革命老区城镇人均可支配收入、农村居民人均可支配收入较全国平均水平更低，分别相当于全国平均水平的76.168%和88.310%（见表1-8）。也表明革命老区尤其是其县市的城乡收入水平仍远低于全国平均水平，处于相对"低水平均衡"状态。

表1-7　　12个重点连片革命老区区域经济差异演变：2012~2021年

指标		GDP		人均GDP	
		2012年	2021年	2012年	2021年
绝对差异	极差（万元）	8990200	18351298	20.9536	38.9327
	标准差（万元）	1148676	2304360	2.1281	3.7345
相对差异	Theil-GE1	0.3324	0.3181	0.2469	0.2021

表1-8　　2021年12个重点连片革命老区城乡收入差距

指标	全国	革命老区	革命老区（县市）	革命老区市辖区
城镇居民人均可支配收入（万元）	47412	36113	35065	40611
农村居民人均可支配收入（万元）	18931	16718	16084	19439
城乡收入比值	2.504	2.160	2.180	2.089

注：革命老区、革命老区县市、革命老区市辖区表示12个重点连片革命老区所涉及的县（市、区）、县市和市辖区。数据来源于国家统计公报、《中国县域统计年鉴》、各省统计年鉴、各县（区）统计公报。

5. 革命老区经济增长和公共财政支出不足，人口与经济社会发展不协调

据作者统计，2021年全国22.334%的老区人口仅对应着全国12.600%的GDP和10.050%的地方财政一般预算支出，全国12个重点连片革命老区经济总量和财政支出规模相对人口比重严重偏低（见表1-9），经济增长和公共财政支出滞后于人口增长，经济发展水平和人均公共财政水平均较低，我国革命老区经济增长和公共财政发展不充分。

表 1-9　　2021 年 12 个重点连片革命老区发展情况与全国比较

指标	户籍人口（万人）	GDP（亿元）	地方财政一般预算支出（亿元）
全国	141260	1143670	246322
12 个重点连片革命老区	31549	144098	24755
12 个重点连片革命老区占比（%）	22.334	12.600	10.050

资料来源：户籍人口数、GDP、地方财政一般预算支出根据《中国县域统计年鉴》、各省统计年鉴、各县（区）统计公报等整理而来。

第三节　新时代中国革命老区范围界定与区域分布

中国革命老区是指土地革命战争时期和抗日战争时期，在中国共产党领导下创建的革命根据地。在中国共产党艰苦卓绝的革命斗争史上，为保存党和军队的火种、壮大党和军队的力量乃至夺取中国革命的胜利，革命老区做出了重要的牺牲和贡献。革命老区县（市、区、旗）是指含有老区乡镇的县（市、区、旗）[1]。

关于中国革命老区的范围，学界有以下几种说法。据中国共产党新闻网报道，中国革命老区分布在全国 27 个省（自治区、直辖市）的 1300 多个县（市、区）[2]。中国老区网显示中国革命老区遍布全国 28 个省（自治区、直辖市）的 1599 个县（市、区），革命老区人口占全国总人口的 55%，革命老区面积占全国总面积的 33%[3][4]。根据民政部 1980 年 12 月 31 日统计，全国有革命老区县（市、区）1009 个。但上述说法因口径差异或时代变迁存在争议，具体数据不确。此后，经过查漏补缺、重新界定有争议的县域、纳入游击区、行政区划调整等，确定 1995 年全国有革命老区的县（市、区、旗）为 1389 个，广泛分布在全国 28 个省（自治区、直辖市）[5]。

---

[1] 中国老区建设促进会：《中国革命老区》，中共党史出版社 1997 年版。
[2] 《中国革命老区》，中国共产党新闻网，http://dangshi.people.com.cn/GB/151935/164962/。
[3] 刘奥、张双龙：《革命老区振兴规划实施的共同富裕效应——基于城乡收入差距视角》，载于《中国农村经济》2023 年第 3 期。
[4] 中国老区建设促进会：《中国老区建设促进会简介》，中国老区网，2021 年 5 月 12 日，http://www.zhongguolaoqu.com/index.php?m=content&c=index&a=lists&catid=25。
[5] 中国老区建设促进会：《中国革命老区》，中共党史出版社 1997 年版。

第一章 绪 论

新时代以来党和国家高度重视革命老区振兴发展，建立健全支持革命老区振兴发展的"1+N+X"政策体系。2021年9月国务院下发《"十四五"特殊类型地区振兴发展规划》，明确支持12个重点连片革命老区振兴发展，意味着我国革命老区振兴发展进入新阶段。本书基于"十四五"时期国家重点振兴发展的12个重点连片革命老区及其所涉及的593个县（市、区），对中国革命老区振兴发展进行评价和分析。

一、12个重点连片革命老区

"十四五"时期国家重点振兴发展的12个重点连片革命老区包括太行革命老区、浙西南革命老区、大别山革命老区、赣闽粤革命老区、湘赣边界革命老区、沂蒙革命老区、湘鄂渝黔革命老区、海陆丰革命老区、左右江革命老区、琼崖革命老区、川陕革命老区、陕甘宁革命老区，其包含的省份和县域如表1-10所示。

表1-10　　　　中国12个重点革命老区所在省份及县域数　　　　单位：个

重点连片革命老区	县市数	市辖区数
太行革命老区	河北22、山西27、河南9	北京3、河北5、山西8、河南3
浙西南革命老区	浙江13	浙江1
大别山革命老区	安徽13、河南19、湖北17	安徽6、河南3、湖北5
赣闽粤原中央苏区	福建32、江西36、广东11	福建8、江西9、广东2
湘赣边界革命老区	江西11、湖南10	江西3
沂蒙革命老区	山东15	山东3
湘鄂渝黔革命老区	湖北21、湖南24、重庆4、贵州19	湖北2、湖南4、重庆1、贵州5
海陆丰革命老区	广东8	广东5
左右江革命老区	广西27、贵州19、云南8	广西5
琼崖革命老区	海南12	海南1
川陕革命老区	重庆1、四川24、陕西26	四川13、陕西4
陕甘宁革命老区	陕西29、甘肃14、宁夏10	陕西7、甘肃2、宁夏4

二、革命老区县域

根据《"十四五"特殊类型地区振兴发展规划》和《国务院关于新时代支持革命老区振兴发展的意见》，"十四五"时期，中国革命老区振兴发展主要依托太行革命老区、浙西南革命老区、大别山革命老区、赣闽粤革命老区、湘赣边界革命老区、沂蒙革命老区、湘鄂渝黔革命老区、海陆丰革命老区、左右江革命老区、琼崖革命老区、川陕革命老区、陕甘宁革命老区12个重点连片革命老区，其涵盖北京、河北、山西、浙江、安徽、福建、江西、山东、河南、湖北、湖南、广东、广西、海南、重庆、四川、贵州、云南、陕西、甘肃、宁夏21个省（自治区、直辖市）和593个县（自治县、县级市、区）。

本书选取593个县（自治县、县级市、区），其中包含481个县（自治县、县级市）和112个市辖区，以此为研究对象①。由于县与市辖区发展存在较大差异，本书对县（自治县、县级市）和市辖区分别展开分析，中国革命老区的县（区）见表1-11和表1-12②。

表1-11　　　　中国12个重点连片革命老区所涉及县市分布

所在省份	县市
江西省	信丰县、大余县、上犹县、崇义县、安远县、定南县、全南县、宁都县、于都县、兴国县、会昌县、寻乌县、石城县、瑞金市、龙南市、吉安县、吉水县、峡江县、新干县、永丰县、泰和县、遂川县、万安县、安福县、永新县、井冈山市、分宜县、黎川县、广昌县、乐安县、宜黄县、崇仁县、南丰县、南城县、资溪县、金溪县、铅山县、横峰县、弋阳县、樟树市、万载县、铜鼓县、莲花县、芦溪县、上栗县、贵溪市、修水县
福建省	长汀县、上杭县、武平县、连城县、漳平市、明溪县、清流县、宁化县、大田县、尤溪县、将乐县、泰宁县、建宁县、永安市、顺昌县、浦城县、光泽县、松溪县、政和县、邵武市、武夷山市、建瓯市、云霄县、漳浦县、诏安县、南靖县、平和县、华安县、安溪县、永春县、德化县、南安市
广东省	大埔县、丰顺县、五华县、平远县、蕉岭县、兴宁市、龙川县、连平县、和平县、紫金县、饶平县、南雄市、海丰县、陆河县、陆丰市、惠东县、普宁市、揭西县、惠来县

---

①　为行文方便，本书第三章"革命老区县""革命老区县（市）""革命老区县（市、区）"均是指这593个县级单元中的县（市、区）。本书中"老区"指"革命老区"。

②　中国革命老区数据中心（http://222.204.6.99/index.html#/second_index）。

续表

所在省份	县市
陕西省	府谷县、靖边县、定边县、绥德县、米脂县、佳县、吴堡县、清涧县、子洲县、神木市、延长县、延川县、志丹县、吴起县、甘泉县、富县、洛川县、宜川县、黄龙县、黄陵县、子长市、宜君县、富平县、三原县、泾阳县、长武县、旬邑县、淳化县、彬州市、城固县、洋县、西乡县、勉县、宁强县、略阳县、镇巴县、留坝县、佛坪县、汉阴县、石泉县、宁陕县、紫阳县、岚皋县、平利县、镇坪县、旬阳市、白河县、洛南县、丹凤县、商南县、山阳县、镇安县、柞水县、凤县、太白县
甘肃省	庆城县、环县、华池县、合水县、正宁县、宁县、镇原县、泾川县、灵台县、崇信县、庄浪县、静宁县、华亭市、会宁县
宁夏回族自治区	盐池县、同心县、青铜峡市、中宁县、海原县、西吉县、隆德县、泾源县、彭阳县、灵武市
安徽省	霍邱县、舒城县、金寨县、霍山县、怀宁县、太湖县、宿松县、望江县、岳西县、桐城市、潜山市、寿县、枞阳县
河南省	罗山县、光山县、新县、商城县、固始县、潢川县、淮滨县、息县、西平县、上蔡县、平舆县、正阳县、确山县、泌阳县、汝南县、遂平县、新蔡县、桐柏县、唐河县、安阳县、林州市、卫辉市、辉县市、淇县、修武县、博爱县、沁阳市、济源市
湖北省	团风县、红安县、罗田县、英山县、浠水县、蕲春县、黄梅县、麻城市、武穴市、随县、广水市、孝昌县、大悟县、云梦县、应城市、安陆市、枣阳市、公安县、江陵县、石首市、洪湖市、松滋市、监利市、恩施市、利川市、建始县、巴东县、宣恩县、咸丰县、来凤县、鹤峰县、秭归县、长阳土家族自治县、五峰土家族自治县、宜都市、仙桃市、潜江市、天门市
四川省	通江县、南江县、平昌县、旺苍县、青川县、剑阁县、苍溪县、宣汉县、开江县、大竹县、渠县、万源市、南部县、营山县、蓬安县、仪陇县、西充县、阆中市、三台县、盐亭县、梓潼县、北川羌族自治县、平武县、江油市
重庆市	城口县、石柱土家族自治县、秀山土家族苗族自治县、酉阳土家族苗族自治县、彭水苗族土家族自治县
广西壮族自治区	田东县、德保县、那坡县、凌云县、乐业县、田林县、西林县、隆林各族自治县、靖西市、平果市、南丹县、天峨县、凤山县、东兰县、罗城仫佬族自治县、环江毛南族自治县、巴马瑶族自治县、都安瑶族自治县、大化瑶族自治县、扶绥县、宁明县、龙州县、大新县、天等县、凭祥市、隆安县、马山县
贵州省	兴义市、兴仁市、普安县、晴隆县、贞丰县、望谟县、册亨县、安龙县、都匀市、荔波县、独山县、平塘县、罗甸县、长顺县、惠水县、三都水族自治县、黎平县、榕江县、从江县、江口县、玉屏侗族自治县、石阡县、思南县、印江土家族苗族自治县、德江县、沿河土家族自治县、松桃苗族自治县、桐梓县、绥阳县、正安县、道真仡佬族苗族自治县、务川仡佬族苗族自治县、凤冈县、湄潭县、余庆县、习水县、赤水市、仁怀市
云南省	文山市、砚山县、西畴县、麻栗坡县、马关县、丘北县、广南县、富宁县

15

续表

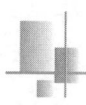

所在省份	县市
湖南省	浏阳市、攸县、茶陵县、炎陵县、醴陵市、平江县、宜章县、汝城县、桂东县、安仁县、安乡县、汉寿县、澧县、临澧县、桃源县、石门县、津市市、慈利县、桑植县、吉首市、泸溪县、凤凰县、花垣县、保靖县、古丈县、永顺县、龙山县、沅陵县、辰溪县、溆浦县、麻阳苗族自治县、新晃侗族自治县、芷江侗族自治县、新化县
海南省	儋州市、琼海市、文昌市、万宁市、东方市、定安县、屯昌县、澄迈县、临高县、白沙黎族自治县、陵水黎族自治县、琼中黎族苗族自治县
浙江省	青田县、缙云县、遂昌县、松阳县、云和县、庆元县、景宁畲族自治县、龙泉市、永嘉县、平阳县、苍南县、文成县、泰顺县
山东省	沂南县、郯城县、沂水县、兰陵县、费县、平邑县、莒南县、蒙阴县、临沭县、临朐县、沂源县、泗水县、新泰市、五莲县、莒县
山西省	襄垣县、平顺县、黎城县、壶关县、长子县、武乡县、沁县、沁源县、沁水县、阳城县、陵川县、泽州县、高平市、平定县、盂县、榆社县、左权县、和顺县、昔阳县、寿阳县、定襄县、五台县、代县、繁峙县、广灵县、灵丘县、浑源县
河北省	涿鹿县、怀来县、蔚县、涞源县、易县、涞水县、阜平县、顺平县、唐县、曲阳县、平山县、井陉县、行唐县、灵寿县、赞皇县、元氏县、临城县、内丘县、沙河市、涉县、磁县、武安市

表1-12　中国12个重点连片革命老区所涉及市辖区分布

所在省份	市辖区
江西省	章贡区、南康区、赣县区、吉州区、青原区、渝水区、广丰区、广信区、袁州区、安源区、湘东区、余江区
福建省	新罗区、永定区、三元区、沙县区、延平区、建阳区、芗城区、龙海区
广东省	梅江区、梅县区、城区（汕尾市）、惠城区、惠阳区、潮阳区、潮南区
陕西省	榆阳区、横山区、宝塔区、安塞区、王益区、印台区、耀州区、汉台区、南郑区、汉滨区、商州区
甘肃省	西峰区、崆峒区
宁夏回族自治区	利通区、红寺堡区、沙坡头区、原州区
安徽省	金安区、裕安区、叶集区、迎江区、大观区、宜秀区
河南省	浉河区、平桥区、驿城区、鹤山区、山城区、淇滨区
湖北省	黄州区、曾都区、孝南区、黄陂区、新洲区、沙市区、荆州区

续表

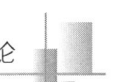

所在省份	市辖区
四川省	巴州区、恩阳区、利州区、昭化区、朝天区、通川区、达川区、顺庆区、高坪区、嘉陵区、涪城区、游仙区、安州区
重庆市	黔江区
广西壮族自治区	右江区、田阳区、金城江区、宜州区、江州区
贵州省	碧江区、万山区、红花岗区、汇川区、播州区
湖南省	武陵区、鼎城区、永定区、武陵源区
海南省	琼山区
浙江省	莲都区
山东省	兰山区、罗庄区、河东区
山西省	潞州区、上党区、屯留区、潞城区、城区（阳泉市）、城区（晋城市）、矿区、郊区
河北省	满城区、井陉矿区、鹿泉区、信都区、峰峰矿区
北京市	房山区、昌平区、门头沟区

三、革命老区重点城市

《"十四五"特殊类型地区振兴发展规划》提出促进革命老区大中小城市和小城镇协调发展，明确指出中国革命老区包含赣州市、吉安市、龙岩市、三明市、梅州市、延安市、庆阳市、六安市、信阳市、黄冈市、百色市和巴中市12个革命老区重点城市（见表1-13）。

表1-13　　　　　　　　　　中国革命老区重点城市

重点城市	所在革命老区	市内属于革命老区范围	所辖革命老区（县、市）
赣州市	赣闽粤原中央苏区	江西省赣州市全域	章贡区、南康区、赣县区、信丰县、大余县、上犹县、崇义县、安远县、定南县、全南县、宁都县、于都县、兴国县、会昌县、寻乌县、石城县、瑞金市、龙南市
吉安市	赣闽粤原中央苏区	江西省吉安市全域	吉州区、青原区、吉安县、吉水县、峡江县、新干县、永丰县、泰和县、遂川县、万安县、安福县、永新县、井冈山市

续表

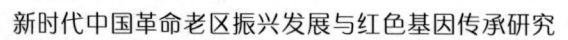

重点城市	所在革命老区	市内属于革命老区范围	所辖革命老区（县、市）
龙岩市	赣闽粤原中央苏区	福建省龙岩市全域	新罗区、永定区、长汀县、上杭县、武平县、连城县、漳平市
三明市	赣闽粤原中央苏区	福建省三明市全域	三元区、明溪县、清流县、宁化县、大田县、尤溪县、沙县区、将乐县、泰宁县、建宁县、永安市
梅州市	赣闽粤原中央苏区	广东省梅州市全域	梅江区、梅县区、大埔县、丰顺县、五华县、平远县、蕉岭县、兴宁市
延安市	陕甘宁革命老区	陕西省延安市全域	宝塔区、安塞区、延长县、延川县、志丹县、吴起县、甘泉县、富县、洛川县、宜川县、黄龙县、黄陵县、子长市
庆阳市	陕甘宁革命老区	甘肃省庆阳市全域	西峰区、庆城县、环县、华池县、合水县、正宁县、宁县、镇原县
六安市	大别山革命老区	安徽省六安市全域	金安区、裕安区、叶集区、霍邱县、舒城县、金寨县、霍山县
信阳市	大别山革命老区	河南省信阳市全域	浉河区、平桥区、罗山县、光山县、新县、商城县、固始县、潢川县、淮滨县、息县
黄冈市	大别山革命老区	湖北省黄冈市全域	黄州区、团风县、红安县、罗田县、英山县、浠水县、蕲春县、黄梅县、麻城市、武穴市
百色市	左右江革命老区	广西壮族自治区百色市全域	右江区、田阳区、田东县、德保县、那坡县、凌云县、乐业县、田林县、西林县、隆林各族自治县、靖西市、平果市
巴中市	川陕革命老区	四川省巴中市全域	巴州区、恩阳区、通江县、南江县、平昌县

第二章

新时代中国革命老区振兴发展评价指标体系构建

第一节 评价指标选取

根据《国务院关于新时代支持革命老区振兴发展的意见》提出的新时代我国革命老区振兴发展目标，即"到2025年，革命老区脱贫攻坚成果全面巩固拓展，乡村振兴和新型城镇化建设取得明显进展，基础设施和基本公共服务进一步改善，居民收入增长幅度高于全国平均水平，对内对外开放合作水平显著提高，红色文化影响力明显增强，生态环境质量持续改善。到2035年，革命老区与全国同步基本实现社会主义现代化，现代化经济体系基本形成，居民收入水平显著提升，基本公共服务实现均等化，人民生活更加美好，形成红色文化繁荣、生态环境优美、基础设施完善、产业发展兴旺、居民生活幸福、社会和谐稳定的发展新局面"，本书选取红色基因、生态环境、经济发展、居民生活、公共服务5个维度、32个评价指标，构建了新时代中国革命老区振兴发展评价指标体系（见表2-1）。

表2-1　　　新时代中国革命老区振兴发展评价指标体系

评价维度	评价指标	单位	指标方向	指标权重	总权重
B1：红色基因（0.2）	C1：是否入选中国红色旅游经典景区	无	+	0.10	0.02
	C2：A级景区数量	个	+	0.10	0.02

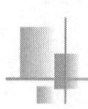

续表

评价维度	评价指标	单位	指标方向	指标权重	总权重
B1：红色基因 (0.2)	C3：国家级非物质文化遗产项目数量	个	+	0.10	0.02
	C4：英烈人数	人	+	0.30	0.06
	C5：脱贫系数	无	+	0.15	0.03
	C6：专项转移支付预算数	万元	+	0.15	0.03
	C7：革命老区乡镇分类人口数	万人	+	0.10	0.02
B2：生态环境 (0.2)	C8：PM2.5	微克/立方米	−	0.10	0.02
	C9：人均CO_2排放量	吨/人	−	0.25	0.05
	C10：碳排放强度	吨/万元	−	0.25	0.05
	C11：地形起伏度	无	−	0.10	0.02
	C12：人均降水量	毫米/万人	+	0.10	0.02
	C13：林地面积占比	%	+	0.20	0.04
B3：经济发展 (0.2)	C14：GDP	万元	+	0.15	0.03
	C15：人均GDP	元/人	+	0.20	0.04
	C16：第一产业增加值	万元	+	0.10	0.02
	C17：第二产业增加值	万元	+	0.10	0.02
	C18：第三产业增加值	万元	+	0.10	0.02
	C19：非农产业增加值占比	%	+	0.15	0.03
	C20：规模以上工业企业数	个	+	0.10	0.02
	C21：革命老区乡镇分类GDP	万元	+	0.10	0.02
B4：居民生活 (0.2)	C22：城镇居民人均可支配收入	元/人	+	0.20 (0.30)	0.04 (0.06)
	C23：农村居民人均可支配收入	元/人	+	0.20 (0.30)	0.04 (0.06)
	C24：城乡居民人均收入比	无	−	0.20 (0.30)	0.04 (0.06)
	C25：人均城乡居民储蓄存款余额*	元/人	+	0.10	0.02
	C26：万人固定电话用户数*	户/万人	+	0.10	0.02
	C27：社会消费品零售总额	万元	+	0.20 (0.10)	0.04 (0.02)

续表

评价维度	评价指标	单位	指标方向	指标权重	总权重
B5：公共服务（0.2）	C28：人均地方财政一般预算支出	元/人	+	0.25(1.00)	0.05(0.20)
	C29：万人中小学在校生数*	人/万人	+	0.20	0.04
	C30：万人医疗卫生机构床位数*	张/万人	+	0.25	0.05
	C31：万人各种社会福利收养性单位数*	个/万人	+	0.15	0.03
	C32：万人各种社会福利收养性单位床位数*	张/万人	+	0.15	0.03

注：*表示革命老区市辖区振兴发展评价体系及评价中不含该指标，括号内为市辖区的该指标权重。

（一）红色基因维度

选取是否入选中国红色旅游经典景区、A级景区数量、国家级非物质文化遗产项目数量、英烈人数、脱贫系数、专项转移支付预算数、革命老区乡镇分类人口数7个指标评价革命老区红色基因水平。

红色资源富集是革命老区最显著的特征之一，也是革命老区实现振兴发展最宝贵的资源。红色旅游经典景区、A级景区数量和英烈人数等指标可以反映革命老区存续发展的伟大精神，既是激励老区人民的精神内核，也通过博物馆、纪念馆等方式转化成红色旅游的重要载体，从精神和物质两方面促进革命老区振兴发展。脱贫系数反映革命老区经济发展和人民生活改善，专项转移支付预算数反映中央对革命老区在公共安全、教育、科学技术、文化体育、社会保障、医疗卫生等领域的财政支持，即革命老区红色基因传承需要一定的人力、物力、财力做支撑。本书选取是否入选中国红色旅游经典景区、A级景区数量、国家级非物质文化遗产项目数量、英烈人数4个指标衡量革命老区红色基因传承的物力水平；用脱贫系数、专项转移支付预算数2个指标衡量革命老区红色基因传承的财力水平；用革命老区乡镇分类人口数这一指标衡量革命老区红色基因传承的人力水平。

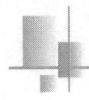

（二）生态环境维度

选取 PM2.5、人均 CO_2 排放量、碳排放强度、地形起伏度、人均降水量、林地面积占比 6 个指标评价革命老区生态环境质量。

革命老区振兴发展依托于充足的降水、洁净的空气和良好的生态环境。由于人类生存所需的淡水资源主要来源于大气降水，本书用人均降水量指标衡量革命老区的降水情况。土地是人类生存发展的必备介质，地形起伏度通过影响农业耕种、制约交通设施建设等影响经济发展，进而影响区域振兴发展水平，而林地既通过碳汇影响空气质量，表征区域土壤条件，也反映一个地区生态环境条件，本书选用地形起伏度、林地面积占比表征自然环境条件。人类生产生活造成了空气污染，2023 年 7 月 11 日国家发展和改革委发布《关于推动能耗双控逐步转向碳排放双控的意见》，可见在"双碳"目标的国家战略背景下，CO_2 指标也是表征生态环境质量的重要指标。此外，PM2.5 过高会损害人类健康，诱发呼吸系统问题、心血管疾病和癌症等，进而阻碍生态发展，因此，本书选用 PM2.5、人均 CO_2 排放量、碳排放强度 3 个指标衡量革命老区振兴发展的空气质量。

（三）经济发展维度

选取 GDP、人均 GDP、第一产业增加值、第二产业增加值、第三产业增加值、非农产业增加值占比、规模以上工业企业数、革命老区乡镇分类 GDP 8 个指标评价革命老区经济发展水平。

经济发展既包含国民经济规模的扩大，也意味着经济结构优化。本书用 GDP、第一产业增加值、第一产业增加值、第二产业增加值、第三产业增加值和革命老区乡镇分类 GDP 6 个指标表征经济规模；用人均 GDP 表征经济发展水平；用非农产业增加值占比表征产业结构。

（四）居民生活维度

选取城镇居民人均可支配收入、农村居民人均可支配收入、城乡居民人均可支配收入比、人均城乡居民储蓄存款余额、万人固定电话用户数、社会消费品零售总额 6 个指标评价革命老区居民生活水平。

城镇居民人均可支配收入、农村居民人均可支配收入反映居民的收入水平及消费能力，居民收入水平及消费能力强，既可以满足自身物质需求，实现更高的效用，也可以拉动区域经济增长。人均城乡居民储蓄存款余额也可以衡量居民的生活水平。因此，本书选用城镇居民人均可支配收入、农村居民人均可支配收入和人均城乡居民储蓄存款余额表征革命老区居民消费和财政水平。与居民可支配收入反映居民收入水平类似的是，社会消费品零售总额也可以表征居民生活水平。我国区域协调发展的关键在于缩小地区发展差距，既包括缩小区域差异，也包括缩小城乡差异和个体差异等。城乡居民人均可支配收入比越高，表明城乡差异越大，不仅会削弱农村居民幸福感，也易引发社会矛盾，不利于区域振兴发展，因此城乡居民人均可支配收入比作为负向指标，可以反映生活条件的不平等。此外，万人固定电话用户数是衡量基础设施服务水平的重要指标，网络设施越便利，越有利于区域振兴发展。

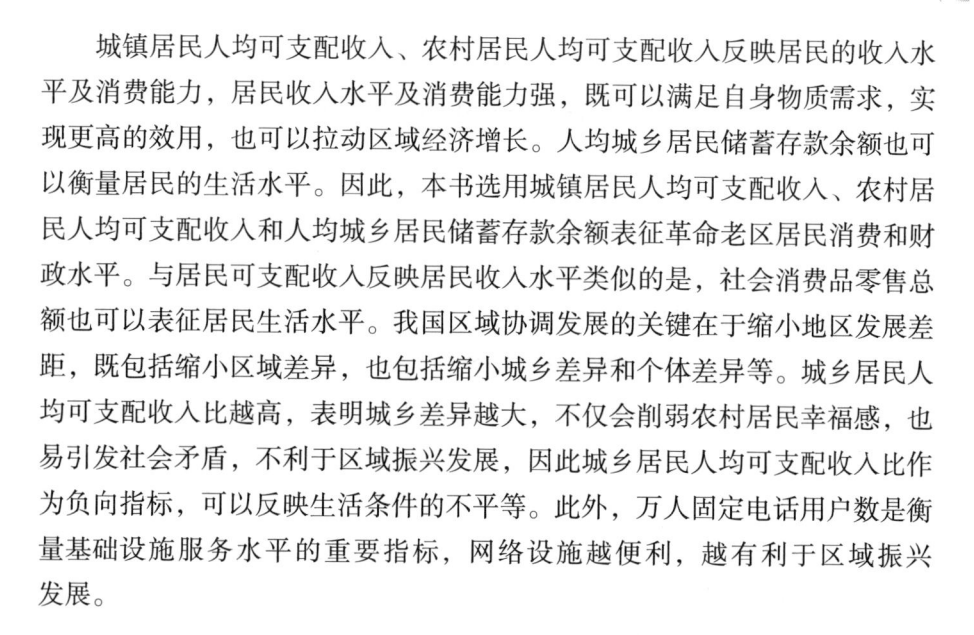

（五）公共服务维度

选取人均地方财政一般预算支出、万人中小学在校生数、万人医疗卫生机构床位数、万人各种社会福利收养性单位数、万人各种社会福利收养性单位床位数 5 个指标评价革命老区公共服务水平。

党的二十大报告和《国务院关于新时代支持革命老区振兴发展的意见》都明确指出到 2035 年基本公共服务实现均等化。公共服务水平的提升和振兴发展需要一定的公共财力做支撑，地方财政一般预算支出越大，意味着有更多的资金投入到公共服务设施的建设和经济发展之中，并进一步引致经济增长、居民增收，推动居民福祉提升，使整个区域逐步实现振兴发展，因此人均地方财政一般预算支出是衡量区域公共服务水平的关键指标。根据《"十四五"公共服务规划》，公共服务水平提升主要表现为病有所医、学有所教、老有所养等，本书选用百万人中小学在校生数表征革命老区基础教育服务水平，用万人医疗卫生机构床位数表征革命老区医疗卫生服务能力，用万人各种社会福利收养性单位数、万人各种社会福利收养性单位床位数表征革命老区社会保障能力。

第二节　数据处理说明

C1（是否入选中国红色旅游经典景区）：参考谭娜等（2022）的研究成果①，2012年数据来源于2011年中共中央办公厅和国务院办公厅发布的《全国红色旅游经典景区第二批名录》，2021年数据来源于2016年国家发展和改革委发布的《关于印发全国红色旅游经典景区名录的通知》。对有红色旅游经典景区的县域赋值1，对没有红色旅游经典景区的县域赋值为0。

C2（A级景区数量）：数据来源于中华人民共和国文化和旅游部（https：//www.mct.gov.cn/tourism/#/list）以及各地文化和旅游局。

C3（国家级非物质文化遗产项目数量）：数据来源于中国非物质文化遗产网（https：//www.ihchina.cn/project#target1）。我国分别于2006年、2008年、2011年、2014年和2021年公布了共5批国家级非物质文化遗产名录，本书2012年和2021年数据分别由前三批和前五批数据计算。

C4（英烈人数）：英烈人数根据中华英烈网（https：//www.chinamartyrs.gov.cn）计算。

C5（脱贫系数）：数据来源于国家乡村振兴局（https：//www.nrra.gov.cn/），根据区县是否为国家级贫困县及脱贫时间，本书具体按如下方法进行赋值处理：对于2012年，令非国家级贫困县=1，国家级贫困县=0。对于2021年，令非国家级贫困县=1，2016年脱贫摘帽=0.8，2017年脱贫摘帽=0.6，2018年脱贫摘帽=0.4，2019年脱贫摘帽=0.2，2020年脱贫摘帽=0。

C6（专项转移支付预算数）：2021年中央对地方专项转移支付数据来源于中华人民共和国财政部《2023年中央对地方专项转移支付分地区情况汇总表》，2012年数据来源于各省财政厅，缺失数据根据《全国地市县财政统计资料》以及吕瑞林（2022）、程毓（2014）等文献进行补齐。根据《中央对地方专项转移支付管理办法》，中央向省级分配专项转移支付资金以因素

---

① 谭娜、万金城、程振强：《红色文化资源、旅游吸引与地区经济发展》，载于《中国软科学》2022年第1期。

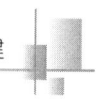

法为主，主要因素有人口占比、面积占比、财力系数占比等，本书基于这三个因素，按照等权重方法测算各县区专项转移支付预算数。

C7（革命老区乡镇分类人口数）：革命老区县所辖老区乡镇比例数主要来源于《中国革命老区》[①]。其他缺失数据主要根据中国老区网（http://www.zhongguolaoqu.com/）补齐。需要说明的是，"中国老区网"普遍将革命老区县按老区乡镇比例划分为一类老区（老区乡镇的数量占全县（市、区）乡镇的90%以上）、二类老区（占比50%~89%）、三类老区（占比30%~49%）和四类老区（占比30%以下），本书对上述四类革命老区的老区乡镇占比分别取区间均值为95%、70%、40%、15%。在确定老区乡镇占比的基础上，将老区乡镇占比乘以人口总数，估算革命老区乡镇分类人口数。

C8（PM2.5）：数据来源于圣路易斯华盛顿大学大气成分分析组（https://sites.wustl.edu/acag/datasets/surface-pm2-5/#V5.GL.02）。本书采用精度最高的 $0.01°×0.01°$ 分辨率数据，并将.nc格式的原始数据转化为栅格数据，利用 ArcGIS 软件提取县级区域的 PM2.5 逐年数据。

C9（人均 CO_2 排放量）、C10（碳排放强度）：目前广泛使用的县级碳排放数据有 NGDC 和 EDGAR 的 CO_2 排放量数据，但 NGDC 仅提供1997~2017年数据，为获取2021年中国县域碳排放数据，本书碳排放数据来源于 EDGAR（Emissions Database for Global Atmospheric Research，网址为 https://edgar.jrc.ec.europa.eu/）。值得注意的是，该网站提供的是 txt 格式数据，为此本书首先将格点数据转化为栅格数据，并经 ArcGIS 掩膜提取等获得各县区2012年和2021年碳排放量数据。人均 CO_2 排放量由 CO_2 排放量除以总人口得到。碳排放强度由 CO_2 排放量除以 GDP 得到。

C11（地形起伏度）：地形起伏度是在一个特定的区域内最高点海拔高度与最低点海拔高度的差值，是描述一个区域地形特征的指标。本书参考游珍等（2018）的研究[②][③]，将数字高程模型（SRTM 90m）数据重采样至1km，计算得到中国陆地地形起伏度公里网格数据集。

[①] 中国老区建设促进会：《中国革命老区》，中共党史出版社1997年版。
[②] 游珍、封志明、杨艳昭：《中国地形起伏度公里网格数据集》，载于《全球变化数据仓储》2018年版。
[③] 游珍、封志明、杨艳昭：《中国1km地形起伏度数据集》，载于《全球变化数据学报（中英文）》2018年第2期。

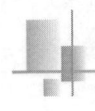

C12（人均降水量）：降水量数据来源于欧盟及欧洲中期天气预报中心等组织发布的 ERA5 – Land 数据集（https：//cds. climate. copernicus. eu/cdsapp#!/dataset/reanalysis – era5 – land – monthly – means？tab = overview）。其原始数据为逐月的平均降水栅格数据，本书首先利用栅格计算工具得到经全年 12 个月平均的逐年平均降水数据，进而得到县级区域逐年平均降水。人均降水量由降水量除以人口总数得到。

C13（林地面积占比）、C14（水域面积占比）：土地利用遥感监测数据来源于中国科学院资源环境科学与数据中心（https：//www. resdc. cn/），该数据集将土地利用类型分为耕地、林地、草地、水域、建设用地和未利用土地 6 类，本书以林地占土地总面积的比重表征林地面积占比，以水域占土地总面积的比重表征水域面积占比。在处理上，利用 ArcGIS 软件，经掩膜提取、面积制表等程序获取各革命老区县各类土地利用面积。囿于该数据集仅包括 1980 年、1990 年、1995 年、2000 年、2005 年、2008 年、2010 年、2013 年、2015 年、2018 年、2020 年 11 期数据，本书用 2010 年和 2020 年数据分别近似替代 2012 年和 2021 年数据。

C15 ~ C32：经济发展、居民生活、公共服务 3 个维度的统计数据主要来源于 2012 ~ 2022 年《中国县域统计年鉴》、各省份统计年鉴、各市统计年鉴、各区县统计公报，以及中国经济社会大数据研究平台、EPS 数据库和中经统计数据库，并对少数缺失数据进行插值处理。需要说明的是，从 2013 年开始，国家统计局统一发布了全体居民可支配收入，本书 2012 年数据仍采用农村居民人均纯收入，见表 2 – 1。C21（革命老区乡镇分类 GDP）处理方法同 C7。

此外，本书 12 个重点连片革命老区 593 个县（市、区）参考国家发改委文件和中国革命老区大数据平台（http：//222. 204. 6. 99/index. html#/second_index）。为方便表述，本书中县域即县（市、区），省份即省（市、区），各地区、各省份、各地级市所涉及的县（市）、市辖区个数是指 12 个重点连片革命老区所涉及的 593 个县（市、区）中，位于该地区、该省份、该地级市的县（市）、市辖区数量。本书中新时代 10 年一般是指 2012 ~ 2021 年。

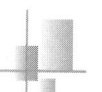

第三节　振兴发展度模型构建

本书运用加权 TOPSIS 法构建中国革命老区振兴发展度综合评价模型，对中国革命老区振兴发展水平进行综合评价。综合评价结果详见附表 1、附表 2。加权 TOPSIS 法（Technique for Order Preference by Similarity to Ideal Solution）即优劣解距离法，用于研究评价对象与"理想解"的距离情况。各维度及总的振兴发展度计算方法类似，计算步骤分为三步：一是将数据标准化；二是确定各指标权重值；三是计算相对接近程度。具体步骤如下[①]：

（1）数据标准化。采用最大最小标准化法对 2012 年、2021 年指标数据进行标准化，以消除量纲影响：

极大值指标：
$$z_{ij} = \frac{x_{ij} - x_{j\min}}{x_{j\max} - x_{j\min}} \quad (2-1)$$

极小值指标：
$$z_{ij} = \frac{x_{j\max} - x_{ij}}{x_{j\max} - x_{j\min}} \quad (2-2)$$

得到标准化矩阵 Z：

$$Z = \begin{bmatrix} z_{11} & z_{12} & \cdots & z_{1m} \\ z_{21} & z_{22} & \cdots & z_{2m} \\ \vdots & \vdots & \ddots & \vdots \\ z_{n1} & z_{n2} & \cdots & z_{nm} \end{bmatrix} \quad (2-3)$$

（2）确定权重。经过三轮专家咨询并应用 AHP 方法，确定各指标权重值 w_j（权重计算过程略）。五个维度权重采用等权重，即每个维度的权重均为 0.2。具体权重值见表 2-1。

（3）计算相对接近程度。确定正理想解 Z^+ 和负理想解 Z^-。其中正理想解由各指标的标准化数据的最大值组成，负理想解由各指标标准化数据的最小值组成：

---

① 张壮、刘培德、关忠良：《一种基于语言变量和 TOPSIS 的人力资源评价新方法》，载于《数量经济技术经济研究》2009 年第 11 期。

$$Z^+ = (z_1^+, z_2^+, \cdots, z_m^+)$$
$$= (\max\{z_{11}, z_{21}, \cdots, z_{n1}\}, \max\{z_{12}, z_{22}, \cdots, z_{n2}\}, \cdots,$$
$$\max\{z_{1m}, z_{2m}, \cdots, z_{nm}\}) \qquad (2-4)$$

$$Z^- = (z_1^-, z_2^-, \cdots, z_m^-)$$
$$= (\min\{z_{11}, z_{21}, \cdots, z_{n1}\}, \min\{z_{12}, z_{22}, \cdots, z_{n2}\}, \cdots,$$
$$\min\{z_{1m}, z_{2m}, \cdots, z_{nm}\}) \qquad (2-5)$$

使用欧式距离计算各评价对象与正理想解和负理想解的距离:

$$D_i^+ = \sqrt{\sum_{j=1}^{m} w_j (z_i^+ - z_{ij})^2} \qquad (2-6)$$

$$D_i^- = \sqrt{\sum_{j=1}^{m} w_j (z_i^- - z_{ij})^2} \qquad (2-7)$$

计算各评价对象与最优方案的相对接近程度 S_i,即振兴发展度,其得分介于 0 到 1 之间,得分越高,表明该评价对象（革命老区县域）的振兴发展度越高,振兴发展水平越高。

$$S_i = \frac{D_i^-}{D_i^+ + D_i^-} \qquad (2-8)$$

第三章

基于县域的中国革命老区振兴发展成效评价

第一节 中国革命老区县域振兴发展总体态势演变

一、革命老区县市振兴发展演变态势与成效

中国12个重点连片革命老区所涉及的481个县市的平均振兴发展度由2012年的0.334提升至2021年的0.371,革命老区县市的振兴发展取得明显成效。与2012年相比,2021年振兴发展度提升的县市占到98.960%。仅河北邯郸的磁县、广东梅州的五华县、陕西咸阳的泾阳县、陕西汉中的勉县、陕西榆林的清涧县的振兴发展度有所降低,分别下降1.574%、12.542%、0.860%、0.046%和0.157%。

从振兴发展度数值的分布情况来看,2012年,振兴发展度高于0.4的县市有3个,其中振兴发展度最高的是湖南省浏阳市,振兴发展度为0.447。介于0.3~0.4的县市有435个,介于0.2~0.3的县市有43个。2021年,振兴发展度高于0.5的县市有1个,为湖南长沙的浏阳市,其振兴发展度提高为0.532。介于0.4~0.5的县市有69个,介于0.3~0.4的县市有410个,低于0.3的仅有山西晋中的榆社县,为0.272,振兴发展度在[0.5, 0.6)、[0.4, 0.5)、[0.3, 0.4)、[0.2, 0.3)区间的革命老区县市分别占比为0.208%、14.345%、85.239%和0.208%。

从分项振兴发展度来看[见图3-1(a)],2012~2021年12个重点连片革命老区所涉及县市在各振兴发展领域均取得显著成效,生态环境维度振

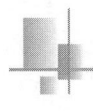

兴发展度得分最高,其次是居民生活,而红色基因、公共服务和经济发展3个维度的振兴发展度相对较低。具体来看,2012年维度1(红色基因)振兴发展度的均值为0.241,维度2(生态环境)的均值为0.652,维度3(经济发展)的均值为0.051,维度4(居民生活)的均值为0.272,维度5(公共服务)的均值为0.112。到2021年,维度1~维度5的振兴发展度均值分别为0.279、0.668、0.090、0.374、0.191,增幅分别为15.940%、2.424%、77.643%、37.429%、70.668%。

二、革命老区市辖区振兴发展演变态势与成效

我国12个重点连片革命老区涉及112个市辖区,2012年,各市辖区的平均振兴发展度为0.347,2021年为0.402,2012~2021年平均振兴发展度上升了16.095%。2012年,振兴发展度高于0.4的区有6个,其中最高的是广东惠州的惠阳区,为0.439。介于0.3~0.4的区有96个,介于0.2~0.3的区有10个。2021年,振兴发展度高于0.5的区有7个,得分最高的区为北京市昌平区,振兴发展度得分为0.565。介于0.4~0.5的区有50个,介于0.3~0.4的区有54个,低于0.3的仅有甘肃平凉的崆峒区,为0.275,振兴发展度在[0.5,0.6)、[0.4,0.5)、[0.3,0.4)、[0.2,0.3)区间的革命老区市辖区分别占比为6.250%、44.643%、48.214%和0.893%。2012~2021年,振兴发展度得到提升的市辖区有109个,振兴发展度下降的市辖区仅有江西赣州的章贡区、陕西铜川的印台区和陕西汉中的汉台区,振兴发展度提升的市辖区占比高达97.321%。

从分项振兴发展度来看[见图3-1(b)],2012~2021年12个重点连片革命老区所涉及市辖区的各分项指数得分均呈上升态势。具体来看,2012年维度1(红色基因)振兴发展度的均值为0.320,维度2(生态环境)的均值为0.600,维度3(经济发展)的均值为0.135,维度4(居民生活)的均值为0.347,维度5(公共服务)的均值为0.069。2021年,维度1~维度5的振兴发展度均值依次为0.336、0.625、0.218、0.533、0.123,增幅依次为5.218%、4.100%、61.854%、53.720%、76.647%。生态环境振兴发展度最高,其次是居民生活,红色基因次之,公共服务和经济发展两个领域的振兴发展度相对较低。可见,不论从县市还是市辖区来看,我国12个重点连片革命老区均实现振兴和发展,尤其在生态环境改善和居民生活改

善方面成效突出。

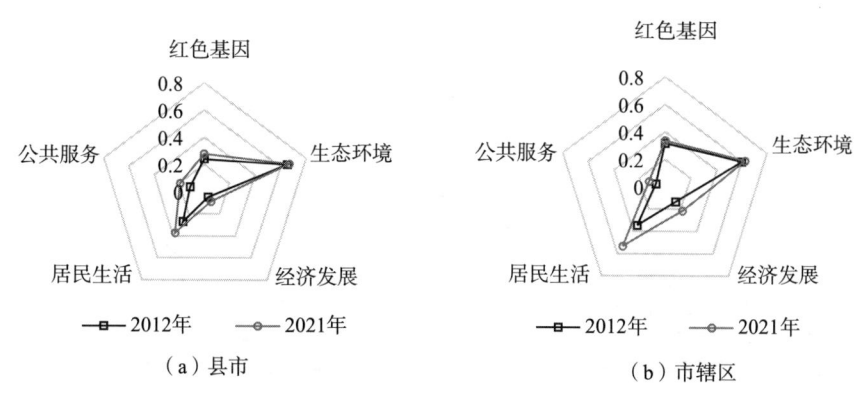

图 3-1 12个重点连片革命老区县域振兴发展分项指数演变

第二节　中国革命老区县域振兴发展度排名变化

一、革命老区县市振兴发展度前20强及排名变化

（一）革命老区县市振兴发展度前20强

尽管我国革命老区县市振兴发展度的增长率存在差异，但有一部分革命老区县市振兴发展水平始终居于前列。从图3-2来看，中国革命老区振兴发展度前20强的县市，2012年、2021年振兴发展度分别介于0.374~0.447和0.421~0.532。2012年和2021年振兴发展度始终位列前20强的有浏阳市、南安市、神木市、永嘉县、龙泉市、醴陵市、万宁市、遂昌县、松阳县等9个县市。

从2021年县市前20强的振兴发展演变进程来看，与2012年相比，浏阳市始终保持在第1名，神木市始终保持在第3名；永嘉县、醴陵市均下降了1名，龙泉市、松阳县均下降了3名，遂昌县下降了7名；排名上升的县市有13个，万宁市和青田县均上升了5名，长汀县、云和县、平阳县、上杭县、平江县、凭祥市、永安市分别上升了13名、15名、18名、26名、

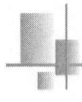

28名、34名和38名，漳浦县、仁怀市和南雄市上升幅度较大，分别上升了53名、69名和157名。

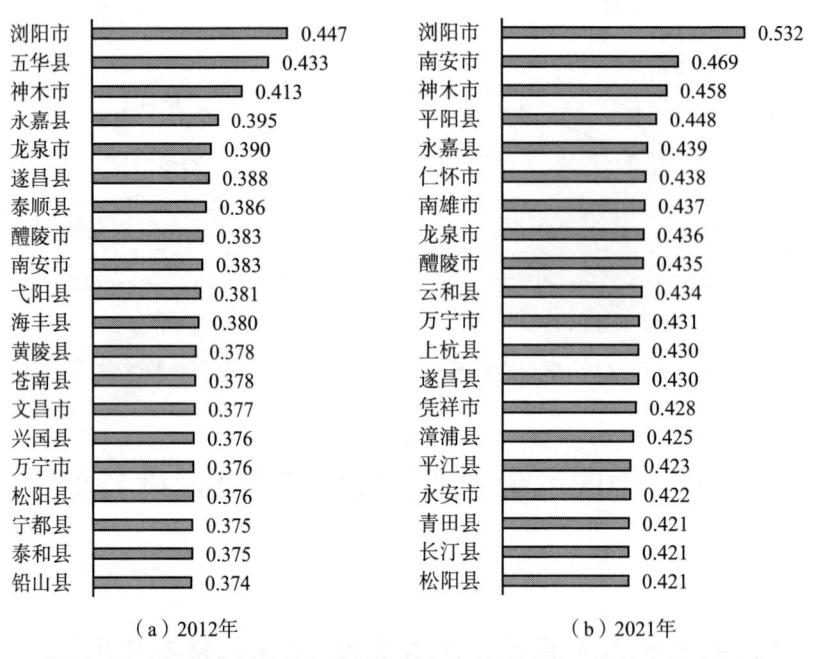

（a）2012年		（b）2021年	
浏阳市	0.447	浏阳市	0.532
五华县	0.433	南安市	0.469
神木市	0.413	神木市	0.458
永嘉县	0.395	平阳县	0.448
龙泉市	0.390	永嘉县	0.439
遂昌县	0.388	仁怀市	0.438
泰顺县	0.386	南雄市	0.437
醴陵市	0.383	龙泉市	0.436
南安市	0.383	醴陵市	0.435
弋阳县	0.381	云和县	0.434
海丰县	0.380	万宁市	0.431
黄陵县	0.378	上杭县	0.430
苍南县	0.378	遂昌县	0.430
文昌市	0.377	凭祥市	0.428
兴国县	0.376	漳浦县	0.425
万宁市	0.376	平江县	0.423
松阳县	0.376	永安市	0.422
宁都县	0.375	青田县	0.421
泰和县	0.375	长汀县	0.421
铅山县	0.374	松阳县	0.421

图3-2 中国革命老区县市振兴发展度前20强变化：2012年和2021年

从省域分布来看，2012年革命老区县市前10强的县市中，浙江省占据4个，湖南省占据2个，广东省、福建省、陕西省、江西省各占据1个；第11~20强的县市中，江西省占据4个，浙江省、海南省各占据2个，广东省、陕西省各占据1个。前20强中，占据席位最多的是浙江省，达6个，江西省次之，为5个，湖南省、海南省、广东省、陕西省均为2个，福建省为1个。

2021年革命老区县市前10强的县市中，浙江省占据4个，湖南省占据2个，广东省、福建省、陕西省、贵州省各占据1个；第11~20强的县市中，福建省占据4个，浙江省占据3个，湖南省、海南省、广西壮族自治区各占据1个。前20强中，占据席位最多的依然是浙江省，达7个，超过总数的1/3，福建省次之，为5个，湖南省为3个，海南省、陕西省、贵州省、广东省、广西壮族自治区均为1个。2012年和2012年浙江省均在我国革命老区县市振兴发展度前20强中占据席位最多。

2021年我国12个重点连片革命老区所辖县市前20强，其振兴发展度的分项指数发展不平衡。前20强县市既存在振兴发展优势，也有短板。从表3-1来看，位列第1的浏阳市，其红色基因领域的振兴发展度位居首位，居民生活和经济发展方面的振兴发展度分别位列全国第2和第3，但生态环境和公共服务方面却是其弱项。南安市振兴发展度位列第2，主要得益于其居民生活和经济发展方面的振兴发展水平较高。神木市的振兴发展度排在第3位，尽管其生态环境质量较差，但其公共服务和居民生活方面振兴发展水平较高，尤其是强劲的经济发展使其经济水平高居全国革命老区县第1的位置。平阳县振兴发展度排名第4，其居民生活、经济发展、红色基因等分项振兴发展度得分较高。永嘉县振兴发展度排在第5位，除公共服务方面较弱外，其他领域振兴发展水平均较高。仁怀市振兴发展度位列第6，其经济发展和红色基因维度的分值较高。南雄市振兴发展度位列第7，也是由于其经济发展所带动的。龙泉市振兴发展度位列第8，除经济发展水平外，其他领域振兴发展成绩还是可观的。醴陵市振兴发展度位列第9，其经济发展和居民生活水平居于各县市前10。云和县振兴发展度位列第10，尽管其红色基因方面的分值较低，但其生态环境和公共服务居于革命老区各县市前3位，居民生活水平也较高。位列第11的万宁市振兴发展优势在红色基因、居民生活方面，而短板在公共服务领域。位列第12的上杭县，其各项振兴发展较为均衡。位列第13的遂昌县、位列第14的凭祥市、位列第17的永安市，其振兴发展短板分别在经济发展、公共服务、生态环境方面。位列第15的漳浦县，其短板则在红色基因和生态环境方面，排名分别在第168名、第211名。平江县振兴发展度位列第16主要得益于其红色基因维度的得分较高。位列第18的青田县、位列第19的长汀县，其振兴发展度较高，分别在于其居民生活水平、红色基因传承度较高。位列第20的松阳县其振兴发展短板主要在于经济发展。

再从振兴发展度前20强县市各分项指数排名来看（见表3-2），其中，在革命老区县市振兴发展前10强中，浏阳市的公共服务水平提升最大，排名前进了78名，其他维度排名变化较小。南安市公共服务、红色基因、生态环境几方面的振兴发展度排名均有不同幅度下降，但居民生活领域的振兴发展度排名由第26位跃升为第1，使南安市振兴发展度排名明显前移。神木市红色基因维度的排名下降幅度较大，但其经济发展领域的全国排名依然

表3-1 2021年中国革命老区县市振兴发展前20强及其分项比较

区域	省份	地级市	县市		振兴发展度	红色基因	生态环境	经济发展	居民生活	公共服务
湘赣边界革命老区	湖南省	长沙市	浏阳市	得分	0.532	0.600	0.728	0.430	0.609	0.240
				排名	1	1	99	3	2	70
赣闽粤原中央苏区	福建省	泉州市	南安市	得分	0.469	0.347	0.674	0.414	0.674	0.125
				排名	2	101	255	4	1	453
陕甘宁革命老区	陕西省	榆林市	神木市	得分	0.458	0.340	0.554	0.514	0.448	0.409
				排名	3	113	471	1	30	6
浙西南革命老区	浙江省	温州市	平阳县	得分	0.448	0.418	0.709	0.256	0.551	0.187
				排名	4	20	173	13	4	203
浙西南革命老区	浙江省	温州市	永嘉县	得分	0.439	0.391	0.731	0.214	0.551	0.169
				排名	5	42	80	21	3	294
湘鄂渝黔革命老区	贵州省	遵义市	仁怀市	得分	0.438	0.425	0.663	0.384	0.405	0.227
				排名	6	15	271	5	113	89
赣闽粤原中央苏区	广东省	韶关市	南雄市	得分	0.437	0.390	0.704	0.441	0.390	0.156
				排名	7	46	188	2	165	358
浙西南革命老区	浙江省	丽水市	龙泉市	得分	0.436	0.404	0.744	0.089	0.488	0.264
				排名	8	33	31	185	15	49

续表

区域	省份	地级市	县市		振兴发展度	红色基因	生态环境	经济发展	居民生活	公共服务
湘赣边界革命老区	湖南省	株洲市	醴陵市	得分	0.435	0.335	0.714	0.284	0.524	0.188
				排名	9	126	153	9	7	197
浙西南革命老区	浙江省	丽水市	云和县	得分	0.434	0.309	0.778	0.099	0.453	0.437
				排名	10	241	2	156	26	3
琼崖革命老区	海南省	—	万宁市	得分	0.431	0.476	0.727	0.141	0.427	0.157
				排名	11	5	105	66	63	353
赣闽粤原中央苏区	福建省	龙岩市	上杭县	得分	0.430	0.424	0.729	0.169	0.456	0.198
				排名	12	17	91	36	23	150
浙西南革命老区	浙江省	丽水市	遂昌县	得分	0.430	0.414	0.754	0.090	0.470	0.236
				排名	13	24	11	183	19	76
左右江革命老区	广西壮族自治区	崇左市	凭祥市	得分	0.428	0.457	0.733	0.189	0.428	0.103
				排名	14	6	67	27	60	475
赣闽粤原中央苏区	福建省	漳州市	漳浦县	得分	0.425	0.320	0.695	0.195	0.501	0.325
				排名	15	168	211	24	11	21
湘赣边界革命老区	湖南省	岳阳市	平江县	得分	0.423	0.510	0.729	0.140	0.353	0.152
				排名	16	2	95	70	301	375

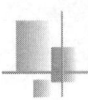

续表

区域	省份	地级市	县市		振兴发展度	红色基因	生态环境	经济发展	居民生活	公共服务
赣闽粤原中央苏区	福建省	三明市	永安市	得分	0.422	0.383	0.717	0.207	0.437	0.256
				排名	17	60	142	22	46	61
浙西南革命老区	浙江省	丽水市	青田县	得分	0.421	0.338	0.731	0.104	0.534	0.192
				排名	18	121	81	140	6	176
赣闽粤原中央苏区	福建省	龙岩市	长汀县	得分	0.421	0.429	0.730	0.119	0.420	0.194
				排名	19	13	87	102	80	170
浙西南革命老区	浙江省	丽水市	松阳县	得分	0.421	0.391	0.744	0.076	0.444	0.296
				排名	20	43	32	222	36	30

表 3-2　2021年中国革命老区县市振兴发展度前 20 强排名变化

维度	县市	浏阳市	南安市	神木市	平阳县	永嘉县	仁怀市	南雄市	龙泉市	醴陵市	云和县
振兴发展度	2012年	1	9	3	22	4	75	164	5	8	25
	2021年	1	2	3	4	5	6	7	8	9	10
	排名变化	0	+7	0	+18	-1	+69	+157	-3	-1	+15
红色基因	2012年	1	50	23	84	18	42	176	24	43	258
	2021年	1	101	113	20	42	15	46	33	126	241
	排名变化	0	-51	-90	+64	-24	+27	+130	-9	-83	+17
生态环境	2012年	122	230	459	139	59	280	190	29	179	4
	2021年	99	255	471	173	80	271	188	31	153	2
	排名变化	+23	-25	-12	-34	-21	+9	+2	-2	+26	+2
经济发展	2012年	2	3	1	33	21	5	241	121	7	201
	2021年	3	4	1	13	21	5	2	185	9	156
	排名变化	-1	-1	0	+20	0	0	+239	-64	-2	+45
居民生活	2012年	10	26	1	12	15	296	165	33	27	49
	2021年	2	1	30	4	3	113	165	15	7	26
	排名变化	+8	+25	-29	+8	+12	+183	0	+18	+20	+23
公共服务	2012年	148	395	12	313	411	319	422	186	331	39
	2021年	70	453	6	203	294	89	358	49	197	3
	排名变化	+78	-58	+6	+110	+117	+230	+64	+137	+134	+36

续表

维度		万宁市	上杭县	遂昌县	凭祥市	漳浦县	平江县	永安市	青田县	长汀县	松阳县
振兴发展度	2012年	16	38	6	48	68	44	55	23	32	17
	2021年	11	12	13	14	15	16	17	18	19	20
	排名变化	+5	+26	-7	+34	+53	+28	+38	+5	+13	-3
红色基因	2012年	20	63	25	28	118	9	192	93	48	31
	2021年	5	17	24	6	168	2	60	121	13	43
	排名变化	+15	+46	+1	+22	-50	+7	+132	-28	+35	-12
生态环境	2012年	46	67	15	41	184	126	116	62	66	44
	2021年	105	91	11	67	211	95	142	81	87	32
	排名变化	-59	-24	+4	-26	-27	+31	-26	-19	-21	+12
经济发展	2012年	154	104	195	452	53	100	20	103	144	167
	2021年	66	36	183	27	24	70	22	140	102	222
	排名变化	+88	+68	+12	+425	+29	+30	-2	-37	+42	-55
居民生活	2012年	233	190	45	285	72	443	117	22	140	74
	2021年	63	23	19	60	11	301	46	6	80	36
	排名变化	+170	+167	+26	+225	+61	+142	+71	+16	+60	+38
公共服务	2012年	414	255	140	477	453	443	91	359	315	164
	2021年	353	150	76	475	21	375	61	176	170	30
	排名变化	+61	+105	+64	+2	+432	+68	+30	+183	+145	+134

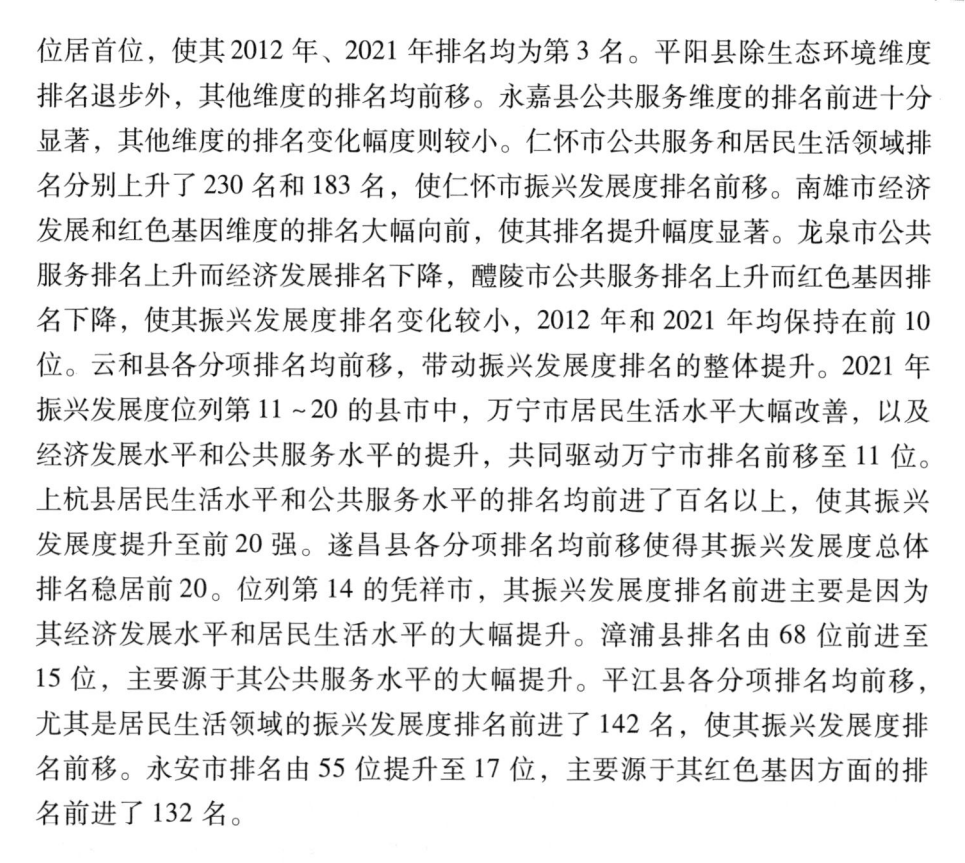

位居首位，使其2012年、2021年排名均为第3名。平阳县除生态环境维度排名退步外，其他维度的排名均前移。永嘉县公共服务维度的排名前进十分显著，其他维度的排名变化幅度则较小。仁怀市公共服务和居民生活领域排名分别上升了230名和183名，使仁怀市振兴发展度排名前移。南雄市经济发展和红色基因维度的排名大幅向前，使其排名提升幅度显著。龙泉市公共服务排名上升而经济发展排名下降，醴陵市公共服务排名上升而红色基因排名下降，使其振兴发展度排名变化较小，2012年和2021年均保持在前10位。云和县各分项排名均前移，带动振兴发展度排名的整体提升。2021年振兴发展度位列第11~20的县市中，万宁市居民生活水平大幅改善，以及经济发展水平和公共服务水平的提升，共同驱动万宁市排名前移至11位。上杭县居民生活水平和公共服务水平的排名均前进了百名以上，使其振兴发展度提升至前20强。遂昌县各分项排名均前移使得其振兴发展度总体排名稳居前20。位列第14的凭祥市，其振兴发展度排名前进主要是因为其经济发展水平和居民生活水平的大幅提升。漳浦县排名由68位前进至15位，主要源于其公共服务水平的大幅提升。平江县各分项排名均前移，尤其是居民生活领域的振兴发展度排名前进了142名，使其振兴发展度排名前移。永安市排名由55位提升至17位，主要源于其红色基因方面的排名前进了132名。

（二）革命老区县市振兴发展度排名变化

2012~2021年，中国革命老区481个县市中，排名上升的县市有224个，排名不变的有10个，排名下降的有247个，分别占革命老区县市的46.570%、2.079%、51.351%。在排名上升的224个县市中，有44个县市排名升降达100位及以上，有61个县市排名升降介于50~99位，有86个县市排名升降介于10~49位，其余33个县市排名升降小于10位；排名下降的247个县市中，有41个县市排名升降达100位及以上，有63个县市排名升降介于50~99位，有106个县市排名升降介于10~49位，剩下37个县市排名升降小于10位。总体来看，排名上升、排名下降的县市中，排名升降超过100位的县市分别占比19.643%和16.599%，排名升降介于50~99位的县市分别占比27.232%和25.506%，可见革命老区县市振兴发展度排名变化十分明显。

从革命老区振兴发展度排名变化100位及以上的县市来看（见表3-3），

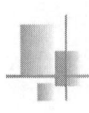

贵州遵义的赤水市排名上升幅度最大，由2012年的389名升至2021年的88名。贵州遵义的习水县、宁夏吴忠的盐池县、贵州遵义的桐梓县以及湖南郴州的宜章县排名上升幅度也超过了200位。排名上升超过100位的县市中，有7个县市位于贵州省，且主要分布在遵义市，尤其是赤水、习水、桐梓3个县市。从排名下降情况来看（见表3-4），排名下降幅度超过200位的有陕西咸阳的泾阳县、陕西汉中的勉县、四川绵阳的江油市、陕西榆林的清涧县，依次下降了254位、234位、206位、206位。排名下降超过100位的县市中，有20个县市位于陕西省，占总县市数量的48.781%，其次是有6个县市位于广西壮族自治区，这些县市振兴发展度排名出现后退主要是由于经济增长和福祉增进相对缓慢。

表3-3　　我国革命老区县市振兴发展度排名上升情况

省份	地级市	县市	2012年 振兴发展度	排名	2021年 振兴发展度	排名	排名变化
贵州省	遵义市	赤水市	0.313	389	0.393	88	+301
贵州省	遵义市	习水县	0.302	433	0.372	217	+216
宁夏回族自治区	吴忠市	盐池县	0.305	421	0.373	209	+212
贵州省	遵义市	桐梓县	0.308	412	0.374	202	+210
湖南省	郴州市	宜章县	0.315	378	0.378	177	+201
湖南省	郴州市	汝城县	0.312	392	0.375	196	+196
江西省	吉安市	井冈山市	0.328	270	0.396	81	+189
湖南省	郴州市	桂东县	0.310	400	0.373	212	+188
河北省	保定市	易县	0.304	429	0.367	249	+180
河北省	石家庄市	平山县	0.304	428	0.366	262	+166
湖北省	黄冈市	麻城市	0.325	305	0.384	139	+166
江西省	吉安市	遂川县	0.318	351	0.377	186	+165
河南省	南阳市	桐柏县	0.316	370	0.374	205	+165
湖北省	恩施土家族苗族自治州	恩施市	0.315	380	0.372	220	+160
河北省	保定市	涞水县	0.308	408	0.367	250	+158
广东省	南雄市	南雄市	0.345	164	0.437	7	+157

续表

省份	地级市	县市	2012年 振兴发展度	排名	2021年 振兴发展度	排名	排名变化
宁夏回族自治区	固原市	隆德县	0.292	454	0.361	301	+153
山西省	晋中市	昔阳县	0.303	431	0.363	283	+148
重庆市	—	秀山土家族苗族自治县	0.326	291	0.381	152	+139
贵州省	铜仁市	石阡县	0.311	397	0.366	258	+139
陕西省	榆林市	绥德县	0.308	411	0.365	272	+139
安徽省	安庆市	岳西县	0.330	255	0.389	117	+138
江西省	吉安市	吉安县	0.330	257	0.389	119	+138
湖南省	张家界市	桑植县	0.314	384	0.368	247	+137
四川省	南充市	仪陇县	0.319	347	0.372	216	+131
湖北省	黄冈市	罗田县	0.324	315	0.377	185	+130
贵州省	黔东南苗族侗族自治州	黎平县	0.318	354	0.371	229	+125
陕西省	榆林市	吴堡县	0.307	414	0.362	290	+124
甘肃省	庆阳市	华池县	0.302	436	0.359	314	+122
安徽省	六安市	舒城县	0.328	271	0.382	151	+120
湖北省	黄冈市	团风县	0.307	413	0.361	294	+119
四川省	广元市	旺苍县	0.319	344	0.371	226	+118
河北省	保定市	涞源县	0.291	458	0.355	342	+116
山西省	晋中市	左权县	0.280	474	0.350	362	+112
福建省	漳州市	平和县	0.351	137	0.416	28	+109
江西省	九江市	修水县	0.345	168	0.403	61	+107
安徽省	安庆市	太湖县	0.321	338	0.370	232	+106
安徽省	六安市	金寨县	0.335	231	0.387	125	+106
四川省	南充市	阆中市	0.332	241	0.384	138	+103
河北省	保定市	阜平县	0.294	450	0.353	348	+102
海南省	—	澄迈县	0.351	132	0.415	30	+102

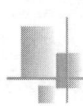

续表

省份	地级市	县市	2012年 振兴发展度	排名	2021年 振兴发展度	排名	排名变化
宁夏回族自治区	固原市	泾源县	0.290	460	0.351	358	+102
贵州省	遵义市	湄潭县	0.317	365	0.366	264	+101
贵州省	铜仁市	印江土家族苗族自治县	0.321	337	0.370	236	+101

表3-4　我国革命老区县市振兴发展排名下降情况

省份	地级市	县市	2012年 振兴发展度	排名	2021年 振兴发展度	排名	排名变化
陕西省	咸阳市	泾阳县	0.356	95	0.353	349	-254
陕西省	汉中市	勉县	0.346	160	0.346	394	-234
四川省	绵阳市	江油市	0.357	89	0.361	295	-206
陕西省	榆林市	清涧县	0.330	253	0.330	459	-206
陕西省	咸阳市	三原县	0.343	177	0.348	375	-198
广西壮族自治区	百色市	田林县	0.330	260	0.331	456	-196
陕西省	安康市	平利县	0.352	127	0.359	320	-193
河南省	安阳市	安阳县	0.356	96	0.362	288	-192
陕西省	安康市	汉阴县	0.329	261	0.332	449	-188
云南省	文山壮族苗族自治州	富宁县	0.338	209	0.348	378	-169
广东省	梅州市	五华县	0.433	2	0.379	170	-168
陕西省	咸阳市	彬州市	0.339	201	0.349	369	-168
云南省	文山壮族苗族自治州	文山市	0.333	239	0.344	401	-162
陕西省	安康市	岚皋县	0.350	141	0.361	299	-158
陕西省	安康市	紫阳县	0.326	296	0.333	448	-152
陕西省	延安市	甘泉县	0.340	189	0.355	340	-151

续表

省份	地级市	县市	2012年 振兴发展度	排名	2021年 振兴发展度	排名	排名变化
安徽省	铜陵市	枞阳县	0.342	184	0.357	331	-147
福建省	漳州市	华安县	0.358	81	0.371	225	-144
陕西省	安康市	白河县	0.328	275	0.341	417	-142
陕西省	汉中市	洋县	0.334	235	0.349	371	-136
云南省	文山壮族苗族自治州	广南县	0.328	269	0.344	402	-133
陕西省	榆林市	米脂县	0.327	278	0.343	406	-128
陕西省	延安市	子长市	0.351	134	0.366	261	-127
陕西省	榆林市	佳县	0.324	312	0.335	436	-124
四川省	南充市	营山县	0.349	147	0.365	270	-123
陕西省	安康市	旬阳市	0.327	284	0.343	405	-121
广西壮族自治区	百色市	凌云县	0.323	328	0.333	446	-118
安徽省	六安市	霍邱县	0.325	300	0.342	410	-110
云南省	文山壮族苗族自治州	麻栗坡县	0.326	297	0.343	404	-107
河南省	驻马店市	汝南县	0.334	238	0.354	344	-106
广西壮族自治区	崇左市	宁明县	0.336	224	0.357	330	-106
广西壮族自治区	百色市	西林县	0.324	309	0.342	414	-105
陕西省	延安市	富县	0.345	166	0.365	271	-105
河北省	邯郸市	磁县	0.315	377	0.310	479	-102
广西壮族自治区	百色市	那坡县	0.326	289	0.346	390	-101
陕西省	延安市	延长县	0.336	222	0.358	323	-101
陕西省	商洛市	柞水县	0.321	336	0.335	437	-101
山西省	阳泉市	盂县	0.335	232	0.357	332	-100
河南省	驻马店市	正阳县	0.331	245	0.354	345	-100
广西壮族自治区	河池市	天峨县	0.353	115	0.372	215	-100
陕西省	商洛市	商南县	0.338	212	0.360	312	-100

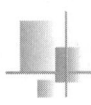

二、革命老区市辖区振兴发展前 20 强及排名变化

(一) 革命老区市辖区振兴发展前 20 强

从图 3-3 来看，2012 年和 2021 年我国革命老区市辖区振兴发展度始终位列前 20 强的有昌平区、门头沟区、莲都区、房山区、惠阳区、黄陂区、新罗区、惠城区、武陵区、新洲区、兰山区、渝水区等 12 个区。除鹤山区外，上述其他区在 2012 年和 2021 年的振兴发展度排名均处于 30 强内。从 2021 年市辖区前 20 强的演变来看，与 2012 年相比，房山区始终保持在 4 名，新罗区始终保持在第 8 名；排名下降的有 3 个区，其中武陵区、渝水区均下降了 1 名，惠阳区下降了 5 名；排名前进的市辖区有 15 个，其中门头沟区前进了 1 名，莲都区前进了 3 名，昌平区、惠城区、广丰区均前进了 4 名，新洲区、梅县区均前进了 5 名，黄陂区前进了 7 名，兰山区、琼山区、榆阳区均前进了 8 名，红花岗区、右江区、汇川区分别前进了 9 名、10 名、10 名，鹤山区前进了 68 名。

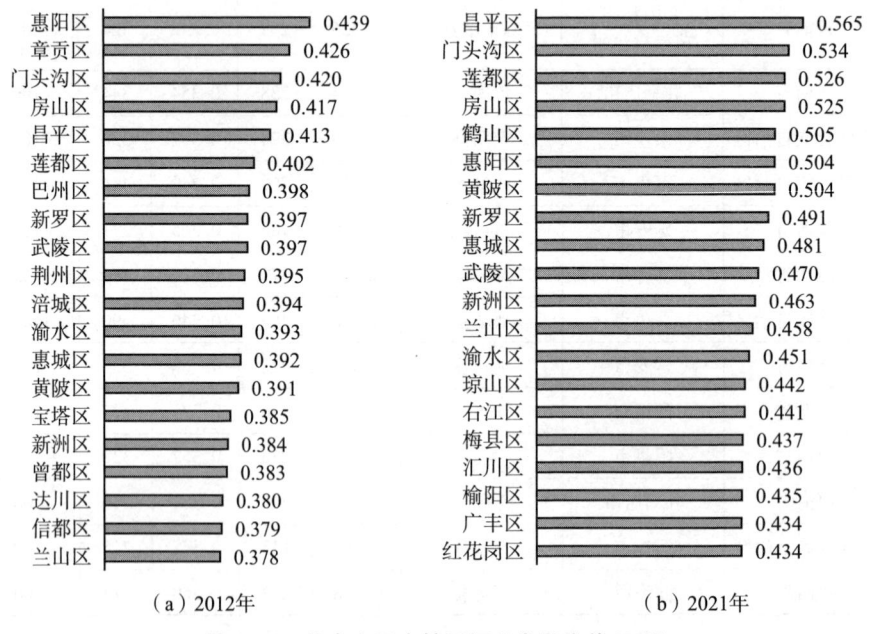

(a) 2012 年

区	值
惠阳区	0.439
章贡区	0.426
门头沟区	0.420
房山区	0.417
昌平区	0.413
莲都区	0.402
巴州区	0.398
新罗区	0.397
武陵区	0.397
荆州区	0.395
涪城区	0.394
渝水区	0.393
惠城区	0.392
黄陂区	0.391
宝塔区	0.385
新洲区	0.384
曾都区	0.383
达川区	0.380
信都区	0.379
兰山区	0.378

(b) 2021 年

区	值
昌平区	0.565
门头沟区	0.534
莲都区	0.526
房山区	0.525
鹤山区	0.505
惠阳区	0.504
黄陂区	0.504
新罗区	0.491
惠城区	0.481
武陵区	0.470
新洲区	0.463
兰山区	0.458
渝水区	0.451
琼山区	0.442
右江区	0.441
梅县区	0.437
汇川区	0.436
榆阳区	0.435
广丰区	0.434
红花岗区	0.434

图 3-3 革命老区市辖区振兴发展度前 20 强

从省域分布来看，2012 年我国革命老区前 10 强的市辖区中，北京市占据 3 个，即北京市的革命老区市辖区全部位列前 10，浙江省、四川省、江西省、湖南省、湖北省、广东省和福建省分别占据 1 个；第 11～20 强的市辖区中，湖北省占据 3 个，四川省占据 2 个，陕西省、山东省、江西省、河北省、广东省各占据 1 个。前 20 强中，占据席位最多的是湖北省（4 个），其次是四川省和北京市（各 3 个），江西省、广东省（各 2 个），浙江省、陕西省、山东省、湖南省、河北省、福建省（各 1 个），其他省份在前 20 强中未占据席位。2021 年我国革命老区前 10 强的市辖区中，北京市占据 3 个，广东省占据 2 个，浙江省、湖南省、湖北省、河南省、福建省各占据 1 个；第 11～20 强的市辖区中，江西省、贵州省各占据 2 个，陕西省、山东省、湖北省、海南省、广西壮族自治区、广东省各占据 1 个。前 20 强中，占据席位最多的是北京市和广东省（各 3 个），其次是江西省、湖北省、贵州省（各 2 个），浙江省、陕西省、山东省、湖南省、河南省、海南省、广西壮族自治区、福建省（各 1 个），其他省份在前 20 强中未占据席位。从 2012 年到 2012 年，和县市相比，革命老区市辖区的振兴发展度前 20 强在省域上的分布更分散。但需要指出的是，2012 年和 2021 年北京市的 3 个区均进入了革命老区振兴发展度前 10 强。

2021 年振兴发展度前 20 强的我国革命老区市辖区在分项排名方面存在较大差异。尤其是前 10 强的市辖区，其居民生活水平均较高（除鹤山区外），但生态环境质量普遍一般（除莲都区外）。具体从表 3-5 来看，位列第 1 的昌平区，其居民生活维度位列首位，公共服务维度位列第 3，经济发展和红色基因维度也在前 10 名。门头沟区振兴发展度排在第 2 位，主要得益于其公共服务、红色基因和居民生活水平较高。莲都区振兴发展度排在第 3 位，其各维度值均较高。房山区振兴发展度排名第 4，除生态环境质量外，其他维度均处于较高水平。鹤山区振兴发展度排在第 5 位，存在红色基因和生态环境的短板，但其公共服务位列市辖区第 1。惠阳区振兴发展度位列第 6，其经济发展、居民生活和公共服务维度的得分较高。黄陂区振兴发展度位列第 7，除生态环境位列 45 名外，其他维度均位于革命老区市辖区的前 15 名。新罗区的振兴发展度位列第 8，其经济发展水平位列各市辖区第 3 位。惠城区振兴发展度位列第 9，其居民生活和经济发展水平居于各市辖区

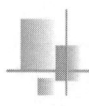

前10。武陵区振兴发展度位列第10，其公共服务水平较低，红色基因和生态环境得分也仅处于中等水平，但其居民生活和经济发展分别位居第4和第7。位列第11~15强的各市辖区中，新洲区的经济发展位列前10，但其生态环境是短板。兰山区振兴发展度位列第12，红色基因和经济发展排名前10。渝水区除公共服务水平外，其他维度均保持较高水平。琼山区振兴发展度位列第14，红色基因和生态环境维度排名前10位。右江区振兴发展度位列第15。位列第16~20强的市辖区也均存在一些优势领域和短板，尤其是榆阳区，其经济发展水平位居市辖区首位，但其居民生活水平位居第109位，经济发展的居民福祉效应弱。

具体从市辖区振兴发展度的各维度来看（见表3-6），2020年振兴发展度前20强的市辖区中，昌平区各分项振兴发展度排名均前移，尤其是红色基因维度排名提升了30名，带动昌平区由第5名升至第1名。莲都区居民生活维度排名前进了109名，其他维度变化幅度较小。鹤山区公共服务维度由第42名提升至第1名。惠阳区除红色基因维度排名提升外，其他维度均保持排名不变或下降，其排名下降。黄陂区振兴发展度的提升主要由于公共服务和经济发展排名前移。新罗区居民生活维度排名上升，而红色基因维度排名下降，使得其振兴发展度排名不变。惠城区振兴发展度排名提升得益于其红色基因和居民生活维度排名前移。武陵区红色基因维度排名下降29名，导致其振兴发展度排名有所下降。新洲区经济发展、居民生活和公共服务领域排名前移，但红色基因和生态环境领域排名后移。兰山区排名提升主要得益于红色基因维度排名的提升。渝水区除居民生活外，其他维度排名均有所下降，导致其振兴发展排名下降。琼山区振兴发展度排名上升得益于其红色基因维度和居民生活维度排名前移。右江区、梅县区排名的提升分别源于其公共服务水平、红色基因传承度的提升。汇川区振兴发展度排名提升与其红色基因维度和居民生活维度排名前移有关。尽管榆阳区居民生活领域的振兴发展度排名大幅下降，但其经济发展排名居各市辖区之首。广丰区振兴发展度排名上升主要得益于经济发展、居民生活和公共服务水平的提升。红花岗区红色基因维度和居民生活维度排名的提升推动其振兴发展水平提升。

第三章 基于县域的中国革命老区振兴发展成效评价

表 3-5　2021 年中国革命老区市辖区振兴发展度前 20 强

区域	省份	地级市	区		振兴发展度	红色基因	生态环境	经济发展	居民生活	公共服务
太行革命老区	北京市	—	昌平区	得分	0.565	0.435	0.688	0.482	0.819	0.487
				排名	1	6	28	8	1	3
太行革命老区	北京市	—	门头沟区	得分	0.534	0.498	0.689	0.189	0.707	0.526
				排名	2	3	27	59	7	2
浙西南革命老区	浙江省	丽水市	莲都区	得分	0.526	0.407	0.734	0.284	0.749	0.438
				排名	3	18	4	19	3	4
太行革命老区	北京市	—	房山区	得分	0.525	0.500	0.646	0.347	0.745	0.383
				排名	4	2	42	13	5	5
太行革命老区	河南省	鹤壁市	鹤山区	得分	0.505	0.300	0.587	0.239	0.572	1.000
				排名	5	99	83	34	34	1
海陆丰革命老区	广东省	惠州市	惠阳区	得分	0.504	0.388	0.637	0.541	0.721	0.251
				排名	6	25	50	4	6	8
大别山革命老区	湖北省	武汉市	黄陂区	得分	0.504	0.419	0.639	0.542	0.696	0.174
				排名	7	15	45	2	9	13
赣闽粤原中央苏区	福建省	龙岩市	新罗区	得分	0.491	0.397	0.673	0.542	0.686	0.105
				排名	8	23	35	3	10	50

47

续表

区域	省份	地级市	区		振兴发展度	红色基因	生态环境	经济发展	居民生活	公共服务
海陆丰革命老区	广东省	惠州市	惠城区	得分	0.481	0.319	0.685	0.464	0.788	0.116
				排名	9	72	30	9	2	39
湘鄂渝黔革命老区	湖南省	常德市	武陵区	得分	0.470	0.334	0.617	0.491	0.748	0.047
				排名	10	49	59	7	4	106
大别山革命老区	湖北省	武汉市	新洲区	得分	0.463	0.363	0.600	0.450	0.660	0.148
				排名	11	34	70	10	12	19
沂蒙革命老区	山东省	临沂市	兰山区	得分	0.458	0.443	0.574	0.527	0.545	0.055
				排名	12	5	92	6	49	99
赣闽粤原中央苏区	江西省	新余市	渝水区	得分	0.451	0.401	0.674	0.394	0.614	0.053
				排名	13	21	34	11	17	103
琼崖革命老区	海南省	海口市	琼山区	得分	0.442	0.428	0.732	0.183	0.534	0.142
				排名	14	10	6	62	59	22
左右江革命老区	广西壮族自治区	百色市	右江区	得分	0.441	0.315	0.727	0.216	0.539	0.335
				排名	15	80	7	44	53	6
赣闽粤原中央苏区	广东省	梅州市	梅县区	得分	0.437	0.403	0.724	0.174	0.605	0.113
				排名	16	20	9	66	19	43

续表

区域	省份	地级市	区		振兴发展度	红色基因	生态环境	经济发展	居民生活	公共服务
湘鄂渝黔革命老区	贵州省	遵义市	汇川区	得分	0.436	0.426	0.707	0.218	0.540	0.095
				排名	17	12	22	43	52	58
陕甘宁革命老区	陕西省	榆林市	榆阳区	得分	0.435	0.379	0.558	0.557	0.367	0.188
				排名	18	29	98	1	109	10
赣闽粤原中央苏区	江西省	上饶市	广丰区	得分	0.434	0.364	0.714	0.281	0.573	0.088
				排名	19	33	14	20	33	61
湘鄂渝黔革命老区	贵州省	遵义市	红花岗区	得分	0.434	0.431	0.693	0.224	0.551	0.104
				排名	20	8	26	40	47	51

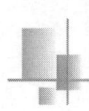

表3-6　2021年革命老区市辖区振兴发展度前20强演变

维度	市辖区	昌平区	门头沟区	莲都区	房山区	鹤山区	惠阳区	黄陂区	新罗区	惠城区	武陵区
振兴发展度	2012年	5	3	6	4	73	1	14	8	13	9
	2021年	1	2	3	4	5	6	7	8	9	10
	排名变化	+4	+1	+3	0	+68	-5	+7	0	+4	-1
红色基因	2012年	36	19	14	3	94	73	8	9	83	20
	2021年	6	3	18	2	99	25	15	23	72	49
	排名变化	+30	+16	-4	+1	-5	+48	-7	-14	+11	-29
生态环境	2012年	35	31	3	46	91	36	47	30	23	58
	2021年	28	27	4	42	83	50	45	35	30	59
	排名变化	+7	+4	-1	+4	+8	-14	+2	-5	-7	-1
经济发展	2012年	9	69	23	14	27	1	11	5	6	3
	2021年	8	59	19	13	34	4	2	3	9	7
	排名变化	+1	+10	+4	+1	-7	-3	+9	+2	-3	-4
居民生活	2012年	4	7	112	5	22	6	18	28	10	11
	2021年	1	7	3	5	34	6	9	10	2	4
	排名变化	+3	0	+109	0	-12	0	+9	+18	+8	+7
公共服务	2012年	7	5	2	8	42	4	53	49	17	106
	2021年	3	2	4	5	1	8	13	50	39	106
	排名变化	+4	+3	-2	+3	+41	-4	+40	-1	-22	0

续表

维度	市辖区	新洲区	兰山区	渝水区	琼山区	右江区	梅县区	汇川区	榆阳区	广丰区	红花岗区
振兴发展度	2012年	16	20	12	22	25	21	27	26	23	29
	2021年	11	12	13	14	15	16	17	18	19	20
	排名变化	+5	+8	−1	+8	+10	+5	+10	+8	+4	+9
红色基因	2012年	18	27	11	46	57	52	41	17	16	26
	2021年	34	5	21	10	80	20	12	29	33	8
	排名变化	−16	+22	−10	+36	−23	+32	+29	−12	−17	+18
生态环境	2012年	66	88	32	1	6	10	18	93	17	25
	2021年	70	92	34	6	7	9	22	98	14	26
	排名变化	−4	−4	−2	−5	−1	+1	−4	−5	+3	−1
经济发展	2012年	15	4	7	70	56	48	18	19	44	17
	2021年	10	6	11	62	44	66	43	1	20	40
	排名变化	+5	−2	−4	+8	+12	−18	−25	+18	+24	−23
居民生活	2012年	21	19	44	87	37	16	76	9	65	77
	2021年	12	49	17	59	53	19	52	109	33	47
	排名变化	+9	−30	+27	+28	−16	−3	+24	−100	+32	+30
公共服务	2012年	21	93	54	16	78	62	47	29	75	40
	2021年	19	99	103	22	6	43	58	10	61	51
	排名变化	+2	−6	−49	−6	+72	+19	−11	+19	+14	−11

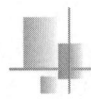

(二) 革命老区市辖区振兴发展排名变化

2012~2021年，中国革命老区112个市辖区中，排名上升的市辖区有58个，排名不变的有7个，排名下降的有47个，分别占革命老区市辖区的51.786%、6.250%、41.964%。在排名上升的58个市辖区中，有9个市辖区排名上升达30名及以上，有19个市辖区排名上升介于10~29位，有30个市辖区排名上升小于10位；排名下降的47个市辖区中，有10个市辖区排名下降达30位及以上，有17个市辖区排名下降介于10~29位，有20个市辖区排名下降小于10位。总体来看，排名升降超过30的市辖区占比16.964%，排名升降小于10位的市辖区占比50.893%，可见革命老区市辖区振兴发展度也存在排名变化，但变化幅度小于县市。

从革命老区振兴发展度排名升降达30位及以上的市辖区来看（见表3-7），排名上升幅度最大的区是河南鹤壁的鹤山区，排名上升了68位，其次是福建漳州的龙海区，上升了57位；如表3-8所示，排名下降幅度最大的区是陕西延安的宝塔区，排名下降了53位，其次是河北邢台的信都区，下降了48位。

表3-7　　　　　革命老区市辖区振兴发展排名上升情况

省份	地级市	市辖区	2012年 振兴发展度	排名	2021年 振兴发展度	排名	排名变化
河南省	鹤壁市	鹤山区	0.342	73	0.505	5	+68
福建省	漳州市	龙海区	0.333	79	0.431	22	+57
陕西省	延安市	安塞区	0.342	72	0.427	27	+45
四川省	绵阳市	游仙区	0.344	67	0.417	32	+35
江西省	萍乡市	安源区	0.344	66	0.416	34	+32
安徽省	六安市	金安区	0.345	64	0.417	33	+31
福建省	三明市	三元区	0.327	85	0.402	54	+31
重庆市	—	黔江区	0.313	97	0.390	66	+31
四川省	达州市	通川区	0.342	74	0.408	44	+30

表3-8　　　　　革命老区市辖区振兴发展排名下降情况

省份	地级市	市辖区	2012年 振兴发展度	排名	2021年 振兴发展度	排名	排名变化
陕西省	延安市	宝塔区	0.385	15	0.389	68	-53
河北省	邢台市	信都区	0.379	19	0.390	67	-48
广西壮族自治区	崇左市	江州区	0.358	38	0.381	79	-41
陕西省	汉中市	汉台区	0.346	62	0.343	103	-41
广西壮族自治区	河池市	宜州区	0.359	34	0.385	74	-40
陕西省	铜川市	王益区	0.347	55	0.362	94	-39
湖北省	荆州市	荆州区	0.395	10	0.407	47	-37
四川省	巴中市	恩阳区	0.350	50	0.374	86	-36
江西省	赣州市	章贡区	0.426	2	0.414	37	-35
山西省	长治市	潞城区	0.349	52	0.376	82	-30

第三节　中国革命老区县域振兴发展度区域比较

一、省际差异比较

（一）基于县市层面

从省域来看，由表3-9可知，2012年，各省份革命老区平均振兴发展度介于0.297~0.378，振兴发展度位列前三的省份依次是浙江省、广东省和福建省。2021年，各省份革命老区平均振兴发展度介于0.333~0.423，振兴发展度位列前三的省份依次为浙江省、福建省和海南省。与2012年相比，2021年各省份的振兴发展度均得到提升，增速介于5.824%~16.391%，其中增速最快的3个省份依次是宁夏回族自治区、河北省和重庆市，增速超过10%的省份达16个。从其排名变化来看（见表3-9），2012~2021年，浙江省、湖北省、河南省、山西省的排名未发生变化，分别位列

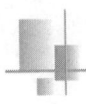

第 1、第 7、第 12 和第 18 名；排名上升的省份有 9 个，其中重庆市排名上升最多，其次是贵州省、湖南省、宁夏回族自治区；排名下降的省份有 7 个，排名下降最多的省份是云南省，其次是陕西省、广东省。

表 3-9　　革命老区县市振兴发展度的省际比较

省份	县市个数	2012 年 振兴发展度	排名	2021 年 振兴发展度	排名	排名变化
安徽省	13	0.330	11	0.368	10	+1
福建省	32	0.358	3	0.402	2	+1
甘肃省	14	0.300	19	0.333	20	-1
广东省	19	0.361	2	0.389	5	-3
广西壮族自治区	27	0.328	13	0.357	15	-2
贵州省	38	0.318	16	0.362	13	+3
海南省	12	0.352	4	0.396	3	+1
河北省	22	0.305	17	0.348	16	+1
河南省	28	0.329	12	0.363	12	0
湖北省	38	0.339	7	0.377	7	0
湖南省	34	0.334	9	0.379	6	+3
江西省	47	0.352	5	0.390	4	+1
宁夏回族自治区	10	0.297	20	0.345	17	+3
山东省	15	0.339	6	0.375	8	-2
山西省	27	0.304	18	0.345	18	0
陕西省	55	0.334	10	0.357	14	-4
四川省	24	0.336	8	0.373	9	-1
云南省	8	0.326	14	0.345	19	-5
浙江省	13	0.378	1	0.423	1	0
重庆市	5	0.322	15	0.366	11	+4

（二）基于市辖区层面

由表 3-10 可知，2012 年，各省份革命老区平均振兴发展度介于 0.258~0.417，振兴发展度位列前三的省份依次是北京市、浙江省和海南省。2021

年，各省份革命老区平均振兴发展度介于 0.306～0.542，振兴发展度位列前三的省份依然为北京市、浙江省和海南省。与 2012 年相比，2021 年各省份平均振兴发展度均上升，增速介于 9.254%～30.846%，除陕西省外，其他 19 个省份增速都高于 10%，其中有 5 个省份增速超过 20%，依次是浙江省、北京市、重庆市、河南省和福建省。

从省级革命老区平均振兴发展度排名变化来看（见表 3-10），2012～2021 年，北京市、浙江省、海南省、四川省、安徽省、宁夏回族自治区和甘肃省的排名未变化，分别位列第 1、第 2、第 3、第 13、第 14、第 19 和第 20 名，排名不变的省份占比达 35%；排名上升的省份有 6 个，其中河南省排名上升最多，上升了 5 名，其次是重庆市、福建省均上升了 3 名；排名下降的省份有 7 个，排名下降最多的省份是广西壮族自治区，下降了 5 个名次，其次是河北省，下降了 4 个名次。

表 3-10　　　　中国革命老区市辖区振兴发展的省际比较

省份	市辖区个数	2012 年 振兴发展度	排名	2021 年 振兴发展度	排名	排名变化
安徽省	6	0.339	14	0.392	14	0
北京市	3	0.417	1	0.542	1	0
福建省	8	0.355	9	0.426	6	+3
甘肃省	2	0.258	20	0.306	20	0
广东省	7	0.373	5	0.435	4	+1
广西壮族自治区	5	0.357	7	0.397	12	-5
贵州省	5	0.355	10	0.414	8	+2
海南省	1	0.376	3	0.442	3	0
河北省	5	0.342	12	0.378	16	-4
河南省	6	0.333	16	0.410	11	+5
湖北省	7	0.374	4	0.431	5	-1
湖南省	4	0.358	6	0.421	7	-1
江西省	12	0.356	8	0.412	10	-2
宁夏回族自治区	4	0.290	19	0.341	19	0

续表

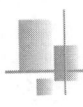

省份	市辖区个数	2012年 振兴发展度	排名	2021年 振兴发展度	排名	排名变化
山东省	3	0.353	11	0.412	9	+2
山西省	8	0.324	17	0.362	18	-1
陕西省	11	0.335	15	0.366	17	-2
四川省	13	0.339	13	0.392	13	0
浙江省	1	0.402	2	0.526	2	0
重庆市	1	0.313	18	0.390	15	+3

二、区域差异比较

(一) 革命老区县市振兴发展度的区域比较

我国革命老区划分为12个重点连片革命老区。由表3-11可知，12个重点连片革命老区振兴发展度介于0.310~0.378，相较省级层面，革命老区之间振兴发展度的差异更小。2012年振兴发展度位列前三的革命老区依次是浙西南革命老区、海陆丰革命老区和赣闽粤原中央苏区，从地理位置来看，上述三个革命老区主要位于江西省、广东省、浙江省。2021年，这些革命老区的振兴发展度介于0.351~0.423，振兴发展度最高的三个革命老区依次是浙西南革命老区、湘赣边界革命老区和琼崖革命老区。与2012年相比，2021年湘赣边界革命老区、太行革命老区、湘鄂渝黔革命老区、琼崖革命老区增速较高，海陆丰革命老区、川陕革命老区、左右江革命老区、陕甘宁革命老区增速较低。从革命老区的振兴发展度排名变化来看（见表3-11），2012~2021年，排名上升的有湘赣边界革命老区、湘鄂渝黔革命老区、琼崖革命老区；排名下降的分别是海陆丰革命老区、川陕革命老区、赣闽粤原中央苏区。

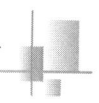

表 3-11　　　　　　　　革命老区县市振兴发展度比较

重点连片革命老区	县市个数	2012 年 振兴发展度	排名	2021 年 振兴发展度	排名	排名变化
川陕革命老区	51	0.332	7	0.361	9	-2
大别山革命老区	49	0.331	8	0.368	8	0
赣闽粤原中央苏区	79	0.356	3	0.395	4	-1
海陆丰革命老区	8	0.359	2	0.387	5	-3
琼崖革命老区	12	0.352	4	0.396	3	+1
陕甘宁革命老区	53	0.320	11	0.351	11	0
太行革命老区	58	0.310	12	0.351	12	0
湘鄂渝黔革命老区	68	0.329	9	0.370	7	+2
湘赣边界革命老区	21	0.347	5	0.397	2	+3
沂蒙革命老区	15	0.339	6	0.375	6	0
浙西南革命老区	13	0.378	1	0.423	1	0
左右江革命老区	54	0.324	10	0.355	10	0

（二）革命老区市辖区振兴发展度的区域比较

由表 3-12 可知，2012 年，12 个重点连片革命老区的振兴发展度介于 0.314~0.402，平均振兴发展度位列前三的依次是浙西南革命老区、海陆丰革命老区和琼崖革命老区。2021 年，各区域革命老区平均振兴发展度介于 0.356~0.526，振兴发展度最高的三个区域依次是浙西南革命老区、琼崖革命老区和海陆丰革命老区。与 2012 年相比，2021 年各革命老区的振兴发展度均上升，增速介于 11.035%~30.794%，其中增速高于 30% 的为浙西南革命老区，增速低于 15% 的区域有左右江革命老区、陕甘宁革命老区和川陕革命老区，其余区域增速介于 15%~18%。

从革命老区的振兴发展度排名变化来看（见表 3-12），2012~2021 年，浙西南革命老区、湘赣边界革命老区、川陕革命老区、陕甘宁革命老区的排名未发生变化，分别位列第 1、第 4、第 11、第 12 名；排名上升的是太行革命老区、琼崖革命老区、赣闽粤原中央苏区、沂蒙革命老区、大别山革命老区和湘鄂渝黔革命老区；左右江革命老区下降了 5 名，海陆丰革命老区下降了 1 名。

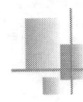

表3–12　　革命老区市辖区振兴发展度比较

重点连片革命老区	市辖区个数	2012年 振兴发展度	排名	2021年 振兴发展度	排名	排名变化
川陕革命老区	17	0.335	11	0.382	11	0
大别山革命老区	14	0.350	9	0.408	8	+1
赣闽粤原中央苏区	19	0.356	6	0.417	5	+1
海陆丰革命老区	5	0.376	2	0.441	3	−1
琼崖革命老区	1	0.376	3	0.442	2	+1
陕甘宁革命老区	13	0.314	12	0.356	12	0
太行革命老区	19	0.345	10	0.406	9	+1
湘鄂渝黔革命老区	12	0.355	7	0.413	6	+1
湘赣边界革命老区	3	0.361	4	0.422	4	0
沂蒙革命老区	3	0.353	8	0.412	7	+1
浙西南革命老区	1	0.402	1	0.526	1	0
左右江革命老区	5	0.357	5	0.397	10	−5

第四章

中国革命老区振兴发展分维评价

根据革命老区振兴发展度的评价指标体系计算得到中国革命老区振兴发展度各维度得分与排序结果，见表4-1至表4-4。

表4-1、表4-2从县市层面综合展示了2012年及2021年12个重点连片革命老区所涉及县（市）所在的20个省（市、区），及其五个维度振兴发展度的平均得分及排名。表4-3、表4-4从市辖区层面综合展示了2012年、2021年12个重点连片革命老区所涉及市辖区所在的20个省（市、区），及其五个维度振兴发展度的平均得分以及排名。可以看到，各省份各维度之间振兴发展度各有优势和不足。本章针对红色基因维度、生态环境维度、经济发展维度、居民生活维度、公共服务维度五个维度的分项得分、排名展开分析并比较2012年与2021年的变化。

表4-1　中国革命老区县市振兴发展度分项得分与排序：2012年

省份	红色基因维度 平均得分	排名	生态环境维度 平均得分	排名	经济发展维度 平均得分	排名	居民生活维度 平均得分	排名	公共服务维度 平均得分	排名
云南省	0.116	20	0.668	9	0.026	18	0.342	3	0.091	20
四川省	0.307	5	0.619	13	0.046	12	0.272	10	0.113	6
宁夏回族自治区	0.172	17	0.543	20	0.034	16	0.249	14	0.155	1
安徽省	0.222	11	0.642	12	0.061	6	0.274	8	0.101	13
山东省	0.332	3	0.573	19	0.106	1	0.315	4	0.092	19
山西省	0.230	10	0.586	17	0.041	13	0.232	16	0.118	5
广东省	0.333	2	0.707	6	0.056	7	0.292	6	0.099	16

续表

省份	红色基因维度 平均得分	排名	生态环境维度 平均得分	排名	经济发展维度 平均得分	排名	居民生活维度 平均得分	排名	公共服务维度 平均得分	排名
广西壮族自治区	0.138	19	0.710	5	0.023	20	0.259	13	0.100	14
江西省	0.287	6	0.716	2	0.037	14	0.263	12	0.123	4
河北省	0.194	14	0.582	18	0.049	11	0.222	18	0.096	17
河南省	0.264	9	0.586	16	0.075	2	0.289	7	0.106	10
浙江省	0.350	1	0.732	1	0.065	4	0.344	2	0.109	8
海南省	0.277	7	0.712	4	0.056	8	0.272	9	0.108	9
湖北省	0.268	8	0.644	11	0.064	5	0.271	11	0.105	11
湖南省	0.215	12	0.690	7	0.054	9	0.230	17	0.105	12
甘肃省	0.171	18	0.591	15	0.026	19	0.186	20	0.113	7
福建省	0.317	4	0.713	3	0.073	5	0.309	5	0.099	15
贵州省	0.214	13	0.671	8	0.029	17	0.214	19	0.093	18
重庆市	0.172	16	0.666	10	0.035	15	0.244	15	0.140	3
陕西省	0.175	15	0.616	14	0.051	10	0.347	1	0.153	2

表4－2　中国革命老区县市振兴发展度分项得分与排序：2021年

省份	红色基因维度 平均得分	排名	生态环境维度 平均得分	排名	经济发展维度 平均得分	排名	居民生活维度 平均得分	排名	公共服务维度 平均得分	排名
云南省	0.130	20	0.679	10	0.065	17	0.356	14	0.161	17
四川省	0.327	6	0.633	14	0.080	12	0.409	4	0.163	15
宁夏回族自治区	0.262	13	0.554	20	0.130	3	0.344	17	0.257	1
安徽省	0.267	12	0.655	12	0.098	9	0.387	8	0.165	14
山东省	0.354	2	0.595	19	0.131	2	0.424	3	0.141	20
山西省	0.279	11	0.615	15	0.073	15	0.340	19	0.199	8
广东省	0.334	5	0.717	5	0.104	7	0.400	5	0.147	19

续表

省份	红色基因维度 平均得分	排名	生态环境维度 平均得分	排名	经济发展维度 平均得分	排名	居民生活维度 平均得分	排名	公共服务维度 平均得分	排名
广西壮族自治区	0.174	19	0.719	4	0.050	19	0.344	18	0.162	16
江西省	0.320	7	0.729	2	0.078	13	0.379	9	0.204	5
河北省	0.284	10	0.600	18	0.058	18	0.359	13	0.181	11
河南省	0.293	9	0.607	16	0.107	6	0.390	7	0.157	18
浙江省	0.365	1	0.741	1	0.110	5	0.480	1	0.239	3
海南省	0.340	4	0.713	6	0.102	8	0.396	6	0.204	4
湖北省	0.299	8	0.663	11	0.117	4	0.377	10	0.175	13
湖南省	0.255	15	0.713	7	0.098	10	0.369	11	0.199	7
甘肃省	0.204	18	0.602	17	0.043	20	0.314	20	0.182	10
福建省	0.348	3	0.719	3	0.134	1	0.426	2	0.195	8
贵州省	0.258	14	0.690	8	0.067	16	0.345	16	0.181	12
重庆市	0.245	16	0.689	9	0.076	14	0.363	12	0.201	6
陕西省	0.218	17	0.633	13	0.088	11	0.346	15	0.251	2

表4-3　中国革命老区市辖区振兴发展度分项得分与排序：2012年

省份	红色基因维度 平均得分	排名	生态环境维度 平均得分	排名	经济发展维度 平均得分	排名	居民生活维度 平均得分	排名	公共服务维度 平均得分	排名
北京市	0.396	1	0.640	9	0.190	3	0.473	1	0.244	2
四川省	0.329	10	0.589	13	0.112	12	0.301	15	0.051	14
宁夏回族自治区	0.285	17	0.483	19	0.069	20	0.275	16	0.080	8
安徽省	0.303	16	0.601	11	0.090	18	0.337	11	0.046	16
山东省	0.339	6	0.548	16	0.226	1	0.370	7	0.039	18
山西省	0.337	7	0.488	18	0.106	14	0.379	5	0.075	9
广东省	0.319	14	0.641	8	0.219	2	0.393	4	0.088	6

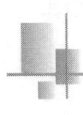

续表

省份	红色基因维度 平均得分	排名	生态环境维度 平均得分	排名	经济发展维度 平均得分	排名	居民生活维度 平均得分	排名	公共服务维度 平均得分	排名
广西壮族自治区	0.335	9	0.692	3	0.087	19	0.359	9	0.032	20
江西省	0.342	4	0.651	7	0.137	9	0.314	13	0.083	7
河北省	0.328	12	0.521	17	0.134	10	0.409	2	0.058	12
河南省	0.328	11	0.559	15	0.126	11	0.354	10	0.033	19
浙江省	0.387	2	0.724	2	0.181	4	0.079	20	0.423	1
海南省	0.341	5	0.740	1	0.103	15	0.310	14	0.100	3
湖北省	0.374	3	0.595	12	0.157	7	0.378	6	0.092	5
湖南省	0.323	13	0.658	5	0.170	6	0.319	12	0.060	10
甘肃省	0.186	20	0.465	20	0.094	17	0.229	19	0.050	15
福建省	0.308	15	0.657	6	0.176	5	0.368	8	0.043	17
贵州省	0.337	8	0.689	4	0.156	8	0.273	17	0.060	11
重庆市	0.198	19	0.616	10	0.101	16	0.252	18	0.093	4
陕西省	0.243	18	0.572	14	0.106	13	0.403	3	0.052	13

表4–4 中国革命老区市辖区振兴发展度分项得分与排序：2021年

省份	红色基因维度 平均得分	排名	生态环境维度 平均得分	排名	经济发展维度 平均得分	排名	居民生活维度 平均得分	排名	公共服务维度 平均得分	排名
北京市	0.478	1	0.674	7	0.339	1	0.757	1	0.465	1
四川省	0.326	14	0.615	13	0.199	10	0.524	12	0.091	17
宁夏回族自治区	0.262	19	0.523	18	0.121	20	0.451	18	0.123	8
安徽省	0.346	9	0.620	11	0.165	14	0.527	11	0.070	20
山东省	0.398	4	0.564	16	0.319	3	0.528	10	0.078	19
山西省	0.339	11	0.518	19	0.154	17	0.519	14	0.094	16
广东省	0.343	10	0.665	10	0.309	4	0.624	3	0.107	12

续表

省份	红色基因维度 平均得分	排名	生态环境维度 平均得分	排名	经济发展维度 平均得分	排名	居民生活维度 平均得分	排名	公共服务维度 平均得分	排名
广西壮族自治区	0.320	15	0.713	3	0.162	16	0.486	16	0.124	7
江西省	0.351	7	0.678	6	0.211	9	0.547	8	0.101	14
河北省	0.326	12	0.552	17	0.133	19	0.550	7	0.112	10
河南省	0.349	8	0.598	14	0.215	8	0.521	13	0.246	3
浙江省	0.407	3	0.734	1	0.284	6	0.749	2	0.438	2
海南省	0.428	2	0.732	2	0.183	12	0.534	9	0.142	4
湖北省	0.373	6	0.617	12	0.306	5	0.582	5	0.104	13
湖南省	0.326	13	0.683	5	0.272	7	0.551	6	0.131	5
甘肃省	0.176	20	0.486	20	0.134	18	0.407	20	0.096	15
福建省	0.319	16	0.674	7	0.324	2	0.607	4	0.086	18
贵州省	0.383	5	0.706	4	0.178	13	0.501	15	0.110	11
重庆市	0.307	17	0.669	9	0.164	15	0.468	17	0.130	6
陕西省	0.286	18	0.590	15	0.191	11	0.408	19	0.114	9

第一节 红色基因维度振兴发展

一、县（市）层面

根据县市数据计算可得，如表 4-5 所示，2012 年浙江省的红色基因维度得分居于全国首位，其次分别是广东省（0.333）、山东省（0.332）、福建省（0.317）、四川省（0.307）。其余 15 个省（市、区）得分均低于 0.300，其中 7 个省（市、区）的得分低于 0.200。2021 年，20 个革命老区省份的红色基因得分都有提升，浙江省以 0.365 的得分使其排名稳居第一，河北省和宁夏回族自治区的排名上升幅度最大，均前移了 4 位；其次，海南省的排名前进了 3 位，从 2012 年排名第 7 提升到 2021 年排名第 4。而广东

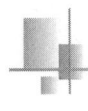

省、湖南省、陕西省的排名则出现了后退，其中广东省和湖南省的排名下降幅度最大，均后退了3名。

表4-5 基于县市的中国革命老区省份红色基因维度的分项得分及其排名变化

省份	2012年 平均得分	2012年 排名	2021年 平均得分	2021年 排名	排名变化
云南省	0.116	20	0.130	20	0
四川省	0.307	5	0.327	6	-1
宁夏回族自治区	0.172	17	0.262	13	+4
安徽省	0.222	11	0.267	12	-1
山东省	0.332	3	0.354	2	+1
山西省	0.230	10	0.279	11	-1
广东省	0.333	2	0.334	5	-3
广西壮族自治区	0.138	19	0.174	19	0
江西省	0.287	6	0.320	7	-1
河北省	0.194	14	0.284	10	+4
河南省	0.264	9	0.293	9	0
浙江省	0.350	1	0.365	1	0
海南省	0.277	7	0.340	4	+3
湖北省	0.268	8	0.299	8	0
湖南省	0.215	12	0.255	15	-3
甘肃省	0.171	18	0.204	18	0
福建省	0.317	4	0.348	3	+1
贵州省	0.214	13	0.258	14	-1
陕西省	0.175	15	0.218	17	-2
重庆市	0.172	16	0.245	16	0

从县市层面来看，20个省（市、区）中有481个革命老区县市。如表4-6所示，2012年全国前20强的县市得分均为0.400以上，湖南省的浏阳市尤为突出，以得分0.563高居首位。此后的第2~6名均属于江西省，分别为弋阳县、宁都县、兴国县、泰和县、铅山县。

表4-6　　中国革命老区红色基因维度振兴发展得分前20强县市：2012年

重点连片革命老区	省份	地级市	县市	得分	排名
湘赣边界革命老区	湖南省	长沙市	浏阳市	0.563	1
赣闽粤原中央苏区	江西省	上饶市	弋阳县	0.454	2
赣闽粤原中央苏区	江西省	赣州市	宁都县	0.444	3
赣闽粤原中央苏区	江西省	赣州市	兴国县	0.440	4
赣闽粤原中央苏区	江西省	吉安市	泰和县	0.430	5
赣闽粤原中央苏区	江西省	上饶市	铅山县	0.426	6
大别山革命老区	湖北省	黄冈市	红安县	0.425	7
琼崖革命老区	海南省	—	文昌市	0.425	8
湘赣边界革命老区	湖南省	岳阳市	平江县	0.423	9
海陆丰革命老区	广东省	汕尾市	海丰县	0.422	10
湘鄂渝黔革命老区	湖北省	—	天门市	0.416	11
川陕革命老区	四川省	绵阳市	三台县	0.415	12
湘鄂渝黔革命老区	湖北省	荆州市	公安县	0.414	13
川陕革命老区	四川省	达州市	渠县	0.414	14
浙西南革命老区	浙江省	温州市	泰顺县	0.410	15
太行革命老区	河南省	安阳市	安阳县	0.408	16
川陕革命老区	四川省	绵阳市	江油市	0.408	17
浙西南革命老区	浙江省	温州市	永嘉县	0.407	18
湘鄂渝黔革命老区	湖北省	荆州市	监利市	0.406	19
琼崖革命老区	海南省	—	万宁市	0.400	20

从全国前20强的县市分布情况可见（如图4-1所示），江西省所占份额最大，为25%，共有5个县市的红色基因维度得分居于全国前20强；而广东省及河南省的所占份额最小，仅为5%，其中广东省的海丰县以0.422的得分居于全国第10名，河南省的安阳县以0.408的得分居于第16名。

2021年，全国前20强县市中有2个县市的红色基因维度得分提升至0.500以上，其中长沙市以0.600的得分遥遥领先，与第20名平阳县拉开了较大的差距，平阳县的得分仅为0.418，详见表4-7。

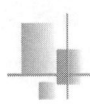

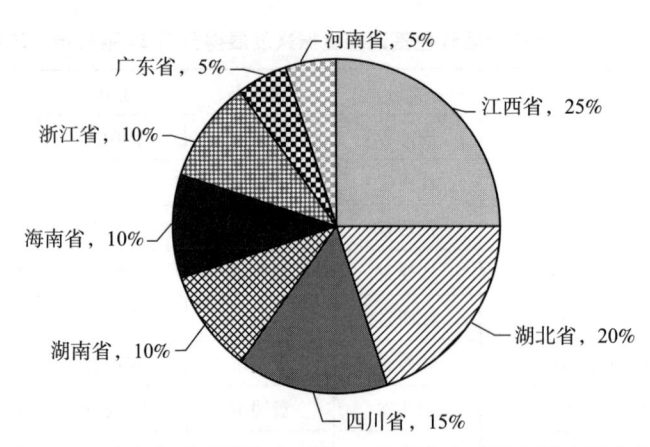

图 4-1　2012 年红色基因维度全国前 20 强革命老区县市的省域分布情况

表 4-7　中国革命老区红色基因维度振兴发展得分前 20 强县市：2021 年

重点连片革命老区	省（市、区）	地级市	县市	得分	排名
湘赣边界革命老区	湖南省	长沙市	浏阳市	0.600	1
湘赣边界革命老区	湖南省	岳阳市	平江县	0.510	2
大别山革命老区	湖北省	黄冈市	红安县	0.496	3
琼崖革命老区	海南省	—	文昌市	0.489	4
琼崖革命老区	海南省	—	万宁市	0.476	5
左右江革命老区	广西壮族自治区	崇左市	凭祥市	0.457	6
赣闽粤原中央苏区	江西省	上饶市	弋阳县	0.444	7
太行革命老区	河北省	邯郸市	武安市	0.443	8
湘赣边界革命老区	江西省	宜春市	万载县	0.442	9
赣闽粤原中央苏区	江西省	赣州市	宁都县	0.441	10
赣闽粤原中央苏区	江西省	赣州市	兴国县	0.439	11
太行革命老区	河南省	安阳市	林州市	0.433	12
赣闽粤原中央苏区	福建省	龙岩市	长汀县	0.429	13
沂蒙革命老区	山东省	临沂市	沂南县	0.425	14
湘鄂渝黔革命老区	贵州省	遵义市	仁怀市	0.425	15
赣闽粤原中央苏区	江西省	吉安市	泰和县	0.424	16
赣闽粤原中央苏区	福建省	龙岩市	上杭县	0.424	17

续表

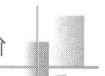

重点连片革命老区	省（市、区）	地级市	县市	得分	排名
浙西南革命老区	浙江省	温州市	泰顺县	0.421	18
琼崖革命老区	海南省	—	琼海市	0.418	19
浙西南革命老区	浙江省	温州市	平阳县	0.418	20

由图4-2可知，各省前20强县市分布如下：江西省（5）、海南省（3）、湖南省（2）、福建省（2）、浙江省（2）、湖北省（1）、广西壮族自治区（1）、河北省（1）、河南省（1）、山东省（1）、贵州省（1）。江西省中有5个县市位于红色基因维度得分前20强，是占比最多省份。

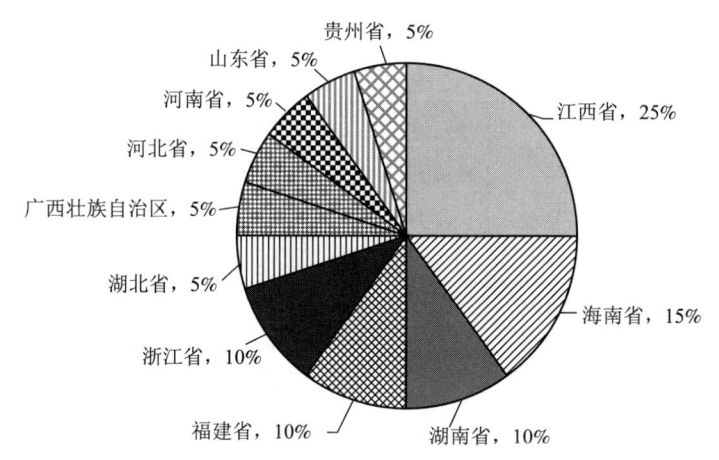

图4-2 2021年红色基因维度全国前20强革命老区县市的省域分布情况

二、市辖区层面

根据市辖区数据计算发现（如表4-8所示），在20个省（市、区）中，北京市在红色资源方面具有明显优势，该市在2012年及2021年中均以较高的优势领先其他省市，其在当年的得分分别为0.396、0.478。从时序层面来看，2012年至2021年间安徽省的名次进步最大，从排名16前进到第9，共上升了7名；广东省也上升了较多名次，从第14名上升至第10名，共上升了4名；也有部分省份出现向下浮动，其中最突出的为广西壮族自治区，排名从第9名到第15名，后退幅度较大。

表4-8 基于市辖区的中国革命老区省份红色基因维度的分项得分与排名

省份	2012年 平均得分	排名	2021年 平均得分	排名	排名变化
北京市	0.396	1	0.478	1	0
四川省	0.329	10	0.326	14	-4
宁夏回族自治区	0.285	17	0.262	19	-2
安徽省	0.303	16	0.346	9	+7
山东省	0.339	6	0.398	4	+2
山西省	0.337	7	0.339	11	-4
广东省	0.319	14	0.343	10	+4
广西壮族自治区	0.335	9	0.320	15	-6
江西省	0.342	4	0.351	7	-3
河北省	0.328	12	0.326	12	0
河南省	0.328	11	0.349	8	+3
浙江省	0.387	2	0.407	3	-1
海南省	0.341	5	0.428	2	+3
湖北省	0.374	3	0.373	6	-3
湖南省	0.323	13	0.326	13	0
甘肃省	0.186	20	0.176	20	0
福建省	0.308	15	0.319	16	-1
贵州省	0.337	8	0.383	5	+3
陕西省	0.243	18	0.286	20	-2
重庆市	0.198	19	0.307	19	0

从全国前20强的市辖区红色基因维度振兴发展度得分可见（如表4-9所示），2012年，共有9个革命老区市辖区的红色基因维度振兴发展得分为0.400以上，四川省的巴州区、达川区分别以0.519、0.508的成绩位列前二。而包括江西省青原区在内的11个革命老区市辖区的得分均在0.400以下，其中武陵区红色基因维度的振兴发展度得分为0.375，居于第20名。

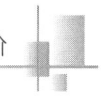

表 4-9　中国革命老区红色基因维度振兴发展得分前 20 强市辖区：2012 年

重点连片革命老区	省份	地级市	市辖区	得分	排名
川陕革命老区	四川省	巴中市	巴州区	0.519	1
川陕革命老区	四川省	达州市	达川区	0.508	2
太行革命老区	北京市	—	房山区	0.461	3
赣闽粤原中央苏区	江西省	赣州市	赣县区	0.427	4
川陕革命老区	四川省	绵阳市	涪城区	0.413	5
大别山革命老区	湖北省	随州市	曾都区	0.408	6
湘鄂渝黔革命老区	贵州省	遵义市	播州区	0.403	7
大别山革命老区	湖北省	武汉市	黄陂区	0.401	8
赣闽粤原中央苏区	福建省	龙岩市	新罗区	0.401	9
赣闽粤原中央苏区	江西省	吉安市	青原区	0.397	10
赣闽粤原中央苏区	江西省	新余市	渝水区	0.395	11
陕甘宁革命老区	陕西省	延安市	宝塔区	0.392	12
大别山革命老区	湖北省	黄冈市	黄州区	0.389	13
浙西南革命老区	浙江省	丽水市	莲都区	0.387	14
太行革命老区	山西省	阳泉市	郊区	0.387	15
赣闽粤原中央苏区	江西省	上饶市	广丰区	0.383	16
陕甘宁革命老区	陕西省	榆林市	榆阳区	0.381	17
大别山革命老区	湖北省	武汉市	新洲区	0.381	18
太行革命老区	北京市	—	门头沟区	0.381	19
湘鄂渝黔革命老区	湖南省	常德市	武陵区	0.375	20

从全国前 20 强的市辖区分布情况可见（如图 4-3 所示），前 20 强市辖区分布在 10 个省份，其中，江西省和湖北省的所占份额最大，为 20%，而山西省、福建省、贵州省、浙江省及湖南省这 5 个省份的所占份额最小，仅有 5% 的份额。

截至 2021 年，如表 4-10 所示，前 20 强市辖区的红色基因得分均高于 0.400。四川省巴州区的红色基因得分从 0.519 提升到 0.549，稳居第一；其次得分从高到低依次是北京市房山区（0.500）、门头沟区（0.498）、陕西省宝塔区（0.453）、山东省兰山区（0.443）。

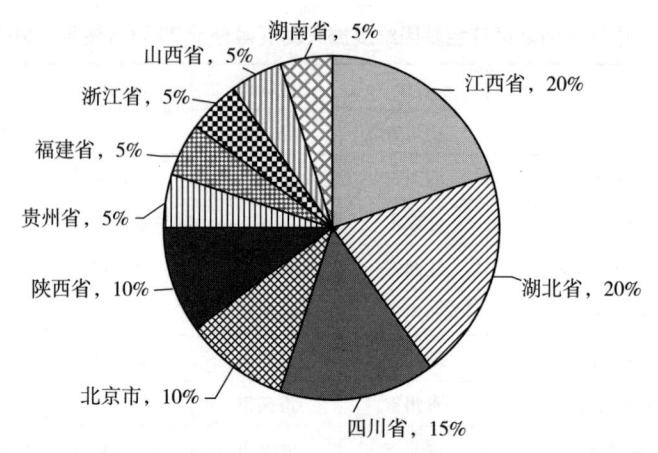

图 4-3　2012 年红色基因维度全国前 20 强革命老区市辖区的省域分布情况

表 4-10　中国革命老区市辖区振兴发展红色基因维度得分前 20 强：2021 年

重点连片革命老区	省份	地级市	市辖区	得分	排名
川陕革命老区	四川省	巴中市	巴州区	0.549	1
太行革命老区	北京市	—	房山区	0.500	2
太行革命老区	北京市	—	门头沟区	0.498	3
陕甘宁革命老区	陕西省	延安市	宝塔区	0.453	4
沂蒙革命老区	山东省	临沂市	兰山区	0.443	5
太行革命老区	北京市	—	昌平区	0.435	6
赣闽粤原中央苏区	江西省	赣州市	赣县区	0.433	7
湘鄂渝黔革命老区	贵州省	遵义市	红花岗区	0.431	8
湘鄂渝黔革命老区	贵州省	遵义市	播州区	0.429	9
琼崖革命老区	海南省	海口市	琼山区	0.428	10
大别山革命老区	河南省	信阳市	浉河区	0.428	11
湘鄂渝黔革命老区	贵州省	遵义市	汇川区	0.426	12
川陕革命老区	四川省	达州市	达川区	0.425	13
大别山革命老区	安徽省	六安市	金安区	0.421	14
大别山革命老区	湖北省	武汉市	黄陂区	0.419	15
沂蒙革命老区	山东省	临沂市	河东区	0.419	16
赣闽粤原中央苏区	江西省	吉安市	青原区	0.415	17

续表

重点连片革命老区	省份	地级市	市辖区	得分	排名
浙西南革命老区	浙江省	丽水市	莲都区	0.407	18
大别山革命老区	湖北省	随州市	曾都区	0.407	19
赣闽粤原中央苏区	广东省	梅州市	梅县区	0.403	20

从全国前20强的市辖区分布情况可见（如图4-4所示），前20强的12个省份中北京市、贵州省占据席位最多，共占据了15%的份额，而包括浙江省在内的6个省在红色基因维度得分的全国前20强中占据份额最少，仅为5%。

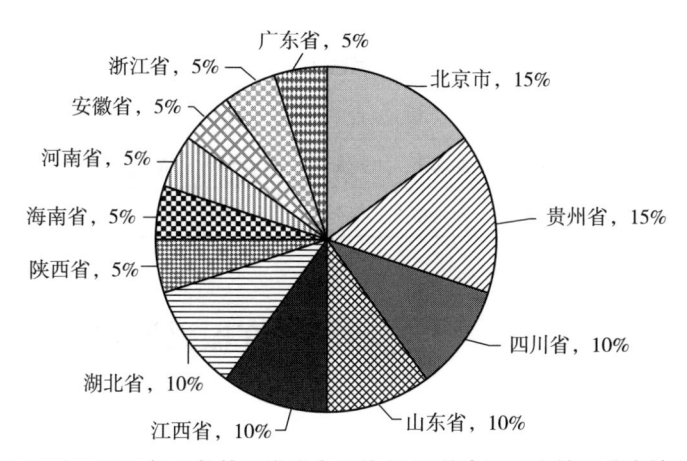

图4-4　2021年红色基因维度全国前20强革命老区市辖区分布情况

如表4-11所示，2012年及2021年均保持全国前20强的市辖区共有11个。其中，在此期间，北京门头沟区红色基因维度得分排名的变化幅度最大，该市辖区的得分从0.381增至0.498，排名从第19名上升至第3名，排名共上升了16名；其次是湖北省的曾都区，该市辖区的红色基因得分从0.408下降至0.407，排名也随之从第6名下降至第19名，排名共下降了13名，红色基因维度的振兴发展水平大大下降。

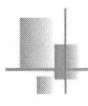

表4-11　中国革命老区市辖区振兴发展红色基因维度得分前20强：
2012年与2021年

重点连片革命老区	省份	地级市	市辖区	2012年得分	2012年排名	2021年得分	2021年排名	排名变化
川陕革命老区	四川省	巴中市	巴州区	0.519	1	0.549	1	0
太行革命老区	北京市	—	房山区	0.461	3	0.500	2	+1
太行革命老区	北京市	—	门头沟区	0.381	19	0.498	3	+16
陕甘宁革命老区	陕西省	延安市	宝塔区	0.392	12	0.453	4	+8
赣闽粤原中央苏区	江西省	赣州市	赣县区	0.427	4	0.433	7	-3
湘鄂渝黔革命老区	贵州省	遵义市	播州区	0.403	7	0.429	9	-2
川陕革命老区	四川省	达州市	达川区	0.508	2	0.425	13	-11
大别山革命老区	湖北省	武汉市	黄陂区	0.401	8	0.419	15	-7
赣闽粤原中央苏区	江西省	吉安市	青原区	0.397	10	0.415	17	-7
浙西南革命老区	浙江省	丽水市	莲都区	0.387	14	0.407	18	-4
大别山革命老区	湖北省	随州市	曾都区	0.408	6	0.407	19	-13

第二节　生态环境维度振兴发展

一、县（市）层面

根据县市数据计算的生态环境维度得分来看（如表4-12所示），2012年，浙江省以0.732的分数居于首位，江西省（0.716）、福建省（0.713）、海南省（0.712）、广西壮族自治区（0.710）、广东省（0.707）的得分也均在0.700以上。2021年各县市生态环境平均得分的排名变动幅度很小。其中，山西省生态环境得分排名的上升幅度最大，但也只是提升了2个位次，而海南、甘肃的排名下降了2个位次。

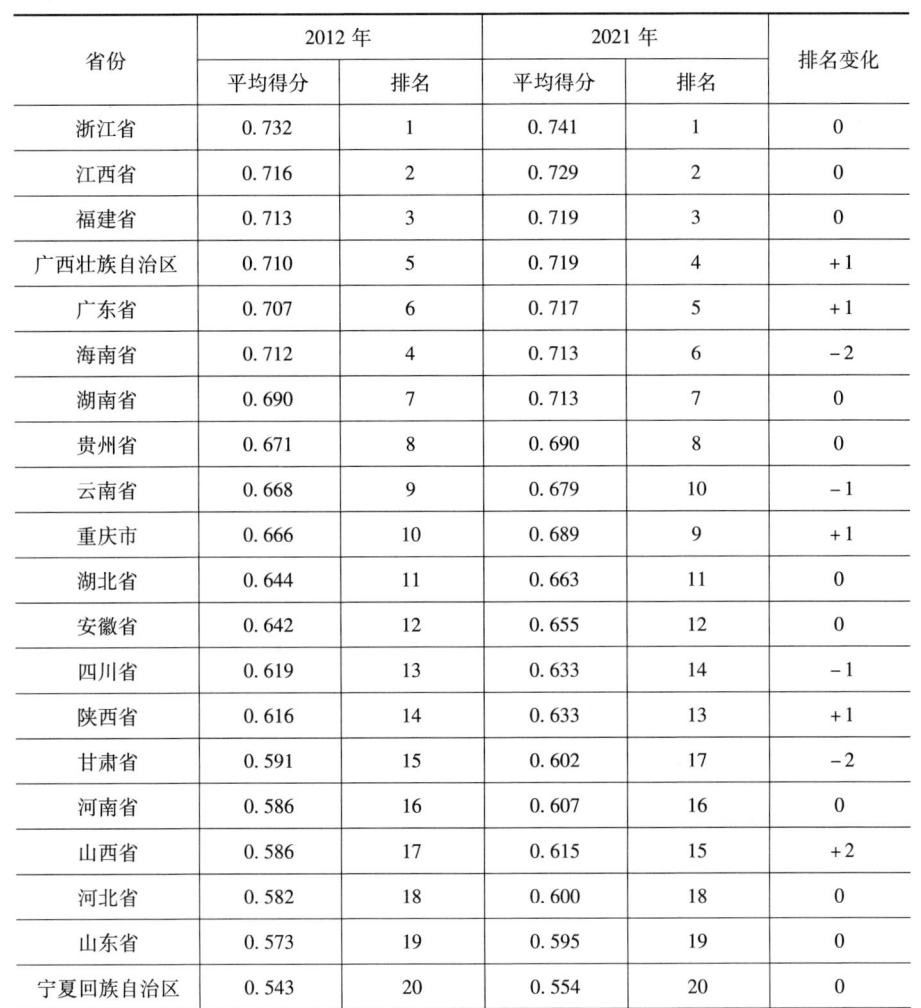

表 4-12　基于县市的中国革命老区省份生态环境维度得分及排名

省份	2012 年 平均得分	排名	2021 年 平均得分	排名	排名变化
浙江省	0.732	1	0.741	1	0
江西省	0.716	2	0.729	2	0
福建省	0.713	3	0.719	3	0
广西壮族自治区	0.710	5	0.719	4	+1
广东省	0.707	6	0.717	5	+1
海南省	0.712	4	0.713	6	-2
湖南省	0.690	7	0.713	7	0
贵州省	0.671	8	0.690	8	0
云南省	0.668	9	0.679	10	-1
重庆市	0.666	10	0.689	9	+1
湖北省	0.644	11	0.663	11	0
安徽省	0.642	12	0.655	12	0
四川省	0.619	13	0.633	14	-1
陕西省	0.616	14	0.633	13	+1
甘肃省	0.591	15	0.602	17	-2
河南省	0.586	16	0.607	16	0
山西省	0.586	17	0.615	15	+2
河北省	0.582	18	0.600	18	0
山东省	0.573	19	0.595	19	0
宁夏回族自治区	0.543	20	0.554	20	0

2012 年及 2021 年在生态环境维度上其得分排名均位于全国前 20 强的县市共 17 个（如表 4-13 所示），江西省资溪县的生态环境发展水平于 2012 年及 2021 年均为第一名，并与第二名拉开了一定的差距。此外，福建省建宁县虽仍保持在全国前 20 强内，但其排名却下降了 10 名。

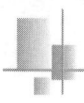

表4–13　中国革命老区县市振兴发展生态环境维度得分前20强：
2012年与2021年

重点连片革命老区	省份	地级市	县市	2012年 得分	2012年 排名	2021年 得分	2021年 排名	排名变化
赣闽粤原中央苏区	江西省	抚州市	资溪县	0.799	1	0.792	1	0
浙西南革命老区	浙江省	丽水市	云和县	0.761	4	0.778	2	+2
湘赣边界革命老区	江西省	宜春市	铜鼓县	0.764	3	0.774	3	0
赣闽粤原中央苏区	福建省	三明市	明溪县	0.766	2	0.764	4	-2
赣闽粤原中央苏区	福建省	南平市	光泽县	0.759	5	0.763	5	0
琼崖革命老区	海南省	—	琼中黎族苗族自治县	0.758	6	0.759	7	-1
赣闽粤原中央苏区	江西省	赣州市	定南县	0.748	10	0.756	8	+2
赣闽粤原中央苏区	江西省	抚州市	宜黄县	0.751	8	0.755	9	-1
浙西南革命老区	浙江省	丽水市	景宁畲族自治县	0.742	18	0.755	10	+8
浙西南革命老区	浙江省	丽水市	遂昌县	0.743	15	0.754	11	+4
赣闽粤原中央苏区	江西省	赣州市	全南县	0.746	12	0.753	12	0
琼崖革命老区	海南省	—	白沙黎族自治县	0.747	11	0.752	13	-2
赣闽粤原中央苏区	江西省	抚州市	黎川县	0.743	16	0.752	14	+2
赣闽粤原中央苏区	福建省	三明市	泰宁县	0.752	7	0.751	15	-8
赣闽粤原中央苏区	广东省	梅州市	平远县	0.743	13	0.750	17	-4
浙西南革命老区	浙江省	丽水市	庆元县	0.743	17	0.750	18	-1
赣闽粤原中央苏区	福建省	三明市	建宁县	0.749	9	0.749	19	-10

二、市辖区层面

从生态环境维度的平均得分来看，在市辖区层面20个省（市、区）中，2012年得分整体在0.400以上，海南省以得分0.740位居第一，浙江省（0.724）紧随其后。2021年，各省的平均得分均有所增加，浙江省（0.734）超越海南省居于首位，海南省以0.732的得分位居第2。详见表4–14。

表 4-14　基于市辖区的中国革命老区省份振兴发展生态环境维度得分及排名

省份	2012 年 平均得分	2012 年 排名	2021 年 平均得分	2021 年 排名	排名变化
海南省	0.740	1	0.732	2	-1
浙江省	0.724	2	0.734	1	+1
广西壮族自治区	0.692	3	0.713	3	0
贵州省	0.689	4	0.706	4	0
湖南省	0.658	5	0.683	5	0
福建省	0.657	6	0.674	8	-2
江西省	0.651	7	0.678	6	+1
广东省	0.641	8	0.665	10	-2
北京市	0.640	9	0.674	7	+2
重庆市	0.616	10	0.669	9	+1
安徽省	0.601	11	0.620	11	0
湖北省	0.595	12	0.617	12	0
四川省	0.589	13	0.615	13	0
陕西省	0.572	14	0.590	15	-1
河南省	0.559	15	0.598	14	+1
山东省	0.548	16	0.564	16	0
河北省	0.521	17	0.552	17	0
山西省	0.488	18	0.518	19	-1
宁夏回族自治区	0.483	19	0.523	18	+1
甘肃省	0.465	20	0.486	20	0

由表 4-15 所示，于 2012 年及 2021 年这两年均保持全国前 20 强的市辖区共有 18 个。在此期间，各市辖区的排名变化波动整体较为稳定，其中，江西省赣县区的生态环境得分排名变化最大，该市辖区的排名从第 20 名上升至第 12 名，共提升了 8 名，而其他市辖区的排名波动均在 5 名之内。

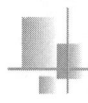

表4–15　中国革命老区市辖区振兴发展生态环境维度得分前20强：
2012年与2021年

重点连片革命老区	省份	地级市	市辖区	2012年 得分	2012年 排名	2021年 得分	2021年 排名	排名变化
湘鄂渝黔革命老区	湖南省	张家界市	武陵源区	0.729	2	0.756	1	+1
左右江革命老区	广西壮族自治区	河池市	金城江区	0.718	5	0.745	2	+3
湘赣边界革命老区	江西省	萍乡市	湘东区	0.723	4	0.742	3	+1
浙西南革命老区	浙江省	丽水市	莲都区	0.724	3	0.734	4	−1
湘鄂渝黔革命老区	贵州省	铜仁市	万山区	0.714	8	0.733	5	+3
琼崖革命老区	海南省	海口市	琼山区	0.740	1	0.732	6	−5
左右江革命老区	广西壮族自治区	百色市	右江区	0.718	6	0.727	7	−1
赣闽粤原中央苏区	江西省	上饶市	广信区	0.710	9	0.725	8	+1
赣闽粤原中央苏区	广东省	梅州市	梅县区	0.710	10	0.724	9	+1
赣闽粤原中央苏区	福建省	南平市	建阳区	0.706	12	0.723	10	+2
湘赣边界革命老区	江西省	宜春市	袁州区	0.700	15	0.722	11	+4
赣闽粤原中央苏区	江西省	赣州市	赣县	0.688	20	0.720	12	+8
赣闽粤原中央苏区	福建省	南平市	延平区	0.709	11	0.714	13	−2
赣闽粤原中央苏区	江西省	上饶市	广丰区	0.699	17	0.714	14	+3
湘鄂渝黔革命老区	贵州省	铜仁市	碧江区	0.700	16	0.712	15	+1
赣闽粤原中央苏区	江西省	赣州市	南康区	0.691	19	0.712	16	+3
赣闽粤原中央苏区	福建省	三明市	沙县	0.701	14	0.710	19	−5
赣闽粤原中央苏区	福建省	龙岩市	永定区	0.702	13	0.708	20	−7

第三节　经济发展维度振兴发展

一、县（市）层面

根据县市数据计算结果可得，从经济发展维度的振兴发展度得分来看

（如表4-16所示），2012年全国前3强的平均得分都在0.070以上，其中，山东省（0.106）位居我国革命老区省份第1，其次是河南省（0.075）、福建省（0.073）。2021年，全国前15强的经济发展维度的平均得分均在0.070以上，其中，福建省位列第1，平均得分为0.134；山东省以0.131的平均得分位列第2。从时序层面来看，宁夏回族自治区的经济发展维度平均得分从2012年的0.034提升到2021年的0.130，跃居第3，前进了13个名次。而河北省却从第11名后退至第18名，下降幅度最大，下降了7名。

表4-16　基于县市的中国革命老区省份振兴发展经济发展维度得分及排名

省份	2012年 平均得分	排名	2021年 平均得分	排名	排名变化
云南省	0.026	18	0.065	17	+1
四川省	0.046	12	0.080	12	0
宁夏回族自治区	0.034	16	0.130	3	+13
安徽省	0.061	6	0.098	9	-3
山东省	0.106	1	0.131	2	-1
山西省	0.041	13	0.073	15	-2
广东省	0.056	7	0.104	7	0
广西壮族自治区	0.023	20	0.050	19	+1
江西省	0.037	14	0.078	13	+1
河北省	0.049	11	0.058	18	-7
河南省	0.075	2	0.107	6	-4
浙江省	0.065	4	0.110	5	-1
海南省	0.056	8	0.102	8	0
湖北省	0.064	5	0.117	4	+1
湖南省	0.054	9	0.098	10	-1
甘肃省	0.026	19	0.043	20	-1
福建省	0.073	3	0.134	1	+2
贵州省	0.029	17	0.067	16	+1
重庆市	0.035	15	0.076	14	+1
陕西省	0.051	10	0.088	11	-1

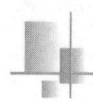

从经济发展维度的全国前20强来看，如表4-17所示，2012年，前20强县市之间的经济振兴发展水平差距较大，其中神木市以0.317的得分位居第一名，与第20名的永安市之间的得分差距达0.187，永安市的得分仅为0.130。从前20强的县市分布来看，前20强县市主要分布在湖北省及陕西省。

表4-17 中国革命老区县市振兴发展经济发展维度得分前20强：2012年

重点连片革命老区	省份	地级市	县市	得分	排名
陕甘宁革命老区	陕西省	榆林市	神木市	0.317	1
湘赣边界革命老区	湖南省	长沙市	浏阳市	0.289	2
赣闽粤原中央苏区	福建省	泉州市	南安市	0.255	3
陕甘宁革命老区	陕西省	榆林市	府谷县	0.228	4
湘鄂渝黔革命老区	贵州省	遵义市	仁怀市	0.222	5
沂蒙革命老区	山东省	泰安市	新泰市	0.212	6
湘赣边界革命老区	湖南省	株洲市	醴陵市	0.183	7
太行革命老区	河北省	邯郸市	武安市	0.171	8
湘鄂渝黔革命老区	湖北省	—	仙桃市	0.171	9
沂蒙革命老区	山东省	临沂市	沂水县	0.162	10
海陆丰革命老区	广东省	普宁市	普宁市	0.162	11
陕甘宁革命老区	陕西省	延安市	吴起县	0.158	12
湘鄂渝黔革命老区	湖北省	—	潜江市	0.151	13
大别山革命老区	湖北省	襄阳市	枣阳市	0.149	14
太行革命老区	河南省	—	济源市	0.144	15
太行革命老区	河南省	安阳市	林州市	0.142	16
湘鄂渝黔革命老区	湖北省	宜昌市	宜都市	0.140	17
湘鄂渝黔革命老区	湖北省	—	天门市	0.132	18
浙西南革命老区	浙江省	温州市	苍南县	0.132	19
赣闽粤原中央苏区	福建省	三明市	永安市	0.130	20

2021年，如表4-18所示，前20强县市的经济振兴发展水平增长态势明显，但县市之间经济发展不平衡的局面仍未改变。陕西省神木市的得分增

加至 0.514，排名仍保持第 1 名的位置，而最后一名为陕西省黄陵县，得分仅为 0.220，两地得分相差 0.294，经济发展不平衡愈发凸显。

表 4-18　中国革命老区县市振兴发展经济发展维度得分前 20 强：2021 年

重点连片革命老区	省份	地级市	县市	得分	排名
陕甘宁革命老区	陕西省	榆林市	神木市	0.514	1
赣闽粤原中央苏区	广东省	韶关市	南雄市	0.441	2
湘赣边界革命老区	湖南省	长沙市	浏阳市	0.430	3
赣闽粤原中央苏区	福建省	泉州市	南安市	0.414	4
湘鄂渝黔革命老区	贵州省	遵义市	仁怀市	0.384	5
陕甘宁革命老区	陕西省	榆林市	府谷县	0.337	6
湘鄂渝黔革命老区	湖北省	—	仙桃市	0.294	7
湘鄂渝黔革命老区	湖北省	宜昌市	宜都市	0.285	8
湘赣边界革命老区	湖南省	株洲市	醴陵市	0.284	9
陕甘宁革命老区	宁夏回族自治区	银川市	灵武市	0.276	10
陕甘宁革命老区	宁夏回族自治区	中卫市	中宁县	0.266	11
湘鄂渝黔革命老区	湖北省	—	潜江市	0.263	12
浙西南革命老区	浙江省	温州市	平阳县	0.256	13
赣闽粤原中央苏区	福建省	泉州市	安溪县	0.246	14
大别山革命老区	湖北省	襄阳市	枣阳市	0.246	15
沂蒙革命老区	山东省	临沂市	费县	0.234	16
湘鄂渝黔革命老区	湖北省	—	天门市	0.232	17
太行革命老区	河南省	—	济源市	0.227	18
海陆丰革命老区	广东省	惠州市	惠东县	0.222	19
陕甘宁革命老区	陕西省	延安市	黄陵县	0.220	20

二、市辖区层面

根据市辖区数据计算结果可得（见表 4-19），从经济发展维度来看，2012 年，山东省的革命老区市辖区的经济发展度的平均得分为 0.226，位居全国首位；其次，广东省以 0.219 的平均得分位列前 2 位；而排名靠后的 4

个省（市、区）分别为甘肃省（0.094）、安徽省（0.090）、广西壮族自治区（0.087）、宁夏回族自治区（0.069）。

从时序层面来看，2021年，包括安徽省、福建省等在内的10个省份其经济发展得分排名进步明显。其中北京市的经济发展水平有所提升，得分提高至0.339，排名从第3名提升至第1名。反之，共有7个市辖区的经济发展得分排名下降。其中，河北省的经济发展水平下降幅度最大，其排名从第10名退后至第19名。尽管贵州省的增长态势比较明显，得分从0.156增至0.178，但在激烈的省际竞争中，其经济发展排名却下降了5个名次，位居第13名。此外，江西省及宁夏回族自治区保持原有排名不变。

表4-19　基于市辖区的中国革命老区省份振兴发展经济发展维度得分及排名

省份	2012年 平均得分	排名	2021年 平均得分	排名	排名变化
北京市	0.190	3	0.339	1	+2
海南省	0.103	15	0.183	12	+3
浙江省	0.181	4	0.284	6	-2
山东省	0.226	1	0.319	3	-2
贵州省	0.156	8	0.178	13	-5
湖北省	0.157	7	0.306	5	+2
江西省	0.137	9	0.211	9	0
河南省	0.126	11	0.215	8	+3
安徽省	0.090	18	0.165	14	+4
广东省	0.219	2	0.309	4	-2
山西省	0.106	14	0.154	17	-3
河北省	0.134	10	0.133	19	-9
湖南省	0.170	6	0.272	7	-1
四川省	0.112	12	0.199	10	+2
广西壮族自治区	0.087	19	0.162	16	+3
福建省	0.176	5	0.324	2	+3
重庆市	0.101	16	0.164	15	+1

续表

省份	2012年 平均得分	排名	2021年 平均得分	排名	排名变化
陕西省	0.106	13	0.191	11	+2
宁夏回族自治区	0.069	20	0.121	20	0
甘肃省	0.094	17	0.134	18	-1

根据经济发展得分排名前20强的中国革命老区市辖区来看，2021年，前20强中新增了6个市辖区，分别是四川省游仙区（0.312）、江西省南康区（0.296）、湖南省鼎城区（0.291）、安徽省金安区（0.288）、浙江省莲都区（0.284）、江西省广丰区（0.281）。而于2012年及2021年中均保持在全国前20强的市辖区共有14个，详见表4-20，其中广东省惠阳区以0.424的得分位居第1名，然后依次是江西省章贡区（0.365）、湖南省武陵区（0.334）、山东省兰山区（0.320）、福建省新罗区（0.305），而河北省鹿泉区以0.194的得分位列第20名。

从时序层面来看，前20强市辖区中经济发展维度的振兴发展水平整体提升，陕西省榆阳区的得分从0.200增至0.557，且排名上升幅度最大，从第19名一跃升至第1名的位置，共提升了18名；同样地，湖北省黄陂区的上升趋势也很强劲，从第11名提升至了第2名，共上升了9名，除此之外，其他市辖区都有不同程度的排名变动。

表4-20 中国革命老区市辖区振兴发展经济发展维度得分前20强：2012年与2021年

重点连片革命老区	省份	地级市	市辖区	2012年 得分	排名	2021年 得分	排名	排名变化
陕甘宁革命老区	陕西省	榆林市	榆阳区	0.200	19	0.557	1	+18
大别山革命老区	湖北省	武汉市	黄陂区	0.244	11	0.542	2	+9
赣闽粤原中央苏区	福建省	龙岩市	新罗区	0.305	5	0.542	3	+2
海陆丰革命老区	广东省	惠州市	惠阳区	0.424	1	0.541	4	-3
赣闽粤原中央苏区	福建省	漳州市	龙海区	0.276	8	0.528	5	+3
沂蒙革命老区	山东省	临沂市	兰山区	0.320	4	0.527	6	-2

续表

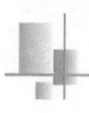

重点连片革命老区	省份	地级市	市辖区	2012年 得分	2012年 排名	2021年 得分	2021年 排名	排名变化
湘鄂渝黔革命老区	湖南省	常德市	武陵区	0.334	3	0.491	7	-4
太行革命老区	北京市	—	昌平区	0.253	9	0.482	8	+1
海陆丰革命老区	广东省	惠州市	惠城区	0.297	6	0.464	9	-3
大别山革命老区	湖北省	武汉市	新洲区	0.213	15	0.450	10	+5
赣闽粤原中央苏区	江西省	新余市	渝水区	0.292	7	0.394	11	-4
赣闽粤原中央苏区	福建省	漳州市	芗城区	0.207	16	0.379	12	+4
太行革命老区	北京市	—	房山区	0.214	14	0.347	13	+1
川陕革命老区	四川省	绵阳市	涪城区	0.242	12	0.296	16	-4

第四节 居民生活维度振兴发展

一、县（市）层面

根据县市数据计算结果可得（如表4-21所示），2012年陕西省的居民生活维度平均得分为0.347，位列第一名，浙江省（0.344）、云南省（0.342）紧随其后；甘肃省以0.186的得分居于最末。2021年，浙江省赶超陕西省，以0.480的高分位列第一，其次是福建省（0.426）、山东省（0.424）、四川省（0.409）、广东省（0.400），这5个省的得分均高于0.400；甘肃省排名仍居于最后一名，但该省得分的提升幅度较大，与其他省份差距明显缩小。

从时序层面来看，2012~2022年，陕西省和云南省的排名下滑幅度较大，陕西省从第1名退至第15名，共下降了14名；云南省从第3名退至第14名，下降了11名。与此同时，有些省份的排名上升态势明显，其中四川省、湖南省的提升幅度较大，共提升了6个位次；河北省次之，共提升了5个位次。

表4-21 基于县市的中国革命老区省份振兴发展居民生活维度得分与排名

省份	2012年 平均得分	排名	2021年 平均得分	排名	排名变化
云南省	0.342	3	0.356	14	-11
四川省	0.272	10	0.409	4	+6
宁夏回族自治区	0.249	14	0.344	17	-3
安徽省	0.274	8	0.387	8	0
山东省	0.315	4	0.424	3	+1
山西省	0.232	16	0.340	19	-3
广东省	0.292	6	0.400	5	+1
广西壮族自治区	0.259	13	0.344	18	-5
江西省	0.263	12	0.379	9	+3
河北省	0.222	18	0.359	13	+5
河南省	0.289	7	0.390	7	0
浙江省	0.344	2	0.480	1	+1
海南省	0.272	9	0.396	6	+3
湖北省	0.271	11	0.377	10	+1
湖南省	0.230	17	0.369	11	+6
甘肃省	0.186	20	0.314	20	0
福建省	0.309	5	0.426	2	+3
贵州省	0.214	19	0.345	16	+3
重庆市	0.244	15	0.363	12	+3
陕西省	0.347	1	0.346	15	-14

从居民生活维度得分的全国前20强县市情况来看，2012居民生活维度前20强的县市主要分布在陕西省，少量分布在浙江省、广东省、湖南省这三个省份。如表4-22所示，陕西省共包含了14个县市，约占70%，其中，以神木市为首的7个县市分列居民生活维度前7强，陕西省的居民生活水平较高。

表4-22　　中国革命老区居民生活维度得分前20强县市：2012年

重点连片革命老区	省份	地级市	县市	得分	排名
陕甘宁革命老区	陕西省	榆林市	神木市	0.498	1
川陕革命老区	陕西省	汉中市	勉县	0.469	2
陕甘宁革命老区	陕西省	咸阳市	三原县	0.444	3
川陕革命老区	陕西省	汉中市	留坝县	0.432	4
陕甘宁革命老区	陕西省	榆林市	清涧县	0.408	5
陕甘宁革命老区	陕西省	延安市	黄陵县	0.401	6
陕甘宁革命老区	陕西省	延安市	子长市	0.397	7
川陕革命老区	陕西省	安康市	紫阳县	0.388	8
浙西南革命老区	浙江省	温州市	苍南县	0.379	9
湘赣边界革命老区	湖南省	长沙市	浏阳市	0.378	10
川陕革命老区	陕西省	商洛市	镇安县	0.375	11
浙西南革命老区	浙江省	温州市	平阳县	0.374	12
川陕革命老区	陕西省	汉中市	宁强县	0.374	13
川陕革命老区	陕西省	安康市	旬阳市	0.373	14
浙西南革命老区	浙江省	温州市	永嘉县	0.368	15
陕甘宁革命老区	陕西省	延安市	宜川县	0.368	16
陕甘宁革命老区	陕西省	榆林市	府谷县	0.367	17
陕甘宁革命老区	陕西省	咸阳市	泾阳县	0.367	18
海陆丰革命老区	广东省	惠州市	惠东县	0.365	19
赣闽粤原中央苏区	广东省	梅州市	五华县	0.363	20

2021年，前20强县市主要分布在浙江、湖南、福建等省份。如表4-23所示，福建省南安市以0.674的成绩位列首位，随后依次是湖南省浏阳市（0.609）、浙江省永嘉县（0.551）、平阳县（0.551）、福建省安溪县（0.547）。

表4-23　中国革命老区县市振兴发展居民生活维度得分前20强：2021年

重点连片革命老区	省份	地级市	县市	得分	排名
赣闽粤原中央苏区	福建省	泉州市	南安市	0.674	1
湘赣边界革命老区	湖南省	长沙市	浏阳市	0.609	2
浙西南革命老区	浙江省	温州市	永嘉县	0.551	3
浙西南革命老区	浙江省	温州市	平阳县	0.551	4
赣闽粤原中央苏区	福建省	泉州市	安溪县	0.547	5
浙西南革命老区	浙江省	丽水市	青田县	0.534	6
湘赣边界革命老区	湖南省	株洲市	醴陵市	0.524	7
赣闽粤原中央苏区	广东省	梅州市	兴宁市	0.518	8
浙西南革命老区	浙江省	温州市	苍南县	0.506	9
湘赣边界革命老区	湖南省	株洲市	攸县	0.502	10
赣闽粤原中央苏区	福建省	漳州市	漳浦县	0.501	11
海陆丰革命老区	广东省	惠州市	惠东县	0.499	12
沂蒙革命老区	山东省	泰安市	新泰市	0.499	13
湘鄂渝黔革命老区	湖北省	—	仙桃市	0.493	14
浙西南革命老区	浙江省	丽水市	龙泉市	0.488	15
川陕革命老区	四川省	绵阳市	江油市	0.485	16
浙西南革命老区	浙江省	丽水市	缙云县	0.485	17
太行革命老区	河南省	安阳市	林州市	0.472	18
浙西南革命老区	浙江省	丽水市	遂昌县	0.470	19
太行革命老区	河南省	—	济源市	0.469	20

二、市辖区层面

通过市辖区数据计算可得（如表4-24所示），2012年，北京市、河北省、陕西省这三个省份市辖区层面的居民生活水平发展较好，得分均高于0.400，其中北京市以0.473的分值居于首位，河北省次之。浙江省市辖区层面的居民生活维度得分仅为0.079。

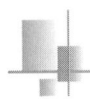

从时序层面来看，2021年，由于省份之间的竞争，排名出现了较大变化。浙江省的整体居民生活水平迎来了巨大的转变，该省的平均得分从0.079增至0.749，排名从最后一名跃至第2名，上升幅度最大。而陕西省则出现了明显后退，从2012年的第3名后退至第19名。

表4-24　基于市辖区的中国革命老区省份振兴发展居民生活维度得分与排名

省份	2012年 平均得分	排名	2021年 平均得分	排名	排名变化
北京市	0.473	1	0.757	1	0
海南省	0.310	14	0.534	9	+5
浙江省	0.079	20	0.749	2	+18
山东省	0.370	7	0.528	10	-3
贵州省	0.273	17	0.501	15	+2
湖北省	0.378	6	0.582	5	+1
江西省	0.314	13	0.547	8	+5
河南省	0.354	10	0.521	13	-3
安徽省	0.337	11	0.527	11	0
广东省	0.393	4	0.624	3	+1
山西省	0.379	5	0.519	14	-9
河北省	0.409	2	0.550	7	-5
湖南省	0.319	12	0.551	6	+6
四川省	0.301	15	0.524	12	+3
广西壮族自治区	0.359	9	0.486	16	-7
福建省	0.368	8	0.607	4	+4
重庆市	0.252	18	0.468	17	+1
陕西省	0.403	3	0.408	19	-16
宁夏回族自治区	0.275	16	0.451	18	-2
甘肃省	0.229	19	0.407	20	-1

从市辖区层面的居民生活维度得分前20强来看（如表4-25所示），2012年前20强市辖区的居民生活得分均在0.400以上，其中，得分前5名

分别是河北省信都区（0.523）、陕西省宝塔区（0.493）、山西省潞州区（0.492）、北京市昌平区（0.487）、房山区（0.468）。从前20强的市辖区分布情况来看，前20强的市辖区总共涵盖了9个省份，主要集中在陕西（6）、广东（4）、北京（3）三个省份。

表4-25　　　　　中国革命老区市辖区振兴发展居民生活
维度得分前20强：2012年

重点连片革命老区	省份	地级市	市辖区	得分	排名
太行革命老区	河北省	邢台市	信都区	0.523	1
陕甘宁革命老区	陕西省	延安市	宝塔区	0.493	2
太行革命老区	山西省	长治市	潞州区	0.492	3
太行革命老区	北京市	—	昌平区	0.487	4
太行革命老区	北京市	—	房山区	0.468	5
海陆丰革命老区	广东省	惠州市	惠阳区	0.467	6
太行革命老区	北京市	—	门头沟区	0.464	7
陕甘宁革命老区	陕西省	铜川市	印台区	0.460	8
陕甘宁革命老区	陕西省	榆林市	榆阳区	0.446	9
海陆丰革命老区	广东省	惠州市	惠城区	0.441	10
湘鄂渝黔革命老区	湖南省	常德市	武陵区	0.441	11
太行革命老区	山西省	长治市	潞城区	0.426	12
太行革命老区	河南省	鹤壁市	山城区	0.423	13
赣闽粤原中央苏区	广东省	梅州市	梅江区	0.422	14
陕甘宁革命老区	陕西省	铜川市	耀州区	0.418	15
赣闽粤原中央苏区	广东省	梅州市	梅县区	0.418	16
陕甘宁革命老区	陕西省	铜川市	王益区	0.417	17
大别山革命老区	湖北省	武汉市	黄陂区	0.417	18
沂蒙革命老区	山东省	临沂市	兰山区	0.413	19
川陕革命老区	陕西省	汉中市	汉台区	0.413	20

2021年，如表4-26所示，前20强的居民生活维度得分均高于0.600，其中，前五强分别为北京市昌平区（0.819）、广东省惠城区（0.788）、浙

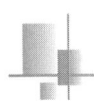

江省莲都区（0.749）、湖南省武陵区（0.748）、北京市房山区（0.745）。从前20强的市辖区分布情况来看，前20强共涵盖了广东省、福建省等10个省份，主要集中在广东省（4）、福建省（4）、北京市（3）这三个省份。

表4–26　　　中国革命老区市辖区振兴发展居民生活维度得分前20强：2021年

重点连片革命老区	省份	地级市	市辖区	得分	排名
太行革命老区	北京市	—	昌平区	0.819	1
海陆丰革命老区	广东省	惠州市	惠城区	0.788	2
浙西南革命老区	浙江省	丽水市	莲都区	0.749	3
湘鄂渝黔革命老区	湖南省	常德市	武陵区	0.748	4
太行革命老区	北京市	—	房山区	0.745	5
海陆丰革命老区	广东省	惠州市	惠阳区	0.721	6
太行革命老区	北京市	—	门头沟区	0.707	7
川陕革命老区	四川省	绵阳市	涪城区	0.707	8
大别山革命老区	湖北省	武汉市	黄陂区	0.696	9
赣闽粤原中央苏区	福建省	龙岩市	新罗区	0.686	10
陕甘宁革命老区	陕西省	延安市	安塞区	0.668	11
大别山革命老区	湖北省	武汉市	新洲区	0.660	12
赣闽粤原中央苏区	福建省	漳州市	龙海区	0.649	13
湘赣边界革命老区	江西省	萍乡市	安源区	0.648	14
太行革命老区	山西省	长治市	潞州区	0.640	15
赣闽粤原中央苏区	福建省	漳州市	芗城区	0.617	16
赣闽粤原中央苏区	江西省	新余市	渝水区	0.614	17
赣闽粤原中央苏区	广东省	梅州市	梅江区	0.606	18
赣闽粤原中央苏区	广东省	梅州市	梅县区	0.605	19
赣闽粤原中央苏区	福建省	三明市	三元区	0.604	20

第五节 公共服务维度振兴发展

一、县（市）层面

根据县市数据计算结果可得（如表4-27所示），2012年中国各省份革命老区公共服务方面的振兴发展水平整体偏低，且各省之间差距较小。各省份的公共服务的平均得分均低于0.200，仅两个省份的平均得分高于0.150，其中，宁夏回族自治区位列第一，但其得分仅为0.155，随后是陕西省（0.153）。2021年，各革命老区（县、市）所在省份的公共服务发展水平有所提升，但省际差距较2012年拉大。宁夏回族自治区（0.257）及陕西省（0.251）仍位列前二，然后依次是浙江省（0.239）、海南省（0.204）、江西省（0.204）、重庆市（0.201），靠后的三个省份分别是河南省（0.157）、广东省（0.147）、山东省（0.141）。从时序层面来看，四川省及河南省的公共服务的排名下滑较大，分别后退了9个位次、8个位次，而福建省、河北省、贵州省进步明显，均上升了6个名次。

表4-27　基于县市的中国革命老区省份振兴发展公共服务维度得分与排名

省份	2012年 平均得分	排名	2021年 平均得分	排名	排名变化
云南省	0.091	20	0.161	17	+3
四川省	0.113	6	0.163	15	-9
宁夏回族自治区	0.155	1	0.257	1	0
安徽省	0.101	13	0.165	14	-1
山东省	0.092	19	0.141	20	-1
山西省	0.118	5	0.199	8	-3
广东省	0.099	16	0.147	19	-3
广西壮族自治区	0.100	14	0.162	16	-2
江西省	0.123	4	0.204	5	-1

续表

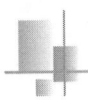

省份	2012年 平均得分	2012年 排名	2021年 平均得分	2021年 排名	排名变化
河北省	0.096	17	0.181	11	+6
河南省	0.106	10	0.157	18	-8
浙江省	0.109	8	0.239	3	+5
海南省	0.108	9	0.204	4	+5
湖北省	0.105	11	0.175	13	-2
湖南省	0.105	12	0.199	7	+5
甘肃省	0.113	7	0.182	10	-3
福建省	0.099	15	0.195	9	+6
贵州省	0.093	18	0.181	12	+6
重庆市	0.140	3	0.201	6	-3
陕西省	0.153	2	0.251	2	0

从中国革命老区公共服务维度的前20强县市来看（如表4-28所示），2012年，广东省五华县以0.600的高分位居第一，与第二名陕西省佛坪县拉开了较大的差距，陕西省佛坪县的公共服务得分仅为0.311。从前20强的区域分布来看，前20强中有15个在陕西省，且前10强的县市中有8个在陕西省，陕西省在公共服务方面具有优势。

表4-28   中国革命老区县市振兴发展公共服务维度得分前20强：2012年

重点连片革命老区	省份	地级市	县市	得分	排名
赣闽粤原中央苏区	广东省	梅州市	五华县	0.600	1
川陕革命老区	陕西省	汉中市	佛坪县	0.311	2
湘鄂渝黔革命老区	湖南省	湘西土家族苗族自治州	吉首市	0.292	3
川陕革命老区	陕西省	安康市	平利县	0.277	4
陕甘宁革命老区	陕西省	延安市	吴起县	0.275	5
川陕革命老区	陕西省	安康市	岚皋县	0.269	6
川陕革命老区	陕西省	安康市	宁陕县	0.264	7

续表

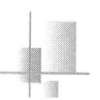

重点连片革命老区	省份	地级市	县市	得分	排名
川陕革命老区	陕西省	安康市	汉阴县	0.260	8
川陕革命老区	陕西省	安康市	镇坪县	0.251	9
陕甘宁革命老区	陕西省	延安市	黄龙县	0.248	10
湘赣边界革命老区	江西省	宜春市	铜鼓县	0.232	11
陕甘宁革命老区	陕西省	榆林市	神木市	0.231	12
川陕革命老区	陕西省	宝鸡市	太白县	0.231	13
陕甘宁革命老区	陕西省	延安市	志丹县	0.215	14
川陕革命老区	陕西省	汉中市	留坝县	0.212	15
川陕革命老区	陕西省	安康市	旬阳市	0.211	16
陕甘宁革命老区	宁夏回族自治区	银川市	灵武市	0.210	17
太行革命老区	山西省	长治市	沁源县	0.209	18
陕甘宁革命老区	陕西省	延安市	黄陵县	0.207	19
陕甘宁革命老区	陕西省	榆林市	府谷县	0.205	20

2021年，前20强县市的分数整体提升，公共服务发展水平差距有所缩小。如表4-29所示，前10强县市里除浙江省云和县（0.437）、湖南省吉首市（0.427）位于第3、第4名外，其余8个县市皆属于陕西省，陕西省的公共服务发展水平较为领先。此外，广东省的五华县退出了前20强，陕西省的黄龙县，其公共服务得分为0.463，居于首位。

表4-29 中国革命老区县市振兴发展公共服务
维度得分前20强：2021年

重点连片革命老区	省份	地级市	县市	得分	排名
陕甘宁革命老区	陕西省	延安市	黄龙县	0.463	1
川陕革命老区	陕西省	汉中市	佛坪县	0.456	2
浙西南革命老区	浙江省	丽水市	云和县	0.437	3
湘鄂渝黔革命老区	湖南省	湘西土家族苗族自治州	吉首市	0.427	4
川陕革命老区	陕西省	宝鸡市	凤县	0.424	5

续表

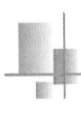

重点连片革命老区	省份	地级市	县市	得分	排名
陕甘宁革命老区	陕西省	榆林市	神木市	0.409	6
川陕革命老区	陕西省	汉中市	留坝县	0.405	7
川陕革命老区	陕西省	安康市	宁陕县	0.403	8
陕甘宁革命老区	陕西省	延安市	黄陵县	0.370	9
陕甘宁革命老区	陕西省	榆林市	靖边县	0.358	10
赣闽粤原中央苏区	福建省	漳州市	云霄县	0.348	11
浙西南革命老区	浙江省	丽水市	景宁畲族自治县	0.347	12
川陕革命老区	陕西省	宝鸡市	太白县	0.345	13
赣闽粤原中央苏区	福建省	漳州市	平和县	0.343	14
陕甘宁革命老区	宁夏回族自治区	固原市	隆德县	0.341	15
陕甘宁革命老区	陕西省	延安市	吴起县	0.333	16
川陕革命老区	陕西省	安康市	镇坪县	0.332	17
陕甘宁革命老区	陕西省	榆林市	吴堡县	0.329	18
琼崖革命老区	海南省	—	陵水黎族自治县	0.327	19
赣闽粤原中央苏区	江西省	抚州市	宜黄县	0.326	20

二、市辖区层面

从公共服务维度来看，市辖区数据计算结果显示，2012年浙江省以0.423的高分断层式领先于其他19个省（市、区），与第二名北京市相差0.179；而除浙江省、北京市及海南省外，其余省份的得分均在0.100以下。2021年，各省（市、区）公共服务维度得分有所提升，北京市（0.465）、浙江省（0.438）依旧保持前二，但北京市上升势头强劲，勇夺第一，浙江省则居于第二。然后依次是河南省（0.246）、海南省（0.142）、湖南省（0.131）。从时序层面来看，在2012年至2021年间，河南省革命老区市辖区的居民生活平均水平大幅上升，其平均得分从0.033提高至0.246，排名也随之从第19名跃至第3名，上升幅度最大，共上升了16名；相似地，广西壮族自治区的平均得分从0.032增加至0.124，排名上升了13名，跃升至第7名，详见表4-30。

表4-30　基于市辖区的中国革命老区省份振兴发展居民生活维度得分与排名

省份	2012年 平均得分	排名	2021年 平均得分	排名	排名变化
北京市	0.244	2	0.465	1	+1
海南省	0.100	3	0.142	4	-1
浙江省	0.423	1	0.438	2	-1
山东省	0.039	18	0.078	19	-1
贵州省	0.060	11	0.110	11	0
湖北省	0.092	5	0.104	13	-8
江西省	0.083	7	0.101	14	-7
河南省	0.033	19	0.246	3	+16
安徽省	0.046	16	0.070	20	-4
广东省	0.088	6	0.107	12	-6
山西省	0.075	9	0.094	16	-7
河北省	0.058	12	0.112	10	+2
湖南省	0.060	10	0.131	5	+5
四川省	0.051	14	0.091	17	-3
广西壮族自治区	0.032	20	0.124	7	+13
福建省	0.043	17	0.086	18	-1
重庆市	0.093	4	0.130	6	-2
陕西省	0.052	13	0.114	9	+4
宁夏回族自治区	0.080	8	0.123	8	0
甘肃省	0.050	15	0.096	15	0

2012年、2021年公共服务维度全国前20强市辖区详情可见表4-31、表4-32。

表 4–31　中国革命老区市辖区振兴发展公共服务维度得分前 20 强：2012 年

重点连片革命老区	省份	地级市	县市	得分	排名
赣闽粤原中央苏区	江西省	赣州市	章贡区	0.470	1
浙西南革命老区	浙江省	丽水市	莲都区	0.423	2
湘鄂渝黔革命老区	湖北省	荆州市	荆州区	0.386	3
海陆丰革命老区	广东省	惠州市	惠阳区	0.374	4
太行革命老区	北京市	—	门头沟区	0.321	5
太行革命老区	山西省	阳泉市	城区	0.302	6
太行革命老区	北京市	—	昌平区	0.222	7
太行革命老区	北京市	—	房山区	0.189	8
川陕革命老区	四川省	绵阳市	涪城区	0.172	9
湘鄂渝黔革命老区	湖南省	张家界市	武陵源区	0.157	10
陕甘宁革命老区	宁夏回族自治区	中卫市	沙坡头区	0.125	11
陕甘宁革命老区	宁夏回族自治区	吴忠市	红寺堡区	0.112	12
陕甘宁革命老区	陕西省	延安市	安塞区	0.110	13
大别山革命老区	安徽省	六安市	裕安区	0.109	14
太行革命老区	河北省	邯郸市	峰峰矿区	0.107	15
琼崖革命老区	海南省	海口市	琼山区	0.100	16
海陆丰革命老区	广东省	惠州市	惠城区	0.097	17
湘鄂渝黔革命老区	贵州省	铜仁市	万山区	0.096	18
湘鄂渝黔革命老区	重庆市	—	黔江区	0.093	19
湘赣边界革命老区	江西省	萍乡市	安源区	0.092	20

表 4–32　中国革命老区市辖区振兴发展公共服务维度得分前 20 强：2021 年

重点连片革命老区	省份	地级市	县市	得分	排名
太行革命老区	河南省	鹤壁市	鹤山区	1.000	1
太行革命老区	北京市	—	门头沟区	0.526	2
太行革命老区	北京市	—	昌平区	0.487	3
浙西南革命老区	浙江省	丽水市	莲都区	0.438	4

续表

重点连片革命老区	省份	地级市	县市	得分	排名
太行革命老区	北京市	—	房山区	0.383	5
左右江革命老区	广西壮族自治区	百色市	右江区	0.335	6
湘鄂渝黔革命老区	湖南省	张家界市	武陵源区	0.253	7
海陆丰革命老区	广东省	惠州市	惠阳区	0.251	8
陕甘宁革命老区	宁夏回族自治区	吴忠市	红寺堡区	0.221	9
陕甘宁革命老区	陕西省	榆林市	榆阳区	0.188	10
太行革命老区	山西省	阳泉市	郊区	0.186	11
陕甘宁革命老区	陕西省	延安市	安塞区	0.176	12
大别山革命老区	湖北省	武汉市	黄陂区	0.174	13
太行革命老区	河南省	鹤壁市	山城区	0.166	14
太行革命老区	河北省	石家庄市	井陉矿区	0.163	15
湘赣边界革命老区	江西省	萍乡市	湘东区	0.157	16
湘鄂渝黔革命老区	贵州省	铜仁市	万山区	0.157	17
川陕革命老区	四川省	绵阳市	涪城区	0.149	18
大别山革命老区	湖北省	武汉市	新洲区	0.148	19
陕甘宁革命老区	陕西省	榆林市	横山区	0.146	20

从中国革命老区公共服务维度的前20强市辖区来看，2012年，前20强的革命老区市辖区的公共服务得分差距较大，江西省章贡区位居第一，其得分为0.470，而江西省安源区居于末位，得分为0.092，两者得分相差0.378。

2021年，前20强的市辖区其公共服务得分均有所增加，其中，河南省鹤山区以绝对优势居于首位，远超第二名北京市门头沟区（0.526）。

第五章

中国革命老区振兴发展分省评价

第一节 东部革命老区省份振兴发展

一、北京市

北京是我国的首都,是早期中国马克思主义思想的发祥地,这里不但留下了丰富的革命文物,还承载着深厚的红色基因和优良的革命传统。[①] 2012~2021年,北京市的振兴发展度从0.417增至0.542,排名一直处于全国首位。北京市的振兴发展度整体水平较高。具体来看,北京市革命老区涉及3个市辖区,其振兴发展度排名均处于全国前五,如表5-1所示。其中,昌平区振兴发展度排名进步最大,其振兴发展度从0.413增至0.565,超过门头沟区,位居全国首位。房山区排名并无变化,但振兴发展度从0.417增至0.525。门头沟区于2012年其振兴发展度为北京市首位,为0.420,2021年门头沟区的振兴发展度虽增至0.534,但被昌平区反超,位居全国第2。

从表5-2来看,2012~2021年,北京市革命老区振兴发展的分项排名都靠前,其中,生态环境维度排名略后,但2021年排名已升为全国第7。其中,生态环境、经济发展、公共服务三个维度的排名均有提高,均跃至全国第1。

[①] 莫高义:《北大红楼:伟大建党精神的重要孕育地》,载于《光明日报》2021年8月16日。

表5-1　　　　　北京市革命老区市辖区的振兴发展度排名变化

市辖区	2012年 振兴发展度	排名	2021年 振兴发展度	排名	排名变化
门头沟区	0.420	3	0.534	2	+1
房山区	0.417	4	0.525	4	0
昌平区	0.413	5	0.565	1	+4

表5-2　　　　　北京市革命老区各评价维度的排名变化

评价维度	2012年	排名	2021年	排名	排名变化
红色基因	0.396	1	0.478	1	0
生态环境	0.640	9	0.674	7	+2
经济发展	0.190	3	0.339	1	+2
居民生活	0.473	1	0.757	1	0
公共服务	0.244	2	0.465	1	+1

二、河北省

河北省是著名的革命老区，抗日战争时期先后共创建了8个革命根据地。河北老区是抗日战争中敌后交战的主阵地，太行山一带又是中国共产党在敌后的主战场。河北省革命老区涉及22个县市，在2012年至2021年期间，其振兴发展度均值从0.305增至0.348，振兴发展度不断提升，但各县之间存在较大差异。2021年，该省红色基因、居民生活、公共服务三个维度的排名较高，而生态环境与经济发展这两个维度的排名较低。如图5-1所示，河北省有14个县的排名提高，有8个县的振兴发展度排名下降，易县的振兴发展度增长幅度最大，前进了180名。而磁县的下降幅度最大，下降了102名。

从县市层面来看，2021年，磁县振兴发展度最低，为0.310；武安市振兴发展度最高，为0.409。如图5-2所示，磁县的振兴发展度排名位居全国第479名，而武安市的振兴发展度排名位居第47名。磁县的生态环境与经济发展维度的评价得分偏低，排名尤为靠后；武安市生态环境维度得分较低，为0.586，排名居第438名，但其红色基因维度的评价得分较高，为

0.443，排名居全国革命老区县的第8名。

图5-1 2012~2021年河北省革命老区县市振兴发展度的排名变化

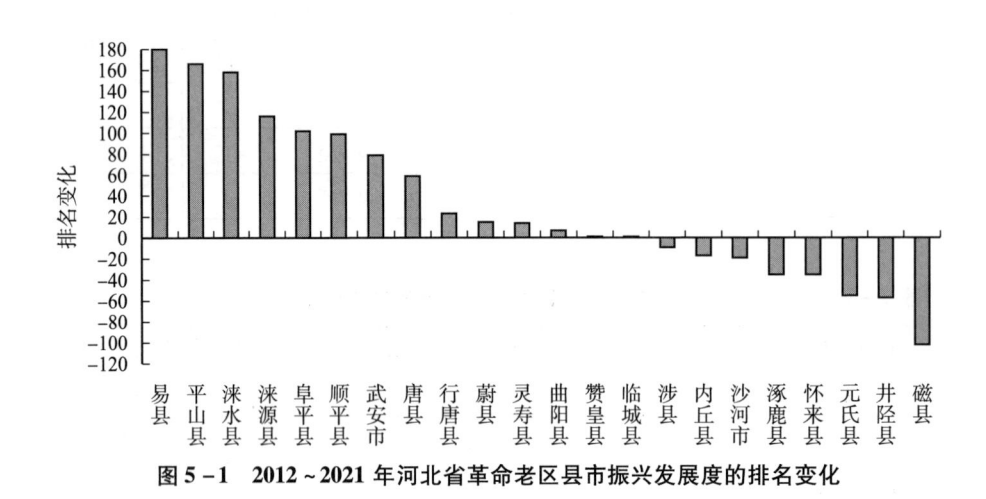

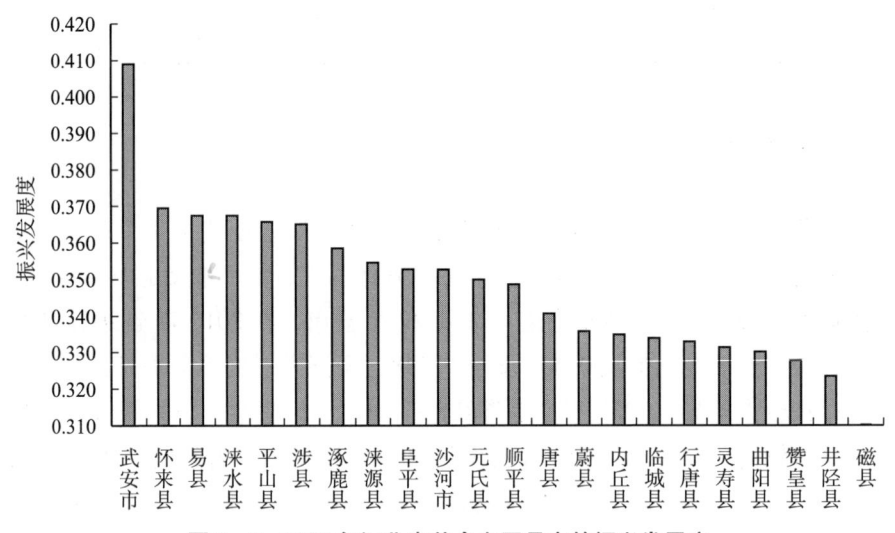

图5-2 2021年河北省革命老区县市的振兴发展度

河北省革命老区涉及井陉矿区、鹿泉区、峰峰矿区、信都区、满城区5个市辖区。2012年至2021年间，该省5个革命老区市辖区的振兴发展度增幅较小，排名从第16名降为第18名。从评价体系来看，生态环境和经济发展这两个维度的排名较低，2021年，这两个维度的排名分别为第17名和第19名，而经济发展这一维度更是在此期间下降了9名。从市辖区层面来看，截至2021年，井陉矿区的振兴发展度为0.399，位居河北省第一名，鹿泉区的振兴发展度为0.335，位居河北省最后一名，如图5-3所示。从鹿泉区2021年的数据来看，除居民生活和公共服务这两个维度的排名居于前30名，其余三个维度的排名均较为靠后，生态环境这一维度更是以0.301的得分居于第111名，这也直接导致了鹿泉区的振兴发展度排名落后于其他四个区。

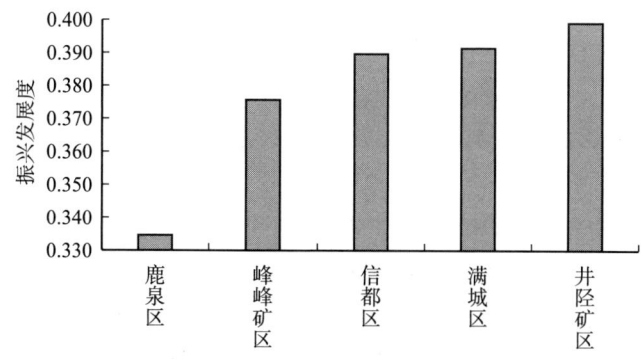

图5-3 2021年河北省革命老区市辖区振兴发展度

三、浙江省

革命红船在浙江扬帆起航，中国共产党在此诞生。浙江的"红色根脉"在中国共产党的百年奋斗历程中，已成为一道亮丽的风景线。浙江省革命老区涉及13个县，在2012~2021年期间，该省的振兴发展度较高，振兴发展度均值从0.378增至0.423，各县的振兴发展水平差距较小，振兴发展度排名也均在前100名。从县市层面来看，如图5-4所示，2021年，平阳县在本省中排名最高，其振兴发展度为0.448，排名第4。文成县是全省最后一名，振兴发展度为0.400，排名为全国革命老区县第71名。这两个县在经济发展这一维度上差距最大，平阳县的经济发展维度得分为0.256，而文成县的得分仅为0.048，两者相差370名，且文成县的公共服务这一维度得分也较低，故导致其排名较为落后。

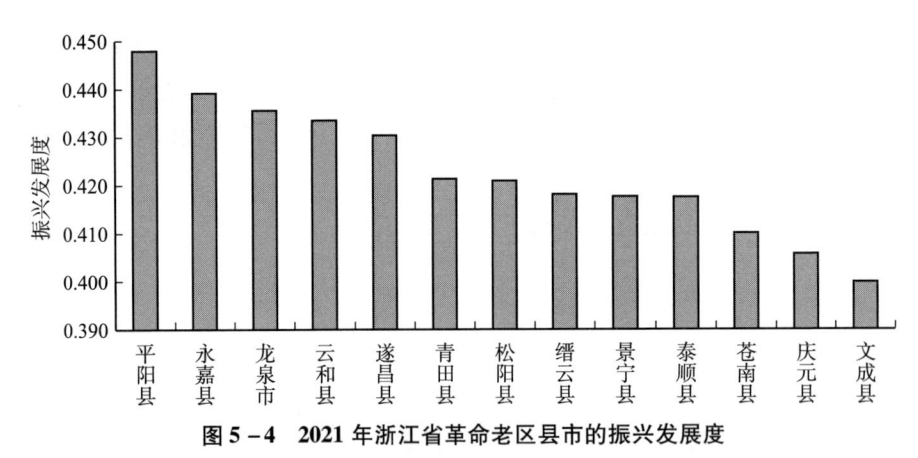

图5-4　2021年浙江省革命老区县市的振兴发展度

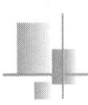

注：为便于图形展示，将图中自治县简写为县，如"景宁畲族自治县"简写为"景宁县"，下同。

从时序层面来看，2012年至2021年期间，浙江省凭借11.926%的年均增长率使得其县市的革命老区振兴发展度均值排名维持在第1名的位置。从表5-3可以看出，2021年，有8个县的振兴发展度排名有所下滑，而仅有4个县的排名有所上升，因13个县的整体振兴发展水平均较高，从而可使浙江省继续维持首位。

表5-3　　　　浙江省革命老区县市的振兴发展度排名变化

县市	2012年 振兴发展度	排名	2021年 振兴发展度	排名	排名变化
永嘉县	0.395	4	0.439	5	+1
平阳县	0.374	22	0.448	4	+18
苍南县	0.378	13	0.410	42	-29
文成县	0.367	40	0.400	71	-31
泰顺县	0.386	7	0.418	27	-20
青田县	0.374	23	0.421	18	+5
缙云县	0.374	21	0.418	25	-4
遂昌县	0.388	6	0.430	13	-7
松阳县	0.376	17	0.421	20	-3

续表

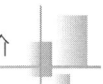

县市	2012 年 振兴发展度	排名	2021 年 振兴发展度	排名	排名变化
云和县	0.371	25	0.434	10	+15
庆元县	0.368	36	0.406	58	-22
景宁畲族自治县	0.370	26	0.418	26	0
龙泉市	0.390	5	0.436	8	-3

浙江省革命老区仅涉及莲都区这一个市辖区。莲都区在全国革命老区市辖区中排名靠前，为第 3 名。该区五个维度的得分均较高，排名均在前 20 名内，其中，2012~2021 年居民生活这一维度的得分更是从 0.079 增至 0.749，排名也随之前进了 109 名，上升幅度较大。

四、福建省

福建省是我国重要革命根据地省份之一，是土地革命战争时期的中央、闽浙赣、闽中、闽东、闽西革命根据地和抗日时期的闽浙抗日根据地的所在地。2012 年至 2021 年期间，福建省县市层面的革命老区振兴发展度均值从 0.358 增至 0.402，排名稳居前三。福建省革命老区涉及 32 个县市，该省各县的振兴发展度差距较大。从评价体系来看，福建省革命老区的 5 个评价维度得分都较高，排名均处于前 10，经济发展维度、居民生活维度以及生态环境维度排名均在前三，而红色基因和公共服务的得分略低，排名分别处于第 8 和第 9 的位置，这说明红色基因以及公共服务这两个维度对福建省的革命老区振兴发展促进作用有待增强。从县市层面来看，福建省南安市以 0.469 的振兴发展度远远超越上杭县，位居第 1 名，并与其余 31 个县拉开了巨大差距，如图 5-5 所示，该县也在全国 481 个县市层级的革命老区中居于第 2 名。政和县的振兴发展度仅为 0.364，位居全省最后一名，在全国排名为第 282 名，福建省革命老区数量众多，且整体发展水平较高。

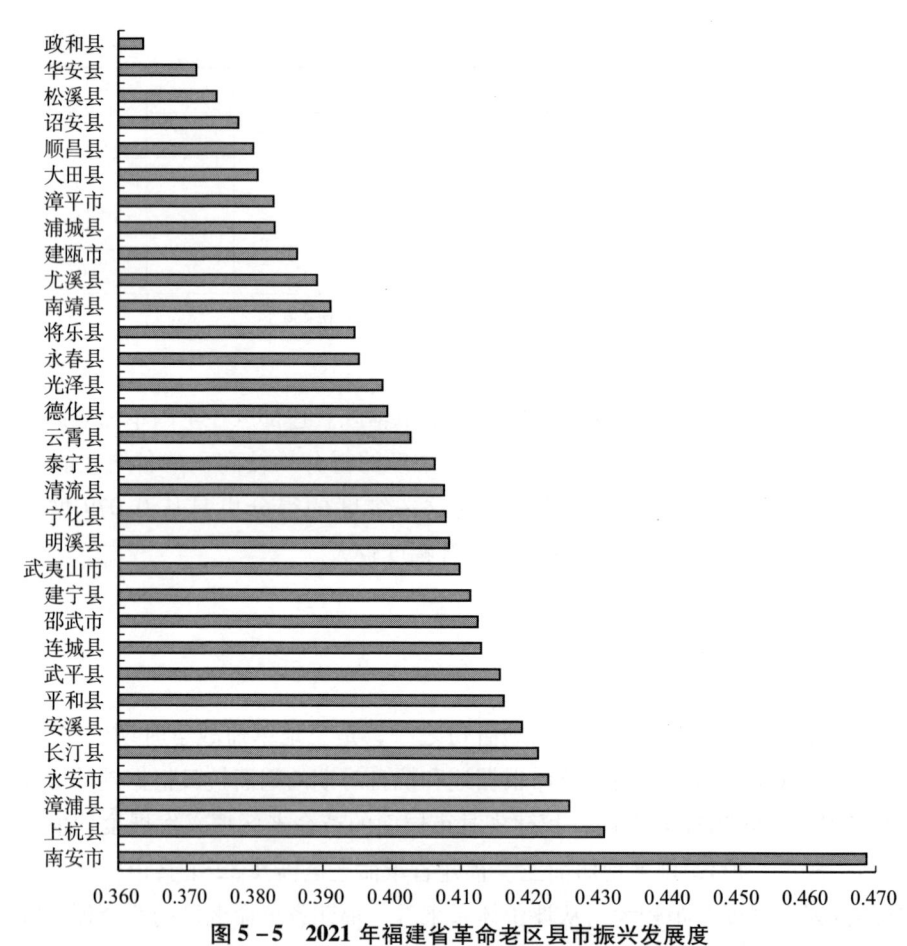

图 5-5　2021 年福建省革命老区县市振兴发展度

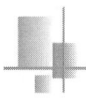

福建省革命老区涉及 8 个市辖区。2012~2021 年，福建省 8 个革命老区市辖区的振兴发展度均值从 0.355 增至 0.427，排名也随之上升。从评价体系来看，福建省革命老区的红色基因维度及公共服务维度的得分较低，排名甚至分别为第 16 和第 18 名，其他三个维度均在前 10。在此期间，福建省除经济发展和居民生活这两个维度外，排名均下降。从市辖区层面来看，由图 5-6 可见，新罗区名列第 1，其振兴发展度为 0.491，三元区以 0.402 的振兴发展度居于福建省最后，但其在全国革命老区市辖区中却排在了第 54 名的位置。

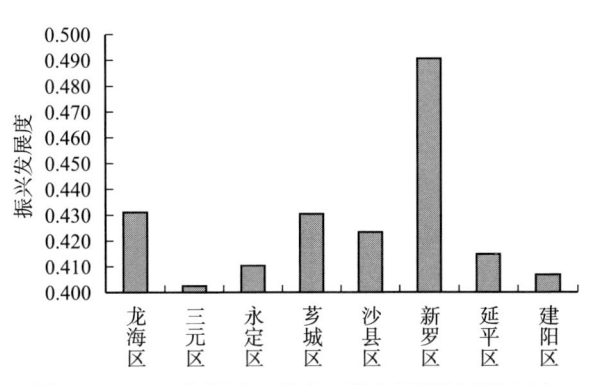

图 5-6　2021 年福建省革命老区市辖区振兴发展度

五、山东省

山东红色文化积淀也十分丰厚，如台儿庄之战、鲁西南之战、孟良崮之战等都是一段具有重要意义及值得纪念的历史。而沂蒙精神，则是山东人民用鲜血和眼泪所铸就的，它不仅是一种传承，也是我们民族一种强有力的力量之源。山东省革命老区涉及 15 个县市。2021 年，该省革命老区的振兴发展度均值已从 0.339 增加至 0.375，该省绝大多数革命老区县市的振兴发展程度较好，排名较高。从评价体系来看，该省生态环境和公共服务维度的得分均较低，2021 年其得分分别为 0.595 和 0.141，分别居第 19 名和第 20 名，排名十分落后。在此期间，经济发展和公共服务这两个维度的排名均发生了下降，这也会成为抑制山东省革命老区县市振兴发展的原因之一。从县市层面来看，如图 5-7 所示，泗水县的振兴发展度远低于其他 14 个县，振兴发展度为 0.343，在全国革命老区县市中排名为 409 名。而平邑县的振兴发展度为 0.365，虽差距仅为 0.022，但平邑县的排名为 268 名，两者相差 141 名。通过泗水县的评价数据可发现，泗水县的 5 个维度的得分排名均较低，特别是生态环境和公共服务这两个维度的得分排名均位于 400 名之后。从时序层面来看，该省革命老区的县市振兴发展度排名从第 6 名下降至第 8 名，该省县市层级的革命老区中共有 8 个县的振兴发展度排名下降，其余 7 个县市的振兴发展度排名上升。

图 5-7 2021 年山东省革命老区县市振兴发展度

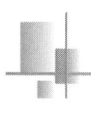

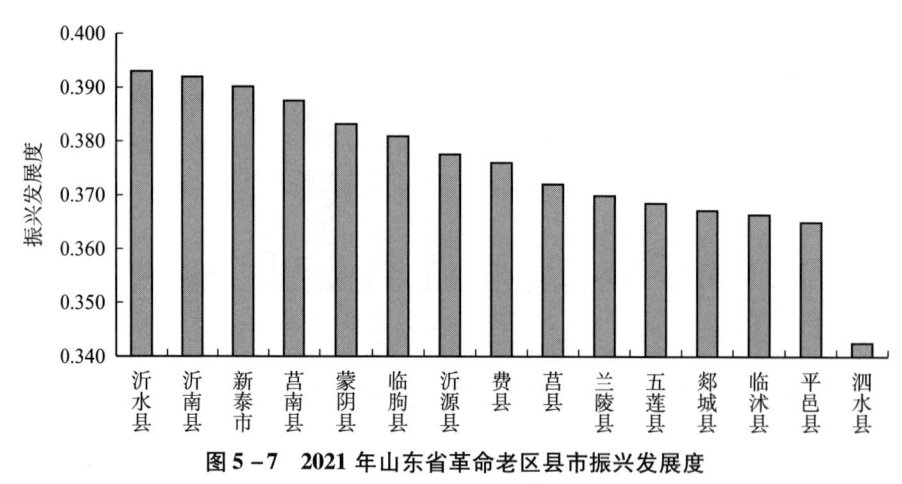

2012 年山东省革命老区市辖区的振兴发展度均值为 0.353，2021 年增加至 0.412，排名也从第 11 名上升至第 9 名。从市辖区层面来看，山东省革命老区涉及 3 个市辖区，分别为兰山区、罗庄区、河东区。如表 5-4 所示，3 个革命老区的振兴发展度均增加了，而罗庄区是唯一一个振兴发展度排名下降的区。

表 5-4　　　　　　山东省革命老区市辖区振兴发展度排名变化

市辖区	2012 年 振兴发展度	排名	2021 年 振兴发展度	排名	排名变化
兰山区	0.378	20	0.458	12	+8
罗庄区	0.330	80	0.368	90	-10
河东区	0.351	48	0.412	39	+9

六、广东省

广东是中国近代民主革命的中心，从红军长征的燎原之势，再到改革开放的和煦春风，在过去的百年里，无数中国共产党人在南粤大地上用鲜血、用汗水在大地上刻下了深深的红色印记。广东省革命老区涉及 19 个县市，从 2012 年至 2021 年，其革命老区县市的振兴发展度均值从 0.361 增至 0.389，排名从第 2 名下降至第 5 名，该省振兴发展度排名呈下降趋势。从

第五章 中国革命老区振兴发展分省评价

时序层面来看，广东省的革命老区县市的振兴发展度增速较慢。如图5-8所示，共有16个县的排名有所下滑，其中，五华县的下滑程度最大，仅有3个县的振兴发展度排名上升，其中南雄市的上升幅度最大，共提升了157名。从评价体系来看，虽只有红色基因和公共服务这两个维度的排名小幅下降，但公共服务维度的得分非常低，排名近乎垫底，这会拉低该省的振兴发展水平。

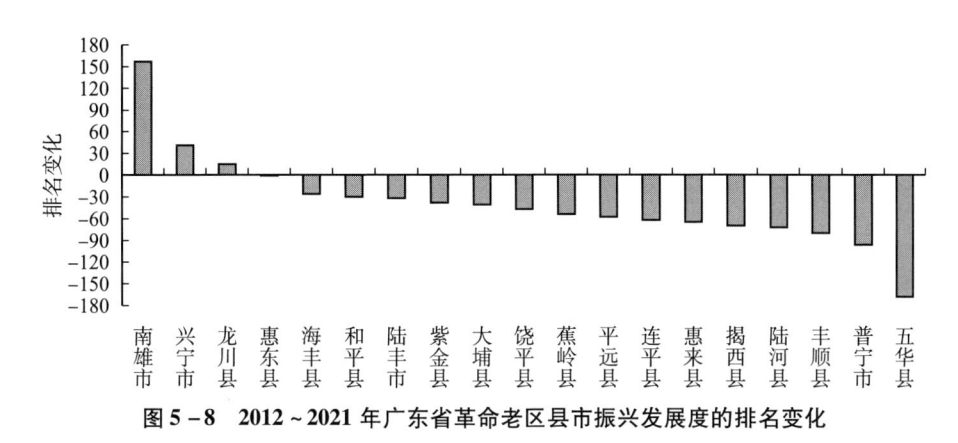

图5-8　2012~2021年广东省革命老区县市振兴发展度的排名变化

从县市层面来看，2012年五华县的振兴发展度为0.433，2021年该县振兴发展度不升反降，降至0.378，排名也从第2名下降至170名。从表5-5可以看出，从评价指标体系来看，五华县振兴发展水平大幅下降的原因，除红色基因维度的得分及排名有所上升外，其余四个维度的排名均发生了大幅下降，其中生态环境、经济发展以及公共服务这三个维度的得分降低，公共服务维度得分下降幅度最大，从2012年以0.600占据榜首到2021年降至0.108，名列第468名。

表5-5　五华县各评价维度的得分与排名变化

评价维度	2012年	排名	2021年	排名	排名变化
红色基因	0.314	180	0.333	131	+49
生态环境	0.727	51	0.726	106	-55
经济发展	0.082	72	0.063	283	-211
居民生活	0.363	20	0.370	243	-223
公共服务	0.600	1	0.108	468	-467

广东省革命老区涉及7个市辖区,这7个区的振兴发展度从2012年的0.373增至2021年的0.435,排名也从第5名提至第4名。从时序层面来看,如表5-6所示,广东省7个区的排名均处于中上层次,2021年,这7个区的振兴发展度排名均在前60名内,其中有4个区的排名在此期间有所提升,城区的提升幅度最大,潮阳区和梅江区的下降幅度最大。

表5-6　　　广东省革命老区市辖区振兴发展度排名变化

市辖区	2012年 振兴发展度	排名	2021年 振兴发展度	排名	排名变化
潮阳区	0.355	40	0.408	46	-6
潮南区	0.346	63	0.402	56	+7
惠城区	0.392	13	0.481	9	+4
惠阳区	0.439	1	0.504	6	-5
梅江区	0.353	46	0.406	52	-6
梅县区	0.376	21	0.437	16	+5
城区	0.347	56	0.408	45	+11

七、海南省

位于中国最南部的海南省,因其得天独厚的地理位置,以及源远流长的革命历史,形成了海南特有的红色文化。海南有"二十三年红旗不倒"的琼崖革命根据地、五指山革命根据地、海南岛解放、白沙起义等诸多红色文化遗产。海南省革命老区涉及12个县市,2012~2021年间,该省革命老区县市的振兴发展度均值从0.352增至0.396,排名也随之升至第三名。从县市层面来看,如图5-9所示,相邻排名的县市之间的振兴发展度相差较小,但海南省革命老区县市中振兴发展度排名第一的万宁市与最后一名临高县之间却悬殊较大。2021年,万宁市的振兴发展度为0.431,在全国排名第11名;临高县的振兴发展度为0.374,排名为198名,两者相差187名。

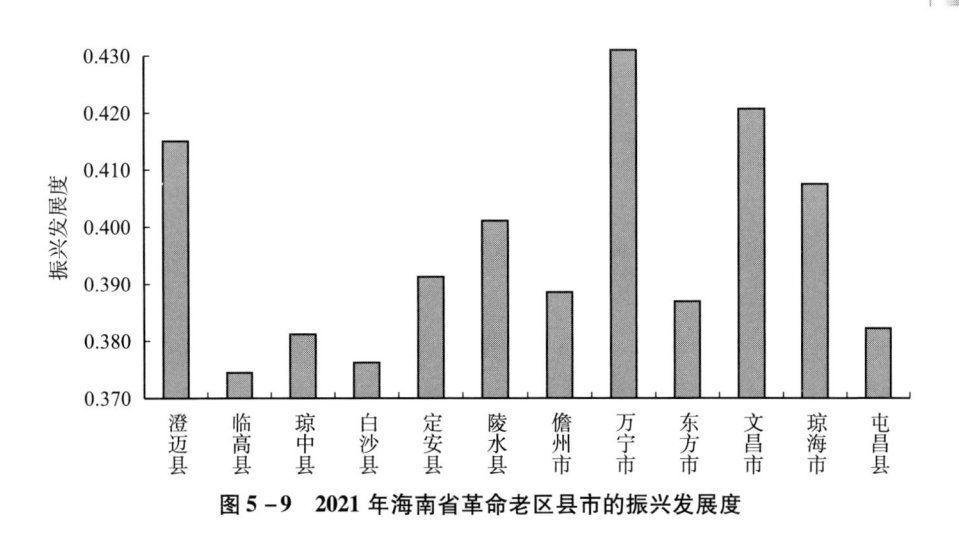

图 5-9　2021 年海南省革命老区县市的振兴发展度

从时序层面来看，如图 5-10 所示，共有 9 个县的振兴发展度排名上升，仅有 3 个县的排名下降。其中澄迈县的上升幅度最大，振兴发展度从 0.351 增至 0.415，其排名也随之从第 132 名升至第 30 名。从澄迈县的评价体系来看，该县 5 个评价维度的得分均增加，除生态环境这一维度的排名有所下降外，其他四个维度的排名均有不同程度的提升，居民生活和公共服务这两个维度的排名提升甚至超过 100 名。

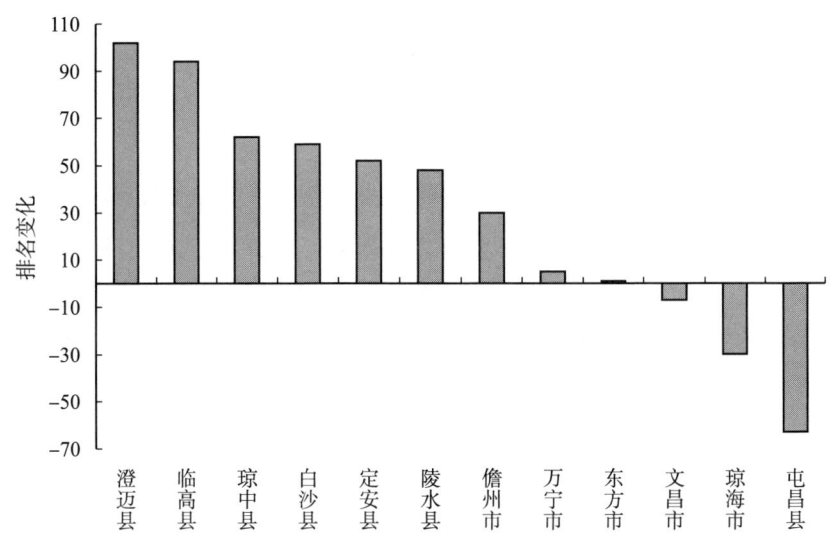

图 5-10　2012~2021 年海南省革命老区县市振兴发展度的排名变化

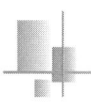

海南省革命老区仅涉及1个市辖区,即琼山区。2012年至2021年期间,琼山区的振兴发展度从0.376增至0.442,其排名从全国第22名提升至第14名,而海南省革命老区市辖区的振兴发展度排名也一直维持在第3名的位置。从评价体系来看,如表5-7所示,除生态环境维度的得分下降外,其余四个维度的得分均增加,且红色基因、经济发展及居民生活这三个维度的排名均提升。

表5-7　　　　　　　琼山县各评价维度的排名变化

评价维度	2012年	排名	2021年	排名	排名变化
红色基因	0.341	46	0.428	10	+36
生态环境	0.740	1	0.732	6	-5
经济发展	0.103	70	0.183	62	+8
红色基因	0.341	46	0.428	10	+36
居民生活	0.310	87	0.534	59	+28
公共服务	0.100	16	0.142	22	-6

第二节　中部革命老区省份振兴发展

一、山西省

山西省在中国革命史上做出了重大贡献,尤其是抗日战争和解放战争期间,中国共产党领导山西人民浴血奋战,创造了平型关大捷、百团大战等辉煌战绩,缔造了"吕梁精神""太行精神",为其留下了丰富的红色文化遗产。山西省革命老区涉及27个县市。在2012年至2021年期间,山西省革命老区县的振兴发展度均值从0.304增至0.345,但该省县际差距较大,绝大多数县市的排名较落后。从评价体系来看,山西省仅有公共服务这一维度的排名位于全国前十名,其余四个维度得分较低,排名靠后。居民生活维度对山西省全面振兴发展的影响最大,该维度的得分仅为0.340,排名为第19名。从时序层面来看,昔阳县的上升幅度最大,上升了148名,盂县的下降幅度最大，共下降了100名。从县市层面来看，2021年，该省振兴发展度均值为0.345，排名为第18名，排名较落后。如图5-11所示，沁水县和沁源县的振兴发展度较高，分别为0.392和0.390，分别居于全省第一和第二的位置；而榆社县与其他县的得分相差较大，仅为0.272，排名居于全省最后一名。通过分析可得，沁源县是黄河发源地之一，而沁水县也拥有华北较多的原始森林资源，山清水秀，风景秀丽，而沁水县和沁源县得分较高均是得力于其经济发展拉动整体振兴发展。榆社县振兴发展度不仅位于山西省革命老区县市最末，在全国革命老区县市中也是最后一名。

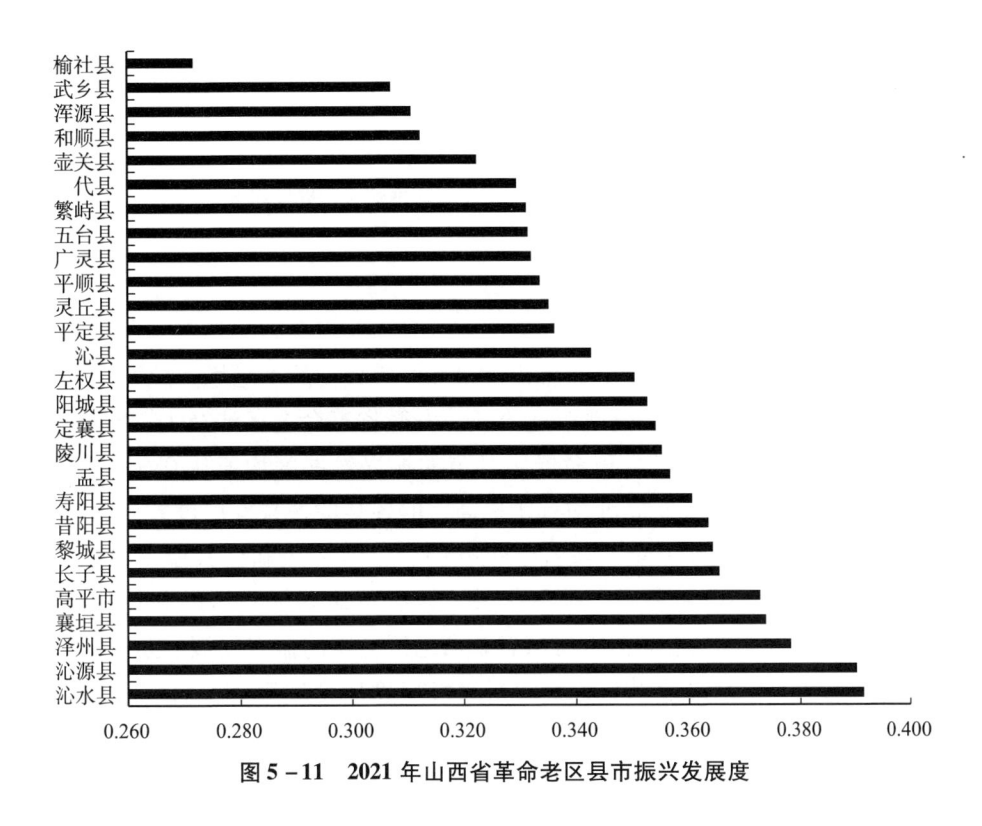

图5-11　2021年山西省革命老区县市振兴发展度

山西省革命老区涉及8个市辖区。在2012年至2021年间，其振兴发展度虽然有所增加，但排名却下降了。由图5-12可以看出，矿区和上党区的振兴发展度较低，得分分别为0.324和0.322。郊区是山西省革命老区市辖区中振兴发展度最高的，该区的振兴发展度为0.389，排名为第69名，在全国中的排名略后。从时序层面来看，山西省革命老区在这期间，其振兴发

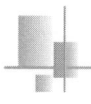

展度均值从 0.324 增至 0.362，虽有所增加，但由于其增长率相较其他省份较低，导致其排名从 2012 年的 17 名降为 2021 年的 18 名。

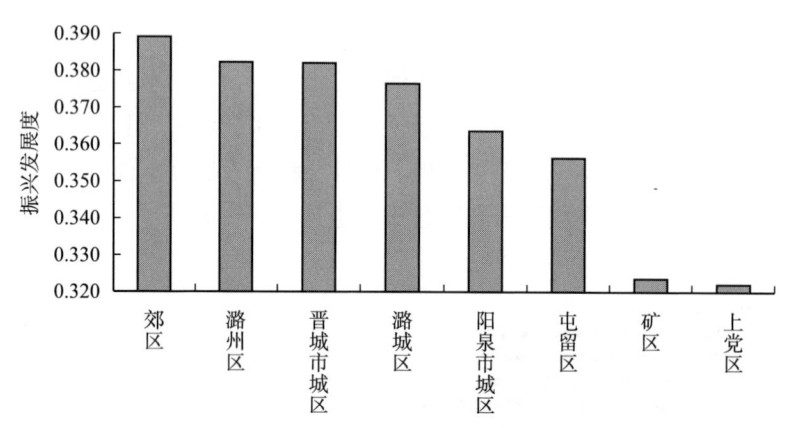

图 5-12　2021 年山西省革命老区市辖区振兴发展度

二、安徽省

安徽是新四军的主阵地，是淮海战役和渡边战役的主战场。"大别山精神""渡江精神"在这片土地源远流长。安徽省革命老区涉及 13 个县市，2012 年至 2021 年，安徽省革命老区县市的振兴发展度均值从 0.330 增至 0.368。13 个县的振兴发展度均有所提高，但各县的振兴发展度差距较大。从评价体系来看，2021 年，该省红色基因、生态环境和公共服务这三个维度的排名均在 10 名之后，排名落后于该省革命老区县市的整体排名，即这三个维度的相关指标会阻碍该省革命老区县市的振兴发展。从县市层面来看，2012 年霍山县以 0.365 的振兴发展度居全国第 46 名，2021 年，如图 5-13 所示，霍山县领先于其他县，居安徽省首位，其振兴发展度为 0.404，在革命老区县市中居第 60 名，排名退步。望江县为安徽省振兴发展度最低的一个县，振兴发展度为 0.337，排名仅为 429 名。从该县的评价体系来看，望江县的红色基因、生态环境以及公共服务的维度得分排名均较靠后，均在 350 名之后，尽管经济发展和居民生活这两个维度相对于其他三个维度来说，对于望江县的振兴发展起推动作用，但这两个维度在全国革命老区县市排名中仍处于 200 位之后，并不具有优势，故要使望江县提高振兴发展水平，应注重各个维度相关指标的全面提升。

第五章 中国革命老区振兴发展分省评价

图 5-13 2021年安徽省革命老区县市的振兴发展度

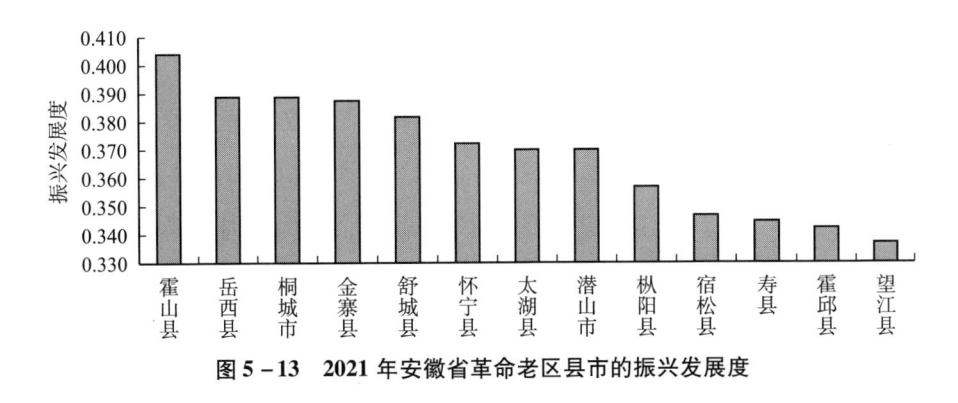

安徽省革命老区涉及6个市辖区，2012~2021年该省振兴发展度均值从0.339增至0.392，维持在第14名，但省内各区的振兴发展水平不平衡，振兴发展度有较大差异。从评价体系来看，该省除红色基因的排名居于前10名，其他四个维度的排名均处于后10名，公共服务维度的得分最低，仅为0.070，排名为最后一名，故公共服务这一维度的相应指标严重抑制了安徽省革命老区市辖区的振兴发展。从市辖区层面来看，如图5-14所示，金安区以0.417的振兴发展度领先于其他5个区，排名为第33名，而叶集区的振兴发展度为0.368，远远落后其他5个区，排名为91名。从时序层面来看，该省仅有金安区和叶集区的振兴发展度排名有所提升，其余4个县的振兴发展度虽有所增加，但排名均下降。

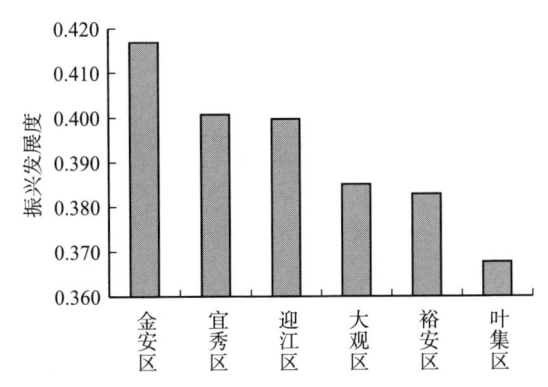

图 5-14 2021年安徽省革命老区市辖区振兴发展度

111

三、江西省

江西省是中国革命的红色摇篮，在此发动的南昌起义打响了武装反抗国民党的第一枪，建立了第一个农村革命根据地——井冈山根据地，"井冈山精神""苏区精神""长征精神"在此诞生。江西省革命老区涉及47个县市，2012~2021年，该省的振兴发展度均值从0.352增至0.390，排名居于前5名。从时序层面来看，在此期间，江西省革命老区县市的振兴发展度均值排名从第5名提升至第4名，其中，19个县的振兴发展度排名有所提升，井冈山市的上升幅度最大，从第270名上升至第81名，共上升了189名；而分宜县的下降幅度最大，共下降了62名。从评价体系来看，经济发展和居民生活维度对江西省革命老区县市的振兴发展度均值的阻碍作用较大，2012年江西省经济发展和居民生活这两个维度的排名分别为第14名和第12名。2021年，居民生活这一维度的排名已提升至第9名，而红色基因的排名也上升了1名，除红色基因这一维度外其余4个维度均位于前10名。从县市层面来看，2021年，江西省共有23个县在全国排名前100，有40个县排名前200，仅有一个县排在了300名之后，即为乐安县。如图5-15所示，万载县以0.414的振兴发展度占据全省首位，在全国革命老区中排名为第31名。乐安县的振兴发展度为0.360，在江西省革命老区县市的振兴发展度排名中位居最后一名，在全国革命老区县市中位于311名的位置，排名较靠后。

江西省革命老区涉及12个市辖区，2012~2021年该省革命老区市辖区的振兴发展度均值从0.356增至0.412，排名下降了2名，且该省有11个区的振兴发展度均增加，仅有章贡区的振兴发展度下降。从市辖区层面来看，如图5-16所示，排名首位的渝水区和最后一位的青原区差距较大，渝水区的振兴发展度为0.451，在全国革命老区市辖区中排在第13名，青原区的振兴发展度为0.369，排名为第89名，两者的振兴发展度相差0.081，排名却相差76名。

从评价体系来看，2012年，江西省革命老区在居民生活维度的排名较低，如表5-8所示，2021年，该维度的得分已从0.314增至0.547，排名上升了5名；但公共服务维度的排名却下降了7名，为第14名，该维度的下降幅度最大，公共服务已成为江西省市辖区革命老区振兴发展的短板。

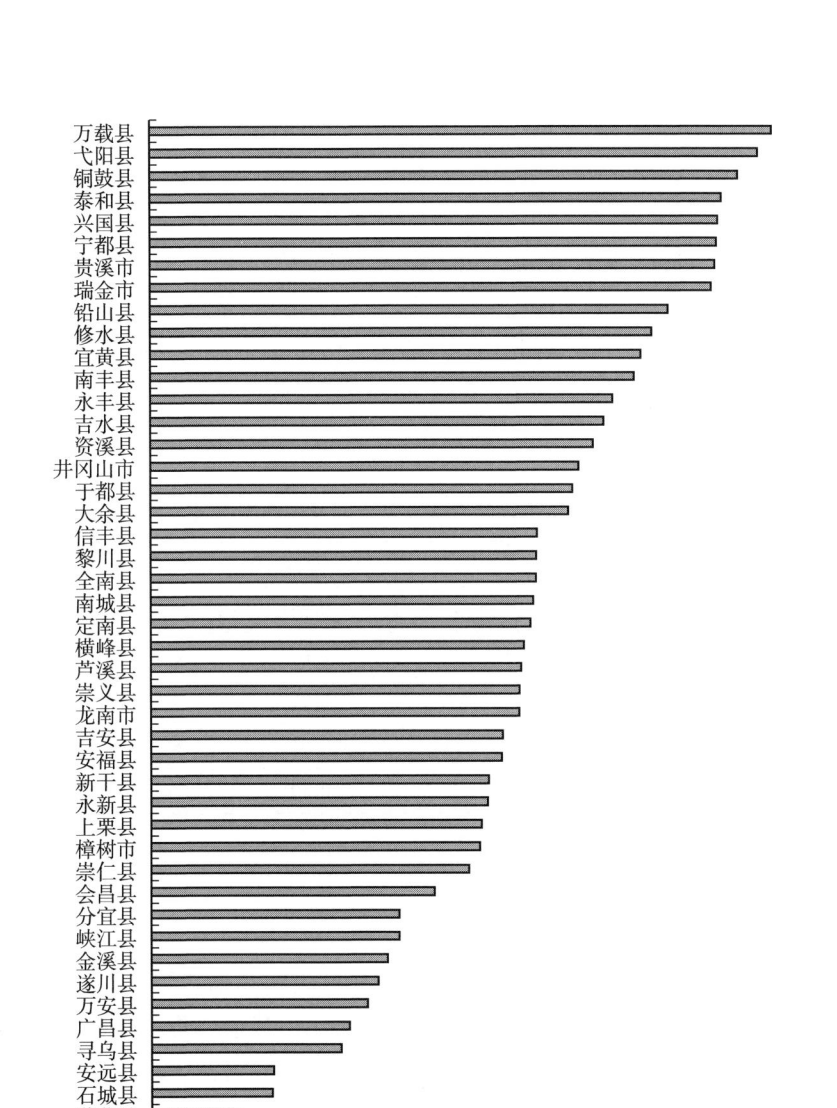

图 5-15　2021 年江西省革命老区县市的振兴发展度

图 5-16　2021 年江西省革命老区市辖区振兴发展度

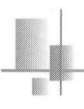

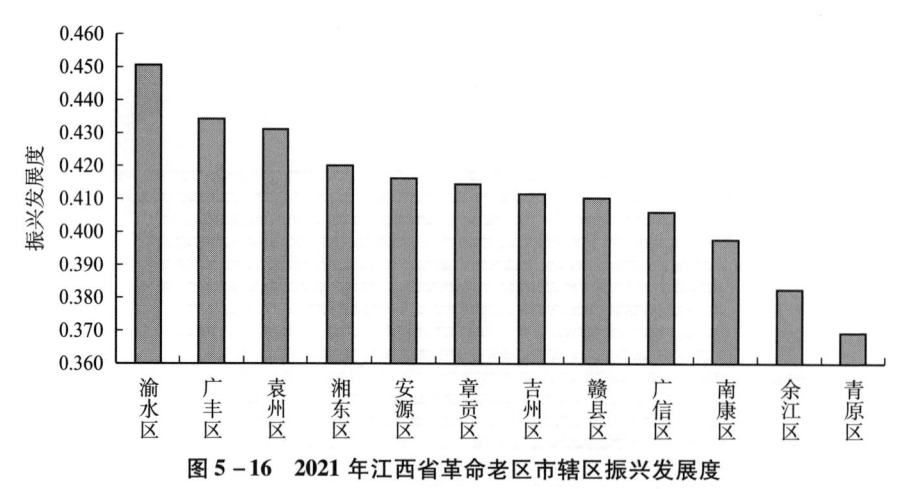

表 5-8　　江西省革命老区市辖区振兴发展度的评价维度排名变化

评价维度	2012 年	排名	2021 年	排名	排名变化
红色基因	0.342	4	0.351	7	-3
生态环境	0.651	7	0.678	6	+1
经济发展	0.137	9	0.211	9	0
居民生活	0.314	13	0.547	8	+5
公共服务	0.083	7	0.101	14	-7

四、河南省

河南位于中原腹地，从近代开始，河南就走在革命、建设和改革的前沿，在历史的长河中，孕育出了丰富的红色文化，其中"焦裕禄精神""红旗渠精神"和"大别山精神"是我们党宝贵的精神财富。2012~2021 年，河南省革命老区县市的振兴发展度均值从 0.329 增至 0.363，排名并无变化，该省的振兴发展度均值排名维持在全国第 12 名的位置，但该省共有 12 个县的振兴发展度排名有所提升，有 15 个县的振兴发展度排名下降，光山县的排名未发生变化。从评价体系来看，2021 年，该省革命老区县市的公共服务维度排名降低，且排名较为落后，以 0.157 的得分居于第 18 名。不仅如此，从经济发展维度来看，2012 年，该省革命老区县市经济发展维度得分为 0.075，以排名第二处于领先位置，而其 2021 年的得分虽有提高，为 0.107，但排名却下降了 4 名，位居第 6 名。从县市层面来看，各县的振兴发展度的得分差距较大，由图 5-17 可看出，河南省的革命老区县市振兴发展度可分为三个梯队，其中，林州市、济源市、新县以及辉县市这四个县为第一梯队，其得分均在 0.390 以上，且排名均位于前 100 名；淇县、西平县等 9 个县为第三梯队，得分均在 0.350 以下，其排名均处于后 150 名内，其余 16 个县为第二梯队，得分处于 0.350 ~ 0.390 之间。由图 5-17 可看出，第一梯队明显领先于第二、三梯队，其中辉县市的得分为 0.395，排名为 85 名；而罗山县的得分为 0.378，排名为 172 名，两县相差 87 名，由此可知，河南省革命老区的 28 个县中大多数处于排名较低的位置，少数革命老区处于前列，故导致河南省革命老区县市的振兴发展水平整体不高。

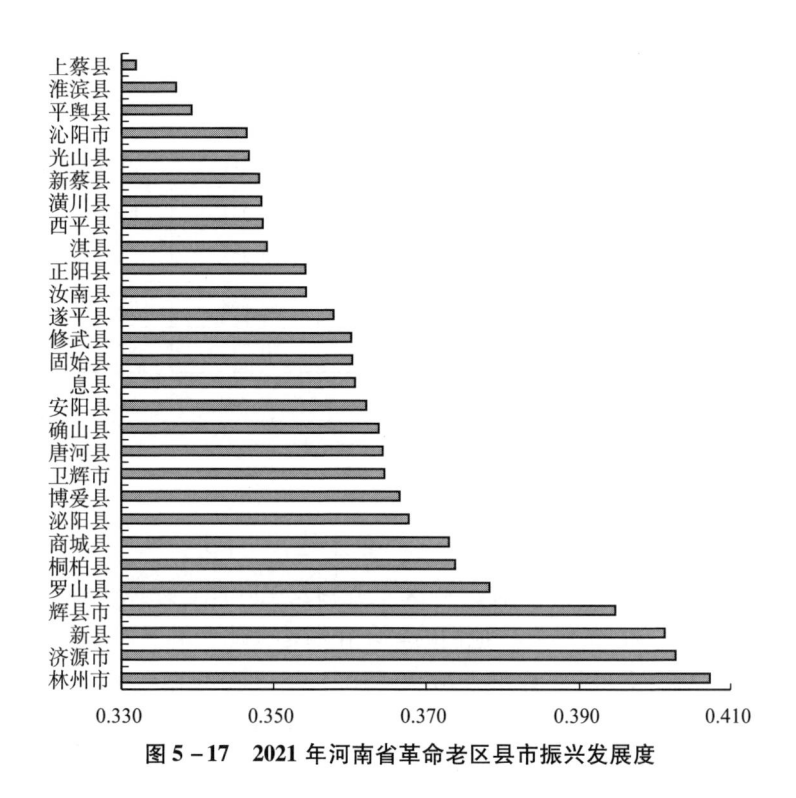

图 5-17　2021 年河南省革命老区县市振兴发展度

2012~2021 年，河南省革命老区市辖区振兴发展度均值从 0.333 增至 0.410，排名也随之上升了 5 名，该省各区的振兴发展度均增加，排名差距也逐渐拉大。从评价体系来看，2012 年，该省革命老区市辖区的 5 个评价

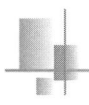

维度的得分均不高,处于中游以下的位置,其中公共服务这一维度的得分仅为0.033,排名近乎垫底,为第19名。2021年,除居民生活这一维度的排名有小幅下降外,其余四个维度的排名均有不同程度的提升,其中,2012年近乎垫底的公共服务维度的提升幅度最大,其得分由原先的0.033增至0.246,排名也随之升至第3名。从市辖区层面来看,河南省的革命老区共有6个区,从表5-9可发现,6个区的振兴发展度均有所提升,除平桥区外其余5个区的振兴发展排名都提高了,鹤山区更是以0.505的振兴发展度从第73名提升至第5名,提升幅度最大,共上升了68名。

表5-9　　　　河南省革命老区市辖区振兴发展度排名变化

市辖区	2012年 振兴发展度	排名	2021年 振兴发展度	排名	排名变化
鹤山区	0.342	73	0.505	5	+68
山城区	0.349	51	0.411	41	+10
淇滨区	0.316	94	0.381	80	+14
浉河区	0.354	42	0.421	30	+12
平桥区	0.318	92	0.368	92	0
驿城区	0.322	88	0.373	87	+1

五、湖北省

湖北省是中国革命的一块肥沃的红色土地,"中共五大""八七会议""黄麻起义""土地革命""保卫武汉"等均发生在此,无数革命烈士为祖国和民族献出了自己的鲜血,他们的脚印在荆楚大地上留下了红色烙印。湖北省革命老区涉及38个县市,2012~2021年该省的振兴发展度均值从0.339增至0.377。2012年至2021年,湖北省革命老区县市的振兴发展度有所增长,但排名仍为第7名,该省共有18个县的振兴发展度排名提高了,其他20个县的排名均下降。从县市层面来看,如图5-18所示,除孝昌县外,37个县的振兴发展度差距较小,这37个县的振兴发展度均在0.350以上。而孝昌县却以0.335的振兴发展度与其他37个县拉开了较大差距。从该县的评价体系来看,其红色基因与公共服务这两个维度的得分较低,排名均在 420 名之后，故应重点关注孝昌县这两个维度相关指标的发展。

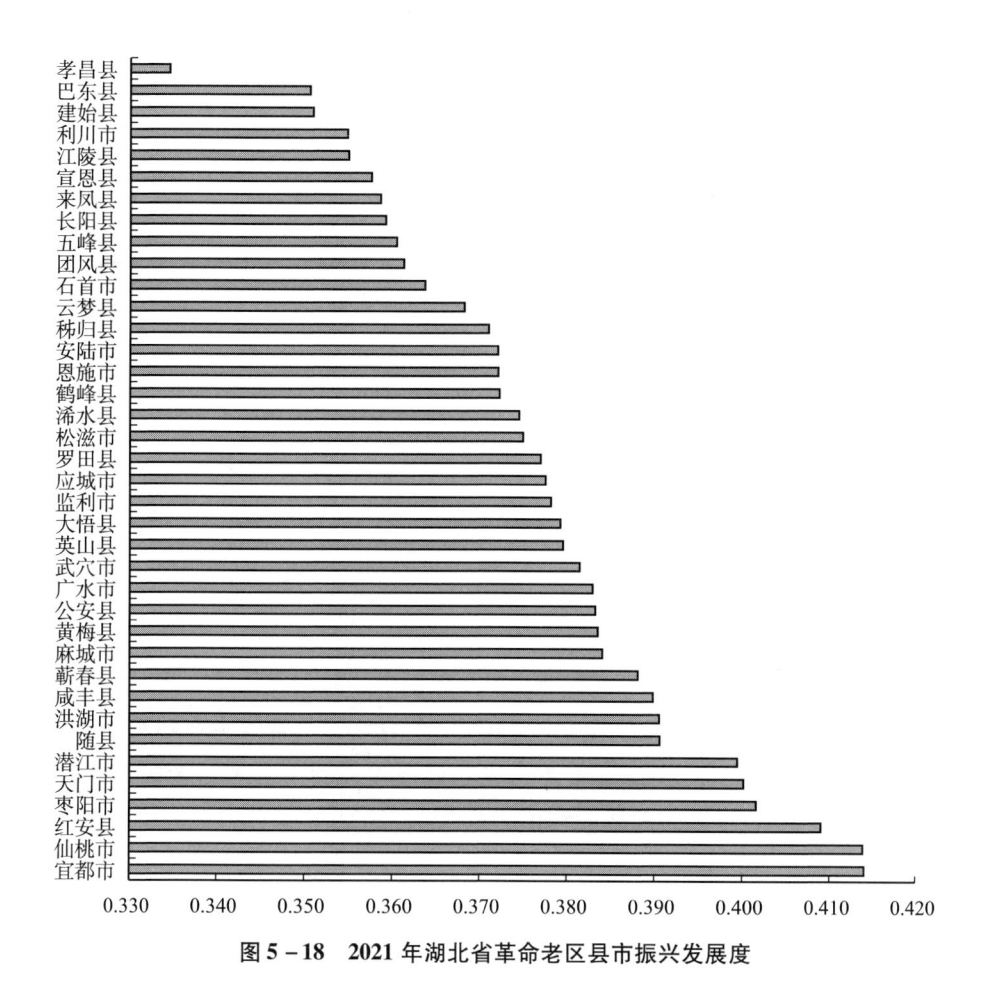

图 5-18　2021 年湖北省革命老区县市振兴发展度

湖北省革命老区涉及 7 个市辖区，2012~2021 年其振兴发展度均值从 0.374 增至 0.431，排名却下降了。从时序层面来看，该省革命老区市辖区的振兴发展度增长速度较慢，从表 5-10 可以看出，2012 年至 2021 年，湖北省革命老区共有 4 个区的排名下降，且下降幅度较大，仅有黄陂区、新洲区和沙市区这三个区的排名有小幅提升。从评价体系来看，该省革命老区市辖区的红色基因这一维度得分从 0.374 下降至 0.373，随之排名也从第 3 名下降至第 6 名。其公共服务维度的得分虽从 0.092 增至 0.104，但因增长幅度较小，排名从第 5 名下滑至第 13 名，而评价维度的排名下降也会影响该

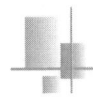

省振兴发展度的排名。

表 5-10　　　　湖北省革命老区市辖区振兴发展度排名变化

市辖区	2012 年 振兴发展度	排名	2021 年 振兴发展度	排名	排名变化
黄陂区	0.391	14	0.504	7	+7
新洲区	0.384	16	0.463	11	+5
孝南区	0.353	45	0.399	59	-14
沙市区	0.350	49	0.407	48	+1
荆州区	0.395	10	0.407	47	-37
黄州区	0.360	33	0.405	53	-20
曾都区	0.383	17	0.429	26	-9

六、湖南省

湖南是中国革命的重要策源地之一，也是中国共产党建党、建军和建政的重要策源地之一，秋收起义、桑植起义、平江起义等都发生在湖南。湖南省英雄辈出，毛泽东、刘少奇等革命家在此诞生。湖南省革命老区涉及 34 个县市，其 2012 年振兴发展度均值为 0.334，2021 年，该省革命老区县市的振兴发展度均值增至 0.379，排名也从第 9 名提高至第 6 名。该省各县之间的振兴发展度相差较大，排名变化幅度也较大。从评价指标来看，5 个维度的得分均增加，除红色基因和经济发展这两个维度的排名有所下降外，其余三个维度的排名都有所上升。从县市层面来看，湖南省革命老区县市的数量较多，如图 5-19 所示，湖南省大部分革命老区县市的振兴发展度排名呈现上升趋势。宜章县、汝城县、桂东县以及桑植县这四个县的排名上升超 100 名，其中宜章县在 2012 年至 2021 年期间，其振兴发展度从 0.315 增至 0.378，排名上升了 201 名，从 378 名提至 177 名，但该县仍有较大的提升空间。在此期间，宜章县除居民生活这一维度外，其余四个维度的得分排名都提高了，故在确保这四个维度的振兴发展外，应进一步关注居民生活这一维度的相关指标。除此之外，仅有 6 个县的排名是处于下滑状态，其中，沅陵县的下滑幅度最大，该县从 244 名下滑至 306 名，共下降了 62 名。而与宜章县相反的是，沅陵县除生态环境和居民生活这两个维度的排名上升外，其余三个维度的排名均下降。

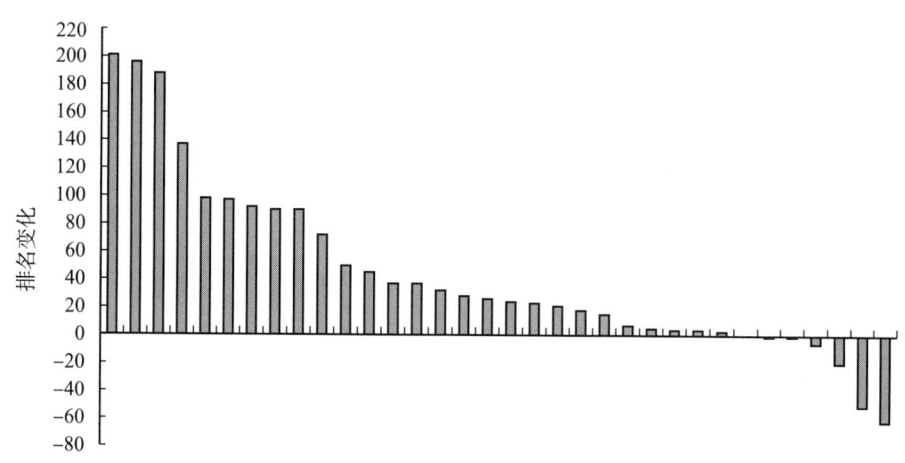

图 5-19　2012~2021 年湖南省革命老区县市振兴发展度的排名变化

湖南省革命老区涉及 4 个市辖区，2012 年，其振兴发展度均值为 0.358，2021 年，这四个区的振兴发展度均值增至 0.421。与革命老区县市情况不同，湖南省革命老区市辖区的振兴发展度的增长率较高，与其他 19 个省相比，该省的年均增长率为第一名，但其振兴发展度均值的排名却从第 6 名下降至第 7 名。从评价体系来看，主要是其红色基因这一维度的排名较低，其得分从 0.323 增至 0.326，但排名却处于 13 名，这表明红色基因这一维度将会影响该省革命老区市辖区的振兴发展水平。

第三节　西部革命老区省份振兴发展

一、重庆市

"红岩精神"在重庆这个英雄之城中产生，并成为这个英雄之城的一大象征。重庆市革命老区涉及5个县市。重庆市革命老区县市的振兴发展度均值在2012年为0.322，为全国第15名，2021年，其振兴发展度均值增至0.366，排名升至第11名。从评价体系来看，如表5-11所示，5个维度的评价得分均增加，除公共服务这一维度的排名下降外，其余四个维度的排名均提升。

表5-11　　　　重庆市革命老区县市各评价维度的排名变化

评价维度	2012年	排名	2021年	排名	排名变化
红色基因	0.172	16	0.245	16	0
生态环境	0.666	10	0.689	9	+1
经济发展	0.035	15	0.076	14	+1
居民生活	0.244	15	0.363	12	+3
公共服务	0.140	3	0.201	6	-3

从时序层面来看，如表5-12所示，重庆市5个革命老区县市的振兴发展度均增加，且排名均上升，其中，秀山土家族苗族自治县的提升幅度最大，该县从291名提至152名，而提升幅度最小的也提升了23名，即酉阳土家族苗族自治县，从263名提升至240名。

表5-12　　　　重庆市革命老区县市的振兴发展度排名变化

县市	2012年		2021年		排名变化
	振兴发展度	排名	振兴发展度	排名	
城口县	0.318	353	0.361	292	+61
石柱土家族自治县	0.317	363	0.363	287	+76
秀山土家族苗族自治县	0.326	291	0.381	152	+139
酉阳土家族苗族自治县	0.329	263	0.369	240	+23
彭水苗族土家族自治县	0.318	355	0.358	325	+30

重庆市革命老区仅涉及一个市辖区，为琼山区。如表5-13所示，琼山区在2012年至2021年期间，振兴发展度从0.313增至0.390，其增长速度

较快，该县的排名从 97 名提升至第 66 名，重庆市革命老区市辖区的振兴发展均值排名也从第 18 名提升至第 15 名。从分项来看，红色基因及居民生活这两个维度的排名十分靠后，其排名均为 100 名，这将会拉低琼山区的振兴发展度，而 2021 年，这两个区维度的得分及排名均有所上升，但这两个维度相较于其他维度，仍会阻碍该县、区革命老区的振兴发展，故应继续重点关注这两个维度的相关指标。截至 2021 年，公共服务这一维度的排名已下降 10 名，其排名于 2021 年为第 26 名，而该维度的排名下降将会削弱该区振兴发展的优势。

表 5-13　　　　　　　琼山区各评价维度的排名变化

评价维度	2012 年	排名	2021 年	排名	排名变化
红色基因	0.198	100	0.307	86	+14
生态环境	0.616	45	0.669	36	+9
经济发展	0.101	72	0.164	72	0
居民生活	0.252	100	0.468	82	+18
公共服务	0.093	19	0.130	29	-10

二、四川省

四川是中国红军长征时间最长、重要战役最多、战斗最多的一个省，有着丰富的革命足迹。一段"听党指挥，能打胜仗，作风优良"的革命历史在此展开。四川省革命老区涉及 24 个县市。2012 年，该省振兴发展度均值为 0.336，排名第 8 名，2021 年，该省振兴发展度均值增加为 0.373，排名却下滑至第 9 名，该省绝大多数革命老区县市的振兴发展度排名呈上升趋势。从评价体系来看，如表 5-14 所示，仅有居民生活维度的排名是上升的，而红色基因、生态环境及公共服务这三个维度的排名均发生了下滑，公共服务这一维度的排名甚至从领先区域的第 6 名下滑至落后区域的第 15 名。

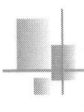

表 5-14　　　　四川省革命老区县市的各评价维度的排名变化

评价维度	2012 年	排名	2021 年	排名	排名变化
红色基因	0.307	5	0.327	6	-1
生态环境	0.619	13	0.633	14	-1
经济发展	0.046	12	0.080	12	0
居民生活	0.272	10	0.409	4	+6
公共服务	0.113	6	0.163	15	-9

从时序层面来分析，四川省革命老区县市的振兴发展度均值的增长速度较慢，如图 5-20 所示，该省共有 14 个县的振兴发展度排名上升，其余 10 个县的振兴发展度排名均下降，其中江油市的下降幅度最大，该县的振兴发展度从第 89 名下降至第 295 名，共下降了 206 名，其评价体系中 5 个维度的排名也发生了大幅下滑。

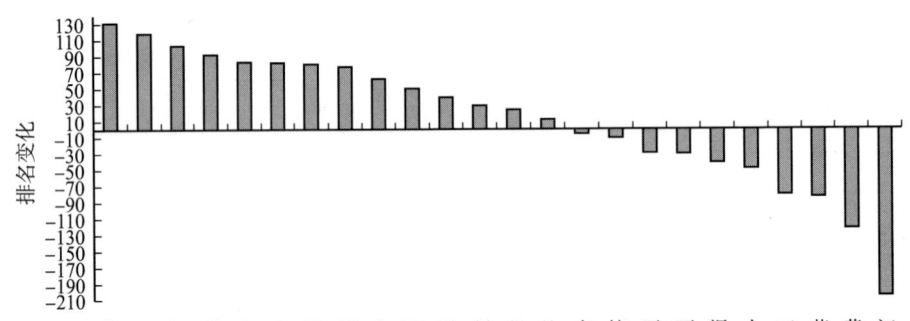

图 5-20　2012~2021 年四川省革命老区县市振兴发展度的排名变化

四川省革命老区涉及的市辖区数量最多，共有 13 个。2012 年至 2021 年期间，其振兴发展度均值从 0.339 增至 0.392，排名却仍为第 13 名。从时序层面来看，该省有 7 个区的振兴发展度排名是上升的，其余 6 个区的振兴发展度的排名均下降，其中游仙区的排名上升幅度最大，从第 67 名提至 32 名；恩阳区的排名下降幅度最大，从第 50 名下降至第 86 名。但通过图 5-21 也可发现，该省革命老区市辖区的振兴发展度排名上升幅度和下降幅度近乎相等，从这一方面也可反映该省振兴发展度均值排名在此期间未发生太大变化。

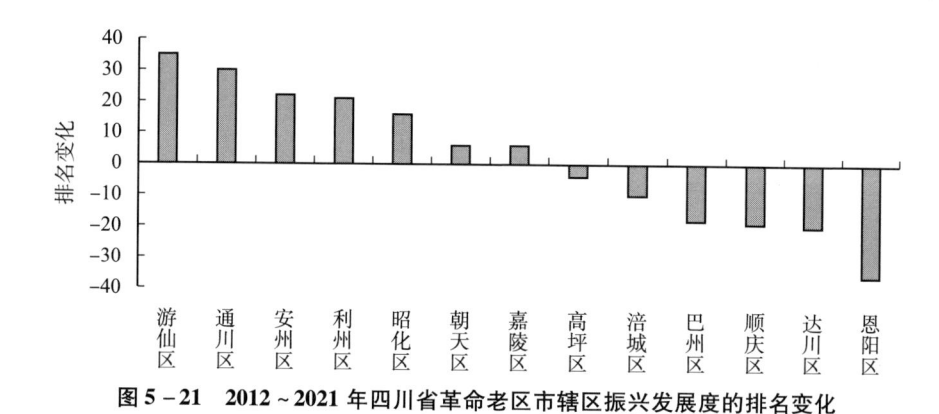

图 5-21　2012~2021 年四川省革命老区市辖区振兴发展度的排名变化

三、贵州省

贵州造就了一批又一批革命先辈，如邓恩铭、王若飞。遗留下来的红色历史遗址有遵义会议会址、四渡赤水红军烈士陵园、息烽集中营。孕育出了"遵义精神"和"若飞精神"等红色精神。贵州省革命老区涉及 38 个县市，2012 年至 2021 年，其振兴发展度均值从 0.318 增至 0.362，排名也随之上升，但该省各县之间的振兴发展度差距较大。从时序层面来看，贵州省共有 29 个县的振兴发展度排名发生了上升，仅有 9 个县的排名下降，其中革命老区振兴发展度排名下降程度最为严重的县市为兴仁市，该县的排名从第 280 名下降至第 341 名。而排名上升幅度最大的为赤水市，从第 389 名提升至第 88 名。从县市层面来看，2021 年，仁怀市是贵州省县市层级中振兴发展度最高的，该市的振兴发展度为 0.438，全国排名第 6，如图 5-22 所示，该市领先于省内其他革命老区县市，与第二名赤水市拉开了较大差距。该省最后一名为普安县，该县的振兴发展度为 0.328，在全国位列第 464 名。

贵州省革命老区涉及 5 个市辖区，2012 年至 2021 年，该省革命老区振兴发展度均值从 0.355 增至 0.414，其排名也从第 10 名升至第 8 名。从时序层面来看，该省共有 4 个区的振兴发展度排名上升，仅有一个区（播州区）排名下滑。播州区在此期间其振兴发展度由 0.373 增至 0.426，排名从第 24 名下降至第 28 名，而其排名下降的原因从该区的评价体系分析可得，如表 5-15 所示，该区的红色基因、经济发展及公共服务这三个维度的排名均下降，其中，经济发展维度更是从第 13 名下降至第 48 名。

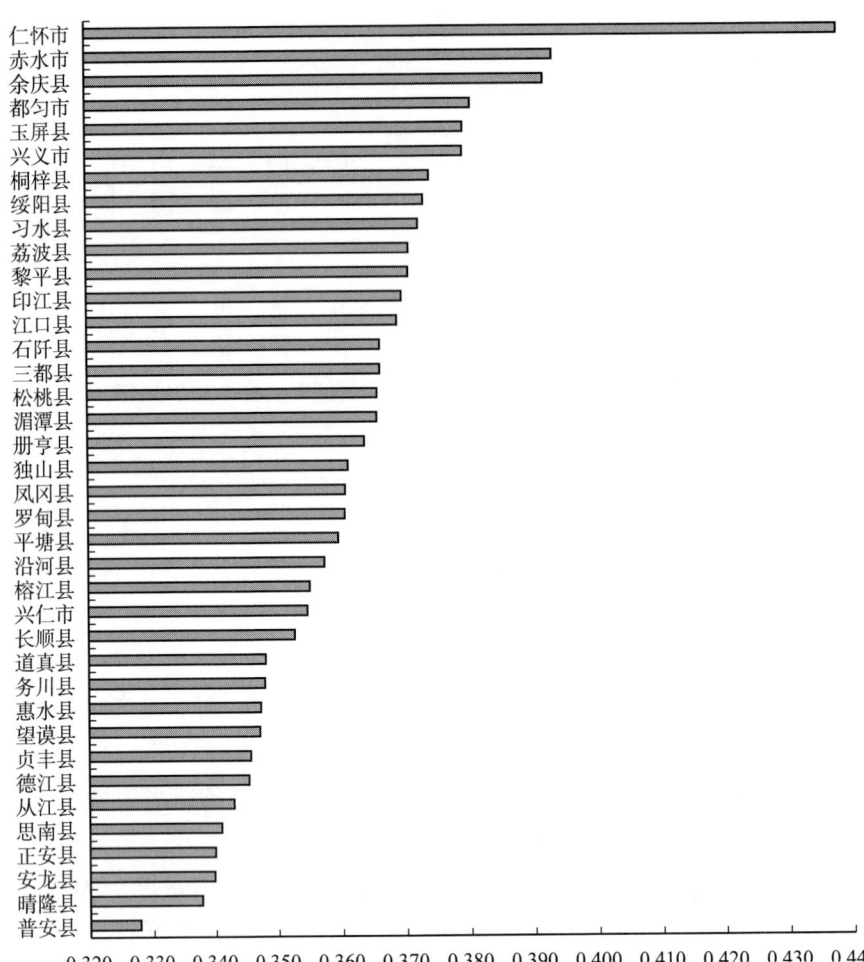

图 5-22 2021 年贵州省革命老区县市的振兴发展度

表 5-15　播州区革命老区的各评价维度的排名变化

评价维度	2012 年	排名	2021 年	排名	排名变化
红色基因	0.403	7	0.429	9	-2
生态环境	0.664	29	0.687	29	0
经济发展	0.214	13	0.209	48	-35
居民生活	0.308	88	0.536	57	+31
公共服务	0.030	85	0.068	87	-2

四、云南省

从陆军讲武堂到西南联大，从扎西会议到金沙江，云南都曾有过一段不平凡的革命历史。云南省革命老区涉及 8 个县市。2012 年，云南省革命老区的振兴发展度均值为 0.326，排名为 14 名，2021 年，该省振兴发展度均值增加为 0.345，排名却下降至第 19 名。其革命老区县市的排名较为靠后，均位于全国 300 名之后。从评价体系来看，如表 5-16 所示，红色基因、经济发展以及公共服务维度的得分很低，排名分别为第 20 名、第 18 名、第 20 名。红色基因维度的得分虽增至 0.130，但增长幅度较小，其排名仍为最后一名，虽经济发展和公共服务两个维度的排名稍有提高，但未保持住其居民生活维度的优势，居民生活维度的得分增长缓慢，其排名从第 3 名下降至第 14 名，因此 2021 年，云南省的 5 个维度均处于劣势，故应全面关注并推动这 5 个维度相关指标的发展，从而进一步促进云南省革命老区的全面振兴发展。

表 5-16　　　　云南省革命老区县市的各评价维度的排名变化

评价维度	2012 年	排名	2021 年	排名	排名变化
红色基因	0.116	20	0.130	20	0
生态环境	0.668	9	0.679	10	-1
经济发展	0.026	18	0.065	17	+1
居民生活	0.342	3	0.356	14	-11
公共服务	0.091	20	0.161	17	+3

从县市层面来看，如表 5-17 所示，云南省 8 个县的振兴发展度均增加了，但排名却都有所下降，其中有 4 个县的排名下降超 100 名，富宁县的名次下降最大，该县从第 209 名下降至第 378 名。通过该县的评价体系可发现，该县除经济发展维度外，其余 4 个维度的排名均下降，其中居民生活维度的得分从 0.348 下降到 0.323，排名更是从第 36 名跌落至第 413 名，而这一维度的巨大变化也直接导致了该县振兴发展度排名的下降。砚山县的振兴发展度排名下降幅度最小。

表5-17　　云南省革命老区县市的振兴发展度排名变化

县市	2012年 振兴发展度	排名	2021年 振兴发展度	排名	排名变化
文山市	0.333	239	0.344	401	-162
砚山县	0.322	332	0.350	360	-28
西畴县	0.317	367	0.337	427	-60
麻栗坡县	0.326	297	0.343	404	-107
马关县	0.325	302	0.347	386	-84
丘北县	0.316	371	0.342	412	-41
广南县	0.328	269	0.344	402	-133
富宁县	0.338	209	0.348	378	-169

五、陕西省

陕西省对中国革命做出了不可磨灭的贡献。中国共产党领导中国人民进行了长期的艰苦奋斗，创建了陕北、陕甘边两个地区。这里是红军长征的落脚点，是中国人民抗日战争的出发点。陕西省革命老区涉及55个县市，县市级的革命老区数量居全国之首，该省振兴发展度均值有所增长，排名却下降了。陕西省各县的振兴发展度相差较大，绝大多数县市的振兴发展度排名呈下降趋势。从时序层面来看，2012年，陕西省革命老区县市的振兴发展度均值为0.334，排名为第10名，2021年，该省革命老区县市的振兴发展度均值有所增加，为0.357，排名却降至第14名。从图5-23也可看出，绝大多数革命老区县市的振兴发展度排名下滑，仅有少数县市的排名有所上升，且下滑程度要远大于上升程度。该省革命老区县市中共有43个县的排名发生了下降，11个县的振兴发展度排名有所上升，其中绥德县的上升幅度最大，其振兴发展度从0.308增至0.365，排名也从第411名上升至第272名。而泾阳县的下滑幅度最大，该县的振兴发展度从0.356下降至0.353，排名随之从第95名退步至第349名。

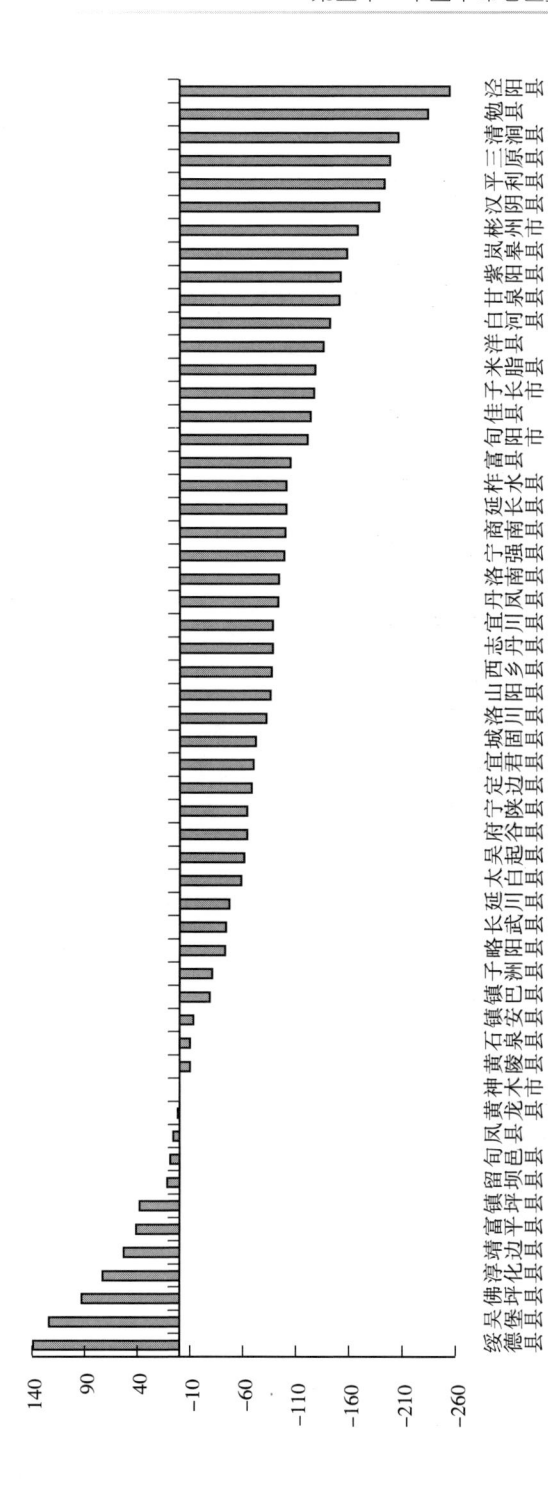

图5-23 2012~2021年陕西省革命老区县市振兴发展度的排名变化

从县市层面来看，如图 5-24 所示，绝大多数县市的振兴发展度低于 0.380，仅有 8 个县的振兴发展度高于 0.380，其中仅有 5 个县的振兴发展度排名位于全国前 100 名。神木市的振兴发展度为 0.458，居于陕西省首位。

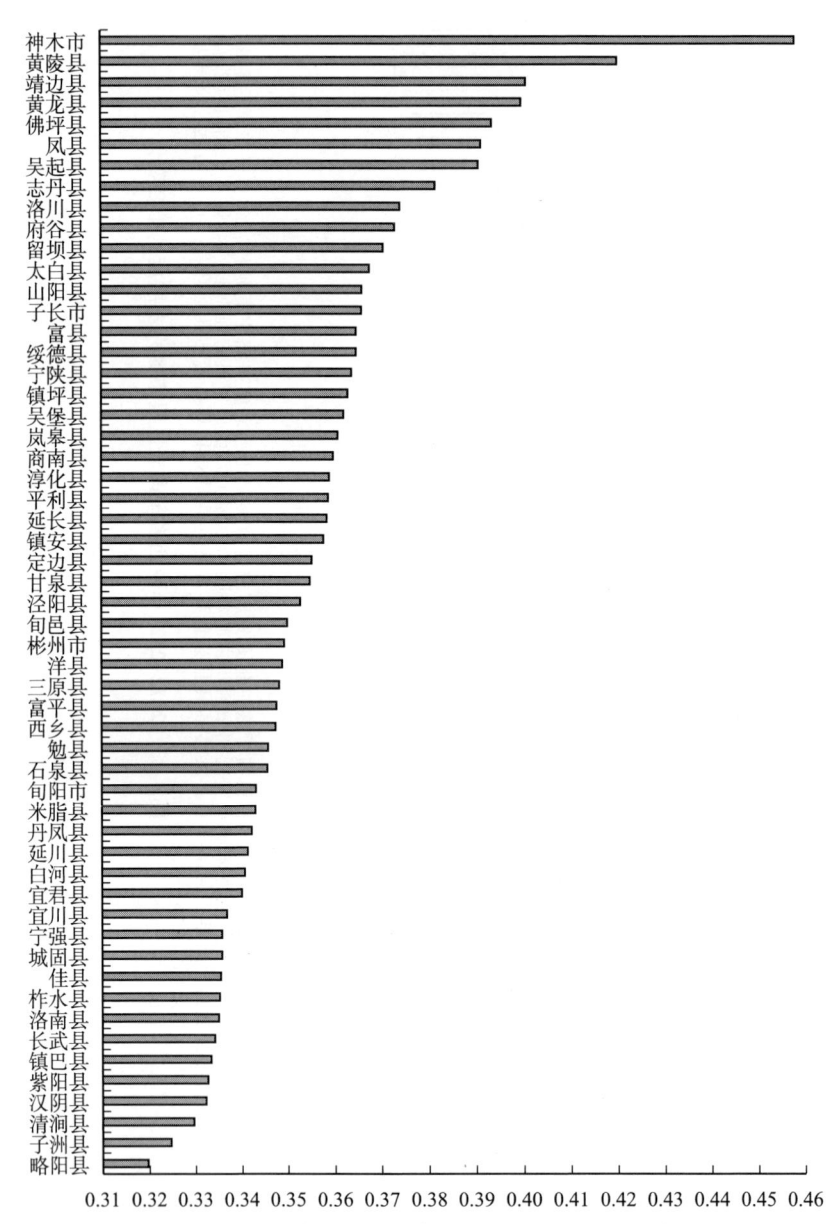

图 5-24　2021 年陕西省革命老区县市振兴发展度的排名

该县的振兴发展度远远领先于该省第 2 名黄陵县。略阳县为陕西省振兴发展水平最低的一个县,其振兴发展度为 0.320,全国排名为第 435 名。

陕西省革命老区涉及 11 个市辖区,与该省革命老区县市整体情况相似,2012~2021 年其振兴发展度均值有所增加,从 0.335 增至 0.366,排名却从全国第 15 名下降至第 17 名。从市辖区层面来看,从图 5-25 可知,仅有 3 个区的振兴发展度排名上升,其余 8 个区的排名均下降,宝塔区甚至下降了 53 名,而上升幅度最大的安塞区上升了 45 名。宝塔区的振兴发展度于 2012 年为 0.385,为第 15 名,2021 年,该区振兴发展度增至 0.389,排名却下滑至第 68 名。从该区评价体系来看,这是由于除红色基因维度外其余四个维度在此期间排名均下滑,居民生活这一维度甚至从第 2 名下降至第 111 名。

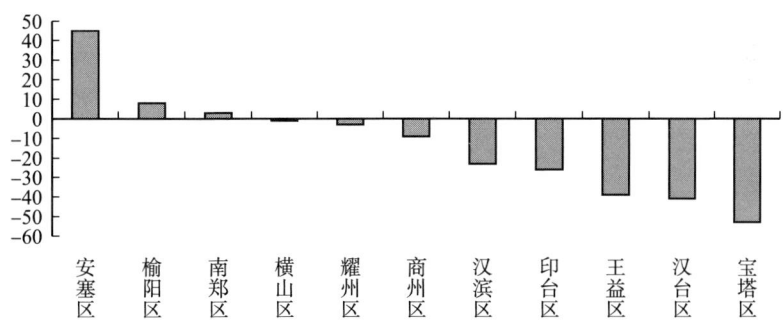

图 5-25 2012~2021 年陕西省革命老区市辖区振兴发展度的排名变化

六、甘肃省

甘肃有陕甘边南梁革命根据地,这是我国革命战争末期仅有的一个革命根据地,也是当时中共中央、各大红军驻扎的地方。甘肃的红色文化资源既有丰富的革命历史,也有许多优秀的革命精神,如"南梁精神""会师精神""舟曲赈灾精神"等。甘肃省革命老区涉及 14 个县市,2012~2021 年,该省份的革命老区振兴发展度均值有所增加,绝大多数县市的振兴发展度排名呈下降趋势。从县市层面来看,2021 年,如图 5-26 所示,该省 14 个县的振兴发展度均在 0.310~0.360 之间,排名位于第 310~480 名之间,均处于振兴发展水平偏低的区间。其中,华池县的振兴发展度最高,为 0.359,其排名为第 314 名;除华池县、崇信县及华亭市这三个县市外,其余 11 个

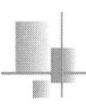

县市的排名均非常落后,都在 400 名之后。

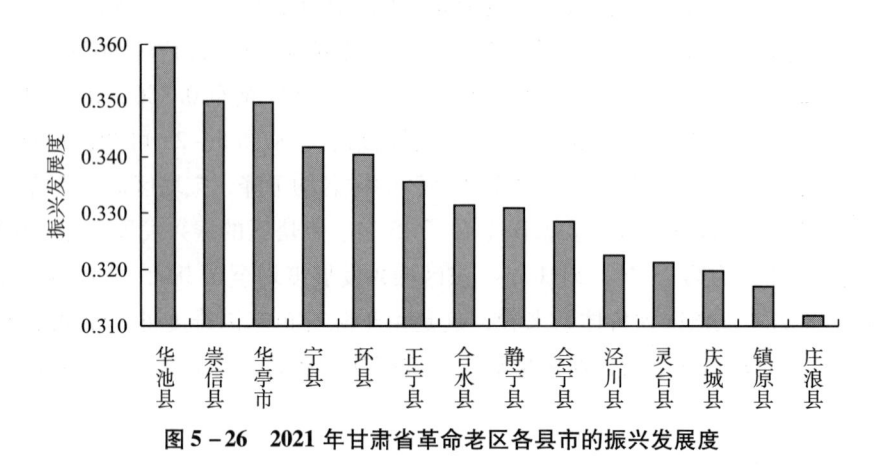

图 5-26　2021 年甘肃省革命老区各县市的振兴发展度

从时序层面来看,2012 年甘肃省革命老区县市的振兴发展度均值为 0.300,其排名为第 19 名,2021 年,其振兴发展度均值增至 0.333,排名为全国最后一名。在此期间,如图 5-27 所示,甘肃省革命老区中共有 10 个县的振兴发展度排名下降,仅有两个县的排名上升。其中,华池县上升幅度最大,共提升了 122 名;宁县的下降幅度最大,下滑了 87 名。

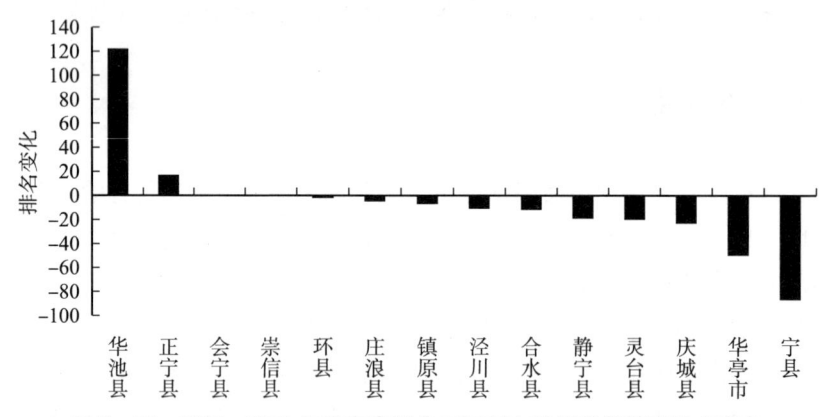

图 5-27　2012~2021 年甘肃省革命老区县市的振兴发展度排名变化

2012~2021 年甘肃省革命老区市辖区的振兴发展度均值从 0.258 增至 0.306,但振兴发展度均值排名未发生改变。从市辖区层面来看,如表 5-18

所示，甘肃省革命老区涉及 2 个市辖区，分别为崆峒区和西峰区。甘肃省革命老区市辖区的整体振兴发展水平变动幅度很小，且整体振兴发展水平也非常低。从评价体系来看，该省 5 个维度的排名均处于中下层次，公共服务维度排名最靠前，排名仅为第 15 名，其余 4 个维度均位于倒数三名。

表 5-18　　　甘肃省革命老区市辖区振兴发展度排名变化

市辖区	2012 年 振兴发展度	排名	2021 年 振兴发展度	排名	排名变化
崆峒区	0.218	112	0.275	112	0
西峰区	0.299	103	0.337	105	-2

七、宁夏回族自治区

宁夏是近代民主革命思想和马克思列宁主义的最早传播地之一，是陕甘宁根据地的一部分。宁夏回族自治区的革命老区涉及 10 个县市，在 2012~2021 年，该省革命老区县市的振兴发展度不断增加，排名也随之上升，但该省各县的振兴发展水平较低，排名均在 300 名之后。在此期间，绝大多数县市的振兴发展度排名呈上升趋势。通过评价体系可知，该省公共服务维度的得分较高，一直居于全国首位。经济发展维度的得分从 0.034 增至 0.130，排名也跃至第 3 名，这无疑促进了宁夏回族自治区革命老区县市的振兴发展。从时序层面来看，该省革命老区县市的振兴发展度均值于 2012 年为 0.297，排名为全国最后一名。2021 年该省振兴发展度均值增至 0.345，排名上升至全国第 17 名。从图 5-28 中，可以看出，共有 8 个县的振兴发展度的排名有所上升，仅有 1 个县的排名下降，即青铜峡市，该县排名下降了 35 名，海原县的振兴发展度从 0.286 增至 0.323，排名并无变化。

宁夏回族自治区的革命老区涉及 4 个市辖区，2012 年至 2021 年期间，该自治区的振兴发展度不断提高，排名却无变化。该省绝大多数市辖区居于全国振兴发展度水平较低的层次。从时序层面来看，2012~2021 年，该自治区革命老区的振兴发展度均值从 0.290 增至 0.341，排名未发生变化。从表 5-19 可以看出，该省共有两个区的振兴发展度排名小幅提升，即利通区和红寺堡区，仅有一个区的振兴发展度排名下降了，即沙坡头区。该区的振

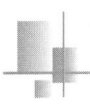

兴发展度从 0.327 增至 0.351，排名却从第 83 名下降至第 99 名，下降了 16 名，从该区的评价体系来看，该区除经济发展维度的排名上升了 6 名外，其余四个维度的排名均有不同程度的下降。

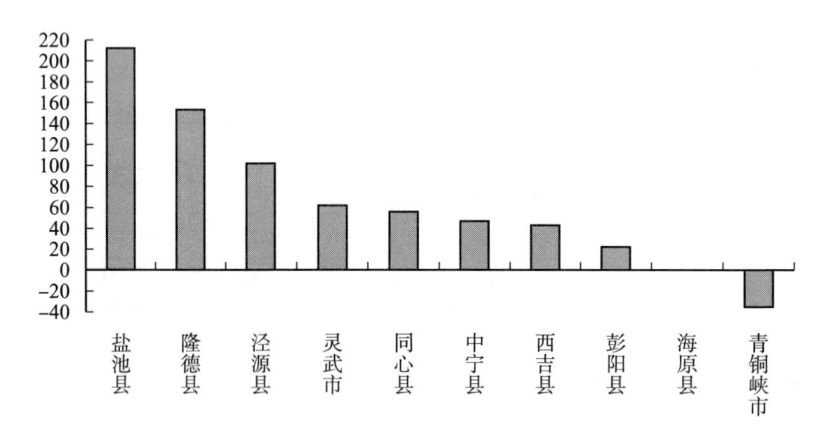

图 5-28　2012~2021 年宁夏回族自治区革命老区县市振兴发展度的排名变化

表 5-19　宁夏回族自治区革命老区市辖区的振兴发展度排名变化

市辖区	2012 年 振兴发展度	排名	2021 年 振兴发展度	排名	排名变化
利通区	0.304	100	0.352	98	+2
红寺堡区	0.277	109	0.350	100	+9
原州区	0.253	111	0.313	111	0
沙坡头区	0.327	83	0.351	99	-16

八、广西壮族自治区

广西是百色起义、龙州起义的主战场，有着丰富的红色资源。广西是中国共产党在全国范围内最早进行革命活动的省份之一，也是中国革命发展史上的一个重要组成部分。广西壮族自治区的革命老区涉及 27 个县市，2012~2021 年，其振兴发展度均值从 0.328 增至 0.357，排名从第 13 名下滑至第 15 名，该省绝大多数的革命老区县市在此期间呈下降趋势。从评价体系来看，该省居民生活和公共服务两个维度的排名均下降，且除生态环境维度

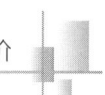

的得分及排名具有优势外，2021 年，其余四个维度的排名均在 15 名之后，这对广西壮族自治区革命老区县市的振兴发展造成劣势。从时序层面来看，该省县市的革命老区的振兴发展度的年均增长率较低，仅为 8.669%。如图 5-29 所示，仅有 5 个县的振兴发展排名在此期间发生了上升，其余 22 个县的排名均下降，其中田林县的排名下降程度最大。

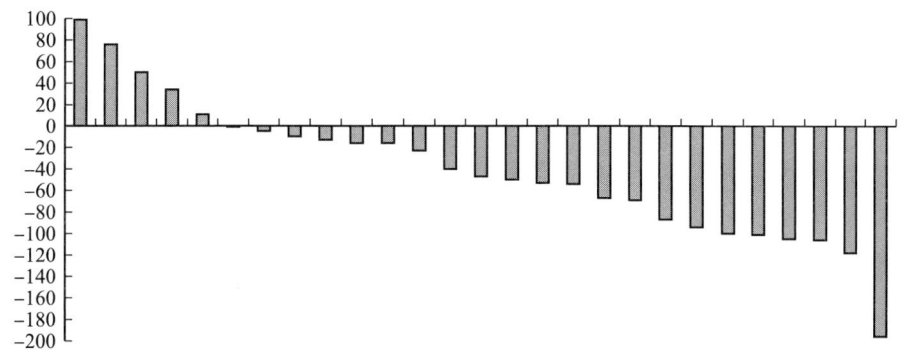

图 5-29　2012～2021 年广西壮族自治区革命老区县市振兴发展度的排名变化

从县市层面来看，田林县在此期间共下降了 196 名，该县从第 309 名下降至第 456 名。如表 5-20 所示，除经济发展和居民生活这两个维度的排名有小幅度上升外，其余三个评价维度的排名均下滑，其中生态环境这一维度的得分更是从 0.725 降至 0.626，且这一维度排名下降幅度最大，下降了 279 名。红色基因这一维度虽下降幅度非常小，仅下降了 7 名，但这一维度的得分偏低，2021 年其得分虽增至 0.083，但排名仍旧非常靠后。故从评价维度来分析田林县的振兴发展度排名大幅度下降的原因可得出，红色基因、生态环境和公共服务三个维度的相关指标影响了田林县的振兴发展。

表 5-20　　　　　　　田林县各评价维度的排名变化

评价维度	2012 年	排名	2021 年	排名	排名变化
红色基因	0.053	466	0.083	473	-7
生态环境	0.725	58	0.626	337	-279

续表

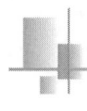

评价维度	2012 年	排名	2021 年	排名	排名变化
经济发展	0.013	464	0.045	397	+67
居民生活	0.256	301	0.353	299	+2
公共服务	0.168	28	0.184	225	−197

广西壮族自治区革命老区涉及 5 个市辖区，其振兴发展度均值于 2012 年为 0.357，排名为第 7 名，2021 年，其振兴发展均值虽增长至 0.397，但排名却下降至第 12 名，该省各区的振兴发展度排名变化幅度较大，整体下降幅度要明显大于该省市辖区革命老区振兴发展度的上升幅度。从时序层面来看，如表 5-21 所示，5 个区的振兴发展度均增加了，却有 4 个革命老区的振兴发展度排名出现下降趋势，其中，江州区的振兴发展度下降幅度最大，益州区次之，仅有右江区的振兴发展度排名上升，该区从全国第 25 名上升至第 15 名。

表 5-21　广西壮族自治区革命老区市辖区振兴发展度排名变化

市辖区	2012 年 振兴发展度	排名	2021 年 振兴发展度	排名	排名变化
右江区	0.373	25	0.441	15	+10
田阳区	0.354	41	0.391	65	−24
金城江区	0.343	70	0.386	72	−2
宜州区	0.359	34	0.385	74	−40
江州区	0.358	38	0.381	79	−41

第六章

中国重点连片革命老区振兴发展评价

第一节　十二个重点连片革命老区振兴发展格局演进

一、太行革命老区振兴发展评价

太行处黄土高原和华北平原的交界地带，一直以来都是战略要地[①]。从县市层面来看，如表 6-1 所示，2012 年太行革命老区县市的振兴发展度均值为 0.304，排名前 10 的县市分别是武安市、怀来县、盂县、襄垣县、黎城县、长子县、沁源县、沁水县、泽州县、高平市，其中，武安市的振兴发展度最高（0.367）；榆社县最低（0.236）。与 2012 年相比，2021 年太行革命老区县市的振兴发展度其排名变化较大。2021 年，武安市、沁源县、泽州县、黎城县、涉县、阳城县、井陉县、平山县、易县、昔阳县位列太行革命老区县市的振兴发展度前 10。其中新增涉县、阳城县、井陉县、平山县、易县、昔阳县 6 个县。

[①] 齐小林：《天下之脊，革命之脊——太行山革命老区》，载于《学习时报》2022 年 6 月 1 日。

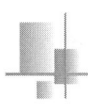

表 6-1　　　　　2012 年及 2021 年太行革命老区县市中
前十强的振兴发展度及排名变化

县市	2012 年 振兴发展度	排名	2021 年 振兴发展度	排名	排名变化
武安市	0.352	126	0.409	47	+79
沁源县	0.351	135	0.390	112	+23
沁水县	0.348	153	0.391	98	+55
襄垣县	0.340	192	0.374	207	-15
怀来县	0.339	203	0.369	238	-35
泽州县	0.338	210	0.378	173	+37
高平市	0.338	211	0.373	214	-3
长子县	0.335	230	0.365	266	-36
盂县	0.335	232	0.357	332	-100
黎城县	0.331	247	0.364	277	-30

从市辖区层面来看，2012 年太行革命老区振兴发展度排名前十的市辖区分别是门头沟区、房山区、昌平区、井陉矿区、峰峰矿区、信都区、满城区、晋城市城区、潞州区、潞城区，其中，门头沟区的振兴发展度最高（0.419），长治市上党区最低（0.266）。2021 年排名前十的市辖区分别为门头沟区、房山区、昌平区、井陉矿区、信都区、满城区、阳泉市郊区、潞州区、潞城区、晋城市城区。其中，振兴发展度最高的是北京市的昌平区（0.565），长治市上党区的振兴发展度仍最低（0.322），但比 2012 年有所提升。其中，2012 年及 2021 年均在振兴发展度前十强的县市如表 6-2 所示。从时序层面来看，2012～2021 年间太行革命老区的振兴发展度均有所提升，但排名变化较大。太行革命老区排名前十的市辖区中，信都区后退了 48 名，振兴发展水平大大降低；而昌平区的振兴发展水平始终保持在较高水平，在 2021 年更是跃居首位。

表6-2　　　　　2012年及2021年太行革命老区市辖区中
前十强振兴发展度及排名变化

市辖区	2012年 振兴发展度	排名	2021年 振兴发展度	排名	排名变化
门头沟区	0.420	3	0.534	2	+1
房山区	0.417	4	0.525	4	0
昌平区	0.413	5	0.565	1	+4
井陉矿区	0.357	39	0.399	60	-21
峰峰矿区	0.347	59	0.376	83	-24
信都区	0.379	19	0.390	67	-48
满城区	0.343	69	0.391	64	+5
晋城市城区	0.342	71	0.364	93	-22
潞州区	0.347	57	0.382	77	-20
潞城区	0.349	52	0.376	82	-30

二、浙西南革命老区振兴发展评价

浙西南革命老区是中央主力红军长征后,在中国革命最低潮时期和南方游击战争最艰苦阶段,中国共产党在南方新建立的唯一一块革命根据地[①]。浙西南革命老区相较于其他老区,区县个数较少,市辖区只有莲都区,故而不再分区、县进行比较。

从浙西南革命老区振兴发展度来看,各县区振兴发展度差距不大,数值分布较为集中。如图6-1所示,2012年浙西南革命老区各区县的振兴发展度多集中于0.300~0.400之间,振兴发展度的均值为0.378,只有莲都区振兴发展度高于0.400,为0.402。2021年浙西南革命老区振兴发展度较2012年都有明显增长,该年浙西南革命老区区县振兴发展度多集中在0.400~0.500之间,振兴发展度均值为0.423,而莲都区作为浙西南革命老区中唯一一个市辖区,其振兴发展度遥遥领先,已增至0.526。其中,2021年振兴发展度最高的是平阳县,振兴发展度为0.448,一跃居于浙西南革命老区振

---

① 任伟:《浙西南革命根据地:楔入敌人腹地的红色堡垒》,载于《学习时报》2022年6月15日。

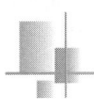

兴发展度首位。从时序层面来看，浙西南革命老区各区县的振兴发展度在全国的排名比较靠前，但2012～2021年其排名除个别县区有所上升外多数出现后退。其中，文成县在浙西南革命老区排名变化最大，从2012年的第40名下降到2021年的第73名，共下降了33个位次；其次是苍南县，排名从第13名下降到第42名。而排名上升最快的是平阳县，从第22名上升到第4名，上升了18名。

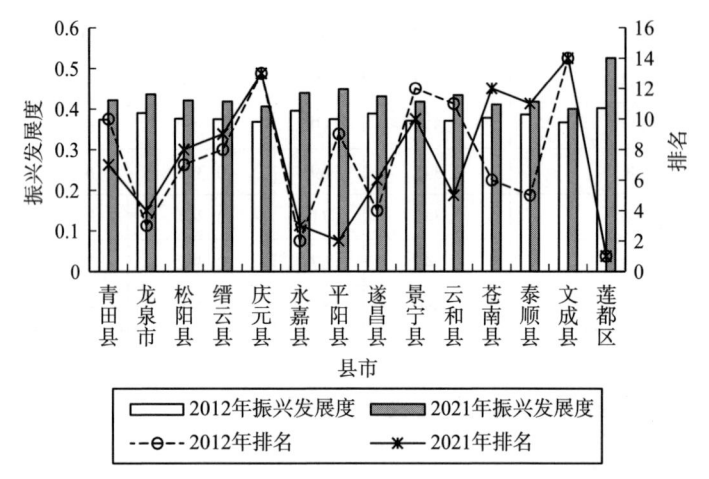

图6-1 2012年及2021年浙西南革命老区中县市振兴发展度得分及排名变化

三、大别山革命老区振兴发展评价

大别山革命老区地跨湖北、河南、安徽三省，是土地革命战争时期全国第二大革命根据地——鄂豫皖革命根据地的中心区域，为中国革命做出了重要贡献[1]。从1921年中国共产党的诞生到1949年新中国的成立，大别山地区的人民在党的领导下，在"28年红旗不倒"的革命奇迹中，取得了"中国共产党的建党根据地""中国革命的主要活动地""人民军队的重要诞生地"和"中国革命的战略转移地"的崇高历史地位，并在此基础上取得了重大成就[2]。

---

[1] 楚向红：《大别山革命根据地的历史地位》，载于《学习时报》2022年4月20日。
[2] 青平：《大别山精神激励我们奋勇前行》，载于《中国青年报》2021年11月2日。

《大别山革命老区振兴发展规划》（2015）是根据《国务院关于大力实施促进中部地区崛起战略的若干意见》（国发〔2012〕43号）、《国务院关于大别山片区区域发展与扶贫攻坚规划（2011-2020年）的批复》（国函〔2012〕215号）等文件精神编制，规划范围主要包括64个县（市、区）[①]。其中，核心发展区域包括黄冈、信阳、六安三市27个县（市、区）。接下来，本文将对2012~2021年大别山革命老区振兴发展水平进行分析。

从县市层面来看，如表6-3所示，2012年大别山革命老区振兴发展度都在0.300以上，排名前十的分别是桐城市、霍山县、安阳县、枣阳市、红安县、蕲春县、黄梅县、武穴市、随县、广水市。其中，霍山县的振兴发展度最高，为0.365，孝昌县（0.304）最低。2021年，大别山革命老区振兴发展度均值为0.367，略高于2012年。其中，排名前10的分别为岳西县、桐城市、金寨县、霍山县、新县、枣阳市、红安县、蕲春县、麻城市、随县。该年振兴发展度最高的是红安县（0.409）；振兴发展度最低的是上蔡县（0.332）。从时序层面来看，大别山革命老区各县市在2012~2021年振兴发展度排名变化中，安阳县、黄梅县、武穴市、广水市振兴发展度排名退出前10，岳西县、金寨县、新县、麻城市振兴发展度排名跻身前10。在此期间，共有25个县排名上升，7个县的排名下降。其中，麻城市在所有革命老区中的振兴发展度排名提升幅度最大，从第305名上升到第139名，共提升了166名。桐柏县的发展速度仅次于麻城市，该县排名共上升了165名。而安阳县振兴发展度虽有小幅增长，但排名下降明显，从第96名下降至第288名，下降幅度大。

表6-3　　　　2012年及2021年大别山革命老区部分县市的振兴发展度及其排名变化情况

县市	2012年 振兴发展度	排名	2021年 振兴发展度	排名	排名变化
上蔡县	0.306	419	0.332	451	-32
桐柏县	0.316	370	0.374	205	+165

① 国家发展和改革委员会：《大别山革命老区振兴发展规划》，中华人民共和国国家发展和改革委员会，2015年6月8日，https：//www.ndrc.gov.cn/xxgk/zcfb/ghwb/201506/W020190905497755753844.pdf。

续表

县市	2012 年 振兴发展度	排名	2021 年 振兴发展度	排名	排名变化
麻城市	0.325	305	0.384	139	+166
霍山县	0.365	46	0.404	60	-14
红安县	0.362	57	0.409	49	+8
淮滨县	0.306	420	0.337	428	-8
孝昌县	0.304	425	0.335	441	-16
安阳县	0.356	96	0.362	288	-192
新县	0.347	157	0.401	67	+90
枣阳市	0.361	60	0.402	65	-5
蕲春县	0.351	136	0.388	123	+13
黄梅县	0.351	133	0.383	140	-7
武穴市	0.352	129	0.381	154	-25
随县	0.359	72	0.391	104	-32
广水市	0.354	104	0.383	143	-39
岳西县	0.330	255	0.389	117	+138
桐城市	0.353	119	0.389	118	+1
金寨县	0.335	231	0.387	125	+106
太湖县	0.321	338	0.370	232	+106
舒城县	0.328	271	0.382	151	+120
团风县	0.307	413	0.361	294	+119
罗田县	0.324	315	0.377	185	+130

2012 年大别山革命老区振兴发展度排名前 10 的市辖区依次是黄陂区、新洲区、曾都区、黄州区、浉河区、孝南区、宜秀区、金安区、迎江区、大观区。黄陂区振兴发展度最高（0.391），大观区最低（0.340）。2021 年大别山革命老区振兴发展度比 2012 年有所提升。其中，排名前 10 的市辖区依次为黄陂区、新洲区、曾都区、浉河区、金安区、黄州区、宜秀区、迎江区、孝南区、大观区。其中，振兴发展度最高的仍是黄陂区（0.504），排

名最低的仍是大观区，该区的振兴发展度虽从0.340增至0.385，排名上升了2名，但该市辖区的振兴发展水平仍有待提升。

从时序层面来看，如表6-4所示，截至2021年，全国革命老区振兴发展度排名前五位中，大别山革命老区中仅有鹤山区。孝南区和黄州区的振兴发展度排名退出了大别山革命老区振兴发展度排名的前十。在此期间，共有8个市辖区的振兴发展度排名有所上升，4个市辖区的排名下降，其中，鹤山区的排名上升幅度最大，共提升了68个位次，而荆州区的排名下降幅度最大，下降了37名。

表6-4　　　　2012年及2021年大别山革命老区市辖区振兴发展度及其排名变化

市辖区	2012年 振兴发展度	排名	2021年 振兴发展度	排名	排名变化
迎江区	0.345	65	0.400	58	+7
大观区	0.340	75	0.385	73	+2
宜秀区	0.346	60	0.401	57	+3
金安区	0.345	64	0.417	33	+29
裕安区	0.325	87	0.383	75	+12
叶集区	0.329	82	0.368	91	-9
浉河区	0.354	42	0.421	30	+12
平桥区	0.318	92	0.368	92	0
驿城区	0.322	88	0.373	87	+1
黄陂区	0.391	14	0.504	7	+7
新洲区	0.384	16	0.463	11	+5
孝南区	0.353	45	0.399	59	-14
黄州区	0.360	33	0.405	53	-20
曾都区	0.383	17	0.429	26	-9

四、赣闽粤原中央苏区振兴发展评价

赣闽粤原中央苏区是中国共产党在土地革命战争中建立起来的最大的一

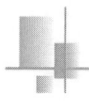

块革命根据地,是"人民共和国"的摇篮,也是"苏区"精神的主要源头①。赣闽粤原中央苏区是最具代表意义的老区。2016 年国务院正式批复了《赣闽粤原中央苏区振兴发展规划》,规划以原中央苏区为核心,规划范围包括江西、福建、广东三省 98 个县(市、区),区域总面积 21.8 万平方公里②。

从县市层面来看,2012 年赣闽粤原中央苏区振兴发展度的均值为 0.356,其中,振兴发展度最高的是五华县 (0.433),五华县的振兴发展度不仅居于赣闽粤原中央苏区之首,也位列全国革命老区县市第 2。2021 年,赣闽粤原中央苏区的振兴发展度均值为 0.395,详见图 6-2,该重点连片革命老区的振兴发展度排名前 10 的县市分别是南安市、南雄市、上杭县、漳浦县、永安市、长汀县、安溪县、平和县、武平县、弋阳县。其中,南安市为全国革命老区县市振兴发展度的第 2 名,该县市在赣闽粤原中央苏区中的振兴发展度最高 (0.469);而最低的是乐安县 (0.360)。

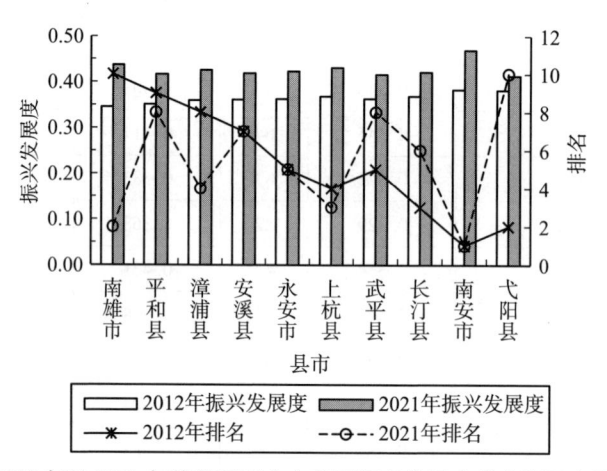

图 6-2 2012 年及 2021 年赣闽粤原中央苏区振兴发展度前十强县市及排名变化

---

① 新华社:《不忘初心,重整行装再出发——习近平总书记在江西调研并主持召开推动中部地区崛起工作座谈会纪实》,新华网 2019 年 5 月 24 日,http://news.youth.cn/sz/201905/t20190524_11962885.htm。

② 国家发展和改革委员会:《赣闽粤原中央苏区开创高质量振兴发展新局面》,中华人民共和国国家发展和改革委员会,https://www.ndrc.gov.cn/fggz/dqzx/gglqxzfz/202205/t20220530_1326162.html。

从时序层面来看，2021年赣闽粤原中央苏区振兴发展度排名相较于2012年变化较大，2012年排名前10的县市中，仅有南安市在2021还处于前10，其余县市均退出前10。其中，五华县的振兴发展度排名从排名第2退到第170名，退步最大；而南雄市则从第164名上升到2021年的第7名，排名上升157名，进步十分明显。

从市辖区层面来看，2012年，在赣闽粤原中央苏区中，章贡区的振兴发展度最高（0.426），在全国革命老区市辖区中振兴发展度排名位列第2。2021年振兴发展度最高的是新罗区（0.491），在全国革命老区市辖区中排名第8。2012年、2021年振兴发展度最低的均是青原区，该市辖区的振兴发展度从0.301增至0.369，排名也随之上升13个名次，但该区仍居末位。从时序层面来看，在2012~2021年期间，除章贡区外，赣闽粤原中央苏区的其他各市辖区的振兴发展度都有不同程度的增长。其中，龙海区在2012~2021年期间振兴发展度增长最快，南康区次之，而章贡区是赣闽粤原中央苏区振兴发展度唯一出现负增长的市辖区，该区排名共下降了35名。市辖区的相关得分及排名变化可见表6-5。

表6-5　　　　2012年及2021年赣闽粤原中央苏区部分
市辖区振兴发展度及排名变化

市辖区	2012年 振兴发展度	排名	2021年 振兴发展度	排名	排名变化
广信区	0.352	47	0.406	51	-4
梅县区	0.376	21	0.437	16	+5
建阳区	0.353	44	0.407	49	-5
赣县区	0.359	37	0.410	43	-6
延平区	0.366	31	0.415	36	-5
广丰区	0.373	23	0.434	19	+4
南康区	0.321	89	0.398	61	+28
沙县区	0.359	36	0.423	29	+7
永定区	0.347	58	0.410	42	+16
章贡区	0.426	2	0.414	37	-35
芗城区	0.359	35	0.430	24	+11

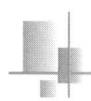

续表

市辖区	2012 年 振兴发展度	排名	2021 年 振兴发展度	排名	排名变化
梅江区	0.353	46	0.406	52	-6
渝水区	0.393	12	0.451	13	-1
新罗区	0.397	8	0.491	8	0
吉州区	0.348	53	0.411	40	+13
三元区	0.327	85	0.402	54	+31
余江区	0.316	95	0.382	76	+19
龙海区	0.333	79	0.431	22	+57
青原区	0.301	102	0.369	89	+13

五、湘赣边界革命老区振兴发展评价

湘赣边界革命老区地处湘鄂赣、湘赣两省革命老区的核心地带，既是秋收起义、湘南起义、平江起义的发生地，又是"井冈山精神"的发祥地[①]。湘赣边界革命老区相较于其他革命老区，区县个数较少，分区维度只有安源区、湘东区、袁州区，故而不再分区、县进行比较。

如图6-3所示，2012年湘赣边界革命老区区县的振兴发展度都集中于0.300~0.450之间，振兴发展度均值为0.349。该年浏阳市的振兴发展度最高（0.447），安仁县的振兴发展度最低（0.309）。2021年湘赣边界革命老区县区的振兴发展度集中在0.350~0.550之间，振兴发展度均值为0.400。该年浏阳市的振兴水平仍保持领先优势，其振兴发展度持续增长，以0.532的分值位居首位；而安仁县的振兴发展度虽有所提升，但提升速度较为缓慢，故仍居于最后一名，其振兴发展度为0.359。

从时序层面来看，2021年湘赣边界革命老区振兴发展度较2012年都实现了增长。其中，宜章县在湘赣边界革命老区中进步最大，排名上升超200名，从第378名上升到第177名；其次是汝城县，从第392名上升到第196

---

① 国家发展和改革委员会：《湘赣边区域合作示范区建设总体方案》，中华人民共和国国家发展和改革委员会，2021年10月28日，https://www.ndrc.gov.cn/fzggw/jgsj/zys/sjdt/202110/t20211028_1301449.html。

名，共上升了 198 个位次。而排名下降最多的是上栗县，虽然其振兴发展度有所提升，但其排名却从第 80 名下降到第 132 名，共下降了 52 名。

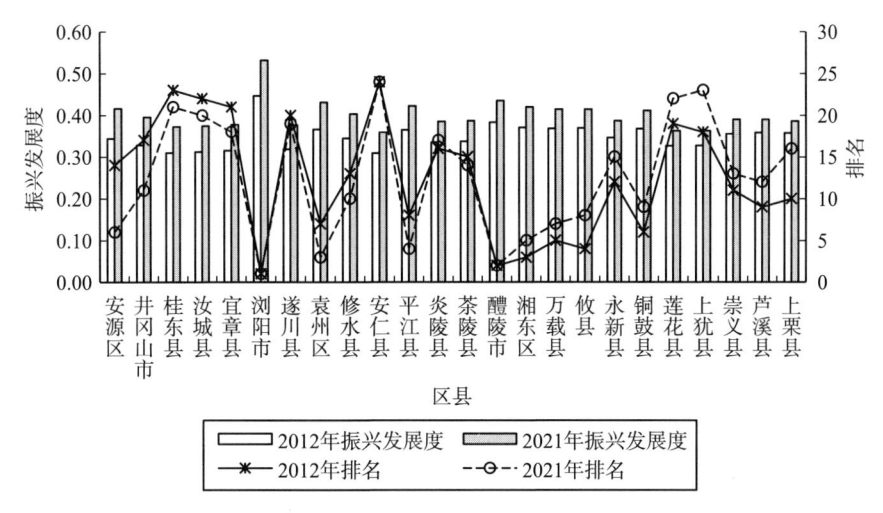

图 6-3 2012 年及 2021 年湘赣边界革命老区振兴发展度及其排名变化

六、沂蒙革命老区振兴发展评价

沂蒙革命老区是重要的革命根据地，被誉为"两战圣地、红色沂蒙"。沂蒙革命老区包括淄博市沂源县、潍坊市临朐县、济宁市泗水县、泰安市新泰市、日照市五莲县和莒县、临沂市全境[1]。沂蒙革命老区只有兰山区、罗庄区、河东区三个市辖区，区县个数较少，故而不再分区、县进行比较。

2012 年沂蒙革命老区县域振兴发展度都大于 0.300，得分主要集中于 0.300~0.400 之间，振兴发展度均值为 0.342。如图 6-4 所示，其中，兰山区的振兴发展度最高 (0.378)，而泗水县的振兴发展度最低 (0.310)。2021 年各区县的振兴发展度都集中在 0.300~0.500 之间，振兴发展度均值为 0.382。其中，兰山区的振兴发展度继续保持着较快的增长速度，以 0.458 的分值居于首位，而泗水县的振兴发展度虽有增长，为 0.343，因其增长缓慢，故仍居最后一名。从时序层面来看，在 2012~2021 年间，沂蒙

---

[1] 国家发展和改革委员会：《沂蒙精神薪火相传 红色热土焕发新机》，载于《中国发展改革报社》2022 年 6 月 24 日。

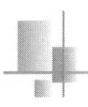

革命老区各区县的振兴发展度排名变化较大。其中，沂南县从第178名上升到第92名，沂水县从第169名上升到第89名，上升均超80名。

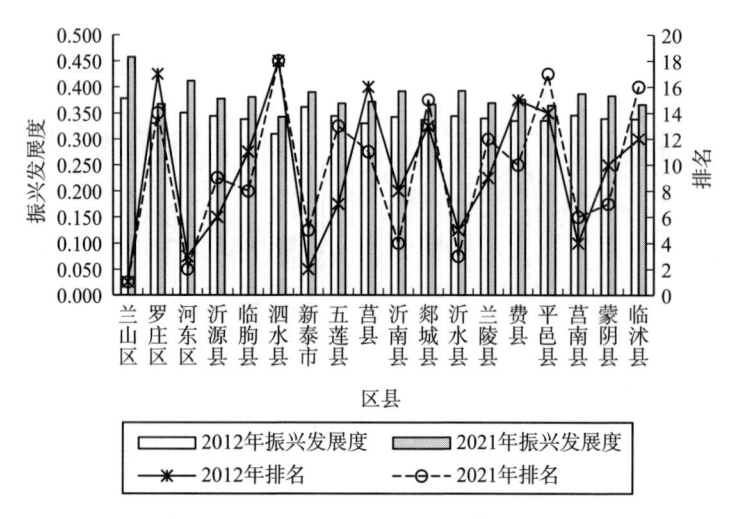

图 6-4 2012 年及 2021 年沂蒙革命老区各区县的振兴发展度及其排名变化

七、湘鄂渝黔革命老区振兴发展评价

湘鄂渝黔革命老区包括荆州市、恩施州，宜昌市长阳县、五峰县、宜都市、秭归县，仙桃市，天门市，潜江市等80个县（市、区）[①]。该革命老区地处武陵山区，这一区域高山连绵、河谷纵横，曾是国家的集中连片特困地区。湘鄂渝黔革命老区大部分位于多省交界地区，面临着经济社会发展相对滞后，生态系统功能比较脆弱，产业结构相对单一，群众生活水平相对较低，财政保障能力有限等问题，仍属于欠发达地区。

从县市层面来看，湘鄂渝黔革命老区共有68个县市，2012年，该重点连片区域中各县市的振兴发展度普遍在0.290~0.370之间，振兴发展度均值为0.329。其中，吉首市振兴发展度最高（0.370）。与2012年相比，2021年该革命老区振兴发展度有所提升，均值为0.370。并且赤水市、桃源县、余庆县的振兴发展度排名跻身全国前100名。其中，仁怀市以振兴发展

---

① 刘静波：《代表建议推动构建"1+N+X"政策体系　助力革命老区振兴发展》，载于《法治日报》2022年9月27日。

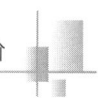

度 0.438 的成绩位居全国第六。在湘鄂渝黔革命老区 68 个县市中，有超过三分之二的县市排名上升，尤其是赤水市的排名上升了 300 名，习水县和桐梓县的排名均上升 200 多名，还有 6 个县市排名上升了 100 余名，由此可知，湘鄂渝黔革命老区振兴发展取得了一定的进步。以上县市的具体情况详见图 6-5。

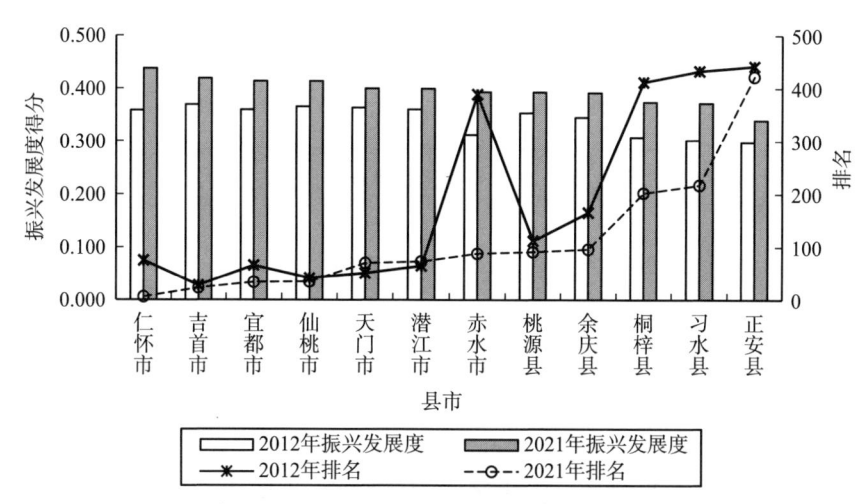

图 6-5　2012 年及 2021 年湘鄂渝黔革命老区振兴发展度得分及排名变化

如图 6-6 所示，2012 年，该重点连片区域的 12 个市辖区振兴发展度在 0.310~0.400 之间，其均值为 0.355。从市辖区层面来看，武陵区、荆州区、播州区、汇川区、红花岗区这 5 个市辖区的振兴发展水平均处于全国前列，其排名居全国前 30 名。其中，武陵区的振兴发展水平最高，其振兴发展度达到了 0.397，排名全国第 9 名，比振兴发展度最低的黔江区（0.313）高出了 0.085。2021 年的振兴发展度有所提升，均值随之提升至 0.413。其中，振兴发展度最高的仍是武陵区，其分值提高到 0.470，在全国排第 10 名。万山区的振兴发展度虽然增加了，为 0.374，但排名却为湘鄂渝黔革命老区的最后一名。

从时序层面来看，相比于 2012 年，2021 年各市辖区的排名发生了较大变化。其中，荆州区的振兴发展度退出全国前 30 强，退至第 47 名。黔江区排名上升了 31 名，在湘鄂渝黔革命老区市辖区中前进最大。排名下降最多的是荆州区，尽管其振兴发展度在有所增长，但全国排名下降了 37 名。

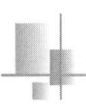

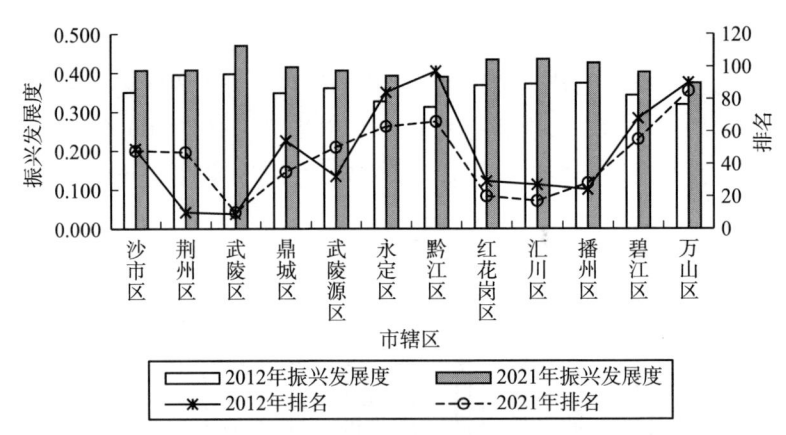

图 6-6 2012 年及 2021 年湘鄂渝黔革命老区振兴发展度及排名变化

八、海陆丰革命老区振兴发展评价

海陆丰革命老区地处珠江三角洲与粤东、粤北地区接合部，是连接珠江三角洲与海峡西岸经济区的重要区域。海陆丰根据地最早开展了土地革命，在党的建设、政权建设、军队建设等方面进行的实践探索，为党在全国领导土地革命提供了宝贵经验，做出了重要贡献[①]。海陆丰革命老区包括惠东县、海丰县、陆河县、陆丰县、紫金县、揭西县、惠来县、普宁市、潮阳区、潮南区、惠城区、惠阳区、汕尾市城区，总计 13 个区县。

从县市层面来看，如图 6-7 所示，2012 年海陆丰革命老区县市的振兴发展度普遍在 0.340~0.390 之间，均值为 0.359。其中，海丰县振兴发展度最高（0.380），比得分最低的惠来县（0.341）高 0.039。与 2012 年相比，2021 年该革命老区振兴发展度增长放缓，均值为 0.387。2021 年海陆丰革命老区振兴发展度从高到低依次是惠东县、海丰县、普宁市、陆丰市、紫金县、揭西县、陆河县、惠来县。2012 年到 2021 年间，海陆丰革命老区多数县市的振兴发展度排名呈现下降趋势。其中，普宁市振兴发展度排名下降最多，10 年内下降了 96 名。

---

① 单伟：《海陆丰革命根据地：建立中国第一个苏维埃政权》，中国共产党新闻网，2022 年 7 月 6 日，http://cpc.people.com.cn/n1/2022/0706/c443712-32467248.html。

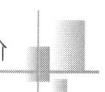

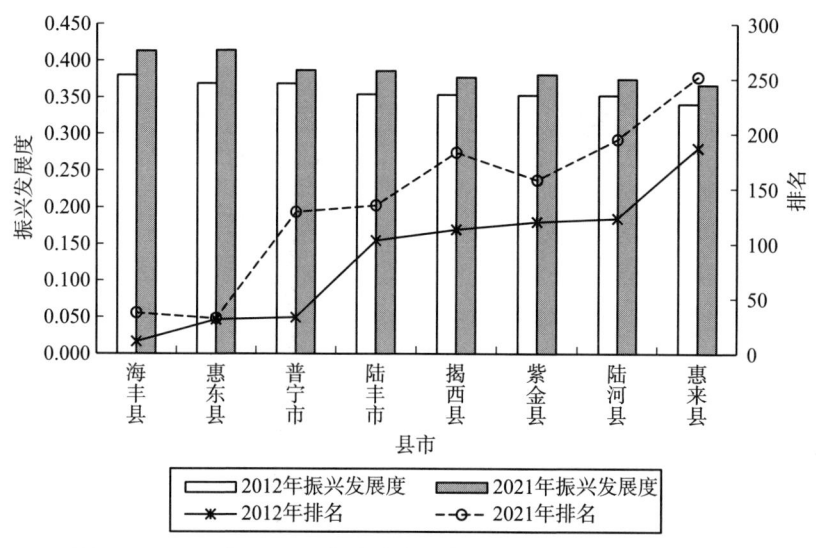

图 6-7 2012 年及 2021 年海陆丰革命老区振兴发展度及排名变化

从振兴发展度来看,根据市辖区数据计算结果可得(见图 6-8),2012年,海陆丰革命老区 5 个市辖区的振兴发展度在 0.340~0.430 之间,均值为 0.376,振兴发展度从高到低依次是惠阳区、惠城区、潮阳区、汕尾市城区、潮南区。其中惠阳区振兴发展度最高(0.439),比分值最低的潮南区(0.346)高了 0.093。

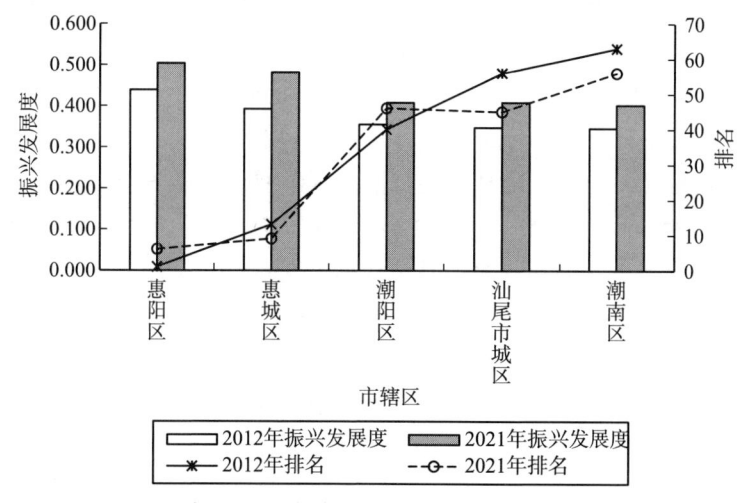

图 6-8 2012 年及 2021 年海陆丰革命老区振兴发展度及排名变化

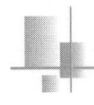

2021年，海陆丰革命老区振兴发展度较2012年提升不少。其振兴发展度均值为0.440，高出2012年均值0.065，振兴发展度从高到低依次是惠阳区、惠城区、汕尾市城区、潮阳区、潮南区。该革命老区市辖区中振兴发展度最高的是惠阳区（0.504）。潮南区的振兴发展度仍最低（0.401）。在2012~2021年，汕尾市城区的全国排名上升了11名；惠阳区的振兴发展度在这期间不断提升，但由于县域间的激烈竞争使其排名从全国第1退至全国第6。

九、左右江老区振兴发展评价

左右江是今广西郁江上源左、右江的合称，左右江老区革命老区包括广西左江、右江和洪水河流域的大部分地区，其中包括广西壮族自治区、贵州省、云南省三省（区）中的部分区县，总计54个县市和5个市辖区。左右江革命老区是中国共产党在土地革命战争时期最早创建的革命根据地之一。

根据县市层面的数据计算结果来看，2012~2021年左右江革命老区54个县市的振兴发展度均值从0.324增加到0.355。从2012年振兴发展度的排名来看，位于前3的分别是凭祥市（0.364）、天峨县（0.353）、南丹县（0.350），其在全国革命老区县市中的排名分别为第48、第115、第142名。位于最后3位的是普安县（0.296）、安龙县（0.296）、晴隆县（0.293），其在全国的排名分别为第445、第446、第453名，可以看出左右江革命老区54个县市具有振兴发展不平衡的特征。从2021年振兴发展度的排名来看，位于前3的分别是凭祥市（0.428）、都匀市（0.380）、兴义市（0.379），其在所有革命老区中分别排名第14、第159、第166名，而最后3位的隆安县（0.329）、隆林各族自治县（0.328）、普安县（0.328）全国排名分别为第460、第463、第464名。2012年及2021年左右江革命老区振兴发展度排名前3名及后3名的县市数据见图6-9。

从时序层面来看，如图6-10所示，2012年左右江革命老区5个市辖区的振兴发展度在0.340~0.380之间，2021年提升到0.380~0.440之间。在此期间，其振兴发展度均值从0.357增加到0.397。2012年，振兴发展度最高的右江区和最低的金城江区相差0.030，2021年最高的右江区和最低的江州区相差0.060，市辖区之间振兴发展水平的绝对差距明显拉大。除此之外，左右江革命老区中右江区、宜州区、江州区、田阳区、金城江区在全国革命老区市辖区中的排名分别由第25、第34、第38、第41、第70位变为第15、第74、第79、第65、第72位，除右江区名次大幅前移外，其他区名次均后移。总而言之，各区县也出现了增长速度缓慢的特征，振兴发展度虽有提升，但排名却下降了。

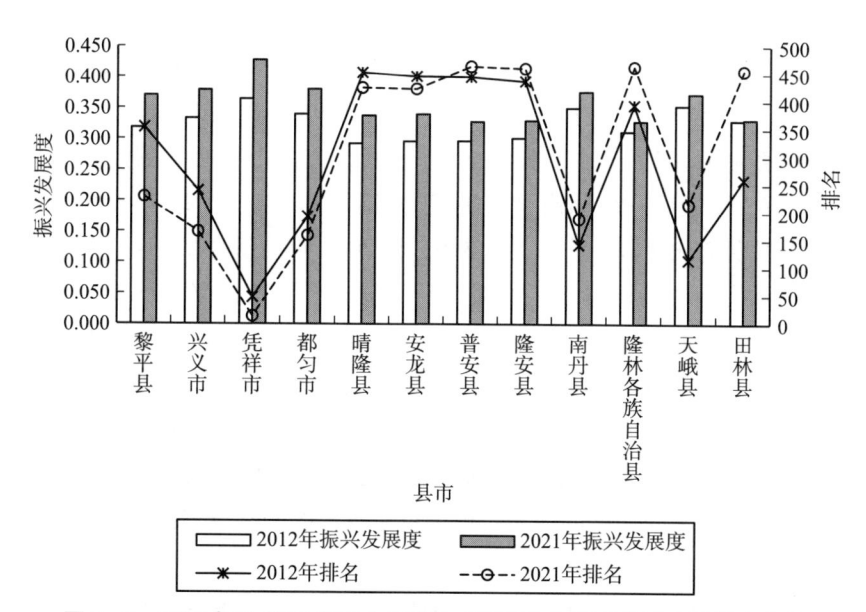

图 6-9 2012 年及 2021 年左右江革命老区县市的振兴发展度及排名变化

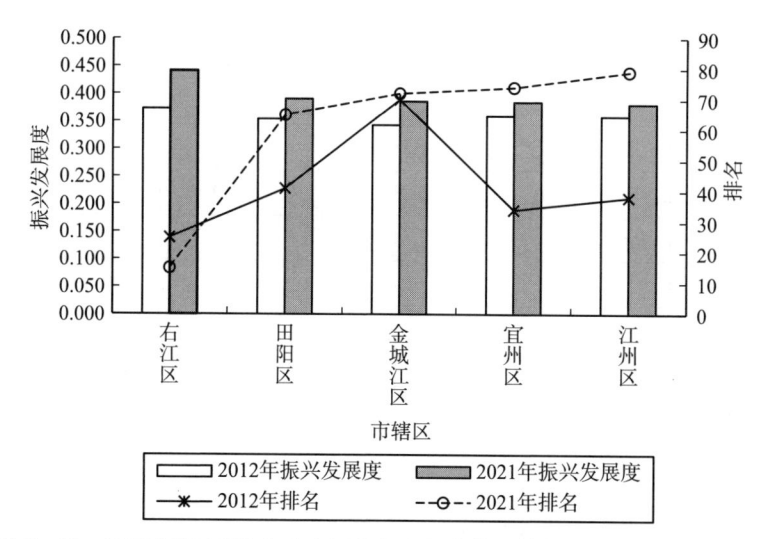

图 6-10 2012 年及 2021 年左右江革命老区市辖区的振兴发展度及排名变化

十、琼崖革命老区振兴发展评价

琼崖革命老区作为我国革命老区的重要组成部分,为海南"坚持武装斗争二十三年红旗不倒"做出了伟大牺牲和杰出贡献①。琼崖革命老区位于海南省,涵盖省内13个革命老区县,其中包含12个县市,1个市辖区。

2012年琼崖革命老区振兴发展度普遍在0.300～0.400之间,区域振兴发展度均值为0.352。其中,如表6-6所示,文昌市振兴发展度最高,达到了0.377,比最后一名临高县(0.326)高了0.051。2021年琼崖革命老区振兴发展度增长缓慢,均值为0.396,比2012年均值高0.044。在2012～2021年,从海南省各革命老区的振兴发展度来看,其振兴发展能力显著提升,起到了引领示范作用。从振兴发展度来看,澄迈县的增长速度最快,振兴发展度增长了0.064,排名提升了102名;其次是万宁市,振兴发展度增长了0.055;而振兴发展度增长最少的是东方市及屯昌县,其中东方市振兴发展度增长了0.036,屯昌县振兴发展度增长了0.025。此外,其他县区的振兴发展度都有不同程度的增加,琼崖革命老区的振兴发展潜力大。

表6-6　　2012年及2021年琼崖革命老区各区县振兴发展度及排名变化

区县	2012年 振兴发展度	排名	2021年 振兴发展度	排名	排名变化
儋州市	0.348	150	0.389	120	+30
琼海市	0.371	24	0.408	54	-30
文昌市	0.377	14	0.421	21	-7
万宁市	0.376	16	0.431	11	+5
东方市	0.351	131	0.387	130	+1
定安县	0.348	152	0.391	100	+52
屯昌县	0.357	85	0.382	148	-63

---

① 海南省人民政府:《海南省人民政府关于新时代支持琼崖革命老区振兴发展的实施意见》,中国老区网,2021年9月28日,http://www.zhongguolaoqu.com/index.php?m=content&c=index&a=show&catid=34&id=65477。

续表

区县	2012 年 振兴发展度	排名	2021 年 振兴发展度	排名	排名变化
澄迈县	0.351	132	0.415	30	+102
临高县	0.326	292	0.374	198	+94
白沙黎族自治县	0.331	246	0.376	187	+59
陵水黎族自治县	0.353	116	0.401	68	+48
琼中黎族苗族自治县	0.337	218	0.381	156	+62
琼山区	0.376	22	0.442	14	+8

十一、川陕革命老区振兴发展评价

川陕革命老区地处川陕渝三地接壤处，是连接我国西北西南，沟通中部西部的关键桥梁。该区域内有多条铁路和高速公路等交通主干道，交通便利快捷，是连接丝绸之路经济带和长江经济带的重要纽带。川陕革命老区红色文化影响深远，是重要的爱国主义、革命传统的教育基地[①]。

从县市层面来看，如表 6-7 所示，2012 年川陕革命老区振兴发展度普遍在 0.300~0.400 之间，区域振兴发展度均值为 0.332。其中，三台县振兴发展度最高（0.360），而平武县的振兴发展度最低（0.300）。与 2012 年相比，2021 年川陕革命老区振兴发展度增长缓慢，均值为 0.361，仅比 2012 年均值高 0.029。从时序层面来看，2012~2021 年间，该革命老区各县市的振兴发展度的排名变化较大，其中，仪陇县在所有革命老区的振兴发展度排名中上升速度最快，在此期间，该县市从 0.319 增至 0.372，前进了 131 名；相反的是，勉县的下降幅度大，该县市从第 160 名下降至第 394 名，下降了 234 名，其振兴发展度在此期间也近乎无变化，保持为 0.346。

---

① 国家发展和改革委员会：《川陕革命老区振兴发展规划》，中国老区网，2016 年 7 月，http://www.zhongguolaoqu.com/index.php?m=content&c=index&a=show&catid=39&id=35。

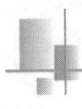

表6-7　　2012年及2021年川陕革命老区各县市振兴发展度及排名变化

县市	2012年 振兴发展度	排名	2021年 振兴发展度	排名	排名变化
城口县	0.318	353	0.361	292	+61
三台县	0.360	69	0.382	150	-81
盐亭县	0.339	202	0.376	190	+12
梓潼县	0.355	102	0.390	113	-11
北川羌族自治县	0.353	114	0.393	90	+24
平武县	0.300	439	0.345	400	+39
江油市	0.357	89	0.361	295	-206
旺苍县	0.319	344	0.371	226	+118
青川县	0.323	327	0.356	333	-6
剑阁县	0.339	200	0.379	171	+29
苍溪县	0.317	361	0.365	269	+92
南部县	0.329	262	0.374	200	+62
营山县	0.349	147	0.365	270	-123
蓬安县	0.347	158	0.369	242	-84
仪陇县	0.319	347	0.372	216	+131
西充县	0.335	234	0.366	265	-31
阆中市	0.332	241	0.384	138	+103
宣汉县	0.339	197	0.389	115	+82
开江县	0.337	214	0.368	244	-30
大竹县	0.353	118	0.379	167	-49
渠县	0.354	105	0.382	147	-42
万源市	0.328	273	0.372	223	+50
通江县	0.325	304	0.372	224	+80
镇坪县	0.323	324	0.363	286	+38
旬阳市	0.327	284	0.343	405	-121
白河县	0.328	275	0.341	417	-142
洛南县	0.319	345	0.335	439	-94
丹凤县	0.324	318	0.342	411	-93

续表

县市	2012年 振兴发展度	排名	2021年 振兴发展度	排名	排名变化
商南县	0.338	212	0.36	312	-100
山阳县	0.344	174	0.366	260	-86
镇安县	0.324	314	0.358	327	-13
柞水县	0.321	336	0.335	437	-101
平利县	0.352	127	0.359	320	-193
南江县	0.324	322	0.369	239	+83
平昌县	0.324	311	0.370	234	+77
凤县	0.354	107	0.391	101	+6
太白县	0.340	190	0.368	248	-58
城固县	0.317	362	0.336	434	-72
洋县	0.334	235	0.349	371	-136
西乡县	0.326	295	0.347	382	-87
勉县	0.346	160	0.346	394	-234
宁强县	0.322	334	0.336	433	-99
略阳县	0.304	430	0.320	473	-43
镇巴县	0.306	416	0.333	445	-29
留坝县	0.332	242	0.370	230	+12
佛坪县	0.342	180	0.393	87	+93
汉阴县	0.329	261	0.332	449	-188
石泉县	0.314	386	0.346	396	-10
宁陕县	0.337	217	0.364	281	-64
紫阳县	0.326	296	0.333	448	-152
岚皋县	0.350	141	0.361	299	-158

从市辖区层面来看，如表6-8所示，2012年川陕革命老区振兴发展度在0.200~0.400之间，区域振兴发展度均值为0.335。巴州区振兴发展度最高（0.398），比振兴发展水平最低的朝天区（0.279）高0.119。2021年川陕革命老区的振兴发展度均值为0.382，比2012年均值高0.047。2021年

川陕革命老区市辖区中振兴发展度最高的是涪城区,达到了0.431;而商州区振兴发展度最低(0.324),但相比于2012年有所提升。从时序层面来看,2012年至2021年,共有8个革命老区市辖区的振兴发展度排名有所上升,其余9个市辖区的排名均发生了下降。其中,通川区及游仙区的振兴发展度排名均上升了超30名,而游仙区的上升幅度最大,该区从第67名上升到第32名,共提升了35个名次。同样,也有两个市辖区的振兴发展度排名下降超过30名,即恩阳区和汉台区,其中汉台区的下降幅度最大,其振兴发展度从0.346降至0.343,排名也从第62名降至第103名,共后退了41名。

表6-8　2012年及2021年川陕革命老区市辖区的振兴发展度及排名变化

市辖区	2012年 振兴发展度	排名	2021年 振兴发展度	排名	排名变化
涪城区	0.394	11	0.431	21	-10
游仙区	0.344	67	0.417	32	+35
安州区	0.317	93	0.387	71	+22
利州区	0.318	91	0.389	70	+21
昭化区	0.293	104	0.373	88	+16
朝天区	0.279	108	0.347	102	+6
顺庆区	0.353	43	0.393	62	-19
高坪区	0.337	77	0.380	81	-4
嘉陵区	0.302	101	0.360	95	+6
通川区	0.342	74	0.408	44	+30
达川区	0.380	18	0.414	38	-20
巴州区	0.398	7	0.429	25	-18
恩阳区	0.350	50	0.374	86	-36
汉台区	0.346	62	0.343	103	-41
南郑区	0.280	107	0.341	104	+3
汉滨区	0.346	61	0.375	84	-23
商州区	0.311	99	0.324	108	-9

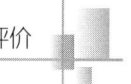

十二、陕甘宁革命老区振兴发展评价

陕甘宁革命老区起源于中国共产党在土地革命战争时期创建的红色革命根据地，不仅是党中央和中国工农红军长征的落脚点，还是八路军奔赴抗日前线的出发点[①]。

从县市层面来看，如表6-9所示，2012年，陕甘宁革命老区振兴发展度普遍在0.200~0.420之间，县市的振兴发展度均值为0.320。该年神木市振兴发展度最高（0.413）。与2012年相比，2021年陕甘宁革命老区振兴发展整体平均水平提升较为缓慢，均值仅增长了0.032，为0.351。从时序层面来看，在2012年至2021年间，陕甘宁革命老区各县市的振兴发展度排名变化较大。其中，盐池县在所有革命老区振兴发展度排名前进速度最快，共前进了212名，从落后位次第421名上升至中等位次的第209名，振兴发展水平大大提高。相反的是，泾阳县的振兴发展度在十年间仅发生了小幅下降，其振兴发展度从0.356下降至0.353，但这导致该县市的振兴发展度排名大幅度下降，其排名从第95名下降至第349名。

表6-9　2012年及2021年陕甘宁革命老区县市的振兴发展度及排名变化

县市	2012年 振兴发展度	排名	2021年 振兴发展度	排名	排名变化
宜君县	0.319	350	0.340	420	-70
三原县	0.343	177	0.348	375	-198
泾阳县	0.356	95	0.353	349	-254
长武县	0.310	398	0.334	442	-44
旬邑县	0.316	373	0.350	364	+9
淳化县	0.313	390	0.359	317	+73
彬州市	0.339	201	0.349	369	-168
富平县	0.305	422	0.348	381	+41

---

① 国家发展和改革委员会：《陕甘宁革命老区振兴规划》，中国老区网，2012年3月，http://www.zhongguolaoqu.com/index.php?m=content&c=index&a=show&catid=39&id=360。

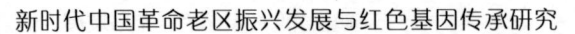

续表

县市	2012年 振兴发展度	排名	2021年 振兴发展度	排名	排名变化
延长县	0.336	222	0.358	323	-101
延川县	0.316	368	0.341	415	-47
志丹县	0.360	67	0.381	155	-88
吴起县	0.365	45	0.390	106	-61
甘泉县	0.340	189	0.355	340	-151
富县	0.345	166	0.365	271	-105
洛川县	0.353	121	0.374	203	-82
宜川县	0.320	342	0.337	430	-88
黄龙县	0.359	74	0.399	72	+2
黄陵县	0.378	12	0.420	22	-10
子长市	0.351	134	0.366	261	-127
府谷县	0.349	149	0.373	213	-64
靖边县	0.352	122	0.401	69	+53
定边县	0.328	266	0.355	334	-68
绥德县	0.308	411	0.365	272	+139
米脂县	0.327	278	0.343	406	-128
佳县	0.324	312	0.335	436	-124
吴堡县	0.307	414	0.362	290	+124
泾源县	0.290	460	0.351	358	+102
彭阳县	0.295	448	0.338	426	+22
中宁县	0.321	340	0.361	293	+47
海原县	0.286	469	0.323	469	0
清涧县	0.330	253	0.330	459	-206
子洲县	0.302	435	0.325	466	-31
神木市	0.413	3	0.458	3	0
会宁县	0.290	462	0.329	462	0
泾川县	0.292	457	0.323	468	-11

续表

县市	2012年 振兴发展度	排名	2021年 振兴发展度	排名	排名变化
灵台县	0.294	451	0.321	471	-20
崇信县	0.317	366	0.350	366	0
庄浪县	0.281	472	0.312	477	-5
静宁县	0.300	438	0.331	457	-19
华亭市	0.324	317	0.350	367	-50
庆城县	0.294	449	0.320	472	-23
环县	0.306	417	0.340	419	-2
华池县	0.302	436	0.359	314	+122
合水县	0.299	441	0.331	453	-12
正宁县	0.293	452	0.336	435	+17
宁县	0.323	326	0.342	413	-87
镇原县	0.287	467	0.317	474	-7
灵武市	0.292	455	0.346	393	+62
盐池县	0.305	421	0.373	209	+212
同心县	0.298	443	0.347	387	+56
青铜峡市	0.299	440	0.316	475	-35
西吉县	0.289	464	0.340	421	+43
隆德县	0.292	454	0.361	301	+153

从市辖区层面来看，如图6-11所示，2012年各市辖区的振兴发展度普遍在0.200~0.400之间，区域振兴发展度均值为0.314。陕甘宁革命老区振兴发展度排名前十的分别是宝塔区、榆阳区、王益区、安塞区、印台区、沙坡头区、横山区、耀州区、利通区、西峰区。其中，宝塔区振兴发展度最高（0.385）。2021年，陕甘宁革命老区各市辖区的振兴发展度均值有所提升，为0.356。此外，该重点连片革命老区中振兴发展度排名前十的市辖区分别为榆阳区、安塞区、宝塔区、王益区、横山区、利通区、沙坡头区、红寺堡区、耀州区、西峰区。该年振兴发展度最高的是榆阳区（0.435）。相反崆峒区振兴发展度最低（0.275），但相比于2012年有所提

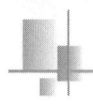

升。从时序层面来看，在 2012～2021 年间，印台区的振兴发展度排名退出了该重点连片区的前十，而红寺堡区跻身前十强。此外，该革命老区各市辖区的振兴发展度排名的变化较小，排名变化均控制在 53 名以内。其中，宝塔区的变化幅度最大，该市辖区的振兴发展度仅发生了小幅增加，从 0.385 增至为 0.389，排名从第 15 名降至第 68 名，共下降了 53 名；安塞区次之，该市辖区的振兴发展度排名从第 72 名上升至第 27 名，上升了 45 名。

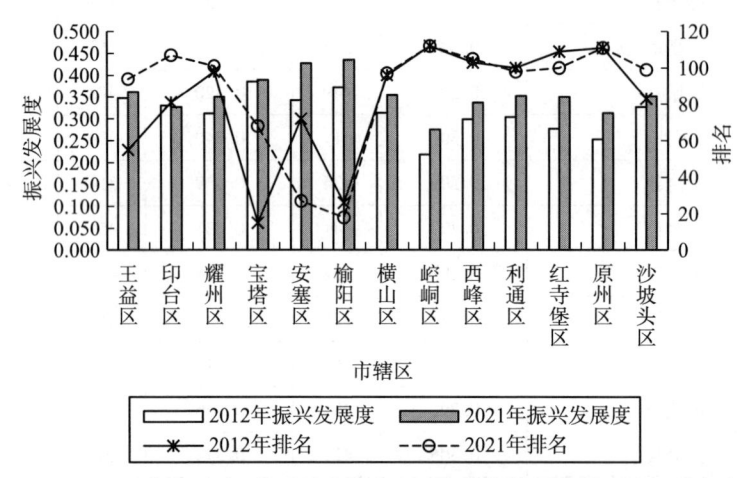

图 6-11　2012 年及 2021 年陕甘宁革命老区市辖区的振兴发展度及排名变化

第二节　十二个重点连片革命老区振兴发展分维分析

一、太行革命老区振兴发展分维度分析

从附表 1、附表 2 对太行革命老区所涉及的县市、市辖区振兴发展分别进行分维度分析。

（一）红色基因维度

太行革命老区各区县平均有 1.46 个 A 级景区。房山区、昌平区、门头沟区 A 级景区数量位居太行革命老区前三，分别有 14、10、9 个 A 级景区。太行革命老区有 63 个国家级非物质文化遗产项目。其中，井陉县国家级非物质文化遗产项目数最多，有4个国家级非物质文化遗产项目。

从县（市）层面来看，2021年太行革命老区红色基因得分均值为0.281，相比2012年红色基因得分均值0.214，增长了0.067。2021年太行革命老区红色基因得分排名前十的有井陉县、平山县、涉县、武安市、易县、黎城县、沁源县、阳城县、泽州县、昔阳县。其中，得分最高的县市是武安市（0.443），较2012年增长了20.6%。而广灵县红色基因得分最低（0.087），不足武安市红色基因得分的1/5。

从市辖区层面来看，2012年除阳泉市矿区外，太行革命老区中各市辖区的红色基因维度得分都在0.300以上，红色基因得分均值为0.345。红色基因得分最高的是房山区（0.401）；而得分最低的市辖区为阳泉市矿区（0.298）。2021年太行革命老区的红色基因维度平均得分提高到0.361。其中，房山区发展速度较快，以0.504分保持在第一名的高位；而阳泉市矿区的红色基因维度得分仍最低，为0.296。

（二）生态环境维度

从县（市）层面来看，2021年太行革命老区生态环境维度得分均值为0.608，相较2012年生态环境得分均值0.584，增长较为缓慢。2021年太行革命老区生态环境得分排名前十的是左权县、涞水县、涞源县、沁源县、陵川县、怀来县、涿鹿县、沁水县、泽州县、平顺县。其中，沁源县在2012年及2021年太行革命老区所含县市中生态环境得分最高，其得分从0.671增加至0.698，但其在所有革命老区中的生态环境得分排名未进入前200名。

从市辖区层面来看，2012年太行革命老区生态环境得分均值为0.527。其中，门头沟区的生态环境得分较高（0.663），生态环境发展水平较高；而上党区的生态环境得分最低（0.240），两个市辖区之间的生态环境质量差距较大。2021年太行革命老区的生态环境得分均值为0.558。其中，门头沟区以0.689的高分维持领先优势，上党区的发展速度较慢，尽管其生态环境得分提高到0.689，但在太行革命老区市辖区中仍最低。

（三）经济发展维度

从县（市）层面来看，2021年太行革命老区经济发展得分均值为0.070，相较2012年提高了0.024。各县市中经济发展得分最高的是武安

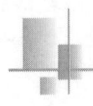

市，达到了 0.205，接近经济发展得分均值的三倍。但从全国革命老区县市来看，武安市经济发展得分排名从第 8 名下降到第 23 名，相较 2012 年下降了 15 名。而阳城县 2021 年经济发展得分较 2012 年翻了一番，经济发展得分排名也前进了 50 名。

从市辖区层面来看，2012~2021 年太行革命老区的经济发展均值得分从 0.142 增加至 0.182，增加了 0.040。其中，在此期间，昌平区保持着第一名的位置，其经济发展的发展得分从 0.253 增加至 0.482，得分近乎翻了一倍，且增长速度较快。而阳泉市矿区的经济发展水平小幅度提高，其得分从 0.071 增加至 0.073，排名也较为落后，该区为太行革命老区所含市辖区中唯一一个经济发展排名在百名开外的市辖区，其排名从第 102 名下降到第 112 名，排名十分落后。2021 年经济发展得分排名前十的有门头沟区、房山区、昌平区、鹿泉区、信都区、阳泉市城区、阳泉市郊区、潞州区、上党区、晋城市城区。其中，经济发展得分排名上升最多的是晋城市城区，其排名从第 64 名上升至第 35 名，上升了 29 名。

（四）居民生活维度

从各县（市）的居民生活得分来看，2012 年太行革命老区的居民生活得分均值为 0.227，2021 年其居民生活得分均值提高为 0.348。2021 年太行革命老区居民生活得分排名前 10 的有磁县、武安市、沙河市、怀来县、盂县、襄垣县、沁源县、泽州县、高平市、寿阳县。其中，2021 年太行革命老区居民生活得分最高的是武安市（0.465），在革命老区县市排名中上升 108 名，居民生活质量得到了质的提升。代县居民生活得分增长速度快于武安市，但因其得分基数小，到 2021 年，该县的居民生活得分反增至 0.268，并且在革命老区分县居民生活得分排名中下降了 13 名。2021 年太行革命老区居民生活得分排名前 15 位的县市在全国排名中都有所上升。其中，名次提升最快的襄垣县提升了 114 名，其次是涿鹿县提升了 113 名。

从市辖区的居民生活得分来看，2012 年太行革命老区居民生活得分均值为 0.406，该年得分最高的市辖区是信都区（0.523），同时也是所有革命老区中得分最高的市辖区。2021 年太行革命老区居民生活得分均值为 0.573。其中，该年太行革命老区居民生活得分最高的是昌平区，达到了 0.819，是最低得分屯留区（0.403）的两倍之多，对比 2012 年排名上升了三名。在此期间，太行居民生活得分排名变化最大的是屯留区，从 39 名下降到第 104 名，下降了 65 名。太行居民生活得分排名上升最多的是晋城市城区，从第 91 名上升到第 69 名。

（五）公共服务维度

随着全局的改变，太行革命老区重视文化教育、重视医疗卫生、重视社会福利的提升，其公共服务水平得到了提高，基础教育水平得到了改善。

从县（市）的公共生活得分来看，2012 年太行革命老区的居民生活得分均值为 0.107，2021 年其公共服务得分均值为 0.190。2021 年太行革命老区公共服务得分排名前十的有阜平县、涞源县、顺平县、广灵县、灵丘县、平顺县、沁县、沁水县、左权县、和顺县。该年太行革命老区公共生活得分最高的是沁水县（0.284），相较于 2012 年，其得分翻了一倍，但其在 2021 年的排名并不靠前，反排到第 53 名。壶关县公共生活得分最低（0.137），还不到沁水县公共服务得分的一半，到 2021 年，该县的排名已下降了 221 名。阜平县在革命老区公共服务得分排名中提升最快，从 2012 年的第 384 名上升到 2021 年的第 51 名，10 年间上升了 333 名。

从市辖区的公共服务得分来看，2021 年太行革命老区公共服务得分均值为 0.170，相比 2012 年居民生活得分均值 0.101，增长了 0.069。其中，2021 年太行革命老区公共生活得分最高的是门头沟区（0.525），与 2012 年相比，排名从第 5 名提升至第 2 名，排名上升了 3 名。而太行革命老区中最低得分的市辖区是潞州区（0.030）。在 2012~2021 年间，太行公共服务得分排名变化最大的是阳泉市城区，其排名从第 6 名下降到第 82 名，下降了 76 名。而排名上升最多的是潞城区，该市辖区从第 80 名上升到第 38 名，名次上升 42 名。

二、浙西南革命老区振兴发展分维度分析

从附表 1、附表 2、图 6-12 对浙西南革命老区所涉及的县市、市辖区振兴发展分别进行分维度分析。

（一）红色基因维度

浙西南革命老区平均每个区县有 12 个 A 级景区。遂昌县、文成县 A 级景区数量超 20 个，A 级景区数量分别为浙西南革命老区第 1、第 2 位。浙西

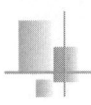

南革命老区所有区县都保存有国家级非物质文化遗产项目，平均每个区县保有 2.5 个国家级非物质文化遗产项目。其中，泰顺县国家级非物质文化遗产项目数最多，保有 6 个国家级非物质文化遗产项目。

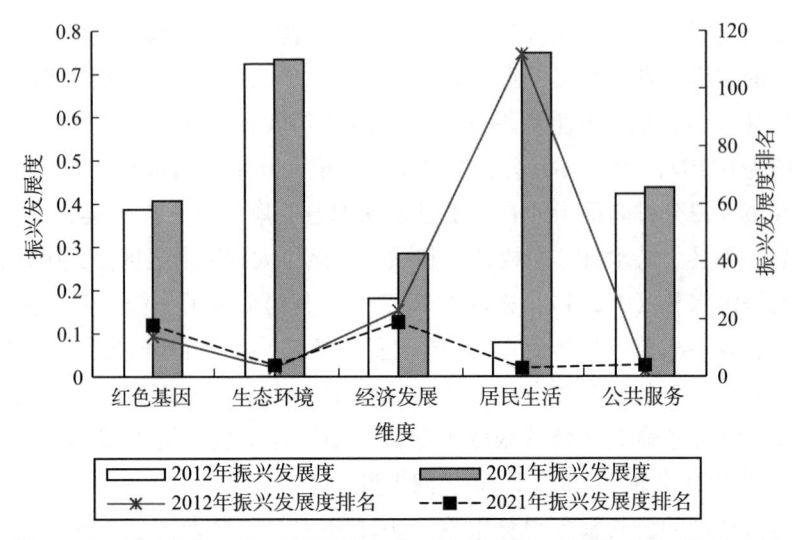

图 6-12　2012 年及 2021 年浙西南革命老区市辖区的振兴发展度及排名变化

从浙西南革命老区红色基因得分来看，2012 年，浙西南革命老区中除永嘉县及泰顺县外，其余区县的红色基因得分都在 0.400 以下，红色基因得分均值为 0.350；2012 年红色基因得分最低的是云和县（0.300）。2021 年浙西南革命老区中除泰顺县、平阳县、遂昌县、龙泉市外，其余区县的红色基因得分都在 0.300~0.400 之间，红色基因得分均值为 0.365，均值较 2012 年约增长了 0.065。2021 年红色基因得分最低的是庆元县（0.308），得分较 2012 年有小幅度下降，在革命老区红色基因得分排名中下降 27 名。其中，泰顺县在 2012 年及 2021 年时的红色基因得分在浙西南革命老区中均最高，其红色基因得分分别为 0.410、0.421，分别比当年浙西南革命老区红色基因得分均值高 0.060、0.056。

（二）生态环境维度

浙西南革命老区 2021 年人均 CO_2 排放量为 3.08 吨，相较于其他革命老区人均 CO_2 排放量较少，2021 年各区县人均 CO_2 排放量均低于 10 吨。其中,永嘉县CO_2排放量最少,仅为0.692吨。浙西南革命老区森林覆盖率达88.02%,除莲都区、苍南县、平阳县外,森林覆盖率均达80%以上。其中,龙泉市在浙西南革命老区中森林覆盖率最高,森林覆盖率达89.97%。

从浙西南革命老区生态环境得分来看,浙西南革命老区生态环境保护较好,生态环境得分均高于0.700。2012年浙西南革命老区生态环境得分均值为0.732,2021年均值较2012年有小幅提升,2021年生态环境得分均值为0.741。2012年、2021年在浙西南革命老区中生态环境得分最高的都是云和县,得分分别为0.761、0.778,分别位列当年革命老区生态环境得分排名的第4名、第2名。而2012年、2021年生态环境得分最低的都是平阳县,得分分别为0.703、0.709。2021年平阳县生态环境得分几乎与2012年持平,增长速度十分缓慢,故该县在革命老区中的总排名也从第139名后退至第193名。

(三)经济发展维度

浙西南革命老区2021年地区生产总值分别为3443.58亿元,人均GDP为56519元,第一、第二、第三产业增加值为198.62亿元、1369.36亿元、1875.46亿元,全域规模以上工业企业数为3149个。其中,平阳县地区生产总值最高为600.51亿元;莲都区人均GDP突破10万元/人;平阳县规模以上工业企业数最多,为692个。

2012~2021年浙西南革命老区经济发展较快。2012年浙西南革命老区经济发展得分均值为0.065,2021年其得分均值为0.110,均值较2012年增长了0.055。其中,2012年苍南县的经济发展得分在浙西南革命老区中最高,得分为0.132,经济发展得分是当年浙西南革命老区经济发展得分均值的两倍多。2012年经济发展得分最低的是泰顺县,经济发展得分为0.021分,不及当年经济发展得分均值的1/3。2021年浙西南革命老区经济发展得分最高的是平阳县,2021年经济发展得分为0.26,大约是2012年经济发展得分0.112的2倍,经济发展得分增长较快。而文成县的经济发展得分最低,仅为0.048。

(四)居民生活维度

浙西南革命老区2021年城镇居民人均可支配收入52047元,农村居民人均可支配收入26524元。城乡居民人均可支配收入差距较大,城镇居民人

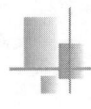

均可支配收入大约是农村居民人均可支配收入2倍。浙西南革命老区人均城乡居民储蓄存款较高，达到317.42万元。社会消费品零售总额为14921500万元。

浙西南革命老区所有区县均已脱贫，居民生活越来越好。2012年浙西南革命老区居民生活得分均值为0.344，2021年浙西南革命老区居民生活得分均值为0.480，平均居民生活水平得到了提高。其中，2012年苍南县居民生活得分在浙西南革命老区中最高，得分为0.378，位列革命老区居民生活得分第9位；而该年泰顺县居民生活得分最低，得分为0.320；庆元县居民生活得分略高于泰顺县，为0.321，2021年该县的居民生活得分有所增长，但增长幅度较小，截至2021年，庆元县居民生活得分排名垫底，得分为0.433。而该年永嘉县居民生活得分最高，为0.551，位列革命老区居民生活得分第3位。

（五）公共服务维度

浙西南革命老区教育、医疗卫生、社会保障等民生事业稳步发展。2012年浙西南革命老区公共服务得分均值为0.108，2021年其公共服务得分均值增加为0.237。2012年、2021年云和县公共服务得分在浙西南革命老区中最高，得分分别为0.159、0.436，2021年云和县公共服务得分大约是同年浙西南革命老区公共服务均值的2倍，该县在2012~2021年间公共服务得分有大幅增长，排名较2012年前进了36名，位列革命老区公共服务得分第三位。2012年、2021年苍南县公共服务得分在浙西南革命老区中最低，得分分别为0.068、0.112，排名较2012年下降12名。2021年浙西南革命老区公共服务得分排名前十的是云和县、景宁畲族自治县、松阳县、庆元县、龙泉市、缙云县、遂昌县、青田县、平阳县、泰顺县。其中，2021年浙西南革命老区公共服务得分排名变化最快的是青田县，从2012年的第359名上升到2021年的第176名，排名上升183名。其次是龙泉市，从2012年的第186名上升到2021年的第49名，排名上升137名。

三、大别山革命老区振兴发展分维度分析

从附表1、附表2对浙西南革命老区所涉及的县市、市辖区振兴发展分别进行分维度分析。

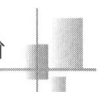

（一）红色基因维度

大别山革命老区平均每个区县都有 6 个 A 级景区，全域具有 382 个 A 级景区。黄陂区 A 级景区是大别山革命老区中数量最多的，有 19 个 A 级景区。大别山革命老区有 43 个区县保存有国家级非物质文化遗产项目。

从县（市）的红色基因得分来看，2021 年大别山革命老区红色基因得分均值为 0.289，相比 2012 年红色基因得分均值 0.252，增长了 0.037。2021 年大别山革命老区红色基因得分排名前 10 的有红安县、公安县、安阳县、黄梅县、枣阳市、蕲春县、随县、泌阳县、浠水县、息县。其中，2021 年大别山革命老区红色基因得分最高的是红安县，红色基因得分为 0.496，红色基因排名上升了 4 名。望江县红色基因得分最低，仅为 0.090。在 2012 ~ 2021 年间，红色基因得分增长最快的是团风县，红色基因得分从 0.073 增长到 2021 年的 0.298。同时，团风县红色基因得分排名也上升了 137 名，从 2012 年的第 444 名上升到 2021 年的第 307 名。

从市辖区层面来看，2012 年大别山革命老区红色基因得分中除鹤山区、裕安区外其余市辖区都在 0.300 以上，红色基因得分均值为 0.337；2021 年大别山革命老区红色基因得分均值为 0.357。其中，2012 年曾都区红色基因得分在大别山革命老区中最高，红色基因得分为 0.408，位列革命老区红色基因得分第 6 名，但该区的红色基因水平发展缓慢，在 2012 ~ 2021 年期间该市辖区的排名下降了 13 名。2021 年红色基因得分最高的是浉河区，红色基因得分为 0.428，得分较 2012 年增长了 0.064，在革命老区红色基因得分排名中前进 13 名。

（二）生态环境维度

大别山革命老区 2021 年人均 CO_2 排放量为 3.21 吨。大别山革命老区森林覆盖率达 25.14%，仅有 14 个区县的森林覆盖率都达 50% 以上。其中，新县是大别山革命老区森林覆盖率最高的县，森林覆盖率达 74.25%。

从大别山革命老区生态环境得分来看，2021 年生态环境有所改善，生态环境得分较 2012 年有所增长；各区 2012 ~ 2021 年革命老区生态环境得分排名变化相对较小。

从县（市）生态环境得分来看，2021 年大别山革命老区生态环境得分均值为0.642，相比2012年生态环境得分均值0.623，增长了0.019，增长较为缓慢。2012年大别山革命老区生态环境得分最高的是来凤县，该年其生态环境得分为0.718。2021年新县生态环境得分最高（0.734）。

从市辖区层面来看，2012年大别山革命老区生态环境得分均值为0.581；2021年大别山革命老区生态环境得分均值为0.607，增长了0.026。其中，2012年曾都区生态环境得分在大别山革命老区中最高（0.671），在所有革命老区市辖区中其生态环境得分排名为第22名。2021年生态环境得分最高的是浉河区（0.697），高于生态环境得分均值14.8个百分点。

（三）经济发展维度

新中国成立特别是改革开放以来，大别山革命老区发生了翻天覆地的变化，但由于种种原因，经济社会发展仍然滞后。

从县（市）的经济发展得分情况来看，2021年大别山经济发展得分均值为0.102，2012年经济发展得分均值0.064。2021年大别山经济发展得分最高的是枣阳市（0.245），接近经济发展得分均值的2.5倍；该年经济发展得分最低的是安阳县（0.034），低于经济发展得分均值0.068。2012~2021年间，各县市的排名变化差距较大，其中，安阳县经济发展得分排名变化最大，在此期间该县的排名下降了420名，其次是博爱县排名下降200名。在此期间经济发展得分名次上升最快的是金寨县，从2012年排276名到2021年排名第196名，排名上升80名。而枣阳市的排名仅从第14名下降至第15名，仅仅变化了1名。

从市辖区的经济发展得分来看，截至2021年，大别山革命老区经济发展得分均值为0.233，相比2012年的经济发展得分均值0.126，共增长了0.107。该年大别山革命老区经济发展得分最高的是黄陂区（0.542），是2012年经济发展得分的两倍多。而该年经济发展得分最低的是叶集区（0.082），不足黄陂区经济发展得分的1/6。在2012年至2021年期间，各市辖区的经济发展得分排名变化普遍较小。其中，金安区经济发展得分排名变化最大，在此期间该市辖区从第54名上升至第18名，共上升了36名。而除金安区外，其余13个市辖区的排名变化均在15名之内。

（四）居民生活维度

从县（市）的居民生活得分来看，2012年大别山革命老区居民生活得分均值为 0.275，2021 年居民生活得分均值增至 0.380。2021 年大别山革命老区居民生活得分排名前十的有怀宁县、桐城市、博爱县、固始县、枣阳市、云梦县、应城市、公安县、黄梅县、随县。其中，2021 年大别山革命老区居民生活得分最高的是桐城市（0.443），比 2012 年其居民生活得分 0.319 增加了 0.124，在革命老区县市中排名上升了 60 名。2021 年大别山革命老区县市中存在极个别排名变化较大的县。其中，名次提升最快的是潜山市，该县市从 2012 年的第 358 名到 2021 年的第 178 名；其次是麻城市，从 2012 年的第 344 名到 2021 年的第 187 名。

从市辖区的居民生活得分来看，2012 年大别山革命老区居民生活得分均值为 0.357。该年大别山革命老区市辖区中得分最高的是山城区（0.423），在革命老区居民生活得分排名中排第 13 名；而得分最低的是驿城区（0.275），排名为第 97 名，与山城区之间有了较大差距。2021 年大别山太行革命老区居民生活得分均值为 0.546，相比 2012 年，增长了 0.189。其中，2021 年大别山革命老区居民生活得分最高的是黄陂区（0.696），对比 2012 年排名上升了 9 名，跻身居民生活得分排名前十名。该年居民生活得分最低的是平桥区（0.446），在居民生活得分排名中位列第 91 名。在 2012 年至 2021 年间，大别山居民生活得分排名变化最大的是迎江区，从第 66 名上升到第 28 名，排名上升了 38 名。大别山居民生活得分排名下降最多的是裕安区，从第 40 名下降到第 71 名。

（五）公共服务维度

从县（市）的公共服务得分来看，2021 年大别山革命老区公共服务得分均值为 0.162，相对比 2012 年居民生活得分均值 0.102，增长了 0.060。2021 年大别山革命老区公共服务得分排名前十的有桐柏县、岳西县、霍山县、英山县、应城市、桐城市、确山县、罗田县、安陆市、大悟县。其中，2021 年太行革命老区公共服务得分最高的是桐柏县（0.260），是 2012 年公共生活得分的两倍多，但其在 2021 年分县公共服务排名的名次并不靠前，只排到第 56 名。新蔡县公共生活得分最低（0.095），相比 2012 年公共服务得分略有增加，但其增长速度较慢，导致其排名下降了 86 名。

从市辖区公共服务得分来看，2021 年大别山革命老区公共服务得分均值为 0.138，相比 2012 年居民生活得分均值 0.059，增长了 0.079。其中，2012 年大别山革命老区公共服务得分最高的是荆州区（0.386），但其得分

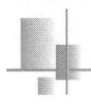

至2021年发生了大幅下降，得分降为0.101，排名下降了52名。2021年公共服务得分最高的是黄陂区（0.173），在全国公共服务得分排名中位列第13名。2021年大别山老区公共服务得分最低的是宜秀区（0.036），黄陂区的公共服务得分是宜秀区的4.8倍。2012~2021年，大别山公共服务得分排名变化上升幅度最大的是黄陂区，该市辖区从第53名上升到第13名，共上升了40名。而大别山公共生活得分排名下降最多的是裕安区，从第14名下降到第73名，名次下降59名。

四、赣闽粤原中央苏区振兴发展分维度分析

从附表1、附表2对赣闽粤原中央苏区所涉及的县市、市辖区振兴发展分别进行分维度分析。

（一）红色基因维度

赣闽粤原中央苏区平均每个区县有4.5个A级景区。永定区、尤溪县、大埔县A级景区数量位居赣闽粤原中央苏区前三，分别有23、17、12个A级景区。赣闽粤原中央苏区有55个区县保有国家级非物质文化遗产项目。其中，安溪县国家级非物质文化遗产项目数最多，保有3个国家级非物质文化遗产项目，分别是乌龙茶制作技艺、清水祖师信俗、竹编。赣闽粤原中央苏区全域英烈人数占比22.18%，高于其他老区。兴国县英烈人数占比22.42%，是赣闽粤原中央苏区唯一一个英烈人数占比大于20%的县。

从县（市）的红色基因得分来看，2021年赣闽粤原中央苏区红色基因得分均值为0.333，相比2012年红色基因得分均值0.310，增长了0.023。其中，2021年赣闽粤原中央苏区红色基因得分最高的是弋阳县（0.443），对比于2012年红色基因得分有小幅下降。2012~2021年红色基因得分增长最快的是广昌县，红色基因得分从0.104增长到2021年的0.229，2021年红色基因得分是2012年的2倍多。

从市辖区层面来看，2012年及2021年除南康区、永定区外，赣闽粤原中央苏区的其他市辖区红色基因得分都在0.300以上，2012年红色基因得分均值为0.326，2021年红色基因得分均值为0.336，均值较2012年增长了0.010。其中，2012年、2021年在赣闽粤原中央苏区中红色基因得分最高的均是赣县区，红色基因得分分别为0.427、0.433，分别位列第4名、第7

名。2012年红色基因得分最低的是永定区（0.168）。2021年红色基因得分最低的是南康区（0.223），该市辖区得分较2012年增长0.03，增长缓慢，在革命老区红色基因得分排名中后退3名。

（二）生态环境维度

赣闽粤原中央苏区的红土地上，正激荡着好山好水与经济社会发展同频共振的交响曲。赣闽粤原中央苏区2021年人均CO_2排放量为6.33吨，除个别区县人均CO_2排放量超20吨外，其余各区县CO_2排放量都在20吨以内。2021年人均CO_2排放量超20吨的有青原区、龙海区、三元区、漳平市、兴宁市、余江区、分宜县。其中，青原区人均CO_2排放量最多，达到58.5吨，大约是最低值华安县（0.145吨）的403倍。赣闽粤原中央苏区森林覆盖率达66.04%，除少数区县外，森林覆盖率都达50%以上。其中，资溪县是赣闽粤原中央苏区森林覆盖率最高的县，森林覆盖率达88.75%。资溪县不仅绿化覆盖率较高，环境保护工作也做得较好，人均CO_2排放量较低，仅为1.37吨。樟树市森林覆盖率最低，比赣闽粤原中央苏区森林覆盖率均值低大约44%。

从县（市）的生态环境得分来看，2021年赣闽粤原中央苏区生态环境得分均值为0.724，相比2012年生态环境得分均值0.714，增长了0.010，增长较为缓慢。其中，2012年、2021年赣闽粤原中央苏区生态环境得分最高的是资溪县，2021年生态环境得分为0.792，对比于2012年生态环境得分0.798有小幅下降。2012年、2021年樟树市的生态环境得分最低（0.622），应适当加强对生态环境的治理及保护。2012~2021年间，赣闽粤原中央苏区各县市的生态环境得分增长较缓慢，年均增长率普遍都在3%以内。在此期间，生态环境得分增长最快的是漳平市，生态环境得分从0.657增长到0.694。同时，漳平市生态环境得分排名也上升了35名，从第249名上升到第214名。

分区来看，2012年赣闽粤原中央苏区生态环境得分均值为0.649，2021年赣闽粤原中央苏区生态环境得分均值为0.676。其中，2021年广信区生态环境得分在赣闽粤原中央苏区中最高（0.725），位列第8名。2012年及2021年生态环境得分最低的都是青原区，得分分别为0.441、0.526，分别低于生态环境得分均值32个百分点、22个百分点。青原区生态环境得分增长率略高于革命老区生态环境得分增长率均值，故该区2021年的生态

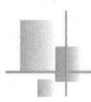

环境得分排名较2012年有所提升。

(三) 经济发展维度

党的十八大以来,大量的政策、资金、人才等资源向赣闽粤原中央苏区倾斜,为其经济发展奠定了坚实的基础。2012~2021年间赣闽粤原中央苏区经济发展较快,经济发展得分有所增长,GDP、规模以上工业企业数量实现翻倍增长。

从县(市)的经济发展得分来看,2021年赣闽粤原中央苏区经济发展得分均值为0.105,相比2012年的经济发展得分均值0.053,2021年赣闽粤原中央苏区经济发展得分均值约是2012年的两倍,增长较快。其中,2021年赣闽粤原中央苏区经济发展得分最高的是南雄市(0.441),约是2012年经济发展得分(0.038)的12倍,经济发展得分增长速度极快,一跃冲进2021年老区经济发展得分排名第二位。2021年乐安县经济发展得分最低(0.038),虽然该县2021年较2012年经济发展得分实现了翻倍增长,但因其基础较为薄弱,经济发展得分依旧较低。

从市辖区层面来看,2012年赣闽粤原中央苏区经济发展得分均值为0.160,2021年赣闽粤原中央苏区经济发展得分均值为0.260,均值较2012年增长了0.100。其中,2012年、2021年新罗区的经济发展得分在赣闽粤原中央苏区中均最高,得分分别为0.305、0.541,分别位列2012年第5名及2021年第3名,2021年经济发展得分是当年赣闽粤原中央苏区经济发展得分均值的两倍多。2021年经济发展得分最低的是青原区(0.124),低于经济发展得分均值0.136。

(四) 居民生活维度

随着赣闽粤原中央苏区整体脱贫摘帽,曾经困扰群众的基本生活问题都已解决,居民生活质量得到了较大提升。赣闽粤原中央苏区2021年城镇居民人均可支配收入36749元,农村居民人均可支配收入19515元。城乡居民人均可支配收入差距较大,城镇居民人均可支配收入是农村居民人均可支配收入的1.88倍。

从县(市)的居民生活得分来看,2021年赣闽粤原中央苏区居民生活得分均值为0.403,相比2012年居民生活得分均值0.289,增长了0.114,增长相对较快。其中,2021年,赣闽粤原中央苏区中居民生活得分最高的县市是南安市（0.674），大约是2012年居民生活得分0.354的2倍，该县居民生活得分排名也从2012年的第26名一跃成为第一。而该年乐安县的居民生活得分最低（0.340），居民生活得分大约是2021年南安市居民生活得分的一半，排名也相对靠后。

从市辖区层面来看，2012年赣闽粤原中央苏区居民生活得分均值为0.340，2021年其居民生活得分均值增加至0.571。其中，2012年梅江区的居民生活得分在赣闽粤原中央苏区中最高（0.422），比同年赣闽粤原中央苏区居民生活均值高24.2%，位列革命老区居民生活得分第14位；2021年新罗区居民生活得分在赣闽粤原中央苏区中最高（0.686），比同年赣闽粤原中央苏区居民生活均值高62.6%，位列革命老区居民生活得分第10位。

（五）公共服务维度

分县（市）来看，2021年赣闽粤原中央苏区公共服务得分均值为0.192，相比2012年公共服务得分均值0.110，增长了0.082。其中，2021年赣闽粤原中央苏区中公共服务得分最高的是云霄县（0.347），大约是2012年公共服务得分0.071的5倍，增长幅度较大，随之该县公共服务得分排名从2012年的第446名一跃成为第11名。2021年华安县的公共服务得分最低（0.056），排名也相对靠后，为第481名，在全国革命老区县市的公共服务得分排名中位列最后一名。

从市辖区层面来看，2012年赣闽粤原中央苏区公共服务得分均值为0.067，2021年其公共服务得分均值提至0.092。其中，2012年，章贡区公共服务得分在赣闽粤原中央苏区中最高（0.47），是同年赣闽粤原中央苏区公共服务均值的7倍，位列革命老区公共服务得分第一位。然而，2021年，该市辖区的公共服务得分出现大幅下降，2021年的公共服务得分不及2012年得分的1/8，排名后退了101名；2021年，沙县区公共服务得分在赣闽粤原中央苏区中最高（0.127），比同年赣闽粤原中央苏区公共服务均值高38%，该年其公共服务得分排名为第30位。

五、湘赣边界革命老区振兴发展分维度分析

从附表1、附表2对湘赣边界革命老区所涉及的县市、市辖区振兴发展

分别进行分维度分析。

（一）红色基因维度

湘赣边界革命老区有117个A级景区，平均每个区县有4.8个A级景区。浏阳市、袁州区A级景区数量超20个，A级景区数量分别为16个、13个。湘赣边界革命老区所有区县保有国家级非物质文化遗产项目24项，平均每个区县保有1项国家级非物质文化遗产。其中，修水县、万载县国家级非物质文化遗产项目数较多，均保有4个国家级非物质文化遗产项目。专项转移支付预算数为530596万元，高于其他革命老区。其中，浏阳市专项转移支付预算数最高，超过6亿元。

从湘赣边界革命老区红色基因得分来看，得分分布较为分散且差距较大。2021年湘赣边界革命老区红色基因得分整体上较2012年增长幅度较大，2012～2021年红色基因得分年均增长率为77.2%。2012年湘赣边界革命老区红色基因得分均值为0.264；2021年湘赣边界革命老区红色基因得分均值为0.342，均值较2012年约增长29.5个百分点。其中，2012年、2021年浏阳市红色基因得分在湘赣边界革命老区中均最高，红色基因得分分别为0.563、0.600，分别比当年湘赣边界革命老区红色基因得分均值高113.3%、75.43%，且2012年红色基因得分比同年湘赣边革命老区红色基因得分最低值多9倍多。2012～2021年井冈山市、桂东县红色基因得分增长较快，井冈山市增长了520.84%，其排名从第458名上升到第352名，桂东县了增长485.81%。

（二）生态环境维度

湘赣边界革命老区2021年人均CO_2排放量为3.33吨，相较于其他革命老区人均CO_2排放量较少，2021年除安源区外各区县人均CO_2排放量均低于10吨。其中，上栗县CO_2排放量最少，仅为1.37吨。湘赣边界革命老区森林覆盖率达71.37%，铜鼓县森林覆盖率高达90.36%。

从湘赣边界革命老区生态环境得分来看，湘赣边界革命老区生态环境保护方面较好，2021年生态环境得分除安源区外其余区县均高于0.700分。2012年湘赣边界革命老区生态环境得分均值为0.707；2021年其均值较2012年有小幅提升，为0.725。2012年、2021年在湘赣边界革命老区中铜鼓县的生态环境得分最高,该县得分分别为0.764、0.774。其生态环境得分排名在所有革命老区中处于领先的位置,该县维持在第三名。2012年、2021年生态环境得分最低的都是安源区,得分分别为0.602、0.633,该区在2012~2021年间增长幅度略高于生态环境得分均值,其排名上升了2名。

(三)经济发展维度

2012~2021年间湘赣边界革命老区经济发展较快,经济发展得分年均增长率为92.37%。2012年湘赣边界革命老区经济发展得分均值为0.067,2021年湘赣边界革命老区经济发展得分均值为0.113。其中,2012年及2021年在湘赣边界革命老区中浏阳市的经济发展得分均最高,得分分别为0.289、0.430,经济发展得分约为当年湘赣边界革命老区经济发展得分均值的4倍。2012年、2021年经济发展得分最低的是桂东县,经济发展得分分别为0.012、0.034。由此可见,湘赣边界革命老区各区县的经济发展得分差距较大,而湘赣边界革命老区经济发展得分大小排名变化都小于100名。其中,修水县在湘赣边界革命老区中排名变化最大,排名上升了99名,从2012年的第245名上升到2021年的第146名;其次是芦溪县,排名变化94名,从2012年的第149名下降到第243名。

(四)居民生活维度

2012年湘赣边界革命老区居民生活得分均值为0.243,2021年其居民生活得分均值增加为0.411。其中,2012年、2021年安源区的居民生活得分在湘赣边界革命老区中最高,得分分别为0.411、0.648,比同年湘赣边界革命老区居民生活均值分别高69%、57.6%,分别位列第23名、第14名,排名上升了9名;2012年及2021年炎陵县的居民生活得分均最低,得分分别为0.127、0.323。在此期间,除铜鼓县外,居民生活得分排名也都有不同程度的提升,其中排名上升最快的是井冈山市,从2012年的第395名上升到2021年的第208名。

(五)公共服务维度

2012年湘赣边界革命老区公共服务得分均值为0.113,2021年湘赣边界革命老区公共服务得分均值为0.188,较2012年增长了0.075。其中,

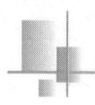

2012年及2021年在湘赣边界革命老区中铜鼓县的公共服务得分最高，得分分别为0.232、0.307。2012年该县公共服务得分约为同年湘赣边界革命老区公共服务均值的2倍。2012年及2021年在湘赣边界革命老区中袁州区的公共服务得分最低，得分分别为0.025、0.074，袁州区2021年公共服务得分大约是2012年的3倍，该区的公共服务水平增长较快，排名较2012年上升了19名。2021年湘赣边界革命老区公共服务得分排名前十的是铜鼓县、崇义县、浏阳市、井冈山市、芦溪县、炎陵县、万载县、桂东县、上犹县、醴陵市。从排名变化来看，2012~2021年间，湘赣边界革命老区中公共服务得分排名变化最快的是攸县，该县从第416名上升到第202名。其次是上栗县，其排名从第151名下降到了第298名。

六、沂蒙革命老区振兴发展分维度分析

从附表1、附表2对沂蒙革命老区所涉及的县市、市辖区振兴发展分别进行分维度分析。

（一）红色基因维度

沂蒙革命老区域内有204个A级景区，平均每个区县有11个A级景区。沂水县有37个A级景区，比泗水县A级景区多33个。沂蒙革命老区仅有6个区县有国家级非物质文化遗产项目，分别为莒县、新泰市、郯城县、临朐县、沂源县、临沭县。其中，莒县国家级非物质文化遗产项目数最多，保有三个国家级非物质文化遗产项目。沂蒙革命老区已全面实现脱贫。专项转移支付预算数为30.66亿元，高于其他革命老区。

从沂蒙革命老区红色基因得分来看，2021年沂蒙革命老区红色基因得分较2012年增长幅度较小。2012年沂蒙革命老区各县市的红色基因得分较为集中，均聚集在0.310~0.360之间，红色基因得分均值为0.333；2021年沂蒙革命老区各县市的红色基因得分在0.310~0.450之间，红色基因得分均值为0.361，均值较2012年约增长了0.028。在沂蒙革命老区中，兰山区在2012年及2021年其红色基因得分最高，其得分分别为0.363、0.443，分别比当年沂蒙革命老区红色基因得分均值高0.030、0.082。

（二）生态环境维度

沂蒙革命老区2021年人均CO_2排放量为7.1吨。其中，沂南县CO_2排放量最少，仅为1.32吨。沂蒙革命老区森林覆盖率达8.13%，除沂源县森林覆盖率达20%以上外，其他区县森林覆盖率均在20%以下，相比于其他革命老区较低。

从沂蒙革命老区生态环境得分来看，2012年沂蒙革命老区生态环境得分均值为0.569，2021年均值较2012年有小幅提升，2021年生态环境得分均值提升至0.590。2012年、2021年沂源县生态环境得分在沂蒙革命老区中最高，得分分别为0.607、0.623，分别比当年沂蒙革命老区生态环境得分均值高0.038、0.033。2012年、2021年生态环境得分最低的都是泗水县，得分分别为0.518、0.561，分别比生态环境得分均值低0.051、0.029。不管是分区排名还是分县市排名，沂蒙革命老区生态环境得分排名普遍靠后。从市辖区层面来看，2012年生态环境得分最高的是河东区，其次是兰山区和罗庄区，三者排名均位于后半层级，均在50名之后。从县市来看，沂蒙革命老区生态环境得分排名最高的是沂源县，没能进入前300名，2012年排在第340名，2021年排在第338名，排名较为落后。

（三）经济发展维度

2012~2021年间沂蒙革命老区经济发展较快，经济发展得分年均增长率为30%。2012年沂蒙革命老区经济发展得分均值为0.126，2021年其经济发展得分均值已增加至0.162。其中，2012年、2021年沂蒙革命老区中经济发展得分最高的区县均为兰山区，得分分别为0.320、0.527，经济发展水平较快。2012年经济发展得分最低的是泗水县（0.050），不及当年经济发展得分均值的1/2。2021年沂蒙革命老区经济发展得分最低的是蒙阴县（0.082）。除此之外，在2012~2021年间，费县的经济发展速度最快，其经济发展得分的年均增长率为88.35%，经济发展得分从0.124增长到0.234，排名上升了7名。

沂蒙革命老区2021年地区生产总值7243.48亿元，人均GDP为42125元，第一、第二、第三产业增加值分别为751.14亿元、2596.84亿元、3898.21亿元，全域规模以上工业企业数为4336个。其中，兰山区地区生产总值最高为 1334.1 亿元；兰山区、费县规模以上工业企业数超过 600 个，分别为 678 个、656 个。

（四）居民生活维度

沂蒙革命老区 2021 年城镇居民人均可支配收入 40813 元，农村居民人均可支配收入 18426 元，城镇居民人均可支配收入大约是农村居民人均可支配收入的 2 倍多。沂蒙革命老区人均城乡居民储蓄存款较高，达到 478.9 万元。

2012 年沂蒙革命老区居民生活得分均值为 0.324，2021 年其居民生活得分均值为 0.441。其中，2012 年、2021 年兰山区的居民生活得分在沂蒙革命老区中最高，得分分别为 0.413、0.545。2012 年兰山区位列全国革命老区居民生活得分排名的第 19 名，2021 年得分位列第 40 名，排名下降了 21 名；2012 年沂南县居民生活得分最低，为 0.300，在 2012~2021 年间，该县的排名上升了 80 名。2021 年泗水县的居民生活得分最低，居民生活得分为 0.382，排名位列革命老区第 198 名。

（五）公共服务维度

沂蒙革命老区教育、医疗卫生、社会保障等民生事业稳步发展。2012 年沂蒙革命老区公共服务得分均值为 0.083，2021 年其公共服务得分均值为 0.131，均值较 2012 年增长 0.048。其中，2012 年及 2021 年沂水县的公共服务得分在沂蒙革命老区中最高，得分分别为 0.127、0.151。2012 年沂水县的公共服务得分较同年均值高 53%，2021 年沂水县的公共服务得分比同年均值高 15.27%。在 2012~2021 年间，沂水县排名有所下降，该县从第 126 名下降至第 349 名。2012 年及 2021 年兰山区的公共服务得分在沂蒙革命老区中最低，得分分别为 0.027、0.055，2021 年该县的公共服务得分为 2012 年得分的 2 倍多，但排名较 2012 年却下降了 6 名。从排名变化来看，2012 年至 2021 年间，沂蒙革命老区公共服务得分排名变化最快的是新泰市，其排名从第 158 名下降到第 404 名，排名下降了 246 名。其次是沂水县，从第 126 名下降到第 349 名，排名后退 223 名。

七、湘鄂渝黔革命老区振兴发展分维度分析

从附表 1、附表 2 对湘鄂渝黔革命老区所涉及的县市、市辖区振兴发展

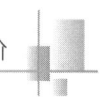

分别进行分维度分析。

(一) 红色基因维度

从县（市）层面来看，湘鄂渝黔革命老区共有 68 个县市。2012~2021 年间，该重点连片革命老区的红色基因得分均值从 0.216 增加到 0.250，共增长了 0.044。从 2012 年的红色基因得分排名来看，在该革命老区 68 个县市中位于前三的是天门市（0.416）、公安县（0.414）、监利市（0.406），在所有革命老区中分别排名第 11、13、19 名。在该革命老区 68 个县市中位于最后三位的麻阳苗族自治县（0.075）、新晃侗族自治县（0.069）、古丈县（0.053）在所有革命老区中分别排名第 437、447、465 名。从 2021 年红色基因得分排名来看，在该革命老区 68 个县市中位于前三位的仁怀市（0.425）、洪湖市（0.414）、公安县（0.397），在所有革命老区中分别排名第 15、23、37 名。在该革命老区 68 个县市中位于最后三位的建始县（0.099）、古丈县（0.093）、麻阳苗族自治县（0.084）在所有革命老区中分别排名第 447、458、472 名。

分市辖区来看，湘鄂渝黔老区共有 12 个市辖区。2012 年该重点连片区域的红色基因得分差距较大，红色基因得分均值为 0.320。2021 年该革命老区红色基因得分均值提高为 0.349，其中有一半以上市辖区得分提高。具体来看，2012 年播州区红色基因得分为 0.403，是湘鄂渝黔革命老区中得分最高的市辖区，同时，播州区在所有革命老区排名第 7 名，红色基因的振兴发展水平较高。而该年，黔江区的红色基因得分最低（0.198），与播州区相差 0.205，相差较大。到 2021 年，红花岗区红色基因得分为 0.431，一跃成为该革命老区中红色基因维度得分最高的市辖区，并在所有革命老区的市辖区中排名第 8 名。而该年万山区的红色基因发展水平及发展速度有所降低，该区以 0.302 的得分位列湘鄂渝黔革命老区的最后一名，与红花岗区相差 0.129。从时序层面来看，2012~2021 年，该革命老区 12 个市辖区有 7 个市辖区排名下降，5 个市辖区排名上升。其中碧江区的上升幅度最大，该区的红色基因的得分从 0.271 上升到 0.326，排名也随之从第 96 名上升到第 57 名，共上升了 39 名。而在此期间，武陵区的下降幅度最大，该区的红色基因得分从 0.375 下降到 0.334，排名也随之下降了 29 名。

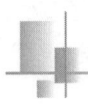

(二) 生态环境维度

从县（市）层面来看，2012~2021年，湘鄂渝黔革命老区的生态环境得分均值从0.668增加到0.690，增长了0.022。从2012年的生态环境得分排名来看，该革命老区68个县市中位于前三位的是古丈县（0.732）、泸溪县（0.728）、吉首市（0.726），在所有革命老区中分别排名第33、48、53名，位于最后三位的监利市（0.569）、洪湖市（0.568）、公安县（0.555）在所有革命老区中分别排名第438、440、457名。从2021年的生态环境得分排名来看，该革命老区68个县市中位于前三位的是古丈县（0.760）、泸溪县（0.750）、吉首市（0.745），在所有革命老区中分别排名第6、16、28名，位于最后三位的仙桃市（0.590）、监利市（0.588）、公安县（0.582）在所有革命老区中分别排名第423、429、452名。由此可见，古丈县的生态环境得分在2012年和2021年均排名首位，生态环境的振兴发展水平处于龙头的地位。

从市辖区层面来看，2012~2021年间，湘鄂渝黔革命老区市辖区的生态环境得分均值由0.653增加到0.677。在此期间，该革命老区12个市辖区生态环境得分排名变化不大，均在十名以内变动。其中增长幅度最大的是黔江区，该市辖区从第45名提升至第36名，共提升了9名。从具体的市辖区来分析，2012年在该革命老区12个市辖区中，武陵源区的生态环境得分最高（0.729）；而沙市区的生态环境较差，排名为湘鄂渝黔革命老区生态环境得分中的最后一名，其得分为0.573，与武陵源区相差0.156。到2021年，武陵源区及沙市区在湘鄂渝黔革命老区中仍为第一及最后一名的名次，而两区的得分差距也逐渐拉大，该年武陵源区的生态环境得分为0.756，而沙市区的生态环境得分为0.593，两者共相差0.163。此外，在2012~2021年，武陵源区与万山区一直保持在全国生态环境得分的前10名。2012年，武陵源区（0.729）和万山区（0.714）的生态环境得分在所有革命老区中排名分别位于第2名和第8名，截至2021年武陵源区（0.756）和万山区（0.733）的排名分别进步到第1名和第5名。

(三) 经济发展维度

从县（市）层面来看，2021年湘鄂渝黔革命老区县市的经济发展得分均值为0.091，比2012年经济发展得分均值（0.045）翻了一番。2021年，仙桃市、天门市、潜江市、宜都市、仁怀市、桃源县、监利市经济发展得分均在所有革命老区县域中排前50名。2021年该革命老区经济发展得分最高的是仁怀市（0.384），在所有革命老区经济发展得分排名中保持第5名。2012~2021年该革命老区68个县市中有不到1/3的县市排名下降，其中下降最多的是泸溪县，下降了96名。值得注意的是，有8个县市的排名上升了百名以上，可见该革命老区经济发展势头正猛。

从市辖区层面来看，2021年湘鄂渝黔革命老区市辖区经济发展得分均值为0.221，相比2012年经济发展得分均值0.150，增加了0.071。从具体的县市来看，2012年，武陵区的经济发展得分最高（0.334），在所有革命老区中排名第3名；2021年，该区在湘鄂渝黔革命老区中的经济发展得分排名为第7名，得分达到了0.491，约是万山区（0.086）的5.7倍。值得注意的是，2012~2021年在湘鄂渝黔革命老区的12个市辖区中，仅有播州区的经济发展得分不增反减，排名也由第13名退至第48名。

从经济发展维度的具体指标来看，湘鄂渝黔革命老区经济实力较为薄弱，仍需不断增强。2012~2021年，该革命老区区县的地区生产均值由114.0亿元增长到264.6亿元。在该革命老区80个区县中，仅有18个区县没能实现地区生产总值翻番，其中值得注意的是，仁怀市的地区生产总值由329.56亿元增长到了1564.49亿元。武陵区2012年地区生产总值以770.47亿元排在该革命老区首位，在所有革命老区区县中排名第3名。2021年革命老区中武陵区和仁怀市地区生产总值突破1000亿元。从人均地区生产总值来看，2012~2021年湘鄂渝黔革命老区人均GDP由19938元增长到了44987元。2012年该革命老区人均地区生产总值唯一突破10万元的区县是武陵区，以116438元位于该革命老区首位，2021年以175205元退居第3名。

就产业结构而言，湘鄂渝黔革命老区产业发展相对落后，产业结构仍需不断优化。2021年第一产业增加值、第二产业增加值、第三产业增加值均值分别为413394万元、1010292万元、1293454万元。在该革命老区中，第一产业增加值最高的是监利市（1250018万元），该革命老区中第一产业增加值破百亿的区县还有仙桃市、天门市、洪湖市；第二产业增加值最高的是仁怀市（11208500万元），是该革命老区中第二产业增加值唯一一个过千亿的区县；第三产业增加值最高的是武陵区（5205735万元）。从规模以上工业企业数来看，仙桃市规模以上工业企业数最多（454个），是最少值江口县（12 个）的 37 倍之多。在湘鄂渝黔革命老区 80 个区县中，仅 4 个区县规模以上工业企业数超过 200 个，分别是仙桃市、天门市、潜江市、宜都市。另外，有 25 个区县规模以上工业企业数超过 100 个。从湘鄂渝黔革命老区乡镇分类 GDP 来看，仁怀市排名首位，达到 10951430 万元。凤冈县以 68146 万元排在末位。

（四）居民生活维度

从县（市）层面来看，2021 年湘鄂渝黔革命老区县市居民生活得分均值为 0.361，相比 2012 年居民生活得分均值（0.244）增长了 0.117。其中，2021 年该革命老区居民生活得分最高的是仙桃市（0.493），相比 2012 年居民生活得分（0.335）高了 0.158，在所有革命老区分县排名中上升了 41 名。从居民生活维度的得分排名来看，2012 年仅有仙桃市、宜都市、天门市、潜江市在所有革命老区中排名前 100 名，2021 年排名前 100 名增加了澧县、桃源县、汉寿县、临澧县、公安县。2012～2021 年，湘鄂渝黔革命老区的居民生活得分排名中有 12 个县市上升了上百名。其中，仁怀市排名上升最多，上升了 183 名，居民生活质量得到了较大提升。

从市辖区层面来看，2012～2021 年湘鄂渝黔革命老区市辖区的居民生活得分相较其他革命老区还有待提高。2012 年居民生活得分均值 0.304，而 2021 年该革命老区居民生活得分均值增加至 0.527。其中，2012 年该革命老区居民生活得分最高的是武陵区（0.441）；到 2021 年，武陵区保持着较快的发展速度，以 0.748 的居民生活得分居于湘鄂渝黔革命老区市辖区的第一名，是最低得分万山区（0.382）的两倍左右。2012～2021 年该革命老区居民生活得分排名变化最大的是播州区，从 2012 年的第 88 名上升到第 57 名，可见其在提高居民生活水平方面具有发展潜力。从排名变化趋势来看，湘鄂渝黔革命老区除荆州区排名下降 10 名以外，剩下 11 个市辖区的居民生活得分排名均呈上升趋势。

（五）公共服务维度

从县（市）层面来看，湘鄂渝黔革命老区县市公共服务得分与其他重点连片革命老区相比较高。2021 年湘鄂渝黔革命老区公共服务得分均值为 0.189，相比 2012 年的居民生活得分均值 0.104，增长了 0.085。其中，2021 年湘鄂渝黔革命老区公共服务得分最高的是吉首市（0.427），该县市在2012~2021年间的年均增长率虽然只有46.2%，增长速度较慢，但因其得分基数大，故其排名变化并不大，仅下降了一名。而该年得分最低的是监利市，位居第472名，属于下游水平。从排名变化来看，2012~2021年，湘鄂渝黔革命老区县市中有一半以上的县市其排名是上升的，值得注意的是，有5个县的名次上升了200名以上，分别是安乡县、溆蒲县、桐梓县、仁怀市、麻阳苗族自治县。同时，有6个县市的排名下降了100名以上。可见该地区在公共服务方面仍需不断提高，应提高对该方面的重视度，加大该方面的投入。

从市辖区层面来看，2021年湘鄂渝黔革命老区市辖区公共服务得分均值为0.115，相比2012年居民生活得分均值（0.086），增长了0.029。其中，2021年该革命老区市辖区中公共生活得分最高的是武陵源区（0.253），是最低得分武陵区（0.047）的5倍之多，相较于2012年，该市辖区的公共服务得分排名上升3名，在2021年所有革命老区的公共服务得分中位列第7名。湘鄂渝黔革命老区市辖区中公共服务得分排名变化最大的是荆州区，其公共服务得分不增反减，其排名从2012年的第3名下降到第55名，下降了52名。而湘鄂渝黔革命老区市辖区中公共服务得分排名上升最多的是鼎城区，从2012年的第86名上升到第37名，名次上升了49名。

八、海陆丰革命老区振兴发展多维度分析

从附表1、附表2对海陆丰革命老区所涉及的县市、市辖区振兴发展分别进行分维度分析。

（一）红色基因维度

海陆丰革命老区共有8个县市。2012~2021年海陆丰革命老区县市的红色基因得分均值从0.334增加到了0.349。2012年和2021年，海丰县的红色基因得分排名均为第一名，得分分别为0.414、0.422，而陆河县在2012年及2021年的红色基因得分排名均处于末位，其得分分别为0.307、0.309。在此期间，海陆丰革命老区市辖区的红色基因发展水平整体提高了，8个县市的红色基因度的排名均上升了，其中普宁市的上升幅度最大，该县市从第125名提升至第26名，共提升了99名。

海陆丰革命老区共有5个市辖区。2012年该革命老区市辖区红色基因

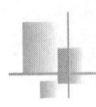

的得分均在 0.300 以上，均值为 0.319；2021 年海陆丰革命老区中除潮南区外红色基因得分均上升，均值变为 0.340。在该革命老区 5 个市辖区中，2012 年潮阳区红色基因得分以 0.341 排名第一位，在所有革命老区中排名第 45 名，2021 年惠阳区红色基因得分以 0.388 排名第一位，在所有革命老区排名第 25 名。2012 年海陆丰革命老区中红色基因度最高的潮阳区和最低的惠城区相差 0.035。2021 年该重点连片革命老区中红色基因度最高的惠阳区和最低的惠城区相差 0.069，可见随着时间推移，海陆丰革命老区市辖区的红色基因发展不平衡的现象更加明显。2012~2021 年，海陆丰革命老区 5 个市辖区的排名均上升了。其中惠阳区排名上升最多，共上升了 48 名。

（二）生态环境维度

从县（市）层面来看，2012~2021 年海陆丰革命老区县市的生态环境得分均值从 0.693 增加到 0.704，增长了 0.011。从具体的县市来分析，陆河县的生态环境得分排名在 2012 年和 2021 年均为海陆丰革命老区的第一名，得分分别为 0.729、0.738。2012~2021 年该革命老区中生态环境得分排名下降最多的是揭西县，下降了 22 名，排名上升最多的是紫金县，上升了 6 名。

从市辖区层面来看，2012~2021 年海陆丰革命老区 5 个市辖区的生态环境得分均值从 0.641 增加到 0.650。从具体的市辖区来分析，2012 年该革命老区市辖区的生态环境得分在所有革命老区中均排在前 40 名。2021 年该革命老区市辖区的生态环境得分排名均排在全国前 50 名。2012 年海陆丰革命老区 5 个市辖区中振兴发展度最高的惠城区和最低的潮阳区相差 0.050。2021 年，该重点连片革命老区中振兴发展度最高的惠城区和最低的惠阳区相差 0.048。

（三）经济发展

从县（市）层面来看，2021 年海陆丰革命老区县市经济发展得分均值为 0.113，相比 2012 年经济发展得分均值（0.079），增长了 0.034。2021 年该革命老区县市的经济发展得分中最高的是惠东县，达到了 0.222，排名挤进所有革命老区经济发展得分排名前 20 名。2012~2021 年海陆丰革命老区中有 4 个县市的排名上升，分别是海丰县、惠东县、陆丰市、陆河县。其中陆丰市排名上升 50 多名，可见其经济发展较迅速。而普宁市和惠来县的排名均下降了 100 多名，更值得注意的是普宁市经济发展得分相较 2012 年不增反减，由 0.162 降至 0.111。

从市辖区层面来看，2021 年海陆丰革命老区市辖区经济发展得分均值为 0.350，相比 2012 年经济发展得分均值（0.232），增长了 0.118。2012 年惠阳区经济发展得分以 0.424 在所有革命老区经济发展得分中排名第 1 名。截至 2021 年，该市辖区的经济发展得分继续提高，达到了 0.541，其在海陆丰革命老区中的红色基因得分排名依旧维持在第一名的位置，而该区在全国中的排名却下降了 3 名，为第 4 名。2012~2021 年间该重点连片革命老区中经济发展得分排名变化最大的也是汕尾市城区，其排名相比 2012 年上升了 18 名，排名挤进所有革命老区经济发展得分排名前 60 名。

从经济发展维度的具体指标来看，就地区生产总值而言，海陆丰革命老区经济持续健康发展，经济实力显著增强。2012~2021 年，该革命老区区县地区生产均值由 224.7 亿元增长到 438.3 亿元。在海陆丰革命老区中有 5 个区县实现地区生产总值翻番，其中陆丰市地区生产总值由 170.99 亿元增长到 403.67 亿元。惠阳区次之，2021 年地区生产总值为 750.41 亿元，接近 2012 年地区生产总值的 2.5 倍。惠城区 2012 年地区生产总值以 433.80 亿元排名首位，2021 年以 972.61 亿元仍占据首位优势，有望在 2022 年突破 1000 亿元大关。从人均地区生产总值来看，2012~2021 年海陆丰革命老区人均地区生产总值由 25772 元/人增长到 52930 元/人。2012 年惠阳区人均地区生产总值以 69459 元/人排名首位，2021 年以 172112 元/人仍占据首位优势。

就产业结构而言，海陆丰革命老区产业发展比较迅速，产业结构不断优化。2021 年第一产业增加值、第二产业增加值、第三产业增加值均值分别为 431873 万元、2771329 万元、2504778 万元。在海陆丰革命老区中，第一产业增加值最高的是陆丰市，达到了 808202 万元；第二产业增加值最高的是惠阳区，高达 10618974 万元；第三产业增加值最高的是惠城区，达到了 9013003 万元。从规模以上工业企业数来看，惠阳区规模以上工业企业数最多，为 755 个，是最少的陆河县（20 个）的 37 倍之多。在海陆丰革命老区中，有过半的区县规模以上工业企业数超过 100 个，分别是惠东县、海丰县、陆丰市、潮阳区、潮南区、惠城区、惠阳区。从老区乡镇分类 GDP 来看，惠东县居于首位，达到 5168021 万元。惠城区以 486305 万元排名末位。

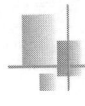

（四）居民生活

从县（市）来看，2021 年海陆丰革命老区县市居民生活得分均值为 0.407，相对比 2012 年居民生活得分均值 0.285，增长了 0.122。其中，2021 年海陆丰革命老区居民生活得分最高的是惠东县，达到了 0.499，该县市相比于 2012 年居民生活得分 0.365，其得分有所增加，在所有革命老区排名中上升了 7 名。在海陆丰革命老区县市中，共有 6 个县市的排名上升了，分别是普宁市、惠来县、紫金县、陆丰市、海丰县、惠东县。其中，有 4 个县的排名上升了 100 名以上。值得注意的是，普宁市的居民生活得分由 0.263 增加到 0.436，排名上升了 240 名，居民生活质量得到了质的提升。

从市辖区层面来看，2012 年海陆丰革命老区市辖区的居民生活得分均值为 0.382，2021 年其居民生活得分均值增加至 0.631。其中，2012 年海陆丰革命老区中居民生活得分最高的是惠阳区，其得分为 0.467，2021 年该革命老区居民生活得分最高的是惠城区，达到了 0.788，是最低得分潮阳区（0.534）的 1.5 倍之多，该市辖区相比 2012 年排名上升了 8 名。从排名变化来看，海陆丰革命老区 5 个市辖区的居民生活得分排名均无下降趋势。其中，居民生活得分排名变化最大的是汕尾市城区，从 2012 年的第 73 名上升到第 32 名，上升了 41 名，可见其在提高居民生活水平方面具有发展潜力。

从其他指标来看，2021 年海陆丰革命老区各县区城乡居民人均可支配收入差距较大，农村居民人均可支配收入均值是 20998 元，不到城镇居民人均可支配收入的 2/3。惠东县的城乡居民可支配收入差距不大，城乡居民人均收入比仅是 1.279。

（五）公共服务

从县（市）层面来看，2012 年海陆丰革命老区县市的公共服务得分均值 0.074，2021 年其公共服务得分均值增至 0.136。其中，2021 年该革命老区公共生活得分最高的是海丰县，达到了 0.178，其增长速度虽快，但因其得分基数小，2021 年得分排名仍在第 250 名以外，属于中下游水平。2021 年公共服务得分排名相比 2012 年大多是上升的，仅惠来县下降了 12 名，位列第 480 名。海陆丰革命老区有一半以上的县市公共生活得分排名在 400 名之后，属于下游水平。可见海陆丰革命老区在公共服务方面仍需不断提高，加大该方面的投入。

从市辖区层面来看，2021年海陆丰革命老区市辖区的公共服务得分均值为0.107，相对比2012年居民生活得分均值（0.103），平均水平增长幅度较小。2012年及2021年海陆丰革命老区市辖区中公共服务得分最高的为惠阳区，其得分分别为0.374、0.251。而潮南区在2012年及2021年其公共服务得分最低，仅为0.000、0.018。从公共服务得分的排名来看，2012～2021年海陆丰革命老区5个市辖区中，潮阳区和汕尾市城区排名上升，惠城区和惠阳区排名下降，潮南区排名未发生变化。值得注意的是，潮阳区居民生活得分年均增长速度较快，但因其得分基数小，2021年该县的公共服务得分最低，仅仅为0.043，在革命老区市辖区中其公共服务得分排名中仅上升一名，位于第109名，属于下游水平。海陆丰革命老区中排名上升最多的当属汕尾市城区，上升了14名，排名第47名，挤进所有革命老区分区排名前50名。

九、左右江革命老区振兴发展多维度分析

从附表1、附表2对左右江革命老区所涉及的县市、市辖区振兴发展分别进行分维度分析。

（一）红色基因维度

左右江革命老区共有54个县市，2012～2021年左右江革命老区县市的红色基因得分均值从0.165增加到0.192，增长了0.027。从2012年的红色基因得分排名来看，在左右江革命老区54个县市中位于前3位的是凭祥市（0.383）、兴义市（0.357）、都匀市（0.325），在所有革命老区中分别排名第28、第33、第119名，位于最后3位的乐业县（0.050）、凤山县（0.043）、凌云县（0.042）在所有革命老区中分别排名第470、第474、第475名。从2021年的红色基因得分排名来看，在该革命老区54个县市中位于前3位的是凭祥市（0.457）、兴义市（0.357）、黎平县（0.342），在全国排名中分别排名第6、第91、第110名，位于最后3位的望谟县（0.074）、那坡县（0.044）、隆林各族自治县（0.043）在所有革命老区中分别排名第478、第480、第481名。

左右江革命老区共有5个市辖区，2012年左右江革命老区各市辖区的红色基因得分均在0.300以上，红色基因得分均值为0.335；相较于2012

年，2021年该革命老区5个市辖区的红色基因得分均下降了，均值变为0.320。从具体的市辖区来分析，在左右江革命老区5个市辖区中，2012年，江州区红色基因得分以0.355排名第一位，在所有革命老区中排名第31名，该年振兴发展度最高的江州区和最低的金城江区相差0.040。2021年田阳区以0.334的红色基因得分排名第1名，在所有革命老区中排第50名，该年振兴发展度最高的田阳区和最低的金城江区相差0.026。从排名变化来看，2012～2021年，左右江革命老区中仅宜州区排名上升了3名，其他市辖区的红色基因得分排名均下降。其中江州区排名下降最多，下降了45名。

（二）生态环境维度

从县（市）生态环境得分来看，左右江革命老区的得分较其他革命老区而言处于领先水平。2012～2021年左右江革命老区54个县市的生态环境得分均值从0.689增加到0.701，增长了0.012。从2012年的生态环境得分排名来看，在左右江革命老区54个县市中位于前3位的是巴马瑶族自治县（0.733）、天峨县（0.732）、凤山县（0.732），在所有革命老区中分别排名第31、第34、第35名，位于最后3位的兴仁市（0.638）、罗城仫佬族自治县（0.627）、兴义市（0.589）在所有革命老区中分别排名第285、第299、第382名。从2021年的生态环境得分排名来看，在左右江革命老区54个县市中位于前3位的是巴马瑶族自治县（0.749）、天峨县（0.747）、乐业县（0.742），在所有革命老区中分别排名第20、第23、第35名，位于最后3位的晴隆县（0.624）、普安县（0.624）、兴义市（0.621）在所有革命老区中分别排名第341、第345、第350名。

从市辖区层面来看，2012～2021年左右江革命老区5个市辖区的生态环境得分均值从0.692增加到0.713，年均增长率为3.1%。2012年，在该革命老区5个市辖区中，金城江区（0.718）和右江区（0.718）的生态环境得分在所有革命老区中排名前十位，分别位于第5名和第6名；该年左右江革命老区市辖区中生态环境得分最高的金城江区（0.718）和最低的江州区（0.665）相差0.053。2021年金城江区（0.745）和右江区（0.727）仍排名前十位，分别是第2名和第7名。该年金城江区（0.745）和江州区（0.676）生态环境得分相差0.069。2012～2021年，该革命老区5个市辖区生态环境得分排名变化不大，均在5名以内变动。

(三) 经济发展维度

从县（市）来看，2021年左右江革命老区县市经济发展得分均值为0.056，相对比2012年经济发展得分均值（0.025），增长了0.031。2021年该革命老区经济发展得分最高的是凭祥市（0.189），跻身所有革命老区经济发展得分排名前30名。2012~2021年左右江革命老区54个县市中有一半以上的县市排名上升。其中有4个县市的排名上升了100名以上，分别是凭祥市、望谟县、册亨县、独山县。值得注意的是，凭祥市排名上升最多，上升了425名，是所有革命老区中排名上升最多的县市。相比于排名上升的县，靖西市和罗城仫佬族自治县的排名均下降了100多名。

从市辖区来看，左右江革命老区的经济发展实力相对落后于其他革命老区。2021年左右江革命老区市辖区经济发展得分均值为0.162，相对比2012年经济发展得分均值（0.087），增长了0.075。2012年右江区经济发展得分为0.113，在所有革命老区市辖区中经济发展得分中排名第56名。2021年经济发展得分排名前50名的仅有右江区，位居第44名，该市辖区的经济发展得分在左右江革命老区中最高（0.216），约是田阳区（0.141）的1.532倍。左右江革命老区5个市辖区中年均增长率最高的田阳区。其中，经济发展得分排名变化最大的是金城江区，2021年排名相对比于2012年上升了19名，在所有革命老区经济发展得分排第80名。

从经济发展维度的具体指标来看，就地区生产总值而言，左右江革命老区经济发展相对落后，经济实力还有待增强。2012~2021年，左右江革命老区区县地区生产均值由53.8亿元增长到141.2亿元。兴义市2012年地区生产总值以203.96亿元位于首位，2021年以548.40亿元落后于凭祥市（607.59亿元）占据第2名。从人均地区生产总值来看，2012~2021年左右江革命老区人均地区生产总值由13181元增长到了32131元。2012年右江区以43623元排名首位，2021年以96066元仍占据首位优势，有望在2022年突破10万元大关。

从产业结构来看，左右江革命老区产业结构不断优化。2021年第一产业增加值、第二产业增加值、第三产业增加值的均值分别为277238万元、470735万元、696406万元。在左右江革命老区中，第一产业增加值最高的是宜州区（610339万元）；第二产业增加值最高的是兴义市（1956400万元）；第三产业增加值最高的是凭祥市（3902260万元）。从规模以上工业企

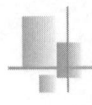

业数来看，凭祥市规模以上工业企业数最多，为297个，是最少值凤山县和西畴县（7个）的42倍之多。在左右江革命老区59个区县中，仅有4个区县规模以上工业企业数超过100个，分别是凭祥市、兴义市、惠水县、扶绥县。从老区乡镇分类GDP来看，凭祥市居于首位，达到6075850万元。荔波县以37325万元居于末位。

（四）居民生活

从县（市）层面来看，2012年左右江革命老区的居民生活得分均值为0.252，2021年其县市居民生活得分均值增至0.344。其中，2021年左右江革命老区居民生活得分最高的是凭祥市，达到了0.428，在革命老区县市排名中上升225名。2012~2021年，左右江革命老区居民生活得分排名上升了100名以上的有兴义市、凭祥市、都匀市、平果市、靖西市。其中，该革命老区中兴义市排名上升最多，上升了227名，挤进了所有革命老区经济发展得分大小排名前60名，居民生活质量得到了很大的提升。值得注意的是，文山市和富宁县的经济发展得分在2012~2021年不增反减，且排名分别下降了282名和377名。

从市辖区层面来看，2021年左右江革命老区市辖区居民生活得分均值为0.486，相对比2012年居民生活得分均值0.359，增长了0.127，增长幅度较大。左右江革命老区5个市辖区在所有革命老区经济发展得分排名均在50名开外。其中，2012年左右江革命老区居民生活得分最高的是江州区（0.395）。2021年该革命老区居民生活得分最高的是右江区，达到了0.539，是最低得分潮阳区（0.437）的1.2倍之多，对比2012年排名下降了16名。左右江革命老区居民生活得分排名变化最大的是宜州区，由2012年的38名下降到88名，下降了50名，可见其在提高居民生活水平方面相较于其他革命老区而言还有待提高。

2021年城乡居民人均可支配收入差距较大，城镇居民人均可支配收入均值为35923元，农村居民人均可支配收入均值为13871元，不到城镇居民人均可支配收入的1/2。左右江革命老区59个县市的城乡居民人均收入比均值为2.634。其中，靖西市的城乡居民可支配收入差距最小，城乡居民人均收入比仅是1.736。望谟县的城乡居民可支配收入差距最大，城乡居民人均收入比仅是3.349。

（五）公共服务

从县（市）层面来看，革命老区县市公共服务得分较其他革命老区高。2021年左右江革命老区公共服务得分均值为0.196，相对比2012年居民生活得分均值（0.169）增长幅度较小。其中，2021年该革命老区公共生活得分最高的是平塘县，达到了0.274，得分排名变化较大，共上升了389名。2021年左右江革命老区公共服务得分最低的是凭祥市，位居第475名，处于下游水平。截至2021年，左右江革命老区中有一半左右的县市其公共服务得分的排名上升，平塘县和龙州县的名次上升了200名以上。同时，有5个县市的排名下降了100名以上，可见该地区在公共服务方面仍需不断提高，应提高对该方面的重视度，加大该方面的投入。

从市辖区层面来看，2012年左右江革命老区市辖区的公共服务得分均值0.032，2021年公共服务得分均值增加为0.124。其中，2021年该革命老区市辖区中公共生活得分最高的是右江区，达到了0.335，是最低得分武陵区（0.055）的6倍之多，公共服务得分排名上升了72名，在2021年所有革命老区公共服务得分中位列第6名。左右江革命老区公共服务得分排名变化最小的是金城江区，从2012年的第88名下降到第90名，下降了2名。

十、琼崖革命老区振兴发展多维度分析

从附表1、附表2、图6-13对琼崖革命老区所涉及的县市、市辖区振兴发展分别进行分维度分析。

（一）红色基因维度

从县市层面来看，2012年琼崖革命老区各县市的红色基因得分普遍在0.050~0.430之间，均值为0.277。该年排名前十的分别是文昌市、万宁市、儋州市、琼海市、澄迈县、东方市、定安县、陵水黎族自治县、屯昌县、临高县。其中，文昌市的红色基因得分最高（0.425），是最低值琼中黎族苗族自治县（0.050）的7倍多。与2012年相比，2021年琼崖革命老区红色基因得分均值为0.340，高于2012年均值0.063。其中，排名前十的分别为儋州市、琼海市、万宁市、陵水黎族自治县、东方市、澄迈县、文昌市、白沙黎族自治县、定安县、屯昌县。琼崖革命老区各县市的红色基因

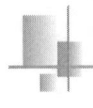

得分排名变化较大,其中,定安县的红色基因得分排名前进速度最快,相比 2012 年前进了 172 名,进入 2021 年全国革命老区红色基因得分排名前 40 名。与定安县相反的是儋州市,该县市的下降速度最快,其在全国革命老区县市中红色基因得分排名下降了 72 名。从市辖区层面来看,琼崖革命老区市辖区中主要包含琼山区,琼山区在 2012 年和 2021 年的红色基因得分分别为 0.341、0.428,该市辖区的红色基因得分排名从第 46 名上升至第 10 名,排名共上升了 36 名。

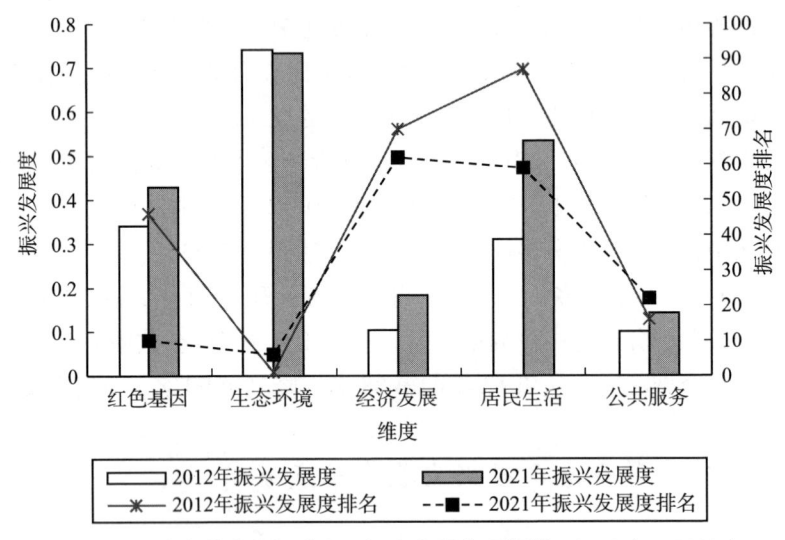

图 6-13 琼崖革命老区琼山区振兴发展分项指数:2012 年、2021 年

(二) 生态环境维度

从琼崖革命老区各区县的生态环境得分来看,2021 年琼崖革命老区生态环境得分均值为 0.713,相比 2012 年的生态环境得分均值 0.712,几乎没有增长。2012 年、2021 年生态环境得分最高的是琼中黎族苗族自治县,分别达到了 0.758、0.759,远高于当年的生态环境得分均值。但值得注意的是琼中黎族苗族自治县生态环境得分排名相对比于 2012 年下降了 1 名,从 2012 年位列第 6 名下降到第 7 名。

(三) 经济发展维度

从县市经济发展得分来看，2021年琼崖革命老区经济发展得分均值为0.102，相比2012年经济发展得分均值0.056，其平均经济发展水平有所提高。从具体的县市来看，2021年琼崖革命老区经济发展得分最高的是澄迈县（0.162），接近经济发展得分均值的1.588倍。并且澄迈县经济发展得分排名相比2012年前进了41名，从2012年位列83名上升到第42名。从各县市的情况来看，海南省几乎各革命老区的经济实力显著提升。从经济发展得分来看，琼崖革命老区绝大多数区县的得分均增长了，其中，澄迈县的增长幅度最大，其得分提高了0.084，其次是万宁市，得分增加了0.083；而仅有琼海市的经济发展得分有所下降，该县市的得分从0.079下降至0.073，排名也随之下降了158名。

(四) 居民生活维度

从县市的居民生活得分来看，2021年琼崖革命老区居民生活得分均值为0.396，相比2012年居民生活得分均值0.272，增长了0.124。2012年至2021年期间，琼崖革命老区各县市的居民生活得分排名均上升，其中，儋州市的居民生活得分排名上升幅度最大，该县市的得分从0.282增加至0.428，排名也随之从第236名上升至第28名，排名上升了208名，居民生活质量得到了质的提升。其次是万宁市，该县市的排名从第233名提升至第63名，上升了170名。从市辖区层面来看，琼崖革命老区主要包括琼山区，该市辖区在2012年和2021年居民生活得分分别为0.310、0.534，名次提升了28名。

(五) 公共服务维度

从县市的公共服务得分来看，2021年琼崖革命老区公共服务得分均值为0.204，相比2012年公共服务的得分均值0.108，提高了0.096。其中，2021年琼崖革命老区公共服务得分最高的是陵水黎族自治县，公共服务得分为0.327，该县市在全国公共服务得分排名中的名次较为靠前，为第19名。该年公共服务得分最低的是文昌市，仅为0.131，且文昌市是琼崖革命老区中得分排名下降幅度最大的县市，其名次下降了183名。此外，儋州市在琼崖革命老区中公共服务得分的排名提升速度最快，该县市从2012年的

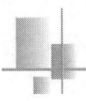

第317名上升到2021年的第103名,十年间上升了214名。从市辖区层面来看,琼崖革命老区主要包括琼山区,在2012年和2021年该市辖区在2012年和2021年公共服务得分分别为0.100、0.142,名次下降了6名。

十一、川陕革命老区振兴发展多维度分析

从附表1、附表2对川陕革命老区所涉及的县市、市辖区振兴发展分别进行分维度分析。

(一)红色基因维度

从县(市)层面来看,2012年川陕革命老区红色基因得分普遍在0.019~0.415之间,县市红色基因得分均值为0.211。该年川陕革命老区县市中排名前10位的分别是三台县、渠县、江油市、梓潼县、大竹县、营山县、宣汉县、剑阁县、蓬安县、盐亭县。三台县的红色基因得分最高(0.415),是最低值佛坪县(0.019)的22倍多。2021年川陕革命老区县市的红色基因得分均值为0.239,高于2012年均值0.028。其中,排名前10位的分别为剑阁县、梓潼县、宣汉县、阆中市、仪陇县、渠县、江油市、通江县、北川羌族自治县、三台县。前10名变化较大,2021年红色基因度排名前10名中新增阆中市、仪陇县、通江县、北川羌族自治县。从排名变化来看,川陕革命老区县市的红色基因得分排名变化较大,大部分县市排名下降。其中,大竹县在全国革命老区县市中的红色基因得分排名名次下降了135名,下降得最多。

从市辖区层面来看,2012年川陕革命老区红色基因得分普遍在0.092~0.519之间,均值为0.305。其中,排名前10的分别是巴州区、达川区、涪城区、顺庆区、利州区、游仙区、通川区、恩阳区、高坪区、汉滨区。2021年均值为0.310,高于2012年均值0.004。除此之外,红色基因得分排名的前十名所包含的市辖区变化不大,2021年前十名仍是2012年前十名的县市,仅排序有些变动。而各市辖区的红色基因得分排名在全国范围内有较大的变化,绝大部分市辖区的名次有所下降。其中,涪城区在所有革命老区红色基因得分排名下降了58名,下降名次最多。

（二）生态环境维度

从县（市）的生态环境得分来看，2021年川陕革命老区生态环境得分均值为0.645，相比2012年生态环境得分均值0.627，小幅增长。2021年生态环境得分最高的是太白县（0.740），远高于2021年生态环境得分均值，是生态环境得分最低县江油市（0.526）的1.4倍。但值得注意的是太白县生态环境得分排名相比2021年前进了90名，从2012年位列第130上升到2021年位列第40名。

从市辖区的生态环境得分来看，2021年川陕革命老区生态环境得分均值为0.610，相比2012年生态环境得分均值0.584，小幅增长。2021年生态环境得分最高的是昭化区（0.658），远高于2021年生态环境得分均值，是生态环境得分最低的市辖区——南郑区（0.566）的1.162倍多。而且昭化区生态环境得分排名相比2012年提升了11名。

（三）经济发展维度

从县（市）的经济发展得分来看，2012年川陕革命老区县市的经济发展得分均值0.038，2021年川陕革命老区县市的经济发展得分均值增加为0.070。2012年凤县的经济发展得分最高（0.119）。但2021年从2012年位列第26名下降到第126名。2021年川陕革命老区经济发展得分最高的是盐亭县（0.142），接近2021年经济发展得分均值的2倍多，是2021年经济发展得分最低值0.033（青川县）的4倍多。

从市辖区的经济发展得分来看，2021年川陕革命老区经济发展得分均值为0.191，相对比2012年经济发展得分均值（0.104）提高0.087。2021年川陕革命老区经济发展得分最高的是游仙区，达到了0.312，是经济发展得分最低的朝天区（0.078）的4倍左右，是2012年经济发展得分的3倍多。2021年经济发展得分排名前十的市辖区有游仙区、涪城区、利州区、昭化区、汉滨区、达川区、嘉陵区、顺庆区、汉台区、通川区。其中，经济发展得分排名变化最快的是昭化区，排名相比2012年上升了72名，排名挤进2021年所有革命老区经济发展得分排名前38名。

（四）居民生活维度

川陕革命老区居民生活水平显著提高，人民生活水平不断提高。至

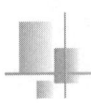

2021年各区域城镇居民人均可支配收入都达到了3万元以上。至2021年除汉台区以外各区域农村居民人均可支配收入都达到了1万元以上。可见川陕革命老区居民生活水平得到了很大提升。

城乡居民人均可支配收入差距大，2021年农村居民人均可支配收入均值仅有17020.37元，而城镇居民人均可支配收入均值为40571.412元，农村居民人均可支配收入均值还不到城镇居民人均可支配收入均值的一半。2021年城乡居民人均可支配收入差距最大的是游仙区，城乡居民人均可支配收入差值达到了28351元；其次为顺庆区，城乡居民人均可支配收入差值达到了26935.2元。可见人民生活水平不断提高的同时，城乡居民人均可支配收入差距的问题也值得注意。

（五）公共服务维度

川陕革命老区的公共服务水平得到了提高，基础教育水平得到了改善。

从县（市）的公共服务得分来看，2012年川陕革命老区的公共服务得分均值为0.143，2021年公共服务得分均值增加至0.215，2021年川陕革命老区公共服务得分排名前十的有佛坪县、凤县、留坝县、宁陕县、太白县、镇坪县、旬阳市、石泉县、岚皋县、商南县。其中，2021年川陕革命老区公共服务得分最高的是佛坪县，公共服务得分为0.456，在全国革命老区县市中排名第2，该市辖区得分是2012年公共服务得分的1.465倍多。而该年仪陇县的公共服务得分最低，仅为0.104，还不到佛坪县公共服务得分的1/4，2012～2021年，该县的公共服务排名名次下降了226名。此外，镇巴县在革命老区中的公共服务得分排名提升最快，从2012年的第367名上升到2021年的第134名，十年间上升了233名。

从市辖区的公共服务得分来看，2021年川陕革命老区公共服务得分均值为0.087，相对比2012年居民生活得分均值（0.047），增长了0.040。其中，2021年川陕革命老区公共服务得分最高的是涪城区（0.149），排名位列第3名，是最低得分达川区（0.057）的2.643倍之多，与2012年相比，该市辖区的排名上升了6名。此外，川陕革命老区市辖区中得分排名变化最大的是达川区，从第99名上升到了第3名。而公共服务得分排名下降最多的是昭化区，从第41名下降到第74名，名次下降33名。

十二、陕甘宁革命老区振兴发展多维度分析

从附表1、附表2对陕甘宁革命老区所涉及的县市、市辖区振兴发展分别进行分维度分析。

(一) 红色基因维度

从县（市）层面来看，2012年陕甘宁革命老区的红色基因度普遍在0.021~0.395之间，县市的红色基因得分均值为0.197。其中，排名前十的依次是神木市、泾阳县、靖边县、灵武市、府谷县、宁县、中宁县、青铜峡市、黄陵县、吴起县。其中，神木市红色基因得分最高（0.395），是最低值吴堡县（0.021）的18.482倍多。2021年陕甘宁革命老区红色基因得分增长较缓慢，其均值为0.253，较2012年均值高0.057。从排名变化来看，2021年陕甘宁革命老区红色基金得分排名前10位的县市分别为靖边县、黄陵县、洛川县、子长市、泾阳县、志丹县、吴起县、神木市、盐池县、绥德县。红色基因度排名为前十名的县市变化较大，相较2012年，2021年前十名中新增了洛川县、子长市、志丹县、盐池县、绥德县。镇原县在所有革命老区红色基因得分排名中下降139名，下降得最多。

从市辖区层面来看，2012年陕甘宁革命老区红色基因得分普遍在0.060~0.400之间，市辖区的红色基因度均值为0.252。其中，排名前10位的分别是宝塔区、榆阳区、沙坡头区、安塞区、利通区、红寺堡区、王益区、西峰区、崆峒区、横山区。宝塔区的红色基因得分最高，达到了0.392，是最低值印台区（0.066）的5.9倍多。2021年陕甘宁革命老区红色基因得分增长缓慢，该年均值为0.271，高于2012年均值0.019。其中，排名前十的依次为宝塔区、榆阳区、安塞区、沙坡头区、利通区、红寺堡区、耀州区、王益区、横山区、崆峒区。前10位市辖区的红色基因度变化不大，到2021年，陕甘宁革命老区的红色基因得分前十的县市中仅增加了耀州区。而各市辖区的红色基因度在全国的排名变化较大，大部分县市的红色基因度排名下降。沙坡头区在所有革命老区红色基因得分排名中下降38名，下降得最多。

(二) 生态环境维度

从县（市）的生态环境得分来看，2021年陕甘宁革命老区生态环境得

分均值为0.599，相比2012年生态环境得分均值0.587，小幅增长。其中，黄龙县的生态环境得分值高于陕甘宁革命老区其他革命老区县，在2012年及2021年都居于陕甘宁革命老区首位，该县2021年的生态环境得分达到了0.734，远高于2021年生态环境得分均值。生态环境得分最低的县市是灵武市（0.416）。

从市辖区的生态环境得分来看，2021年陕甘宁革命老区生态环境得分均值为0.552，相比2012年生态环境得分均值0.530，呈小幅增长。2021年生态环境得分最高的是印台区（0.618），远高于2021年生态环境得分均值，是生态环境得分最低区崆峒区（0.402）的1.537倍多。但是该市辖区的生态环境得分排名相比2012年下降了6名，从2012年位列第51下降到第57名。

（三）经济发展维度

从县（市）的经济发展得分来看，2012年陕甘宁革命老区县市的经济发展得分均值为0.051，2021年经济发展得分均值增加为0.096。2012年陕甘宁革命老区经济发展得分最高的是神木市（0.317），在全国革命老区县市中其红色基因得分排名第一。截至2021年，神木市保持一定的发展速度，其红色基因度提高到了0.514。

从市辖区的经济发展得分来看，2012年陕甘宁革命老区的经济发展得分均值为0.101，2021年经济发展得分均值增加到0.168。2021年陕甘宁革命老区经济发展得分最高的是榆阳区（0.557），是经济发展得分最低的印台区（0.090）的6.221倍左右，是2012年经济发展得分的2.783倍多。该年陕甘宁革命老区市辖区中经济发展得分排名变化最快的是王益区，排名相比2012年下降了67名。

（四）居民生活维度

陕甘宁革命老区居民生活水平显著提高，至2021年各区域城镇居民人均可支配收入都达到了3万元以上，除了红寺堡区。至2021年各区域农村居民人均可支配收入都达到了1万元以上。

城乡居民人均可支配收入差距大，从农村居民人均可支配收入来看，2021年农村居民人均可支配收入均值仅有15276.666元，而城镇居民人均可支配收入均值为36228.856元，农村居民人均可支配收入均值还不到城镇

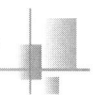

居民人均可支配收入均值的一半。2021年城乡居民人均可支配收入差距最大的是王益区，城乡居民人均可支配收入差值达到了29950元；其次为宝塔区，城乡居民人均可支配收入差值达到了29241.5元。可见人民生活水平不断提高的同时，城乡居民人均可支配收入差距大的问题也值得注意。

（五）公共服务维度

陕甘宁革命老区的公共服务水平提高，基础教育水平改善。

从县（市）的公共服务得分来看，2021年陕甘宁革命老区公共服务得分均值为0.228，相比2012年公共服务得分均值0.135，增加了0.093。该年公共服务得分最高的是黄龙县（0.463），是2012年该县公共服务得分的1.867倍多，排名第1。而泾阳县的公共服务得分最低（0.104），还不到黄龙县公共服务得分的1/4，2012~2012年名次下降了70名。此外，延长县在该革命老区公共服务得分排名中提升最快，从2012年的第270名上升到2021年的第87名，十年间上升了183名。

从市辖区的公共服务得分来看，2012年陕甘宁革命老区的公共服务得分均值为0.066，2021年公共服务得分均值增至0.127。其中，2021年陕甘宁革命老区公共服务得分最高的是红寺堡区（0.221），是最低得分利通区（0.062）的3.546倍之多，排名上升了3名，在2021年革命老区公共服务得分排名中位列第9名。陕甘宁革命老区市辖区中得分排名变化最大的是沙坡头区，从第11名下降到第74名，下降了63名。陕甘宁革命老区公共服务得分排名上升幅度最大的是王益区，从第52名上升到第28名，名次上升24名。

第七章

中国革命老区重点城市振兴发展与对口支援

革命老区振兴发展的关键在于发挥好革命老区重点城市的引领带动作用。中国革命老区重点城市包括赣州市、吉安市、龙岩市、三明市、梅州市、延安市、庆阳市、六安市、信阳市、黄冈市、百色市、巴中市。

第一节 革命老区重点城市概况

一、赣州市

(一) 区位交通

赣州自古就是"承南启北、呼东应西、南抚百越、北望中州"的战略要地,"据五岭之要会,扼赣闽粤湘之要冲",区位条件十分优越。赣州是珠江三角洲、闽三角的腹地和内地通向东南沿海的重要通道,也是连接长江经济带与华南经济区的纽带。境内有105、206、319、323国道,赣—粤、昌—厦、夏—蓉、赣—韶等高速公路,形成了贯通东西南北的完善的公路交通网络;已建成京九铁路、赣龙铁路和赣韶铁路,赣龙铁路扩能改造也已完成;昌赣客运、赣深客运专线2021年通车,形成了"井"字形铁路网。赣州黄金机场始建于1936年,新赣州黄金机场于2008年落成并正式通航,首次改扩建工程已于2018年完成。目前,已开通飞往北京、上海、广州、深圳、重庆、杭州、南昌等地的航线和往返航班。

(二) 自然条件

赣州地处中亚热带南缘,属亚热带丘陵山区湿润季风气候,地形以山地、丘陵、盆地为主,四周山峦重叠、丘陵起伏,溪水密布,河流纵横。地势周高中低,南高北低,水系从四周向章贡区汇集。赣州气候温和,四季分明,光照充足,雨量丰沛,无霜期长,冷暖变化显著,降水概率大。

(三) 人文历史

赣州市是客家先民中原南迁的第一站,是客家民系的发祥地和客家人的主要聚居地之一。全市客家人口占90%以上,被誉为"客家摇篮"。赣州也是著名的革命老区。第二次国内革命战争时期,这里是中央革命根据地。1931年中华苏维埃共和国临时中央就设在赣州的瑞金市。举世闻名的中央红军二万五千里长征从瑞金和于都等地出发。中华人民共和国成立后,1955~1965年授衔的人民将军,赣南籍的有132名,兴国县被誉为"将军县"。

赣州市是"一带一路"重要节点城市、全国性综合交通枢纽、赣粤闽湘四省通衢的区域性现代化城市,也是"国家历史文化名城""中国优秀旅游城市"。

二、吉安市

(一) 区位交通

吉安市位于江西省中西部,赣江中游地区,与宜春、新余、萍乡、抚州、赣州以及湖南省的桂东、炎陵、茶陵接壤。境内有南北纵贯的京九铁路、赣粤高速公路、105国道和由东向西的319国道及"三南"公路,是连接北京、西南、华南、福建、港澳地区的纽带。

(二) 自然条件

吉安地处亚热带,属中亚热带季风湿润气候,四季分明,雨量充沛。吉安地形以山地、丘陵为主,东、南、西三面环山。境内溪流河川、水系网络酷似叶脉,赣江自南而北贯穿其间,将吉安切割为东西两大部分。地势由边缘山地到赣江河谷,逐级降低,往北东方向逐渐平坦。北为赣抚平原,中间

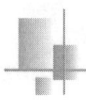

为吉泰盆地。境内山体主要由两大山脉构成，赣江西部为罗霄山脉，东部为雩山山脉。境内水系以赣江为主流，赣江在万安县涧田乡良口入境，纵贯市境中部，流经万安、泰和、吉安、青原、吉州、吉水、峡江、新干等县（区）。吉安还有得天独厚的矿产资源优势，矿产主要有煤、金、铁、钨、锰、钾、稀土、白泥、萤石、花岗岩、粉石英、大理石等。其中铁、萤石、硬石膏、泥炭的探明储量居江西省首位，钨、石盐、粉石英、耐火粘土、高岭土的储量也居全省前列。

（三）人文历史

吉安文化底蕴深厚，素有"江南望郡""文章节义之邦""金庐陵"之称，培育了享誉中华、光耀千秋的庐陵文化。唐宋以来，吉安文化步入鼎盛，誉为"江南望郡"。官窑（吉州窑）、官船、书院（阳明书院）、洪学儒子，海内驰名。唐初至清末，产生了科举进士近3000名，其中状元17位，左丞右相15名，素有"一门三进士，五里三状元，隔河两宰相"之誉。久负盛名的唐宋八大家之一的欧阳修、理学家诗人杨万里、《永乐大典》主纂解缙、民族英雄文天祥、南宋直臣胡铨、明朝内阁大学士、辅臣（相当于宰相）杨士奇等名人都诞生于此。

吉安是举世闻名的井冈山革命根据地所在地。井冈山是毛泽东、朱德等老一辈无产阶级革命家创建的第一个农村革命根据地，誉称"革命摇篮"。当年，红军战士在毛泽东、朱德等领导下，在这片红土地上创建了中国第一个革命根据地、第一支红军、第一个红色政权，锻造了井冈山精神。

三、龙岩市

（一）区位交通

龙岩市地处福建省西南部，属于低纬度亚热带。龙岩西与江西省赣州市毗邻，南与广东省梅州相连，东临漳州市，是闽南厦、漳、泉"金三角"的腹地，处于东南沿海与内地的过渡地带。

（二）自然条件

龙岩市地处龙岩盆地，境内山岭与河盆地相同，呈带状分布，形成"三峡二谷"的地形。龙岩盆地东西狭窄，南北长，中部、南部稍宽，盆地内平原谷地的海拔高度一般在340~380米之间。龙岩市境内有中山、低山、丘陵、平地四种地貌，其中平地仅占全市总面积的5.17%。中山和低山分别占38.06%和40.49%。

（三）人文历史

龙岩是享誉海内外的客家祖地和著名侨区。闽西是客家人的主要祖地和聚居地之一，客家人口占全市总人口75%。闽西客家文化、建筑、民俗、风情积淀深厚、丰富多彩、独具特色。中国历史文化名城汀州城被誉为"客家首府"，汀江河被称作"客家母亲河"。

龙岩是全国著名革命老区，原中央苏区的重要组成部分。闽西是一块红色的土地，是全国赢得"红旗不倒"光荣赞誉仅有的两个地方之一。在这里，留下了毛泽东、周恩来、刘少奇、朱德、陈毅等老一辈无产阶级革命家从事伟大革命实践的深深印记。这里是红军长征出发地之一。在长期的革命斗争中，闽西人民为新中国的建立做出了卓越贡献，是全国著名的"红军之乡""将军之乡"。

四、三明市

（一）区位交通

三明东连福州、泉州，西接江西，是东南沿海与中西部地区的重要连接地区，也是海峡西岸经济区纵深推进、连片发展的重要区域。经过多年的努力，已形成集高速公路、快速铁路、机场于一体的现代化立体交通体系，福（州）银（川）、泉（州）南（宁）、长（春）深（圳）高速公路贯穿境内，已实现县县通高速公路。连接赣闽两省的向（塘）莆（田）快速铁路已建成运营，南（平）三（明）龙（岩）快速铁路于2017年建成通车。三明正在逐步成为福建省快速铁路通车里程最长、密度最大的城市。三明沙县机场也已建成通航。

（二）自然条件

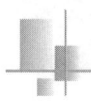

三明境内以中低山及丘陵为主，北西部为武夷山脉，中部为玳瑁山脉，东南角依傍戴云山脉。峰峦耸峙，低丘起伏，溪流密布，河谷与盆地错落其间，全境地势总体上西南部高，北东部低。三明旅游资源丰富，辖区内汇集岩溶、丹霞、火成岩等多种构景地貌。全市拥有泰宁世界自然遗产地、世界地质公园2个世界级品牌和国家级、省级旅游品牌各50多个，数量和等级名列全省前茅。碧水、丹山、溶洞、森林、田园、古文化融汇，构成了生态旅游胜地画卷。

（三）人文历史

三明文化底蕴厚重，是闽人之源、闽江之源、闽学之源、闽师之源，也是著名的客家祖地。三明是革命老区根据地，是中央苏区的重要组成部分。毛泽东、朱德、周恩来、彭德怀、刘伯承、陈毅、罗荣桓、聂荣臻、叶剑英、杨尚昆等老一辈无产阶级革命家曾率领工农红军在此开展过艰苦卓绝的革命斗争。萧劲光、罗瑞卿、黄克诚、粟裕、谭政、刘亚楼、李克农、杨成武、杨得志等中国革命的先驱者，曾经在这里浴血奋战。

五、梅州市

（一）区位交通

梅州位于广东省东北部，与闽、赣二省交界。梅州东北邻福建省的武平、上杭、永定、平和四县，西北接江西省寻乌县，西面连广东省河源市的龙川、紫金县，西南、南面与汕尾市的陆河县、揭阳市的榕城区、揭西县相接，东南面和潮州市潮安区、饶平县相连。四通八达的公路网构筑起了市县"1小时生活圈"和"市区为中心的市域2小时交通圈"。梅州现有广梅汕铁路、梅坎铁路和梅汕客专3条铁路。梅州机场现运营航线9条、通航全国热点城市航点14个。

（二）自然条件

梅州市地势总体北高南低。按地貌形态可划分为平原（盆地）、阶地、台地、丘陵和山地五大类。其中山地、丘陵面积较大,平原、阶地、台地面积较小。山地面积占24.3%,丘陵及台地、阶地面积占56.6%,平原面积占13.7%,河流和水库等水面积占5.4%。梅州市境内山系主要由武夷山脉、莲花山脉、凤凰山脉三条山脉组成。主要盆地有兴宁盆地、梅江盆地、蕉岭谷地、汤坑盆地。

(三) 人文历史

客家文化是梅州的重要传统文化之一,梅州市有三百多万人口,其中有二百多万人是客家人,约占全市总人口的七成。"世界客都"梅州,既是华侨之乡,也是著名的革命老区,是广东省唯一全域纳入原中央苏区范围的地级市,具有光荣悠久的革命历史。周恩来、朱德、陈毅、叶剑英等老一辈无产阶级革命家在这里留下了革命足迹。这里创建了东江革命根据地、九龙嶂革命根据地等,诞生了中国工农红军第十一军、中央红色交通线、抗日韩江纵队、中国人民解放军闽粤赣边纵队。

六、延安市

(一) 区位交通

延安市紧邻西安市,交通便利,区位优势明显。附近有著名的景点如华山、兵马俑等,丰富的历史文化资源和自然风光为地方经济和旅游业的发展提供了独特的优势。2007年4月,交通运输部《国家公路运输枢纽布局规划》将延安市确定为全国拟建的179个道路运输中心之一。1969～2007年,延安从单一的公路运输发展成为铁路(西延高铁规划持续推进)、航空(延安南泥湾机场)、公路(高速公路骨架形成、乡乡通油路)、水运协调发展的多模式综合交通运输系统。

(二) 自然条件

延安市地处黄土高原,地势西高东低,自南向北逐渐升高,境内山地、丘陵、台地等地貌类型较为丰富,这里属于温带大陆性季风气候,四季分明。延安境内流经有渭河和黄河两大水系,其中渭河是陕西省的第二大河流,为延安市提供了丰富的水资源。由于地处黄土高原,土壤贫瘠,植被覆盖相对较少。延安拥有丰富的煤炭、石灰石、铅锌等矿产资源。

（三）人文历史

延安是中国共产党在抗日战争和解放战争时期的中央革命根据地，被誉为"革命圣地"。毛泽东、周恩来等党和国家领导人曾在延安领导中国革命，一些重要的党组织和机构诞生在这里，延安整风运动在此开展，文艺座谈会等重要会议在这里召开。延安保存了许多革命历史遗迹和纪念馆，如中央苏区（延安）旧址、中国革命博物馆等，展示了中国革命的艰辛历程和伟大成就。

七、庆阳市

（一）区位交通

庆阳市位于甘肃东部，西和宁夏回族自治区固原市的原州区、彭阳县和同心县相邻；南和平凉市、泾川县、陕西省彬州市、长武县、旬邑县相连。庆阳地处中国西北地区的核心位置，连接西北地区和中原地区，是沟通西北和中原地区的重要枢纽。

（二）自然条件

庆阳地势东高西低，境内地形复杂，以中低丘陵为主，有丘陵、高原、河谷等地貌类型。庆阳属暖温带半湿润大陆性气候，夏季酷热，冬季寒冷，四季分明，降水集中在夏季。市内有多条河流，主要包括渭河、洮河、洪水河等。庆阳拥有较多水库和水源地，城市用水和农田灌溉的水资源相对充足，境内植被类型丰富，对于保护生态环境和防治水土流失起着重要作用。

（三）人文历史

庆阳在历史上曾是中国北方与西北地区的交通要道，是中国古代丝绸之路的重要节点之一。1935年红军长征期间，红一方面军经过庆阳，庆阳的党员和群众积极支持红军的抗日斗争。庆阳是八路军前敌总指挥部所在地，有很多抗日战士在这里投身抗日战争，为保卫国家和人民做出了巨大贡献。

庆阳也是红军长征的重要经过地之一，红军曾在庆阳进行军事行动和休整，留下了许多红色历史遗迹，庆阳市内有延安鲁艺庆阳分校遗址、黄河边沟村红军长征会师纪念碑等，这些遗址见证了庆阳在红色历史中的重要地位。

八、六安市

（一）区位交通

六安市位于安徽中部，毗邻阜阳市和淮南市。六安市交通发达，拥有京九铁路、六合铁路等重要铁路干线，京福高速公路、六绕高速公路等高速公路网络。发达的交通路网使得六安市与周边城市的联系更加紧密，便于人员流动、物资运输和货物流通。

（二）自然条件

六安市多山地和丘陵地形，地势总体上东北高、西南低。主要山脉有大别山、黄山余脉和南岳余脉。属于亚热带季风气候，四季分明。年降水量较为充沛。六安市地处长江中下游平原，境内有潮河、浉河、六河等多条河流，水网密布。这些河流为当地提供了丰富的水资源，也为农业和工业发展提供了便利条件。六安拥有丰富的自然资源，如煤炭、铁矿石、石灰岩等，丰富的矿产资源为六安市经济发展和产业布局提供了良好的基础。

（三）人文历史

六安市历史悠久，文化底蕴深厚。六安文人众多，如明代文学家杨慎矜、清代学者马君武等。抗战期间六安成为中国共产党的重要根据地之一。六安市周边的山区为党组织和人民抗击日本侵略者提供了有利条件。许多游击队和革命武装在六安地区开展了抗日斗争，为抗战胜利做出了重要贡献。中国共产党领导的八路军、新四军等部队与当地人民一起开展了游击战争和地方武装斗争，为解放中国做出了重要贡献。

九、信阳市

(一) 区位交通

信阳地处淮河和长江之间,东临汉水,西濒伏牛山脉,是豫东南地区的重要城市。信阳交通四通八达。信阳站是郑州至武汉高铁和沈梅高铁的重要站点。多条支线铁路贯穿信阳市境内,周边地区有完善的公路网络。信阳有淮河和汉水两大重要水系交汇,连接长江和淮河水运通道,方便了货物运输和经贸合作。

(二) 自然条件

信阳地势起伏较大,整体呈现丘陵和平原交错的地貌特点。南部地区主要为丘陵地形,北部则是广袤的平原区域。信阳属于亚热带湿润季风气候,四季分明,夏季炎热潮湿,冬季寒冷干燥。年降水量较多,适宜农作物的生长。信阳市有多个湖泊和水库,拥有多样的自然景观,为旅游和生态农业的发展提供了基础条件。

(三) 人文历史

信阳市作为河南省的重要历史文化名城,有着悠久的历史。革命战争时期,信阳是中国工农红军诞生的摇篮之一,是鄂豫皖苏区、豫鄂边抗日根据地和大别山解放区的重要组成部分,培育了许世友、李德生、万海峰、尤太忠、郑维山等百余名信阳籍将军。信阳境内革命遗址、纪念地有400余处,已被确定立为革命历史文物保护单位178个(处)。

十、黄冈市

(一) 区位交通

黄冈市位于湖北中部,地处长江中游平原,有着便捷的交通网络。黄冈市通往周边城市和县区的公路较为便利,市内有黄冈火车站、黄州机场,是湖北省的重要交通枢纽。

(二) 自然条件

黄冈市地势平坦，土地肥沃，适宜农业发展。当地属于亚热带季风气候，四季分明，夏季炎热湿润，冬季寒冷干燥，降水充沛。黄冈地处长江流域，拥有丰富的水资源，黄河、长江和汉江等重要河流流经该市，为农业灌溉、工业用水和市民生活提供了充足的水源。黄冈市拥有广阔的农田，以种植水稻、小麦、油菜等作物为主。黄冈市矿藏丰富，主要有石膏、磷矿、铁矿等。市内还有多个自然保护区和风景名胜区。

(三) 人文历史

黄冈市是中华文明的主要发祥地之一，有着古老的历史和优良的文化传统，孕育了黄梅戏、楚剧。1927～1937年，中国共产党领导的红军在黄冈开展了大规模的土地革命战争。抗日战争时期黄冈市受到了日本侵略军的严重破坏。1945～1949年，黄冈市成为解放战争的重要战略据点。

十一、百色市

(一) 区位交通

百色位于广西西南部，市内有两条重要的铁路线路经过，分别是南宁至越南河内国际铁路和广深铁路。南宁至越南河内国际铁路是中国通往东南亚的重要通道。广深铁路是中国南方地区的主要铁路干线之一，为百色市提供了便捷的货运和人员流动通道。百色有多条国道和省道经过，便于交通出行和货物运输。百色巴马机场建于2008年，距离百色市区约35公里，目前开通了往返于南宁、广州、深圳等城市的航班。西江是广西最长的内河，也是百色市主要的水上交通干线。

(二) 自然条件

百色市自然条件得天独厚，地处典型的喀斯特地貌区，洞穴景观丰富，自然景观独具魅力。百色属于亚热带季风气候，四季分明，夏季炎热多雨，冬季温和干燥。高温和充足的降水为百色市的农业生产提供了良好的条件。百色境内分布着众多的河流和湖泊，有利于农业灌溉和工业发展。

（三）人文历史

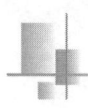

百色市是壮族聚居区，壮族是该地区的主要民族。1928～1934年，红军长征经过百色地区，百色成为中国工农红军主力军的发源地之一。1934～1935年，红军主力在百色地区成功突围，开始了长征的艰苦征程。

十二、巴中市

（一）区位交通

巴中位于四川盆地东北部，地处大巴山系米仓山南麓，中国秦岭-淮河南北分界线南，东邻达州，南接南充，西抵广元，北接陕西汉中。巴中的公路交通较为方便，与周边各市均有道路顺畅连通。巴广渝、巴陕、巴万高速相继建成通车，巴中实现所有县（区）通高速公路历史性突破。巴中铁路建设取得历史性突破。巴中全面进入高速铁路建设期，开行巴中至成都、重庆动车。2019年，巴中恩阳机场建成通航，开通直通北京、上海、深圳等主要城市16条航线。

（二）自然条件

巴中属典型的盆周山区，地势北高南低，由北向南倾斜。大巴山属秦岭支脉，延绵数百里。风景名胜，星罗棋布。雪山屹立，气势雄伟；灵山耸翠，风光独具；石窟胜迹，名冠巴蜀。

（三）人文历史

巴中历史悠久，巴人部族素以英勇善战，能歌善舞而著称。土地革命战争时期，巴中是被毛泽东同志称为"中华苏维埃共和国的第二大区域"——川陕苏区的政治、经济、军事和文化中心。1932年，中国工农红军第四方面军由鄂豫皖经陕南转战巴山，解放巴中建立川陕革命根据地。中共中央西北革命军事委员会、红四方面军总指挥部、川陕省苏维埃政府等首脑机关先后驻通江和巴州，现建有全国最大的红军烈士陵园和"川陕革命根据地博物馆""川陕苏区将帅碑林""刘伯坚烈士纪念碑""红四方面军总指挥部旧址"等一批爱国主义教育基地。

第二节 革命老区重点城市振兴发展评价

根据各重点城市县市数据平均计算可知（见图7-1），2012年，重点城市振兴发展度的平均值均小于0.4。其中，梅州市振兴发展度最高，为0.375；庆阳市振兴发展度最低，为0.301。与2012年相比，2021年重点城市振兴发展度有所提高，但整体来看，2012~2021年中国革命老区重点城市振兴发展度增长幅度较小，平均增长率约为10.900%。2021年，龙岩市振兴发展度最高，达0.413。庆阳市振兴发展度虽有一定提升，但在全国重点城市中仍处末端，其振兴发展度为0.335。

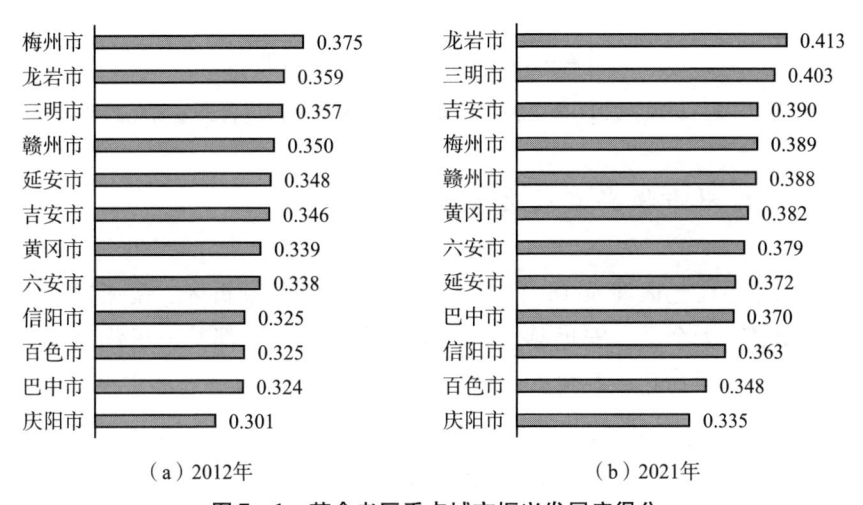

（a）2012年		（b）2021年	
梅州市	0.375	龙岩市	0.413
龙岩市	0.359	三明市	0.403
三明市	0.357	吉安市	0.390
赣州市	0.350	梅州市	0.389
延安市	0.348	赣州市	0.388
吉安市	0.346	黄冈市	0.382
黄冈市	0.339	六安市	0.379
六安市	0.338	延安市	0.372
信阳市	0.325	巴中市	0.370
百色市	0.325	信阳市	0.363
巴中市	0.324	百色市	0.348
庆阳市	0.301	庆阳市	0.335

图7-1 革命老区重点城市振兴发展度得分

基于振兴发展度评价指标体系各维度数值进行横纵向比较（见图7-2）：从时间序列来看，2012~2021年革命老区重点城市各维度得分均有一定涨幅，居民生活维度的振兴发展水平提高幅度最大，生态环境维度增长平缓。从横向比较来看，生态环境维度得分最高，红色基因、经济发展、居民生活及公共服务维度整体得分较低；在经济发展、居民生活、公共服务维度，革命老区重点城市间的差异较为显著，进一步缩小这些方面的差距，是我国革命老区重点城市实现全面振兴发展的方向。

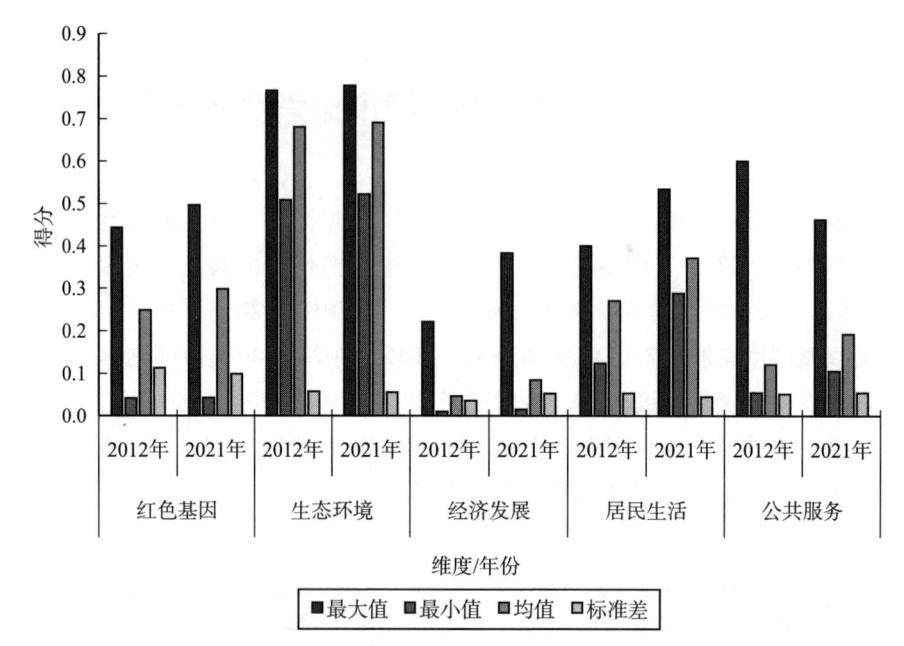

图 7-2 2012~2021 年革命老区重点城市振兴发展度各维度演化趋势

一、赣州市振兴发展度分析

赣州市革命老区涉及 18 个县（市、区），其中章贡区、南康区、赣县区、信丰县、大余县、安远县、定南县、全南县、宁都县、于都县、兴国县、会昌县、寻乌县、石城县、瑞金市、龙南市属于赣闽粤原中央苏区，上犹县、崇义县属于湘赣边界革命老区。赣州市建设任务为建设全国性综合交通枢纽，全国重要的区域性中心城市，稀有金属等特色产业基地，知名红色旅游目的地。

基于 2012 年、2021 年赣州市革命老区各县（市）振兴发展相关数据分析可知（见表 7-1）：赣州市各县（市）振兴发展度处于较高水平。相较于 2012 年，2021 年各县市振兴发展度均实现正增长，且总体振兴发展度排名有一定提高。2021 年，兴国县振兴发展度（0.409）最高，处第 45 名；上犹县振兴发展度（0.363）最低，瑞金市增长率最高（14.199%），由 2012 年的 0.358 增长至 2021 年的 0.409。大余县增长率最低，为 8.532%；排名提升幅度最大的为石城县，由 2012 年的第 313 名提高至 2021 年的第 254 名；大余县由 2012 年的第 50 名降至 2021 年的第 84 名。

第七章 中国革命老区重点城市振兴发展与对口支援

表 7-1　2012 年、2021 年赣州市革命老区各县（市）振兴发展度

县（市）	振兴发展度 2012 年	振兴发展度 2021 年	增长率（%）	排名 2012 年	排名 2021 年	排名变化
信丰县	0.356	0.392	9.973	92	93	-1
大余县	0.364	0.395	8.532	50	84	-34
上犹县	0.327	0.363	10.947	282	285	-3
崇义县	0.356	0.390	9.724	97	109	-12
安远县	0.331	0.367	10.875	248	253	-5
定南县	0.357	0.391	9.686	87	99	-12
全南县	0.349	0.392	12.130	145	95	+50
宁都县	0.375	0.409	9.043	18	46	-28
于都县	0.356	0.395	11.123	94	82	12
兴国县	0.376	0.409	8.786	15	45	-30
会昌县	0.338	0.382	13.010	207	149	+58
寻乌县	0.335	0.373	11.537	233	208	+25
石城县	0.324	0.367	13.155	313	254	+59
瑞金市	0.358	0.409	14.199	82	51	+31
龙南市	0.354	0.390	10.350	111	110	+1

基于振兴发展度评价指标体系中各维度演化趋势分析可知（见图 7-3）：2012~2021 年赣州市革命老区县（市）各维度均呈现稳步增长的趋势，但

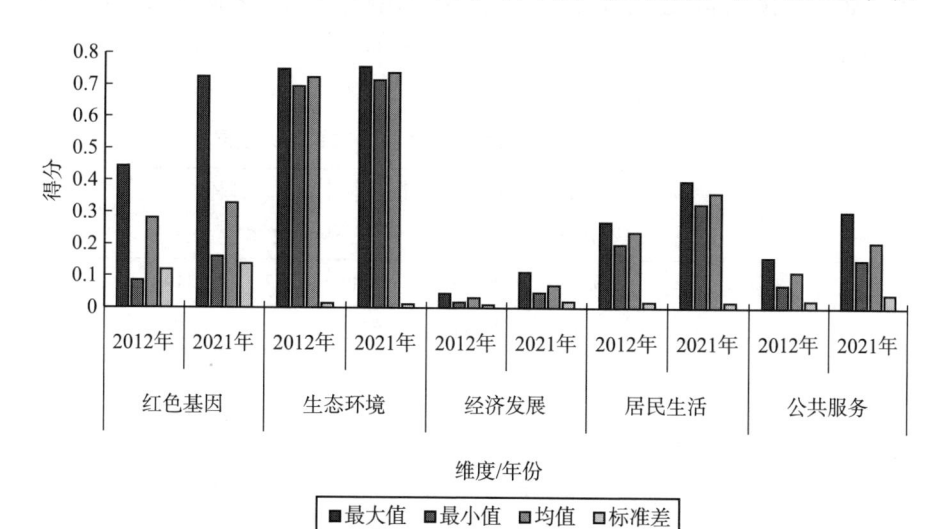

图 7-3　2012~2021 年赣州市革命老区县（市）各维度演化趋势

增速较低,并未实现结构性的进步。其中,红色基因与生态环境维度相关数值提升不明显,居民生活维度的相关数值提升最为显著。

二、吉安市振兴发展度分析

吉安市革命老区涉及 13 个县(市、区),其中吉州区、青原区、吉安县、吉水县、峡江县、新干县、永丰县、泰和县、万安县、安福县属于赣闽粤原中央苏区,永新县和井冈山市属于湘赣边界革命老区。吉安市以建设区域性交通枢纽和信息产业基地,生态旅游目的地和全域旅游示范区为主要任务。

基于 2012 年、2021 年吉安市革命老区各县(市)振兴发展相关数据分析可知(见表 7-2):吉安市各县(市)振兴发展度处于中游水平。相较于 2012 年,2021 年各县(市)振兴发展度均提升,且总体振兴发展度排名大幅提高。2021 年,泰和县振兴发展度(0.410)最高,处第 44 名;万安县振兴发展度(0.376)最低,处于平均水平附近;井冈山市增长率最高(20.738%),由 2012 年的 0.328 增至 2021 年的 0.396。峡江县增长率(8.181%)最低,由 2012 年的 0.350 增至 2021 年的 0.379;排名提升幅度最大的为井冈山市,由 2012 年的第 270 名跃升至 2021 年的第 81 名。永丰县排名降低幅度最大,由 2012 年的第 43 名降至 2021 年的第 74 名。

表 7-2　2012 年、2021 年吉安市革命老区各县(市)振兴发展度

县(市)	振兴发展度 2012 年	振兴发展度 2021 年	增长率(%)	排名 2012 年	排名 2021 年	排名变化
吉安县	0.330	0.389	17.851	257	119	138
吉水县	0.363	0.398	9.775	53	77	-24
峡江县	0.350	0.379	8.181	143	169	-26
新干县	0.351	0.387	10.462	138	127	11
永丰县	0.366	0.399	9.144	43	74	-31
泰和县	0.375	0.410	9.192	19	44	-25

续表

县（市）	振兴发展度 2012 年	振兴发展度 2021 年	增长率（%）	排名 2012 年	排名 2021 年	排名变化
遂川县	0.318	0.377	18.295	351	186	165
万安县	0.330	0.376	13.804	252	191	61
安福县	0.354	0.389	9.861	109	121	-12
永新县	0.346	0.387	11.948	163	128	35
井冈山市	0.328	0.396	20.738	270	81	189

基于吉安市革命老区县（市）各维度演化趋势分析可知（见图 7-4）：2012~2021 年吉安市革命老区县（市）各维度显著提升。统计数据中各维度最低值提升幅度比平均水平和最高值提升幅度更为明显。值得注意的是，相较于经济发展、居民生活、公共服务三个维度，红色基因与生态环境维度相关统计数值变化不明显，整体水平有待提高。

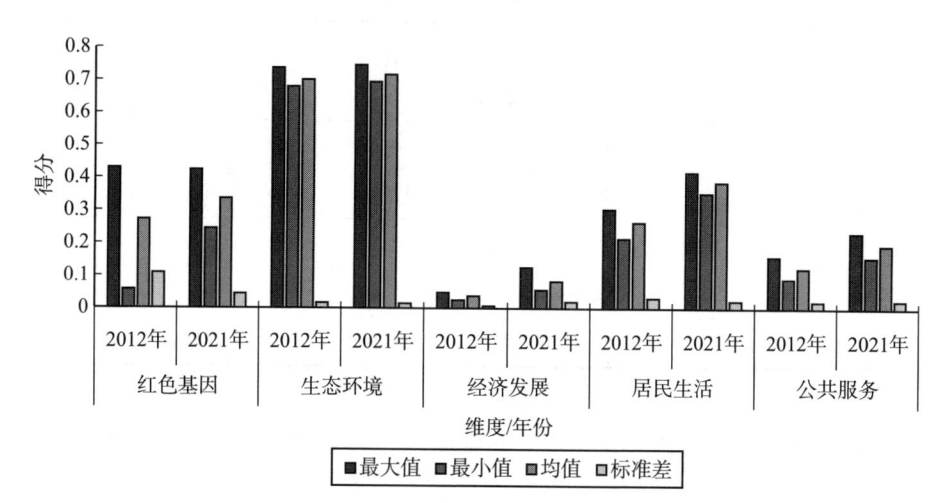

图 7-4　2012~2021 年吉安市革命老区县（市）各维度演化趋势

三、龙岩市振兴发展度分析

龙岩市属赣闽粤原中央苏区。其下含新罗区、永定区、长汀县、上杭县、武平县、连城县、漳平市 7 个县（市、区）。龙岩市以建设赣闽粤交界地区区域性中心城市,重要的有色金属生产加工基地,红色旅游、生态旅游目的地为重点振兴领域。

基于2012年、2021年龙岩市革命老区各县(市)振兴发展相关数据分析可知(见表7-3):相较于2012年,2021年龙岩市革命老区各县(市)振兴发展度均实现正增长,且整体有较大涨幅,其数值区间由0.335~0.369提高至0383~0.430,平均增长率达15.000%。其中上杭县振兴发展度增长率(17.014%)最高,由2012年的0.368增至2021年的0.430,居区县排名前列。长汀县增长率(14.179%)最低,由2012年的0.369增至2021年的0.421;各县(市)振兴发展度排名均有所上升,漳平市由2012年第229名跃升至2021年的第146名,排名提升幅度最大。长汀县排名提升幅度最小,由2012年的第32名提升至2021年的第19名。龙岩市革命老区各县(市)之间振兴发展度差异较小,长汀县、上杭县、武平县、连城县振兴发展水平相近,整体呈协同增进的趋势。

表7-3　　2012年、2021年龙岩市革命老区各县(市)振兴发展度

县(市)	振兴发展度 2012年	振兴发展度 2021年	增长率(%)	排名 2012年	排名 2021年	排名变化
长汀县	0.369	0.421	14.179	32	19	+13
上杭县	0.368	0.430	17.014	38	12	+26
武平县	0.363	0.416	14.578	54	29	+25
连城县	0.359	0.413	14.849	71	38	+33
漳平市	0.335	0.383	14.196	229	146	+83

基于龙岩市革命老区县(市)各维度演化趋势分析可知(见图7-5):2012~2021年龙岩市革命老区各维度数值均有增长,且县(市)间发展趋向协同,但维度之间的相关统计数据差距未见缩小。其中,龙岩市革命老区县(市)居民生活质量得到较大提高,但生态环境并未得到显著改善,其原因主要在于这两者的改善难易程度及回馈时间存在差异。

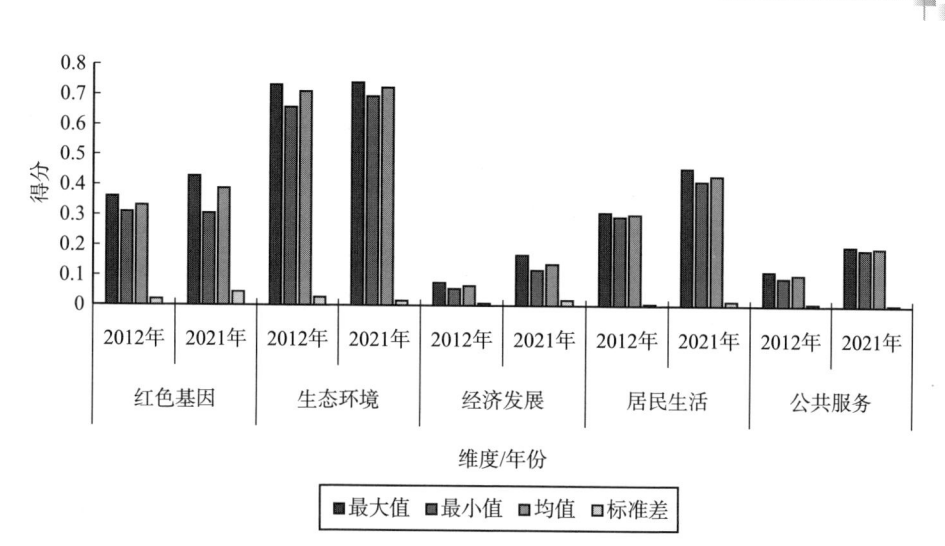

第七章 中国革命老区重点城市振兴发展与对口支援

图 7-5 2012~2021 年龙岩市革命老区县（市）各维度演化趋势

四、三明市振兴发展度分析

三明市属赣闽粤原中央苏区，其下含三元区、沙县区、明溪县、清流县、宁化县、大田县、尤溪县、将乐县、泰宁县、建宁县、永安市 11 个县（市、区）。三明市建设任务为建设闽西地区区域性中心城市，物流中心和新材料产业基地，林业改革发展综合试点市，红色旅游目的地。

基于 2012 年、2021 年三明市革命老区各县（市）振兴发展相关数据分析可知（见表 7-4）：三明市振兴发展基础较好，其辖各县（市）振兴发展度均位居前列。相较于 2012 年，2021 年三明市总体振兴发展度稳步提升，平均增长率为 12.769%，排名持续提升。其中，永安市振兴发展度最高（0.422），居第 17 名；大田县振兴发展度（0.380）最低，其增长率在三明市各革命老区区县中也较低；永安市增长率（16.514%）最高，建宁县排名提升幅度最大，由第 88 名到第 40 名。

基于三明市革命老区县（市）各维度演化趋势（见图 7-6）分析可得：2012~2021 年三明市生态环境维度数值未有明显增长，红色基因、经济发展、居民生活及公共服务维度均有提升，且经济发展、居民生活、公共服务三个维度呈协同增进的趋势，县（市）间各维度差异逐渐扩大。

217

表7-4　2012年、2021年三明市革命老区各县（市）振兴发展度

县（市）	振兴发展度 2012年	振兴发展度 2021年	增长率（%）	排名 2012年	排名 2021年	排名变化
明溪县	0.364	0.408	12.020	47	52	-5
清流县	0.355	0.407	14.639	99	55	+44
宁化县	0.359	0.408	13.447	73	53	+20
大田县	0.342	0.380	11.242	181	160	+21
尤溪县	0.357	0.389	9.056	86	116	-30
将乐县	0.358	0.394	10.310	84	86	-2
泰宁县	0.361	0.406	12.381	61	57	+4
建宁县	0.357	0.411	15.310	88	40	+48
永安市	0.363	0.422	16.514	55	17	+38

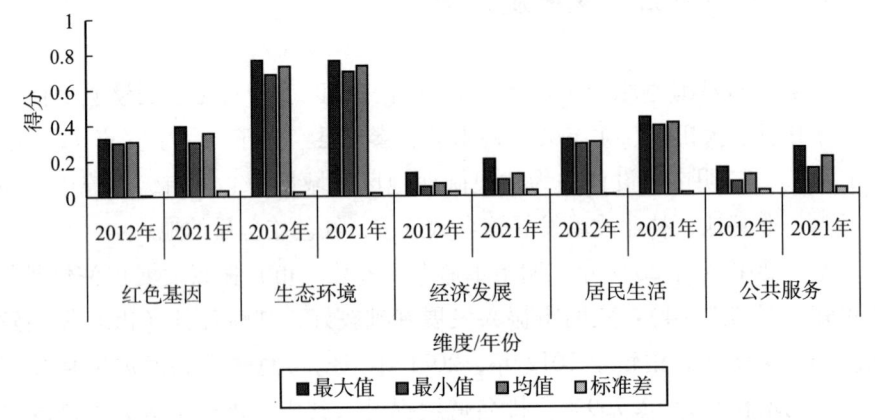

图7-6　2012~2021年三明市革命老区县（市）各维度演化趋势

五、梅州市振兴发展度分析

梅州市属赣闽粤原中央苏区，其下含梅江区、梅县区、大埔县、丰顺县、五华县、平远县、蕉岭县、兴宁市8个县（市、区）。梅州市建设任务为建设粤北地区区域性中心城市和综合交通枢纽，特色产业基地，红色旅游目的地。

第七章　中国革命老区重点城市振兴发展与对口支援

基于2012年、2021年梅州市革命老区各县（市）振兴发展相关数据分析可知（见表7-5）：2012年梅州市基期振兴发展度整体位居前列，其下各县（市）均居前100名，且各县（市）之间振兴发展度差距较小。但较2012年，2021年除兴宁市外，梅州市振兴发展度增长率较低，且其下各县（市）排名均有降低。其中，兴宁市振兴发展度的增长率最高，使其2021年振兴发展度达0.409，居第50名。五华县增长率为负，为-12.542%，排名降低幅度最大，由2012年的第2名降低至2021年的第170名。其余县（市）增长率虽均为正值，但均在10%以下，低于革命老区县（市）振兴发展度平均水平。

表7-5　2012年、2021年梅州市革命老区各县（市）振兴发展度

县（市）	振兴发展度 2012年	振兴发展度 2021年	增长率（%）	排名 2012年	排名 2021年	排名变化
大埔县	0.367	0.396	7.824	39	80	-41
丰顺县	0.356	0.378	6.246	98	178	-80
五华县	0.433	0.379	-12.542	2	170	-168
平远县	0.361	0.388	7.615	64	122	-58
蕉岭县	0.358	0.387	7.877	77	131	-54
兴宁市	0.357	0.409	14.714	91	50	+41

基于梅州市革命老区县（市）各维度演化趋势分析可知（见图7-7）：2012~2021年梅州市红色基因与生态环境维度数值未有明显增长，经济发展、居民生活及公共服务维度均有提升。其中，公共服务维度提高幅度最大，平均水平有极大提升。同维度下各县（市）间的差异呈扩大的趋势，公共服务质量差异较为明显。

219

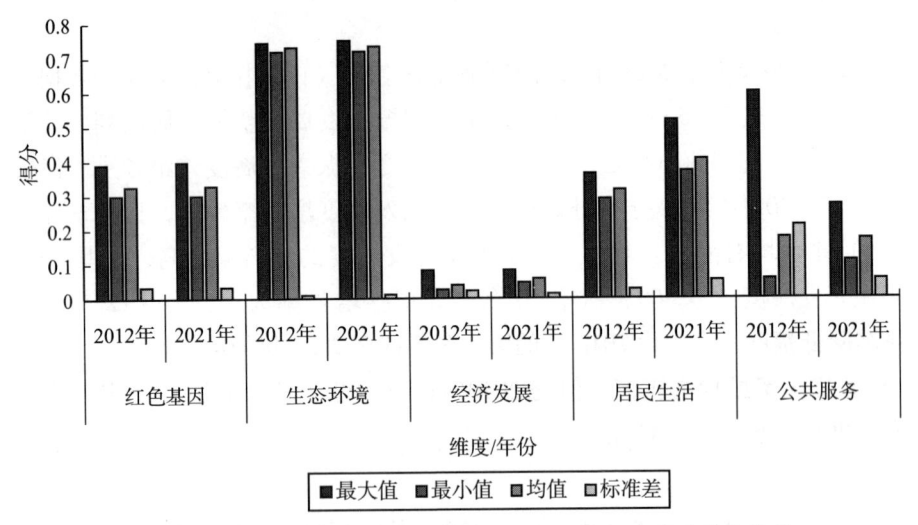

图7-7 2012~2021年梅州市革命老区县（市）各维度演化趋势

六、延安市振兴发展度分析

延安市属陕甘宁革命老区，其下含宝塔区、安塞区、延长县、延川县、志丹县、吴起县、甘泉县、富县、洛川县、宜川县、黄龙县、黄陵县、子长市13个县（市、区）。延安市建设任务为建设中国革命圣地、历史文化名城，革命文物保护利用示范区，西部地区重要的能源和农副产品加工基地。

基于2012年、2021年延安市革命老区各县（市）振兴发展相关数据分析可知（见表7-6）：延安市振兴发展基础稍显薄弱，其下县（市）间振兴发展水平参差不齐。较2012年，2021年延安市振兴发展水平稍有提高，平均增长率为6.837%，但其县（市）排名整体呈下降趋势。其中，甘泉县排名降低幅度最大，由2012年的第189名降至2021年的第340名；居延安市振兴发展度第一位的黄陵县其增长率在延安市各区县中也位居前列，达11.105%。但其振兴发展度排名也有所下降，由2012年的第12名降至2021年的第22名。

基于延安市革命老区县（市）各维度演化趋势分析可知（见图7-8）：2012~2021年延安市红色基因、生态环境、经济发展及公共服务维度均有明显增长，但居民生活质量有所降低，且其县（市）间差异并无缩小的趋势。其中，公共服务维度提高幅度最大，平均水平有极大提升。

第七章 中国革命老区重点城市振兴发展与对口支援

表 7-6　　2012 年、2021 年延安市革命老区各县（市）振兴发展度

县（市）	振兴发展度 2012 年	振兴发展度 2021 年	增长率（%）	排名 2012 年	排名 2021 年	排名变化
延长县	0.336	0.358	6.669	222	323	-101
延川县	0.316	0.341	7.885	368	415	-47
志丹县	0.360	0.381	5.990	67	155	-88
吴起县	0.365	0.390	6.933	45	106	-61
甘泉县	0.340	0.355	4.178	189	340	-151
富县	0.345	0.365	5.708	166	271	-105
洛川县	0.353	0.374	6.002	121	203	-82
宜川县	0.320	0.337	5.369	342	430	-88
黄龙县	0.359	0.399	11.254	74	72	+2
黄陵县	0.378	0.420	11.105	12	22	-10
子长市	0.351	0.366	4.112	134	261	-127

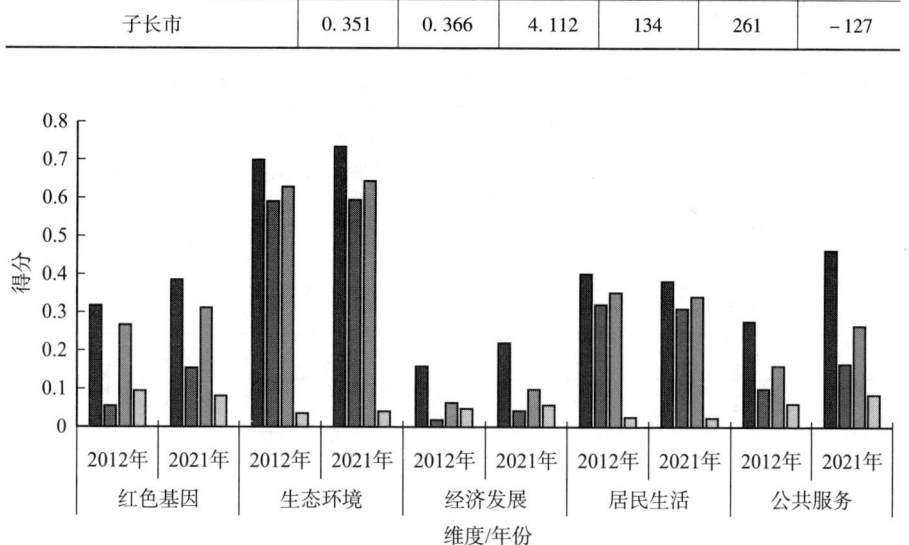

图 7-8　2012~2021 年延安市革命老区县（市）各维度演化趋势

221

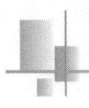

七、庆阳市振兴发展度分析

庆阳市属陕甘宁革命老区,其下含西峰区、庆城县、环县、华池县、合水县、正宁县、宁县、镇原县8个县(市、区)。庆阳市建设任务为建设现代能源产业基地和现代农业产业园,特色旅游目的地。

基于2012年、2021年庆阳市革命老区各县(市)振兴发展相关数据分析可知(见表7-7):2012年、2021年庆阳市振兴发展基础薄弱,其下各县(市)振兴发展度均低于平均水平。较2012年,2021年庆阳市振兴发展水平稳步提升,平均增长率较高,达11.441%。但其县(市)排名变动幅度不大,提升幅度最大的为华池县,由2012年的第436名提升至2021年的第314名,仍低于平均水平;华池县增长率(19.082%)最高,由2012年的0.302增至2021年的0.359。增长率最低的是宁县,仅为5.702%,远低于革命老区县(市)平均增长速度,且其县(市)排名由2012年的第326名降至2021年的第413名。

表7-7　2012年、2021年庆阳市革命老区各县(市)振兴发展度

县(市)	振兴发展度 2012年	振兴发展度 2021年	增长率(%)	排名 2012年	排名 2021年	排名变化
庆城县	0.294	0.320	8.636	449	472	-23
环县	0.306	0.340	11.160	417	419	-2
华池县	0.302	0.359	19.082	436	314	+122
合水县	0.299	0.331	10.838	441	453	-12
正宁县	0.293	0.336	14.360	452	435	+17
宁县	0.323	0.342	5.702	326	413	-87
镇原县	0.287	0.317	10.307	467	474	-7

基于庆阳市革命老区县(市)各维度演化趋势(见图7-9)分析可知:2012~2021年庆阳市革命老区县(市)振兴发展度评价指标体系中生态环境、经济发展、居民生活及公共服务维度数值均有增长,红色基因维度数值下降,且各维度县(市)间差距逐渐缩小。其中,居民生活维度提升最明显,且县(市)间差距缩小幅度最大。

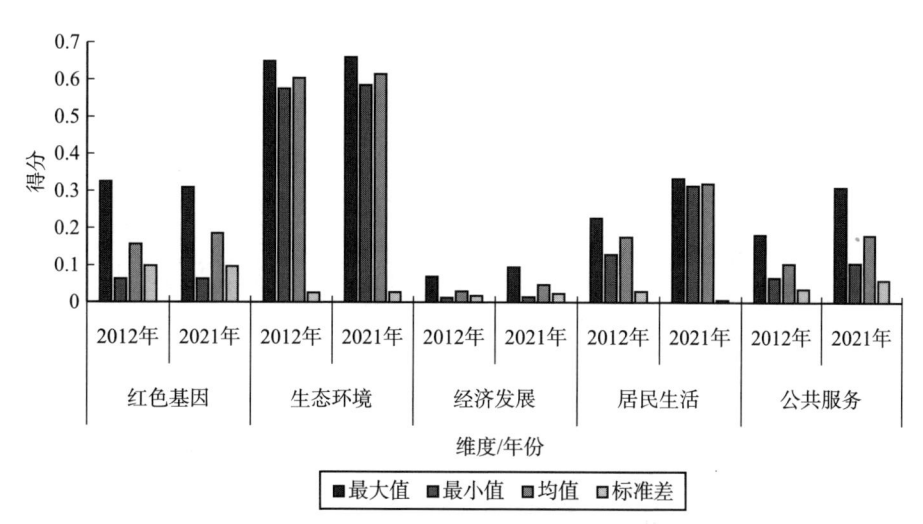

第七章　中国革命老区重点城市振兴发展与对口支援

图 7-9　2012~2021 年庆阳市革命老区县（市）各维度演化趋势

八、六安市振兴发展度分析

六安市属大别山革命老区，其下含金安区、裕安区、叶集区、霍邱县、舒城县、金寨县、霍山县 7 个县（市、区）。

基于 2012 年、2021 年六安市各革命老区县（市）振兴发展相关数据分析可知（见表 7-8）：六安市整体振兴发展水平较低。较 2012 年，2021 年六安市振兴发展水平稳步提升，平均增长率为 11.979%，其下各县（市）振兴发展度排名提升并不明显。其中，舒城县增长率最高，达 16.384%，由 2012 年的 0.328 提至 2021 年的 0.382。且其排名提升幅度最大，由 2012 年的第 271 名提至 2021 年 151 名。作为六安市振兴发展水平最高的霍山县排名有所降低，由 2012 年的第 46 名降低至 2021 年的第 60 名；霍邱县增长率最低，仅为 5.244%。其振兴发展度排名下降幅度也最大，由 2012 年的第 300 名降至 2021 年的第 410 名。

基于六安市革命老区县（市）各维度演化趋势分析可知（见图 7-10）：2012~2021 年六安市红色基因、生态环境、经济发展、居民生活及公共服务维度均有所提升，各维度县（市）间差距有扩大趋势。其中，红色基因维度的县（市）间差距扩大最为明显，居民生活维度的县（市）间差距明显缩小。

表7-8　2012年、2021年六安市革命老区各县（市）振兴发展度

县（市）	振兴发展度 2012年	振兴发展度 2021年	增长率（%）	排名 2012年	排名 2021年	排名变化
霍邱县	0.325	0.342	5.244	300	410	-110
舒城县	0.328	0.382	16.384	271	151	+120
金寨县	0.335	0.387	15.643	231	125	+106
霍山县	0.365	0.404	10.646	46	60	-14

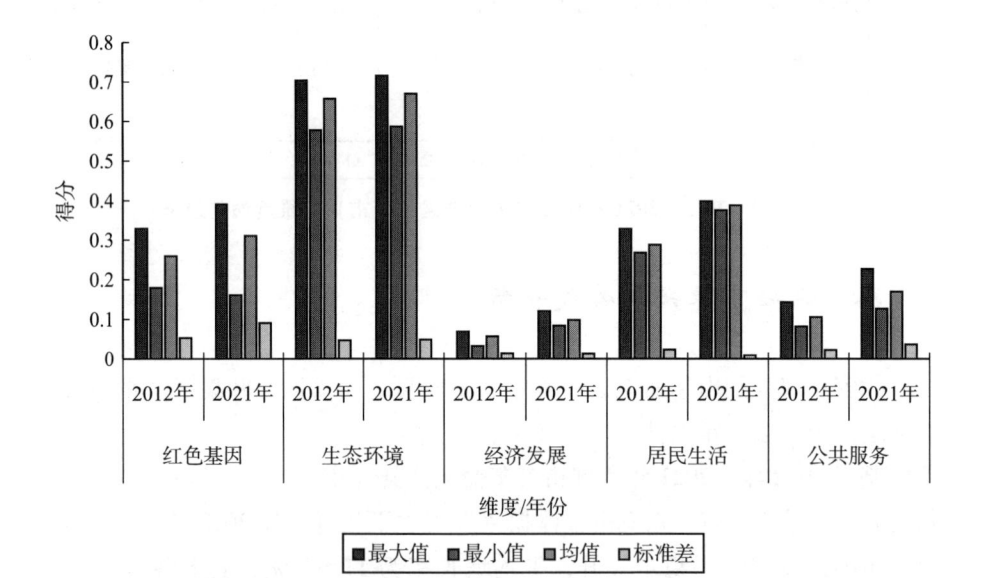

图7-10　2012~2021年六安市革命老区县（市）各维度演化趋势

九、信阳市振兴发展度分析

信阳市属大别山革命老区，其下含浉河区、平桥区、罗山县、光山县、新县、商城县、始县、潢川县、淮滨县、息县10个县（市、区）。信阳市建设任务为建设鄂豫皖交界地区区域性中心城市和豫南地区综合交通枢纽，承接产业转移集聚区，红色旅游目的地。

基于2012年、2021年信阳市革命老区各县（市）振兴发展相关数据分析可知（见表7-9）：信阳市振兴发展水平较低，其县（市）间差距较小。较2012年，2021年信阳市振兴发展度有所提升，平均增长率达11.584%，且各县（市）排名总体呈上升趋势。其中新县增长率（15.737%）最高，

由 2012 年的 0.347 提至 2021 年的 0.401，且排名提升幅度也最大，由 2012 年的第 157 名升至 2021 年的第 67 名；息县增长率最低，为 7.563%，其振兴发展度排名由 2012 年的第 225 名降至 2021 年的第 298 名。

表 7-9　2012 年、2021 年信阳市革命老区各县（市）振兴发展度

县（市）	振兴发展度 2012 年	振兴发展度 2021 年	增长率（%）	排名 2012 年	排名 2021 年	排名变化
罗山县	0.342	0.378	10.713	183	172	+11
光山县	0.313	0.347	10.715	388	388	0
新县	0.347	0.401	15.737	157	67	+90
商城县	0.325	0.373	14.600	298	210	+88
固始县	0.325	0.360	10.945	303	307	-4
潢川县	0.311	0.348	12.043	396	374	+22
淮滨县	0.306	0.337	10.357	420	428	-8
息县	0.335	0.361	7.563	225	298	-73

基于信阳市革命老区县（市）各维度演化趋势分析可得（见图 7-11）：2012~2021 年信阳市红色基因、生态环境、经济发展、居民生活及公共服务维度数值均有所增长，且县（市）间差异没有进一步扩大。其中居民生活维度数值提升幅度最大，生态环境维度数值提升幅度最小。

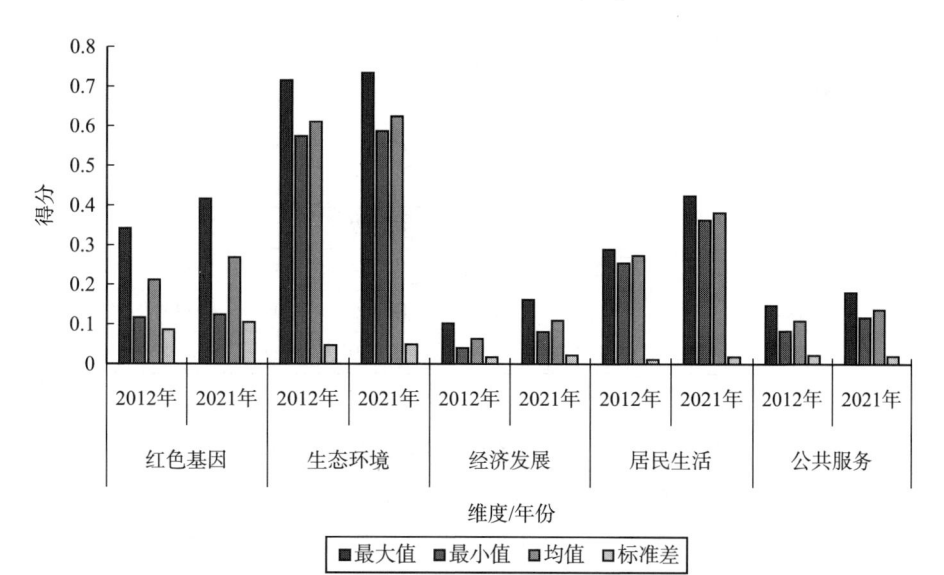

图 7-11　2012~2021 年信阳市革命老区县（市）各维度演化趋势

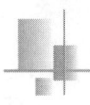

十、黄冈市振兴发展度分析

黄冈市属大别山革命老区，其下含黄州区、团风县、红安县、罗田县、英山县、浠水县、蕲春县、黄梅县、麻城市、武穴市10个县（市、区）。黄冈市建设任务为建设大别山区域性中心城市，武汉城市圈重要功能区，红色旅游目的地，生态文明示范区。

基于2012年、2021年黄冈市革命老区各县（市）振兴发展相关数据分析可知（见表7-10）：黄冈市振兴发展水平较低。较2012年，2021年黄冈市振兴发展度有一定提高，平均增长率为12.846%，且各县（市）排名总体有较大提升。其中麻城市增长率（18.282%）最高，由2012年的0.325增至2021年的0.384。排名提升幅度也最大，由2012年的第305名提高至2021年的第139名；浠水县增长率最低，为7.419%，其振兴发展度排名由2012年的第148名降至2021年的第197名。

表7-10　2012年、2021年黄冈市革命老区各县（市）振兴发展度

县（市）	振兴发展度 2012年	振兴发展度 2021年	增长率（%）	排名 2012年	排名 2021年	排名变化
团风县	0.307	0.361	17.493	413	294	+119
红安县	0.362	0.409	12.912	57	49	+8
罗田县	0.324	0.377	16.367	315	185	+130
英山县	0.330	0.380	14.944	251	163	+88
浠水县	0.349	0.374	7.419	148	197	-49
蕲春县	0.351	0.388	10.637	136	123	+13
黄梅县	0.351	0.383	9.124	133	140	-7
麻城市	0.325	0.384	18.282	305	139	+166
武穴市	0.352	0.381	8.440	129	154	-25

基于黄冈市革命老区县（市）各维度演化趋势分析可得（见图7-12）：2012~2021年黄冈市生态环境、经济发展、居民生活及公共服务维度数值均有增长，红色基因维度数值变动较小，但其县（市）间差距呈缩小趋势。居民生活维度数值提升幅度最大，与经济发展、公共服务协同增进。

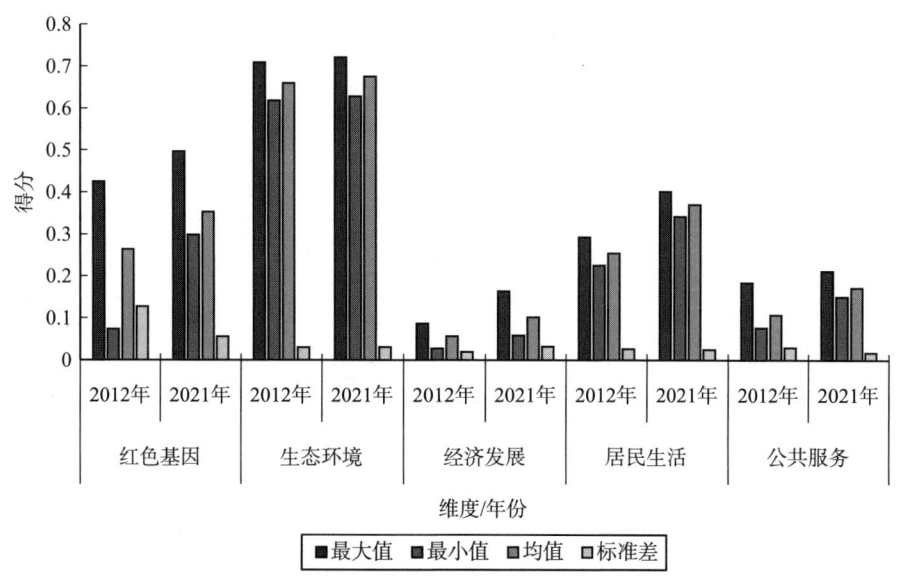

图 7-12 2012~2021 年黄冈市革命老区县（市）各维度演化趋势

十一、百色市振兴发展度分析

百色市属左右江革命老区，涉及右江区、田阳区、田东县、德保县、那坡县、凌云县、乐业县、田林县、西林县、隆林各族自治县、平果市、靖西市 12 个县（市、区）。百色市以建设沿边重点开发开放试验区，区域性重要交通枢纽和农业改革试验先行区，红色旅游目的地为振兴发展首要任务。

基于 2012 年、2021 年百色市革命老区各县（市）振兴发展相关数据分析可知（见表 7-11）：百色市振兴发展水平基础较差，振兴发展度低。较 2012 年，2021 年百色市振兴发展度提升不显著，平均增长率仅为 6.973%，远低于革命老区县（市）平均增长率，且其辖各县（市）振兴发展度排名均降低。其中乐业县增长率（12.880%）最高，由 2012 年的 0.321 增至 2021 年的 0.362。增长率最低的为田林县，仅为 0.446%，远低于革命老区县（市）平均增长速度；振兴发展度排名有提升的仅有乐业县和靖西市，前者由 2012 年的第 339 名提高至 2021 年的第 289 名，后者由第 329 名提高至 318 名。排名降低幅度最大的为田林县，由 2012 年的第 260 名降至 2021 年的第 456 名。

表7-11　2012年、2021年百色市革命老区各县（市）振兴发展度

县（市）	振兴发展度 2012年	振兴发展度 2021年	增长率（%）	排名 2012年	排名 2021年	排名变化
田东县	0.335	0.370	10.376	226	231	-5
德保县	0.314	0.344	9.651	387	403	-16
那坡县	0.326	0.346	6.165	289	390	-101
凌云县	0.323	0.333	3.096	328	446	-118
乐业县	0.321	0.362	12.880	339	289	+50
田林县	0.330	0.331	0.446	260	456	-196
西林县	0.324	0.342	5.365	309	414	-105
隆林各族自治县	0.311	0.328	5.356	394	463	-69
平果市	0.345	0.377	9.426	171	184	-13
靖西市	0.323	0.359	11.143	329	318	+11

基于百色市革命老区县（市）各维度演化趋势分析可以发现（见图7-13）：2012~2021年百色市革命老区县（市）红色基因、生态环境、经济发展、居民生活及公共服务维度基础水平较低，县（市）间各维度数值差距未见缩小趋势。较2012年，2021年百色市各维度数值增长较为缓慢。其中居民生活维度数值提升幅度最大，生态环境维度数值未有明显提高。

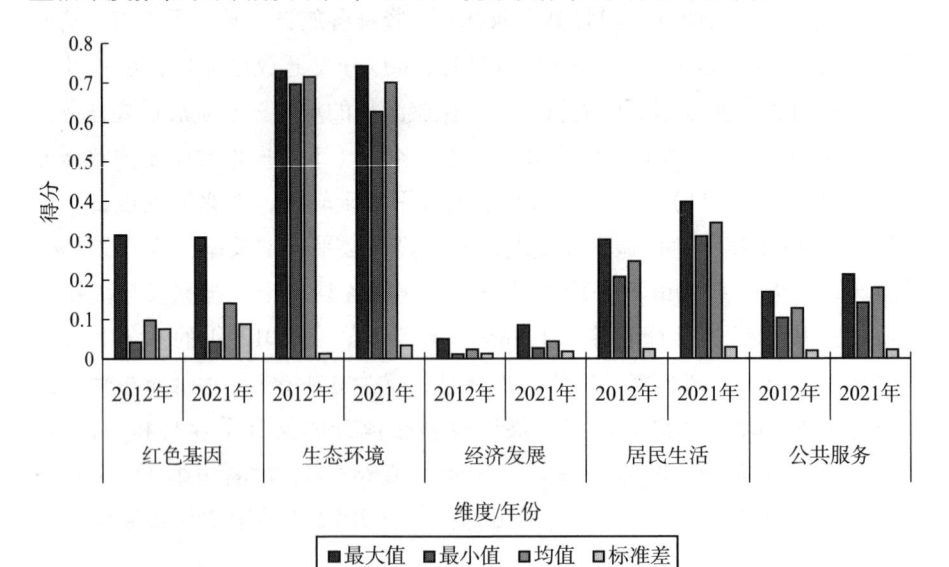

图7-13　2012~2021年百色市革命老区县（市）各维度演化趋势

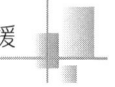

十二、巴中市振兴发展度分析

巴中市属川陕革命老区，其下含巴州区、恩阳区、通江县、南江县、平昌县5个县（市、区）。巴中市建设任务为建设成渝地区重要交通枢纽，清洁能源、绿色食品、生物医药产业基地，红色旅游目的地，生态文明示范区。

基于2012年、2021年巴中市革命老区各县（市）振兴发展相关数据分析可知（见表7-12）：巴中市振兴发展基础水平较低，振兴发展度低。较2012年，2021年巴中市各县（市）振兴发展度提升明显，平均增长率为14.224%，且各县（市）振兴发展度排名均有一定提升。其中通江县增长率（14.436%）最高，由2012年的0.325增至2021年的0.372。南江县增长率稍低，为14.080%；振兴发展度排名提升幅度最大的为南江县，由2012年的第322名提升至2021年的第239名。

表7-12　2012年、2021年巴中市革命老区各县（市）振兴发展度

县（市）	振兴发展度 2012年	振兴发展度 2021年	增长率（%）	排名 2012年	排名 2021年	排名变化
通江县	0.325	0.372	14.436	304	224	+80
南江县	0.324	0.369	14.080	322	239	+83
平昌县	0.324	0.370	14.155	311	234	+77

基于巴中市革命老区县（市）各维度演化趋势分析可知（见图7-14）：2012~2021年巴中市红色基因、生态环境、经济发展、居民生活、公共服务维度数值均有增长，县（市）间各维度数值差距缩小。其中居民生活维度的数值提高幅度最大，生态环境维度的提升不明显，居民生活维度的县（市）间差距最小。

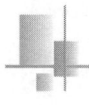

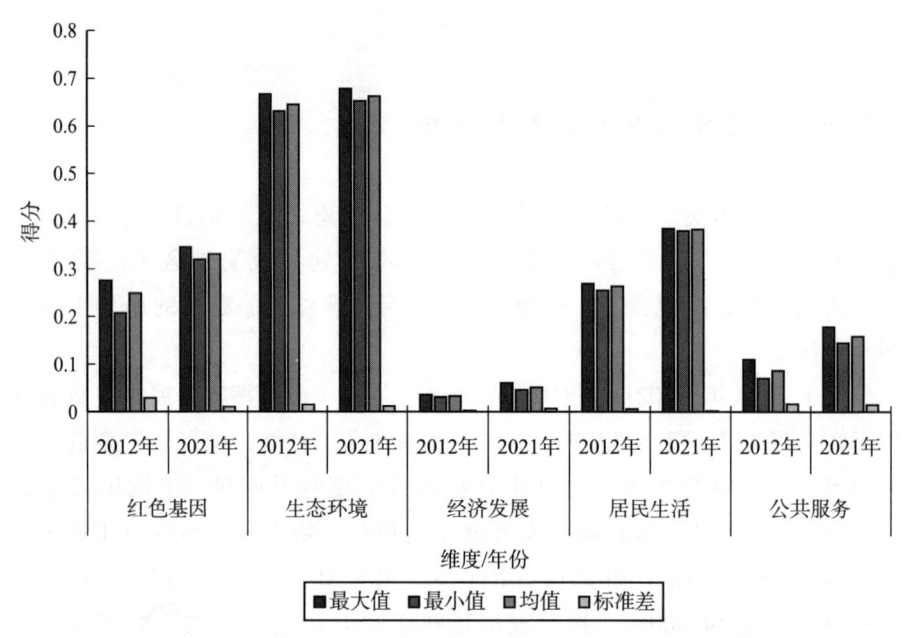

图7-14 2012~2021年巴中市革命老区县（市）各维度演化趋势

第三节 革命老区重点城市振兴发展方向

一、赣州市

1. 主要经验与做法

一是大力提升基础设施，加快交通建设，改善水利设施网络。赣州抓住国家在重大项目规划布局、资金安排上给予倾斜支持的机遇，加快实施一批交通、水利等重大项目。2012~2022年，全市铁路营运里程达923公里，高速公路通车里程达1559公里，国省道新（改、扩）建近1800公里，"四横六纵一环"城市快速路网总长120公里。梅江灌区等重大项目被列入国家"十四五"专项规划，打破了赣州近30年没有国家重大水利项目的局面。

二是找准优势产业，在政策、资金、人力资源等方面大力扶持。着力打造具有赣州特色的现代产业体系。赣州拥有丰富的稀土资源，赣州提出

"打造千亿元级稀土永磁电机产业基地"战略。2021年,赣州有色金属产业规上企业营业收入达1377亿元,成为重要支柱产业之一。

三是以国家示范试点为引领,破解制约振兴发展的障碍。赣州充分发挥国家部委对口支援优势,在科技体制、农业农村、生态文明等重点领域大力改革。

四是主动融入粤港澳大湾区产业链、供应链、服务链,在基础设施、开放平台、产业合作、体制机制等方面实现全方位对接。赣州国际陆港获批全国内陆第八个永久对外开放口岸,中欧(亚)班列开行数进入全国内陆港第一梯队。

五是坚持以脱贫攻坚为抓手,精准施策,取得明显效果。2012~2022年,赣州投入民生类财政资金5560.11亿元,探索产业扶贫"五个一"机制、易地扶贫搬迁"交钥匙"工程等做法,全力攻克贫困堡垒,实现了贫困县全部退出、贫困村全部出列的阶段性目标。

在实现快速振兴发展的同时,赣州也面临一些现实问题和困难。赣州仍存在较大的城乡差距,需要加大对农村经济的支持力度,提升农村地区的发展水平。赣州需要加大技术创新和品牌建设的力度,提高产业附加值。同时还应培育新兴产业,提升产业链竞争力。

2. 发展方向

产业发展需要增加"造血细胞",支持发展乡村新产业,着重完善乡村产业振兴的激励机制。充分利用赣州全国重点红色旅游区的资源优势,运用高科技打造沉浸式互动体验,创新红色旅游模式,并将会议、养老、团建、研学、培训等服务业态作为乡村发展的新产业。通过落户、住房、财政、公共服务等方式吸引人才外,还要注重机制引才、资源引才,通过帮扶协作培养或引进农村生产能手、乡村旅游人才、乡村电商专业人员等农村产业人才,为乡村持续注入新活力。聚集农特产品的加工生产、农村电商等,吸引年轻人入乡就业创业。

二、吉安市

1. 主要经验与做法

实施产业链链长制,构建以工业为重点、数字经济为内核、高品质旅游为支柱,先进制造业与现代服务业深度融合的现代产业体系。围绕工业强市

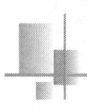

核心战略，聚焦电子信息首位产业，借助电子信息产业基础优势，打造赣深数字经济走廊。生物医药大健康、先进装备制造、先进材料、绿色食品四大主导产业蓬勃发展。

提升现代服务业，为产业发展提供助力。2020年9月，吉安获批全国普惠金融改革试验区。2012年以来，全市有保存完好的不可移动红色文化遗存1000余处，其中，革命类全国重点文物保护单位10处、省级文物保护单位110处，被誉为"没有围墙的红色博物馆"。依托红色资源，红色教育培训学员遍及全国，成为全国红色培训的一面亮眼旗帜。

2. 未来发展方向

近年来，吉安虽然发展速度加快，发展质量提升。但是，作为地处中部腹地的不发达地区，吉安的经济总量仍然偏小，工业仍然不强，科技创新活力也不足。吉安市经济发展还有很大的发展潜力。未来应继续坚持一二三产业同步推进的步伐，夯实特色农业发展基础，打造农业品牌产品。坚持把红色资源保护好、把红色资源利用好、把红色基因传承好。加大人才引进力度和工业技术创新能力，推动振兴发展再上新台阶。

三、龙岩市

1. 主要经验与做法

全面实施"产业兴市"战略，不断优化三次产业结构。推动特色现代农业提质升级，七大优势特色农业全产业链产值近千亿元；有色金属、文旅康养、建筑业产值突破千亿元，成功创建国家高技术转化应用产业示范基地，国家应急产业示范基地，荣获"中国专用汽车名城"称号；第三产业增加值占GDP比重不断提升。科技创新能力持续增强，获批建设国家创新型城市。已经持续开展产业强链补链行动，围绕制造业重点产业链，集中优质资源合力推进关键核心技术攻关，加快推进传统产业和中小企业数字化转型。

紧紧抓住红色文化传承，传承保护红色文化。红色是龙岩的底色与特色，更是其宝贵的资源财富。2017年龙岩市出台了《龙岩市红色文化遗存保护条例》，于2018年3月1日起实施。这是福建省首部由设区市制定的红色文化遗存保护地方性法规。龙岩还编制了《古田会议旧址群维修保护规划方案》《龙岩市革命旧址保护利用规划》《龙岩市中央红色交通线保护利

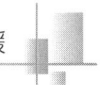

用规划》等，对全市重点革命旧址的保护修缮、内容展呈、周边整治、宣传开发等做出全面规划。

2. 发展方向

龙岩的工业体系仍然存在规模不大，创新能力不足等问题。龙岩市的产业集群和企业群体主要还是加工型的企业集聚，多数产品档次比较低。产业集群中高新技术产品的比例较低，产品较低端。龙岩仍需要在产业重整、乡村振兴、红色文化传承等方面加强发展。结合自身实际，龙岩要继续做大做强产业链，增强产业的科技创新能力。

四、三明市

1. 主要经验与做法

一是在产业转型升级方面实施传统优势产业技改赋能工程。加快钢铁与装备制造、新型建材、高端纺织等产业智能化改造、数字化转型，增强核心竞争力。实施了新兴产业补链扩量工程，大力培育引进"链主"企业，推动新兴产业向高端产业和产业链高端发展。实施了龙头企业培优扶强工程，实行"一企一策"精准扶持。

二是围绕产业链打造科技创新链，支持"6+1"创新平台提档升级。促进产学研用协同，在新材料、高端装备、生物医药、种业等领域合力攻关。实施优质中小企业梯度培育行动，培育"专精特新"企业。

三是实施"麒麟山人才培育计划""明籍优秀人才回引计划"。坚持用平台引才聚才，善于柔性引才，深化"院士专家三明行"等活动，加快建成一批飞地孵化器、人才驿站。

2. 发展方向

三明经济运行还存在下行压力，重大项目投资接续不足；发展质量和效益还不高，资源整合开发利用不够，科技创新能力不足，高新技术产业和新兴产业规模偏小，现代服务业发展相对滞后；教育、医疗、养老、托幼等民生领域存在不少短板；营商环境有待进一步优化。三明要围绕产业链构建，不断增强企业科技创新能力，进一步提出和优化吸引人才的经验和模式。继续改善营商环境，坚持振兴发展惠民导向，巩固提升医改、林改、教改等领域的体制改革。

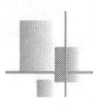

五、梅州市

1. 主要经验与做法

一是抢抓"双区"建设、"双城"联动的重大机遇，建设生态功能区先行地。梅州坚决打赢蓝天、碧水、净土保卫战，梅州主动对接"双区""双城"，深入实施人要进来、新产业要进来、龙头企业要进来、货要出去的"三进一出"工程。

二是持续深化"放管服"改革、优化营商环境。苏区振兴计划实施以来，坚持推行政企"双月"沟通座谈机制，为企业提供服务。在加快推行商事登记全程电子化方面，梅州率先完成广东"数字政府"政务云地市节点建设并启动系统迁云上云工作，建成全省首个符合省统一标准的市级政务云平台。

三是打造粤港澳大湾区"菜篮子""米袋子""果盘子""茶罐子""水缸子"，全面推进乡村振兴。目前，梅州已成功创建1个国家级、14个省级现代农业产业园，扶持281个村发展"一村一品、一镇一业"项目，建成粤港澳大湾区"菜篮子"梅州配送中心和27个生产基地。梅州柚、嘉应茶、客都米、平远橙、兴宁鸽等区域品牌日益响亮。

面临的问题与困难主要有三方面：一是经济总量小、人均水平低。人均地区生产总值长期处在广东省末位，仅为全国、广东省平均水平的43%和35%左右。二是实体经济不强、产业层次不高。企业龙头少、规模小，产业链上下游带动能力弱，尚无百亿级企业、千亿级产业。园区亩均效益低，低效产业用地多。三是自主创新能力不强。具有自主知识产权、高新技术、高附加值的企业少。企业创新主体动力不足，省级以上研发平台少。

2. 发展方向

梅州要借助生态优势，积极探索"产业生态化、生态产业化"的发展路径，把高质量发展作为梅州现代化建设的首要任务和总抓手。要举全市之力建设苏区融湾先行区，推动梅州苏区加快振兴，为广东在推进中国式现代化建设中走在前列做出梅州贡献。全力建设苏区融湾先行区，加快构建融湾现代化产业体系，打造赣闽粤原中央苏区"融湾入海"重要支点和服务国内大循环节点城市。

六、延安市

1. 主要经验与做法

一是聚焦兴产业稳增长。推进精准帮扶企业救助政策,出台了提升产业链发展水平的措施,设立了产业发展基金,促进重点产业集聚发展。推进煤炭电力、石油化工、能化装备制造、新材料、新能源装备制造、医药健康工业产业链建设。

二是推进文化旅游全产业链建设。举办"陕北好风光"文旅推介会,开展乡村旅游年活动,延长县"延一井"工业遗产成为国家工业旅游示范基地,宝塔区列入全国红色旅游融合发展试点,黄龙、宜川被命名为省级全域旅游示范区。

三是聚焦强县域促振兴。"一县一策"打造第一产业。黄陵工业园区成功创建省级特色高新区。洛川苹果产业园被认定为省级特色创业园。9个工业园区被认定为全省首批化工园区。乡村振兴重点工作获得国务院督查激励,洛川被列为国家乡村振兴示范县,富县成为国家农业绿色发展先行区,延川被确定为全国传统村落集中连片保护利用示范县。

2. 未来发展方向

延安在实现振兴快速发展的同时,还存在不少困难。一是经济结构单一,延安市的经济主要依赖农业和传统产业,要挖掘和发展延安市的特色产业,提高经济的多元化程度。二是加大创新力度,鼓励科技创新和企业创新,培育新兴产业,提升经济发展的新动能。三是基础设施建设不完善。延安市的基础设施建设相对滞后,交通、能源、水利等方面存在瓶颈。为此,延安要加强优质中小企业培育,加快培育"专精特新"的企业。充分发挥园区的带动作用,强化产业链主体地位。锚定发展乡村特色产业。加快建设省级苹果产业高质量发展示范区,积极创建国家级苹果产业高质量发展示范市。优化营商环境。统筹用好各类创新资源,积极引进创新团队,打造人才集聚平台,促进创新链、产业链、资金链、人才链深度融合。

七、庆阳市

1. 主要经验与做法

陇东综合能源化工基地建设步入多能互补、链式开发新阶段。建设100万吨国家级页岩油示范区，大力发展油气配套产业。新能源开发速度加快。积极推广"乡村天然气"，创建了国家电子商务活动园，延伸燃煤循环经济产业链。集成推广旱作农业技术，引进农作物新品种，探索"一年两熟""两年三熟"种植模式，发展现代农业势头良好。深化文化旅游融合，南佐遗址等考古发掘方面取得了突破进展。但庆阳市主要以传统农业和重工业为主，经济发展缺乏创新动力，人才培养和创新能力较弱。

2. 发展方向

加快培育数字经济产业集群，打造数字经济千亿级产业链。坚持强龙头、补链条、聚集群，培育综合能源化工千亿级产业链，推动资源优势加快转化为经济优势。发展数字经济和现代服务业，培育创新创业氛围，提升产业竞争力。

集中力量打造集聚效应明显、要素支撑有力、设施配套完善的高品质工业园区。培育壮大现代农业集群，推动农业大市向农业强市转型。持续壮大现代农业。推动种植业、养殖业、菌业废弃物综合循环利用，着力构建以种植业为基础、养殖业为牵引、菌业为闭环关键的"三元双向"循环农业模式。

挖掘和开发本地的红色历史资源，将其转化为红色旅游和文化创意产业的发展机会。建设高水平的职业教育机构。

八、六安市

1. 主要经验与做法

实施"两强一增"行动，行政村实现科技服务全覆盖。推进"138＋N"和"6969"工程，培育农村产业发展带头人。推进工业强市强县，推进工业互联网平台建设。深化开发区创新升级，推动现代服务业提质增效。实施旅游富民工程。着力盘活农村闲置宅基地和闲置农房，增加农民收入。河湖长制跨界联防联控机制改革取得突破，林长制改革省级示范先行区创建提质增效。六安市在振兴发展过程中面临一些问题和困难。一是产业结构不够优化，六安市过多依赖传统产业，缺乏高技术和知识密集型产业的支撑。二是居民收入水平相对较低，尽管六安市经济持续发展，但居民收入水平相对较低。三是城乡发展不平衡，农村地区仍存在基础设施滞后、产业发展滞后和公共服务不足等问题。

2. 发展方向

培育新兴产业，实现产业结构优化升级。鼓励企业进行产业升级和转型。加大对高技术和知识密集型产业的支持力度，发展新能源、高端制造、现代服务业等新兴产业，培育战略性新兴产业，提高产业竞争力。

注重人才培养和引进，加大对教育和培训的投入力度。加大农村基础设施建设和公共服务投入，改善农村地区的交通、水电等基础设施，提高农民生活质量和产业发展条件。

九、信阳市

1. 主要经验与做法

实施产业振兴十大工程，智能制造、电子信息、绿色食品、时尚纺织、绿色建造等千亿级产业集群加快发展，绿色能源、生物医药、节能环保等百亿级产业集群加快形成。开展产业链招商、市场化招商。

推动高新区建设，加快发展现代服务业。国家农村改革试验区建设深入开展，获评全国农村承包地确权登记颁证工作典型地区。开通信阳至宁波舟山港、潢川至武汉阳逻港铁海联运线路，打通"淮滨港—非洲路易港"水上黄金通道，全省最大综合性单体港口信阳港·淮滨中心港建成开航。建设"众创空间+孵化器+加速器+科技金融"全链条科技企业孵化培育体系[1]。

在全省率先推行"房票"制度。创新开展乡村振兴"十百千万"工程，浉河区入选国家现代农业产业园和国家农业现代化示范区，光山县入选国家乡村振兴示范县。开工建设"千乡万村驭风行动"全省试点工程。

信阳市作为河南省的一个重要城市，也面临着一些振兴发展的问题和困难。一是经济结构转型困难，缺乏高新技术和创新驱动型产业。二是存在就

---

[1] 信阳市人民政府：《政府工作报告》，2023年1月13日，https://www.xinyang.gov.cn/2023/01-13/2672842.html。

业岗位不足的问题。

2. 发展方向

信阳市积极开展区域合作与交流，加强产业链协作，促进资源共享。支持骨干企业牵头组建创新联合体，协同高校院所、产业链上下游企业开展重大科技攻关。持续实施招才引智和"万名学子回归工程"。

引进优质企业，培育产业集群。培育新能源装备产业集群。大力发展汽车电子、新能源电子产业，打造电子信息产业集群。打造绿色食品产业集群、纺织产业集群、生物医药产业集群。

十、黄冈市

1. 主要经验与做法

科技型企业快速发展，专精特新企业达到163家，发展动能明显增强。加快推进同城化。黄黄高铁开通运营，燕矶长江大桥、武红高速、G347等硬联通项目加快建设[①]。

深化"放管服"改革，创新设立信贷风险补偿金和企业"白名单"制度。长征国家文化公园英山园区开启建设。组建大别山网红学院，成功举办首届燕儿谷乡村振兴助农大直播、黄冈优品直播带货大赛。

完善帮扶机制和返贫动态监测，消除35048名"三类对象"的返贫致贫风险。启动20个乡村振兴示范片区建设。黄冈市在振兴发展过程中主要面临以下问题：一是经济以传统产业为主，如农业和传统制造业，缺乏高技术、高附加值的现代产业。二是随着经济发展，黄冈市也面临着环境污染问题。

2. 发展方向

建设现代化产业体系，推进农业产业化，培育地域鲜明特色的农业产业链。把农产品加工业作为补齐工业短板的突破口。推动集约开采与精深加工有机结合、精深加工与贸易流通有效衔接，实现供应链和产业链相互支撑、良性互动。

把新兴产业作为新旧动能转换的重要支点，主动配套光电子信息产

[①] 中国经济网：《黄冈市政府工作报告》，2023年1月5日，http：//district.ce.cn/newarea/roll/202303/21/t20230321_38454691.shtml。

业。积极承接光谷生物城产业转移，打造国家原料药绿色生产基地、省级生物医药产业基地。发展生命健康千亿产业，支持新能源装备制造业发展。加快发展工业互联网，拓展场景应用，促进数字经济和实体经济深度融合[①]。

围绕共建武鄂黄黄国际综合交通枢纽，大力发展多式联运、现代仓储物流、展示交易、数字平台等。与头部企业合作，建设供应链管理中心，打造长江中游城市群物流、资金流、信息流交换节点。扩大人才、科技、信息等要素投入。加快科创企业导入，培育专精特新企业。做实离岸科创中心，配套建设科技加速器和特色专业园区。深化产学研协同，推动职业教育与产业需求精准匹配，更好服务地方发展。

十一、百色市

1. 主要经验与做法

一是加快推动工业振兴。实施第二产业暨工业振兴攻坚行动，出台系列产业扶持政策支持企业发展。全力推进新型生态铝产业发展，高标准建设市、县两级现代林业产业园区，加快发展新能源产业。

二是大力发展新材料产业。实施招商引资攻坚行动，设立产业投资基金创新开展资本招商，常态化开展驻点招商。

三是持续实施芒果、柑橘、油茶、桑蚕、蔬菜"五个百万亩"工程，芒果种植面积和产量实现"双百万"目标。

百色市也面临着一些问题和困难。一是百色市的经济主要依赖农业和传统制造业，缺乏多元化的产业结构。为此要积极挖掘和发展百色市的特色产业，以提高经济的多元化程度。积极引进外资和引导民间投资，吸引高新技术、文化创意和现代服务业等新兴产业。二是基础设施还不够完善，能源、交通、水利等基础设施还处于弱势，限制了城市经济发展，需要更多投入到基础设施建设。

2. 发展方向

一是围绕"主导产业"建链补链延链强链，加快推进工业项目建设，

---

① 黄冈市人民政府：《政府工作报告》，2023年1月11日，http：//www.hg.gov.cn/zt/2023lhzt/qwfb/9288542.html。

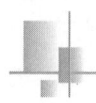

推动工业园区提质升级，不断壮大工业经济、县域经济。

二是要抢抓机遇加快基础设施建设，深入开展产业招商，促进投资规模合理增长、结构持续优化。

三是要做好脱贫攻坚成果与乡村振兴有效衔接，重点打造特色产业，深化农村的建设，加速推进农业农村现代化的步伐。

四是要打造开放合作新高地，完善百色试验区开放发展机制[①]。

十二、巴中市

1. 主要经验与做法

一是破解交通难题，打通对外物流通道。一直以来，落后的交通是阻碍巴中经济发展最为明显的短板。巴中抓住川陕革命老区系列政策机遇，主动融入国家战略，不断完善综合交通运输网络、加快水利工程建设、强化能源保供、破解交通等瓶颈制约、补齐基础设施和公共服务短板，为川陕革命老区振兴发展奠定了坚实基础。

二是把有限的资源聚焦于全市"1+3"主导产业：突破发展文旅康养首位产业，培育壮大食品饮料、生物医药、新能源新材料三大产业集群。

三是建立主导产业链长制，大力解决主导产业规模不大、产值不高的问题。

四是打好"红色牌""老区牌"。2021年，巴中建立文旅新区，重组文旅格局、振兴发展的新引擎。以旅游为城市聚人气、以城市为旅游汇商气，巴中重视红色旅游景区打造。

2. 发展方向

以红色旅游为突破口，建立文旅新区，发展"红色+绿色"旅游产业。

未来仍应着眼于扩大产业规模，延伸产业链，加强产业联动发展，逐步培养具有自身特色的产业体系。

---

① 网易新闻：《2022年百色市产业布局及产业招商地图分析》，2022年6月1日，https：//www.163.com/dy/article/H8P7MAU2051481OF.html。

第四节　革命老区重点城市产业发展态势

一、赣闽粤原中央苏区重点城市产业发展

（一）赣州

2022年赣州地区生产总值为4523.63亿元，第一产业增加值为450.83亿元，第二产业增加值为1822.59亿元，第三产业增加值为2250.21亿元，三次产业结构为10.0∶40.3∶49.7[①]。赣州产业发展不足主要在于产业基础薄弱、科技含量低、竞争力不强。近年来赣州在产业政策方面先后实施了两轮"主攻工业三年翻番"，推进了"两城两谷两带"和各地首位产业发展，产业集聚度明显增强。赣州着眼于构建更具竞争力的现代产业体系，深入实施科技创新赋能行动和工业倍增升级行动，着力培育1个5000亿元、5个2000亿元和N个500亿元产业集群，持续提升产业基础高级化、产业链现代化水平[②]。

（二）吉安

2022年吉安地区生产总值为2750.33亿元，第一产业增加值为260.65亿元，第二产业增加值为1280.07亿元，第三产业增加值为1209.62亿元，三次产业结构为9.5∶46.5∶44.0[③]。吉安产业发展注重"集聚""链式""协同"发展。2021年，吉安深入推进产业链链长制，为电子信息、绿色食品、商贸物流等八大重点产业链项目提供"派单、订单、选单"式指导。同时大力发展智能制造和服务型制造，促进人工智能、大数据、区块链等新一代

[①] 赣州市人民政府：《赣州市2022年国民经济和社会发展统计公报》，赣州市人民政府，2023年3月29日，https：//www. ganzhou. gov. cn/gzszf/c100022/202303/3a657ddc53f144dcb326dc43087d5792. shtml。

[②] 赣州市人民政府：《产业发展：科技赋能　产业升级》，赣州市人民政府，2022年6月22日，https：//www. ganzhou. gov. cn/gzszf/c100022/202206/8415b5a03b024c6cb88c8b0cd61a579c. shtml。

[③] 吉安市人民政府：《吉安市2022年经济和社会发展统计公报》，2023年4月10日，https：//www. jian. gov. cn/xxgk – show – 10218956. html。

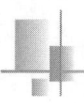

信息技术与制造业融合创新与应用，构建前端研发、中端制造、后端应用的数字经济全产业链格局。三次产业齐头并进，农业基础地位更加巩固，工业转型步伐加快，服务业发展提质增效，"一二三"产业协同拉动成效明显[①]。

（三）龙岩

2022年龙岩地区生产总值为3314.47亿元，第一产业增加值为311.27亿元，第二产业增加值为1420.04亿元，第三产业增加值为1583.16亿元，第一产业增加值占地区生产总值的比重为9.4%，第二产业增加值比重为42.8%，第三产业增加值比重为47.8%[②]。近年来，龙岩构建具有特色的现代产业体系，有色金属、机械装备、文旅康养、建筑业、特色现代农业不断壮大。数字经济、新材料新能源等新兴产业方兴未艾，纺织、建材等产业转型发展，已形成有色金属、文旅康养、建筑业三个千亿级产业。同时依托优势金铜产业，不断"延链、补链、强链"。2021年龙岩与粤港澳大湾区共建产业合作试验区[③]。

（四）三明

2022年三明市地区生产总值为3110.14亿元，第一产业增加值为339.60亿元，第二产业增加值为1580.92亿元，第三产业增加值为1189.62亿元。其中第一产业增加值占地区生产总值的比重为10.9%，第二产业增加值比重为50.8%，第三产业增加值比重为38.2%[④]。三明市产业结构持续优化，现代农业稳步提升。2022年落实种粮面积242.9万亩、总产量95.4万吨。规上工业平稳增长。绿色经济取得成效。沙溪流域生态治理及资源化一体产业开发（EOD）项目入选国家试点，成功创建省级绿色工厂13家和省级绿色园区4个，获评数量居全省第一[⑤]。

[①] 吉安市人民政府：《2022年全市经济运行情况分析》，2023年2月14日，https：//www.jian.gov.cn/xxgk-show-10218493.html。

[②] 龙岩市统计局：《2022年龙岩市国民经济和社会发展统计公报》，2023年3月15日，http：//lytjj.longyan.gov.cn/xxgk/tjgb/202303/t20230315_1987692.htm。

[③] 澎湃新闻：《福建龙岩焕新颜：闽西革命老区振兴发展观察》，2022年6月9日，https：//www.thepaper.cn/newsDetail_forward_18494549。

[④] 三明市人民政府：《2022年三明市国民经济和社会发展统计公报》，2023年3月17日，https：//www.sm.gov.cn/zw/tjxx/tjgb/202303/t20230317_1888107.htm。

[⑤] 三明市人民政府：《关于三明市2022年国民经济和社会发展计划执行情况及2023年国民经济和社会发展计划（草案）的报告》，2023年1月13日，https：//www.sm.gov.cn/zw/gzbg/jhbg/202301/t20230113_1872138.htm。

第七章　中国革命老区重点城市振兴发展与对口支援

（五）梅州

2022 年梅州地区生产总值为 1210207 亿元，第一产业增加值为 88345 亿元，第二产业增加值为 483164 亿元，第三产业增加值为 638698 亿元。其中第一产业增加值占地区生产总值比重为 7.3%，第二产业增加值比重为 39.9%，第三产业增加值比重为 52.8%[①]。梅州的特色产业是其发展的根基，梅州以新经济推动新发展，实施了产业集群提升计划，培育发展了绿色建材、汽车零部件、食品饮料、智能家电等新兴支柱产业。同时加快发展"互联网+"等数字经济，大力打造超百亿元产业和产业集群。梅州市坚持农业农村优先发展，全面推进乡村振兴，不断壮大文化传统产业和新兴产业[②]。

二、陕甘宁革命老区重点城市产业发展

（一）延安

2022 年延安地区生产总值为 2231.93 亿元，第一产业增加值 226.49 亿元，第二产业增加值 1401.35 亿元，第三产业增加值 604.09 亿元，三次产业构成为 10.1∶62.8∶27.1[③]。近年来，延安加快转变经济发展方式，优化产业结构，推进高新技术产业开发区建设。目前，延安市高新区已形成能源科技为主导，电子信息和节能环保为配套，其他先进制造业和现代服务业协同发展的产业体系，为革命老区经济高质量发展培育新动能。同时延安按照品种培优、品质提升、品牌打造和标准化生产要求，发展苹果、畜牧、设施农业、小杂粮 4 条产业链，延伸生产、加工、流通、服务等增值增效产业链条[④]。

[①] 梅州市人民政府：《中华人民共和国 2022 年国民经济和社会发展统计公报》，2023 年 3 月 28 日，https://www.meizhou.gov.cn/zwgk/zfjg/stjj/tjsj/tjgb/content/post_2466970.html。
[②] 云南网：《梅州：坚毅开新局　奋发新五年》，2021 年 3 月 10 日，https://society.yunnan.cn/system/2021/03/10/031328326.shtml。
[③] 陕西省人民政府：《2022 年延安市国民经济和社会发展统计公报》，2023 年 4 月 13 日，http://www.shaanxi.gov.cn/zfxxgk/fdzdgknr/tjxx/tjgb_240/sqgb/202304/t20230413_2282278_wap.html。
[④] 陕西省人民政府：《2022 年延安市政府工作报告》，2022 年 4 月 28 日，http://www.shaanxi.gov.cn/zfxxgk/zfgzbg/sqszfgzbg/202204/t20220428_2219129.html。

（二）庆阳

2022年庆阳地区生产总值为1022.26亿元，第一产业增加值为124.83亿元，第二产业增加值为551.94亿元，第三产业增加值为345.49亿元，三次产业结构比为12.2∶54.0∶33.8[①]。庆阳市现代农业体系基本形成，工业经济提质增效，现代服务业快速发展，基础设施稳步改善。庆阳市重点培育"牛羊猪鸡、果草菜药"八大优势特色产业，立足资源禀赋和产业基础，改造提升石油天然气化工、装备制造等传统优势产业，培育壮大新材料、新能源等战略性新兴产业，加快发展现代物流、电子商务、工业设计等生产性服务业。庆阳市推动生产性服务业向专业化和价值链高端延伸，着力发展信息服务、商贸服务等服务业，促进服务业与工农业生产互动发展[②]。

三、大别山革命老区重点城市产业发展

（一）六安

2022年六安市地区生产总值为2004.6亿元，第一产业增加值267.8亿元，第二产业增加值784.9亿元，第三产业增加值951.9亿元，三次产业结构从上年的13.4∶38.5∶48.1调整为13.4∶39.1∶47.5[③]。六安市大力发展现代服务业，着力培育研发设计和科技服务、金融服务等生产性服务业，推动向专业化和价值链高端延伸。设立软件产业发展引导基金，全力推进六安软件园建设。大力发展工业经济，开展企业保稳扶优行动，推动工业经济提质扩量增效。实施绿色农产品生产加工供应基地建设三年行动计划[④]。

（二）信阳

2022年信阳市地区生产总值为3196.23亿元，第一产业增加值为

[①] 甘肃省统计局：《2022年庆阳市国民经济和社会发展统计公报》，2023年4月10日，https：//tjj.gansu.gov.cn/tjj/c109457/202304/169819277.shtml。
[②] 网易新闻：《2022年庆阳市产业布局及产业招商地图分析》，2022年8月10日，https：//www.163.com/dy/article/HEEB4VRE05198SOQ.html。
[③] 中国统计信息网：《六安市2022年国民经济和社会发展统计公报》，2023年4月23日，http：//www.tjcn.org/tjgb/12ah/37486.html。
[④] 中国经济网：《六安市政府工作报告》，2022年3月3日，http：//district.ce.cn/newarea/roll/202203/03/t20220303_37373403.shtml。

593.59亿元，第二产业增加值为1117.10亿元，第三产业增加值为1485.54亿元，三次产业结构为18.6∶34.9∶46.5[①]。信阳市坚持质量兴农、绿色兴农、品牌强农，深化农业供给侧结构性改革，加快构建现代农业产业体系、生产体系、经营体系，推动实现"六高六化"，建设现代农业示范市。同时坚持高端化、智能化、绿色化、服务化发展方向，实施产业基础再造工程，壮大电子信息、先进装备制造、建材家居三大主导产业，培育新材料、节能环保、生物医药、军民融合等新兴产业。信阳市推动现代物流、现代金融、商务服务等生产性服务业向专业化和价值链高端延伸，促进现代服务业同先进制造业、现代农业深度融合，推进服务业数字化、标准化、品牌化建设[②]。

（三）黄冈

2022年黄冈地区生产总值为2747.90亿元，第一产业增加值为545.60亿元，第二产业增加值为946.07亿元，第三产业增加值为1256.22亿元，三次产业结构由2021年的19.7∶33.2∶47.1调整为19.9∶34.4∶45.7[③]。黄冈市坚持质量兴农、绿色兴农、品牌强农，不断调整优化农业种养结构，加强粮食生产功能区、重要农产品保护区和特色农产品优势区建设。积极推进金融、现代物流、文化体育等重点服务业产业发展，不断做大做强食品饮料加工、绿色建筑建材、智能家居等特色优势产业，发展高端装备制造、新能源、新材料等战略性新兴产业[④]。

四、左右江革命老区重点城市产业发展

2022年百色地区生产总值为1729.10亿元，第一产业增加值309.45亿元，第二产业增加值788.55亿元，第三产业增加值631.10亿元，其中，第

[①] 信阳统计信息网：《2022年信阳市国民经济和社会发展统计公报》，2023年4月12日，http：//tjj.xinyang.gov.cn/www/tjzl/2023/0412/27046.html。
[②] 中商情报网：《2022年信阳市产业布局及产业招商地图分析》，2022年5月20日，https：//www.askci.com/news/chanye/20220520/0947231861826_5.shtml。
[③] 红黑统计公报库：《黄冈市2022年国民经济和社会发展统计公报》，2023年3月25日，https：//tjgb.hongheiku.com/djs/36712.html。
[④] 财经头条：《2022年黄冈市产业布局及产业招商地图分析》，2022年5月10日，https：//cj.sina.com.cn/articles/view/1245286342/4a398fc60010168ew。

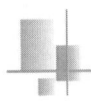

一、二、三产业增加值占地区生产总值的比重分别为17.9%、45.6%和36.5%[1]。百色市坚持推进农业供给侧结构性改革，调整优化产业、产品结构和区域布局，做大做强粮食、水果等特色产业，加快形成区域优势产业集群。同时百色市加快推动服务业集聚区建设，提高产业集聚发展能力，建设了一批产业集聚、资源集合的现代服务业集聚区。推动百色高新技术产业开发区科技服务集聚区、百色红色文化旅游服务业集聚区等成为省级现代服务业集聚区[2]。

五、川陕革命老区重点城市产业发展

2022年巴中地区生产总值为765.01亿元，第一产业增加值192.08亿元，第二产业增加值196.85亿元，第三产业增加值376.08亿元，三次产业结构为25.1∶25.7∶49.2[3]。巴中市实施"种子+耕地"保护提升工程，提升农业综合生产能力，做优做强特色农业产业，强化农产品品牌建设。农业发展重点方向有茶叶、核桃、道地药材、生态养殖。同时巴中市发展新型工业，改造提升传统产业，加强工业园区平台建设，推动先进制造业与现代服务业融合发展。重点发展食品饮料、生物医药、新能源材料、电子信息产业。着力构建服务业现代产业体系，优化发展生产性服务业，培育新兴产业，提升旅游、金融服务、康养等服务业发展质量[4]。

第五节 革命老区重点城市对口支援进展

2022年5月，国家发展改革委印发《革命老区重点城市对口合作工作方案》，明确了对口合作的总体要求、重点任务和保障措施等，指明了未来一段时间内革命老区重点城市对口支援的工作重点。这是对口结对支援革命

---

[1] 百色市人民政府：《2022年百色市国民经济和社会发展统计公报》，2023年4月25日，http：//www.baise.gov.cn/zwgk/jcxxgk/sjfb/bssgb/t16365028.shtml。
[2] 网易新闻：《2022年百色市产业布局及产业招商地图分析》，2022年6月1日，https：//www.163.com/dy/article/H8P7MAU2051481OF.html。
[3] 巴中市人民政府：《2022年巴中市国民经济和社会发展统计公报》，2023年4月13日，http：//www.cnbz.gov.cn/public/6600041/13357462.html。
[4] 中商情报网：《2022年巴中市产业布局及产业招商地图分析》，2022年5月3日，https：//www.askci.com/news/chanye/20220503/1557491844071_3.shtml。

老区城市振兴发展的重要依据与指导性文件,有助于加快建立 12 个革命老区重点城市与东部地区部分城市对口合作机制,全国革命老区重点对口支援结对情况见表 7-13。下面对 12 个重点革命老区城市对口支援进展进行阐述。

表 7-13　革命老区重点城市对口支援情况

革命老区城市	对口支援城市
赣州	深圳
吉安	东莞
龙岩	广州
三明	上海
梅州	广州
延安	无锡
庆阳	天津
六安	上海
信阳	苏州
黄冈	宁波
百色	深圳
巴中	金华

资料来源:国家发改委:《革命老区重点城市对口合作工作方案》,2022 年,https://www.gov.cn/zhengce/zhengceku/2022-06/08/content_5694557.htm。

一、赣州—深圳对口支援进展

为深入贯彻落实《革命老区重点城市对口合作工作方案》,加快建立革命老区重点城市与东部地区部分城市对口合作机制,深化区域合作协作,支持革命老区巩固拓展脱贫攻坚成果,《江西省推进革命老区重点城市对口合作任务分工方案出台》文件明确了分工方案,制定了重点任务。主要围绕加强革命老区红色遗址保护和旅游基础设施建设、因地制宜建设区域性节点城市、鼓励城市间在 5G 等领域加强合作、建设绿色农产品供应基地、通过多种形式共建产业园区①。

2023年5月26日，作为对口支援赣州的深圳市在乡村振兴和协作交流局颁布的《深圳市关于贯彻落实〈革命老区重点城市对口合作工作方案〉的实施意见》中指出，强化合作共赢、用好红色资源，传承弘扬好红色基因、衔接推进乡村振兴和新型城镇化，促进城乡融合发展、助力提升赣州的基本民生保障水平，夯实其发展基础支撑、强化生态文明建设，推动绿色低碳发展合作、共建产业合作平台载体，推进两地产业转型升级、加快创新驱动，深化人才交流、创新保障措施等帮扶工作。

二、吉安—东莞对口支援进展

为贯彻落实《革命老区重点城市对口合作工作方案》的有关要求，深入开展东莞市与吉安市对口合作，推动革命老区振兴发展，广东省人民政府与江西省人民政府联合印发《东莞市与吉安市对口合作实施方案（2023~2027年)》。该文件指出，围绕传承弘扬红色文化和深化文旅合作、统筹推进乡村振兴和新型城镇化、完善基本公共服务、促进生态环境保护修复和绿色低碳发展、深化产业合作发展、拓展科技创新合作发展等六个方面共22项重点任务展开合作，明确到2027年两市合作机制更加健全、运转更加高效，重点领域合作取得突破，形成较为完善的对口合作体系，实现双方互利共赢。

《东莞市与吉安市对口合作实施方案（2023~2027年)》是落实《革命老区重点城市对口合作工作方案》的重要文件。这有力推动对口合作工作的实施，巩固和扩大了江西省革命老区脱贫攻坚成果。加强了老区重点城市对口合作工作的统筹协调，进一步推动江西省革命老区振兴发展，实现对口合作的落地见效，并为老区内的经济发展注入新的动力。

三、龙岩—广州对口支援进展

为了更好地建立《革命老区重点城市对口合作工作方案》中明确的革

---

① 韩婕：《创新机制加快集聚老区发展所需人才——革命老区龙岩、三明、南平人才工作探索创新专题报道之二》，载于《中国人才》2023年第7期。

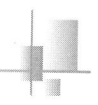

命老区重点城市龙岩与发达地区城市广州建立对口合作关系，2023年1月广东省政府与福建省政府共同制定的《广州市与龙岩市对口合作实施方案（2023~2027年）》文件中指出，围绕大力推进红色文化教育、基础设施、干部人才交流等十个方面展开更为具体的合作。

《广州市与龙岩市对口合作实施方案（2023~2027年）》提出了红色文化教育合作、文旅康养合作、基础设施合作、产业和园区合作、乡村振兴和生态环境合作、教育和科技合作、医疗卫生合作、国资国企合作、金融资本合作、干部人才交流十个方面重点任务，并明确了完善工作推进机制、强化统筹协调推进、加大政策支持力度和强化对口合作督导评估等保障措施。此次广州、龙岩两市聚焦政法工作建立对口合作关系，相互借鉴，取长补短，在法治建设、社会治理等重点领域创出政法品牌；加快建立常态化长效化合作机制，奋力打造携手共进的政法典范[①]。

四、三明—上海对口支援进展

2023年1月7日，为使得上海市与三明市对口合作工作深化发展，三明市革命老区高质量发展示范区建设得到助推，上海市人民政府联合福建省人民政府发布了《上海市与三明市对口合作实施方案（2023~2025年）》，文件指出，要按照党中央、国务院决策部署，认真落实对口合作重点任务，充分利用上海和三明两地的优势，促进彼此之间的优势互补、互惠互利、共同谋求发展，同时努力激发老区的内生动力和发展活力，让老区的居民享受更美好的生活，逐步实现共同富裕的目标。

文件还指出，在2025年之前确立完善而有力的合作机制，促进两地人员往来密切频繁，资源要素的流通顺畅，夯实产业合作基础。致力于提升老区发展的内生动力和活力，在红色文化传承、乡村振兴、新型城镇化、基础设施和基本公共服务、生态环境保护修复和绿色低碳发展、产业合作平台共建等方面取得显著成效。实施一系列优势互补、互惠互利的对口合作政策措施，推动一批具有标志性的对口合作项目，探索一些成功的对口合作经验和做法，构建多层次、宽领域的对口合作体系，共同打造新时代革命老区对口

---

① 韩婕：《创新机制加快集聚老区发展所需人才——革命老区龙岩、三明、南平人才工作探索创新专题报道之二》，载于《中国人才》2023年第7期。

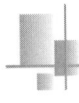

合作的典范。

五、梅州—广州对口支援进展

2022年8月23日,广州市人民政府办公厅与梅州市人民政府办公室联合印发了《广州市对口帮扶梅州市助推老区苏区全面振兴发展规划（2021～2025年)》文件。该文件提出,"十四五"期间,立足新发展阶段,以助力梅州苏区实现全面振兴发展为指导；按照问题导向、突出重点,政府推动、市场主导,内生发展、帮扶助力的工作原则,实现助力梅州苏区育长板补短板,打造梅州苏区新一轮振兴发展主引擎的发展目标。该文件还指出了未来五个阶段的中心任务：一是完善广梅对口帮扶动力机制。助力梅州融湾基础设施建设,构建产业共建发展新格局。二是共建融湾特色产业集群。发掘与支持优势产业、将其与高新技术方面结合。三是助力实施乡村振兴战略。四是提高民生事业帮扶工作水平。在教育、医疗、就业、文化、体育等领域开展结对帮扶活动。五是深化对口帮扶体制机制改革。创新对口帮扶共建共享新模式,健全科技及金融服务体系,优化梅州区域营商环境,提升梅州开放合作水平。

发挥广州省会城市引领带动作用,加大对老区苏区的支持力度,加快形成合作紧密、优势互补、共享共赢的广州对口帮扶梅州协作新机制,强化要素支撑和机制创新,推动产业共建高质量发展,提高乡村振兴和民生事业帮扶工作水平。支持梅州苏区共建特色产业链和产业分工协作体系,提高梅州开放合作水平,支持梅州服务融入"双区"建设,实施相关共建工程,支持建设粤闽赣苏区改革试验区。积极谋划区域重大平台、重大产业集群,以打造重大发展平台为抓手,增强广州各区与梅州各县（市、区）产业共建园区多点联动效应,打造以梅州为核心的产业创新链与产业集群。

六、延安—无锡对口支援进展

2023年2月6日,陕西省政府发布《延安市无锡市对口合作实施方案（2022～2026年)》。旨在打造新时代革命老区重点城市对口合作的"延锡样板",目标是"到2026年,延安红色文化影响力明显增强,创新产业合作模块引领作用进一步凸显,形成产业共兴、百姓共富、优势互补、互利共赢的新局面,携手迈出高质量发展新步伐"。该文件指出,以延锡两地开通直航为契机,推动两地互为旅游客源和目的地。积极开展红色教育培训,全力推进文旅融合,支持延安打造全国干部党性教育首选高地。探索推行"延安党性锻炼+无锡能力提升"分段式教育培训,加快延安红色文化教育体系改革,实现以干部教育为主向全民教育转变,打造"延安精神永放光芒"红色旅游品牌。引导无锡相关院校、企业参与当地城镇规划、建设和管理,谋划培育一批产业强镇、文化名镇。组织延锡两地建筑、交通等领域专业化团队开展合作交流,在延安商圈与重要工业、产业基地等建设方面给予技术支持,同时积极凝聚社会力量参与建设。开展"组团式"师资交流培训活动,广泛应用线上互动课堂,共建优势学科,推动教学研究,支持革命老区教师到无锡开展业务培训,开展延安精神进无锡校园活动。建立常态化岗位供需信息共享机制,结合延安劳动力就业需求,精准对接无锡岗位供给,进一步推进脱贫人口有组织劳务输出。引导无锡企业为延安籍务工人员提供家政服务、物流配送、养老服务、餐饮服务、建筑施工、机械修理等工种岗位,加强人岗高效匹配,有效促进异地转移就业。组织实施劳务人员定点定向就业技能培训,增强劳务人员就业技能。

七、庆阳—天津对口支援进展

2020年10月20日,天津市人民政府、甘肃省人民政府联合印发《天津市与庆阳市对口合作实施方案》,标志着天津市和甘肃省庆阳市对口合作机制全面启动实施。自2020年以来,在甘肃省和天津市党委、政府的高度重视和关心支持下,甘肃省发展改革委、天津市合作交流办、庆阳市政府认真落实《国务院关于新时代支持革命老区振兴发展的意见》,加强统筹协调,积极主动作为,全力抓好合作方案编制工作,推进重点任务落地见效。庆阳市委主要负责人赴天津市对接对口合作工作,天津市政府分管领导带队赴庆阳市进行回访和专题对接,召开对口合作庆阳革命老区座谈会并签署《津庆对口合作框架协议》。

围绕《天津市与庆阳市对口合作实施方案》,全面稳步实施乡村振兴战略,其重点任务包括完善基础设施建设、加快产业转型升级、深化文旅融合发展、推进生态保护绿色发展、促进干部人才交流等十项任务。具体工作举措共有30项,涉及津庆两市的教育、医疗、农业、能源等领域。充分利用天津的开放、市场和产业优势，与庆阳的特色资源优势相结合，深入展开在文化、园区建设、产业发展等领域的密切合作。旨在推动津庆合作取得显著成果，努力打造老区重点城市对口合作的典范。

八、六安—上海对口支援进展

2022年7月5日，六安市发改委发布了《关于加快新时代六安大别山革命老区振兴发展的实施方案》，围绕推进三次产业协同、构建现代城镇化布局，促进绿色转型发展、全面深化开放合作、提升公共服务质量、加大政策落实力度。

加强与上海市对口合作，省直部门、省属企业干部到老区挂职，培养乡村领导班子。认真办好金寨干部学院，打造特色培训品牌，同时大力弘扬与发展大别山精神。突出项目支撑。坚持"投资为纲、项目为王"理念，把项目建设作为老区振兴发展的关键支撑，围绕六安市"十四五"规划确定的重点项目，进一步突出补短板与优势创新方案，积极争取政策、资金支持，健全实施机制。上海市成立大别山革命老区振兴发展领导小组，加强总体布局的引领与督导工作，加强项目的跟踪与调度工作，积极推动项目落地。

九、信阳—苏州对口支援进展

2022年10月9日，振兴司发布《以园区共建推动苏州信阳对口合作开新局》，指出苏州—信阳对口合作要注重推动"两区"协同带动，高标准高质量谋划和建设豫东南高新技术产业开发区。河南省制订了招商政策，设立产业发展基金，提供充足的要素保障、政策支持和资源市场，以务实的方式支持企业落地发展。这为老区对口合作与振兴发展提供了平台和有力支持[①]。河南省非常重视苏州和信阳之间的对口合作，强调要坚定地走生态良好、高端生产、更美好生活的振兴发展道路。

河南省领导和信阳市的党政考察团前往江苏省苏州市就对口合作进行对

---

① 孔怡璎：《中国式现代化视域下革命老区高质量发展的路径选择》，载于《现代商贸工业》2023年第15期。

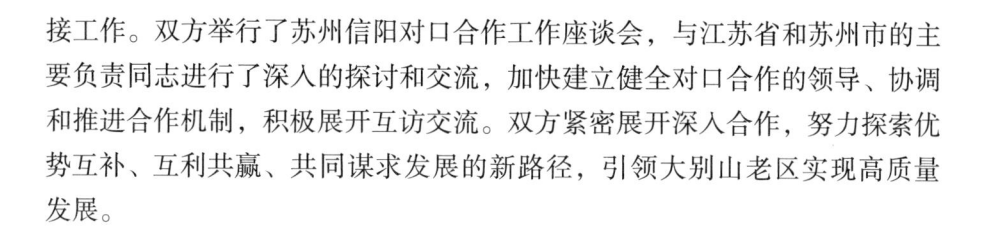

接工作。双方举行了苏州信阳对口合作工作座谈会，与江苏省和苏州市的主要负责同志进行了深入的探讨和交流，加快建立健全对口合作的领导、协调和推进合作机制，积极展开互访交流。双方紧密展开深入合作，努力探索优势互补、互利共赢、共同谋求发展的新路径，引领大别山老区实现高质量发展。

十、黄冈—宁波对口支援进展

在国家发改委印发《革命老区重点城市对口合作工作方案》后，湖北省、浙江省都十分重视，并安排对口城市进行密切的协调对接，以扎实推进革命老区重点城市对口合作工作谋深做实作为首要目标。2022年6月17日，黄冈市考察组到宁波市对接；同年6月20日，宁波市考察组赴黄冈考察调研；7月23日、7月27日，宁波市委市政府领导又连续带领2批调研组，全面深入黄冈市各区县进行调研对接、座谈交流。逐步完善推进机制，对口城市按人文互融、产业互补、经济互促、优势互补的原则，明确了10个区县市、1个开发园区与黄冈市对应区县、开发区的结对合作关系，同时建立两地市级部门对接机制。同年8月初，所有结对区县市完成对接交流，7对结对区县实现互访考察。采取高起点谋划对口合作方案的方式，宁波市充分发挥比较优势，以拉长板、补短板、固成果为着眼点和发力点，构建"1510"工作体系，宁波市与黄冈市审议通过了《共同推动新时代大别山革命老区振兴发展框架协议》。

十一、百色—深圳对口支援进展

2023年5月26日，深圳市颁布《深圳市关于贯彻落实〈革命老区重点城市对口合作工作方案〉的实施意见》，文件指出，要推动深圳市与其他革命老区对口合作工作走深走实。加快深圳经济、科技、人才、管理等优势与革命老区资源、产业、空间等禀赋有机结合，加强重点领域合作，促进双方各个工作层次与方面上共同进步，实现革命老区与深圳特区携手高质量发展。强调要用好红色资源，传承弘扬好红色基因，深化党史学习教育、开展文化品牌以及相关产业等方面开发和保护利用工作；围绕特色文化旅游品牌提档升级，从建立品牌性、可持续性等方面入手，助力革命老区结合自身地域特点，发展特色文化旅游产业。提高革命老区农村劳动力就业技能、收入和生活水平。提升基本民生保障水平，夯实发展基础支撑，鼓励深圳各类企业通过运营管理，支持革命老区进一步完善学校、医疗机构等基础配套设施，同时加快健全基本公共服务体系，利用对口帮扶和东西部协作的政策支持，组织深圳与革命老区开展一批中小学结对帮扶合作等。强化生态文明建设，推动绿色低碳发展合作。不断深化"双碳"合作模式，探索协同降碳、生态资源权益共享机制。共建产业合作平台载体，推进两地产业转型升级，支持革命老区加快产业结构优化调整，不断完善和发展现代化产业体系。加快创新驱动，加强人才交流，深化科技合作，进一步推动、支持深圳大学、南方科技大学等深圳高等院校与革命老区合作共建特色学科和创新平台，共建中科院赣江创新研究院等创新平台。

十二、巴中—金华对口支援进展

2022年7月21日，为落实革命老区城市对口支援工作，革命老区重点城市对口合作对接会在巴中召开。巴中与金华市建立革命老区重点城市对口合作关系，为巴中带来新的发展机遇。巴中市按照"优势互补、互惠互利、共谋发展"原则，谋划一批重大项目、重大平台、重大事项，协同推进一批重要改革，促进金华—巴中实现合作共赢。金华市推动"浙江—四川"两省、"金华—巴中"两市完善对口合作工作机制，共同谋划建设一批标志性、跨区域、生命力强、可转移的大项目，推动金华与巴中在商贸物流、数字化改革、林业碳汇、五金、纺织、干部人才互派等领域开展更深层次合作，打造革命老区重点城市对口合作样板。

第八章

中国革命老区振兴发展的
红色基因传承贡献

党的二十大报告明确提出"传承红色基因,赓续红色血脉"。习近平总书记多次强调传承红色基因的重要性,为新时代如何传承红色基因指明了方向[1]。进入新时代,红色基因已经成为一种可长期延续、相对稳定且具有中国特色的文化元素[2]。红色基因体现了中国文化的延续性,凝聚着中华民族一脉相承的价值追求,是一种具有中华民族特色的文化基因。习近平总书记在2021年党史学习教育动员大会上指出:"要教育引导全党大力发扬红色传统、传承红色基因,赓续共产党人精神血脉,始终保持革命者的大无畏奋斗精神,鼓起迈进新征程、奋进新时代的精气神。"[3] 红色基因既包含了中华优秀传统的文化因子,也包含着马克思主义的科学理论,并在建设中国特色社会主义的实践中不断丰富和发展。文化结构是解析红色基因的一个视角。基于马克思主义理论和文化结构视角,梳理红色文化的物质载体与精神内核是深入解析红色基因的前提。

---

[1] 周克书、罗嗣亮:《习近平关于传承红色基因重要论述:核心内涵、时代价值、实现路径》,载于《邓小平研究》2022年第5期。
[2] 人民论坛网:《【中国之治@文化解码】红色文化的理论逻辑、历史逻辑和现实逻辑》,2021年2月18日,http://www.rmlt.com.cn/2021/0218/608054.shtml。
[3] 习近平:《在党史学习教育动员大会上的讲话》,人民出版社2021年版。

第一节　红色基因的文化结构解析

一、红色基因的内涵

"基因"最早作为一个生物遗传学中的概念，特指"生物体遗传进化的基本单位"。① 随着人类对生物"基因"认知的不断深化，各领域的专家学者对于"基因"的理解和运用，使其突破了原有的生物遗传学范畴。"基因"被引入哲学社会科学研究领域，"文化基因""制度基因""精神基因""组织基因""群众基因"② 等新的概念不断被提出并广泛使用。红色基因是一种带有革命文化特质的文化基因，是红色文化中优秀的、带有稳定特性的基因密码③。直到21世纪初，"红色基因"这一概念作为文化基因开始被引入哲学社会科学研究领域。在党的十八大之前，从文化角度解析"红色基因"概念的文献较少。这些文章大多只是提及"红色基因"或将其作为"红色文化""革命精神"等的同义词或替换词使用，并未对其进行文化结构视角的阐述。党的十八大以来，中国特色社会主义进入新时代，习近平总书记立足于党和国家事业发展的新起点，统筹推进"五位一体"总体布局、协调推进"四个全面"战略布局，先后推出一系列重大战略举措。2013年2月4日，习近平总书记在视察原兰州军区时指出"要深入进行党史军史教育，把红色基因一代代传下去"。④ 这是习近平总书记首次提出"红色基因"这一概念。此后，"红色基因"逐渐进入学界的研究视野，红色基因在新时代的价值研究逐渐凸显出来。显然，习近平总书记将"红色基因"作为一种文化基因来理解，赋予了"红色基因"这一概念以时代与文化内涵。同时，红色基因昭示着中华民族的文脉传承，具有鲜明的中国特色⑤。作为中国共产党在长期实践中总结凝练出来的文化基因，红色基因提供了中华民族

---

① ［美］波拉克著：《解读基因：来自DNA的信息》，杨玉玲译，中国青年出版社2000年版。
② 张小明：《党成功应对重大突发事件的四大基因》，载于《人民论坛》2020年第19期。
③ 安娜：《从红色基因中汲取继续前行的精神力量》，载于《山西日报》2021年5月25日。
④ 习近平：《围绕强军目标创新发展政治工作》，载于《解放军报》2014年11月1日。
⑤ 刘建平、王昕伟：《传承红色基因　铸牢复兴之魂》，载于《红旗文稿》2019年第13期。

迎来从站起来、富起来到强起来伟大飞跃的文化解释①。

二、红色基因的文化结构

广义的文化结构由器物、制度和文化心理三个层面组合而成②。显露于外的是物质文化层，中间层是理论制度文化，文化结构的深层是心理层面。其中"文化的物质层面是最活跃的因素，它变动不居，交流方便；而理论制度层面，是最权威的因素，它规定着文化的整体性质；心理层面，则最保守，它是文化成为类型的灵魂。"③ 此外，马克思根据人与自然、人与社会的关系以及人类社会活动的特征将文化分为物质文化、制度文化与精神文化④。习近平总书记在浙江工作期间，思考文化工作并指出：现实生活中的文化往往是表层文化（物质文化）、中层文化（制度文化）与深层文化（哲学文化）彼此交叉，相互渗透，难以区分。深层文化渗透在表层文化与中层文化中，表层文化、中层文化也映射出深层文化⑤。

为此，本书认为红色基因的文化结构包括三个层面：一是红色基因的物质形态，也即物质载体，如历史文物、历史建筑等不可移动的红色文物，以及用物质的手段传承观念的主要媒介，如各类红色历史著作、红色文艺作品等可移动的红色文物；二是红色基因的制度层面，主要指的是在社会实践中，人类形成的与红色文化创造和传播有关的社会制度规范。三是红色基因的精神层面，即红色精神。

1. 红色基因的物质文化层面

作为一种文化基因，红色基因植根在每个中华儿女的思想灵魂深处，难以被直接感知，必须要通过一定的方式、借助一定的载体，才能充分呈现出来。红色基因的形式载体是红色基因的重要外延，是感知红色基因的物质途径。文物就是文化的物化，它负载着一个时代的文化观念。文化是观念形态，但它可以通过语言符号，可以通过它的物质载体客观化，为人们感知理

---

① 陈怀平：《传承红色基因 培育时代新人》，载于《红旗文稿》2020 年第 16 期。
② 庞朴：《文化结构与近代中国》，载于《中国社会科学》1986 年第 5 期。
③ 刘桂荣：《徐复观美学思想研究》，人民出版社 2007 年版。
④ 叶志坚：《文化类型探析》，载于《中共福建省委党校学报》2001 年第 3 期。
⑤ 习近平：《干在实处走在前列——推进浙江新发展的思考与实践》，中共中央党校出版社 2006 年版。

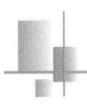

解和接受。① 概括起来,红色基因的物质文化主要分为红色印迹和红色文艺。

其中,红色印迹是指在中国革命、建设和改革历程中存留下来的一系列以物质形态存在的红色历史痕迹,是红色文化重要的物质载体。红色印迹是中国共产党领导人民实现民族独立、国家富强、人民幸福的外在显性部分,是对红色基因最有力的注解和诠释,也是传承红色基因的宝贵资源。具体而言,红色印迹包括各类革命纪念场所,如革命历史博物馆、革命历史纪念馆以及为纪念中国近代史上的革命烈士而建的人民英雄纪念碑和革命烈士陵园等②。我们党在百年奋斗历程中,留下了大量的革命旧址、遗迹遗存和实物资料。主要有中国共产党成立后的各类会议会址,如中共一大、八七会议、遵义会议等旧址。革命年代领袖与为革命做出过突出贡献的前辈曾经生活或者工作过的寓所;革命先烈使用过的装备设施、生活用品等革命文物,以及记录革命历史、记述革命人物生平的红色历史文献、档案资料等。据统计,全国有不可移动革命文物 3.6 万多处,可移动革命文物超过 100 多万件(套)③。

红色文艺是指在红色文化产生、传播与传承的过程中,各条战线上的文艺工作者与人民群众一起创作的见证革命历史、承载革命记忆的红色文化作品,包括但不限于红色文学类作品、红色报纸杂志、红色歌谣、红色电影等。红色文艺形式多样、博大精深,具有浓厚的革命色彩和生动的表现手法,能够潜移默化影响人民群众的思想观念和价值立场。红色文艺是对中国革命历史的艺术再现,彰显着人民至上的价值取向,传播着马克思主义的立场观点,对于启迪群众觉悟、宣传党的政策、弘扬革命精神发挥着极其重要的作用,在中国人民革命、建设和改革的伟大实践中做出了不可磨灭的贡献。在中国共产党一百年的发展历程中,孕育催生了不计其数的红色文艺作品,这些红色文艺作品是我们传承红色基因的宝贵文化财富。值得注意的是,在新媒体背景下,新技术的出现也为红色文化传播提供了多元的展示方式。

---

① 陈先达:《文化自信与中华民族伟大复兴》,人民出版社 2017 年版。
② 李晓东:《中国保护近现代文物理论与实践》,载于《中国文物科学研究》2008 年第 3 期。
③ 文旅部:《2004 年到 2019 年每年参加红色旅游人次从 1.4 亿增长到 14.1 亿》[EB/OL],2021 年 3 月 23 日,http://ent.people.com.cn/n1/2021/0323/c1012—32058203.htmp。

2. 红色基因的制度文化层面

红色制度文化是将马克思主义理论作为制度文化建构的指导原则，确立的一系列体现马克思主义立场观点的制度形态，包括中国共产党带领中国人民在争取民族独立与国家富强的过程中所创造的理论、路线、方针、政策、法律法规等。如毛泽东思想、邓小平理论、"三个代表"重要思想、科学发展观以及习近平新时代中国特色社会主义思想。新民主主义革命时期中国共产党领导的各革命根据地和解放区人民民主政权所颁布的各类制度性文件与法规，如1922年通过中国劳动组合书记部所提出的《劳动法大纲》，1931年在中华苏维埃共和国第一次工农兵代表大会上通过的《中华苏维埃共和国宪法大纲》《中华苏维埃共和国婚姻法》等。红色制度文化既是中国共产党红色资源的重要组成部分，也是红色文化能够代代传承并不断丰富与发展的重要保障。

3. 红色基因的精神文化层面

精神是一个民族赖以长久生存的灵魂。[①] 红色基因深层次的表现就是红色精神，红色精神谱系在中国共产党领导中国人民进行革命、建设与改革的全过程中生成、发展。红色基因蕴含着中国共产党人的精神信仰，反映着中国共产党人的精神特质，是激励全党应对各种风险挑战的重要思想保证和精神动力。在不同历史阶段，中国社会面临的主要矛盾与历史任务不同，红色精神大致分为以下主要四个历史时期：新民主主义革命时期、社会主义建设时期、改革开放新时期与中国特色社会主义进入新时代。中国共产党成立迄今，先后铸就了五十余种广为人知的精神形态，其中有长征精神、延安精神；也有地域性的苏区精神、沂蒙精神；有张思德精神、焦裕禄精神；也有抗美援朝精神、抗震救灾精神。这些众多的精神形态虽然基本内涵不尽相同，但其精神实质一致。习近平总书记强调："光荣传统不能丢，丢了就丢了魂；红色基因不能变，变了就变了质。"[②] 习近平总书记十分重视中国共产党革命精神的继承和弘扬，先后多次对红船精神、井冈山精神、长征精神等众多中国共产党革命精神进行了论述，并强调要让红色精神放射出新的时代光芒。他明确提出，"伟大长征精神，作为中国共产党人红色基因和精神族谱的重要组成部分，已经深深融入中华民族的血脉和灵魂，成为社会主义核心价值观的丰富滋养，成为鼓舞和激励中国人民不断攻坚克难、从胜利走

[①][②] 《习近平谈治国理政》（第2卷），外文出版社2017年版。

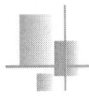

向胜利的强大精神动力。"①

革命老区是中国共产党在革命与战争时期创建的革命根据地，这些地区受地理环境与自然条件影响，多半经济发展比较落后。革命老区作为中国革命的摇篮，在战争年代保护和发展了党的革命斗争事业，老区人民在中国革命和建设中做出过巨大贡献，老区精神积淀着丰富且深刻的红色基因②。习近平总书记强调："革命老区是党和人民军队的根，我们不能忘记我们是从哪里走来的，永远都要从革命历史中汲取智慧和力量。"③

第二节　革命老区红色基因传承贡献率测算方法

中共江西省委十五届四次全体（扩大）会议提出，江西要聚焦"作示范、勇争先"的目标要求，打造革命老区高质量发展高地④。坚定不移推动高质量发展，奋力谱写中国式现代化的江西篇章，奋力开创革命老区高质量发展新局面。就省域范围看，革命老区主要集中在欠发达的中西部地区。近年来，江西省发展态势较好、发展后劲较足，在全国同类革命老区中走在前列。江西要紧紧扭住发展第一要务不动摇，全力推动经济持续健康发展，不断在优势领域争先进位、勇创一流，加快推进新时代革命老区高质量发展。

江西省作为一片充满红色记忆的红土地，是众多波澜壮阔的中国共产党革命史的发源地。定量评估革命老区红色基因传承的江西省贡献，打造革命老区高质量发展高地，有利于提升江西省综合实力和竞争力，为全国革命老区高质量发展探索经验、提供示范。为评估革命老区红色基因的江西贡献，首要应测度革命老区红色基因的贡献率。通过不同层面的比较，直观反映出革命老区红色基因传承的江西贡献，进而实现革命老区红色基因传承的价值。为此，本节首先建立了革命老区红色基因传承的贡献率测算方法，对革

---

① 习近平：《在纪念红军长征胜利80周年大会上的讲话》，载于《人民日报》2016年10月22日。
② 国家发展改革委地区振兴司、中国国际工程咨询有限公司：《牢牢把握新时代革命老区振兴发展的新使命新要求》，载于《习近平经济思想研究》2022年第3期。
③ 习近平：《用好红色资源，传承好红色基因　把红色江山世世代代传下去》，载于《求是》2021年第10期。
④ 江西省发展和改革委员会：《江西日报：奋力开创革命老区高质量发展新局面》，2023年9月6日，http：//drc.jiangxi.gov.cn/art/2023/9/6/art_14591_4588426.html。

命老区红色基因传承分别进行了县（区）以及省级两个层面的比较，再对革命老区红色基因传承的单指标进行了比较，进一步分析说明了革命老区红色基因传承的贡献率测算结果及排名。

贡献率在统计学中一般指总体中某部分的增长量对于总体增长的作用大小，实际是指整体中某部分的增长量占整体增长量的比重[①]。贡献率表示部分对整体增长的贡献，各部分贡献率之和等于1，贡献率可正可负可为零，结果是百分数的形式。由于数据跨度为2012~2021年，为了更全面地反映革命老区红色基因传承的贡献，本书将革命老区红色基因传承的贡献率分为总量贡献率与增量贡献率。

其中，总量贡献率指的是各革命老区省（市）、区县红色基因得分占全国革命老区红色基因总得分的比重，将2021年革命老区省（市）、区县的红色基因得分占全国革命老区县红色基因总得分的比重作为总量贡献率，这从静态和结构性角度反映出革命老区红色基因传承的贡献率大小；增量贡献率即2012~2021年各革命老区省（市）、区县红色基因得分增长量与全国革命老区红色基因总得分增长量的比值，这从动态和增量角度反映出革命老区红色基因传承的贡献率大小。

为测度革命老区红色基因传承的总贡献率，构建如下公式：

$$C = \sqrt[3]{\frac{C_1 \cdot C_2}{100}} \times 100\%$$

$$C_1 = \frac{r_{2021}}{R_{2021}} \times 100\%$$

$$C_2 = \frac{r_{2021} - r_{2012}}{R_{2021} - R_{2012}} \times 100\%$$

其中，C为革命老区红色基因传承的总贡献率（%），C_1为革命老区红色基因传承的总量贡献率，C_2为革命老区红色基因传承的增量贡献率。R_{2012}和R_{2021}分别表示2012年和2021年全国革命老区红色基因总得分，r_{2012}和r_{2021}分别表示2012年和2021年各革命老区省（市）、区县红色基因得分。

[①] 中国政府网：《什么是"贡献率"？它是怎样计算的？》，2005年6月8日，https：//www.gov.cn/test/2005-06/08/content_4944.htm。

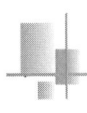

第三节 革命老区红色基因传承的主要指标分析

从是否入选中国红色旅游经典景区、A级景区数量、国家级非物质文化遗产项目数量、英烈人数占比、脱贫系数、专项转移支付预算数以及革命老区乡镇分类人口数等七个指标可以评价其红色基因传承情况。

1. 入选中国红色旅游经典景区指标分析

2012年，全国有44个革命老区县入选了中国红色旅游经典景区。2021年，全国有181个革命老区县入选了中国红色旅游经典景区。其中，2012年，中国红色旅游经典景区数量排名依次是江西省（8个）、陕西省（8个）、浙江省（6个）、湖北省（3个）、四川省（3个）、贵州省（3个）。到2021年，中国红色旅游经典景区数量依次是陕西省（20个）、江西省（15个）、河北省（15个）、贵州省（15个）、四川省（15个）、福建省（14个）。可以看出，2021年河北省和福建省的中国红色旅游经典景区数量大幅增加。

2. A级景区数量分析

2012年，A级景区数量最多的是房山区（14个），有376个革命老区区县没有A级景区。A级景区数量排名前十的革命老区区县依次为房山区、昌平区、门头沟区、岳西县、宝塔区、沂水县、信都区、荆州区、浏阳市、武陵源区，其中有三个区县在北京市，两个在湖南省。到2021年，A级景区数量最多的是沂水县（37个）。A级景区数量排名前十的革命老区区县依次为沂水县、房山区、遂昌县、永定区（福建省）、永定区（湖南省）、文成县、蒙阴县、黄陂区、龙泉市以及金寨县。其中，有三个在浙江省，两个在山东省。可以发现，2012~2021年，有A级景区的革命老区区县数量大幅增加，由217个增至579个，增长了1.668倍，年均增长率为5.851%。从排名前十的革命老区县位次变化来看，房山区由第一降至第二，A级景区由14个增至24个；昌平区、门头沟区、岳西县、宝塔区、信都区、荆州区、浏阳市以及武陵源区退出前十行列；沂水县由第六升至第一，A级景区由6个增至37个。2021年，遂昌县、永定区（福建省）、永定区（湖南省）、文成县、蒙阴县、黄陂区、龙泉市以及金寨县跻身前十行列，遂昌县A级景区由4个增至24个，永定区（福建省）由4个增至23个，永定区

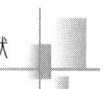

(湖南省）由4个增至23个，文成县由1个增至22个，蒙阴县由1个增至19个，黄陂区由2个增至19个，龙泉市由2个增至18个，金寨县由0个增至18个。总体来看，2012~2021年，革命老区的A级景区总量由395个增至3134个，增长了6.934倍，年均增长率为24.006%。2012~2021年A级景区数量排名前十的革命老区县区如表8-1所示。

表8-1　　2012年、2021年A级景区数量排名前十的革命老区县区　　单位：个

2012年		2021年	
区县	数量	区县	数量
房山区	14	沂水县	37
昌平区	10	房山区	24
门头沟区	9	遂昌县	24
岳西县	7	永定区	23
宝塔区	7	永定区	23
沂水县	6	文成县	22
信都区	5	蒙阴县	19
荆州区	5	黄陂区	19
浏阳市	5	龙泉市	18
武陵源区	5	金寨县	18

资料来源：中华人民共和国文化和旅游部（https：//www.mct.gov.cn/tourism/#/list），以及各地文化和旅游局。

3. 国家级非物质文化遗产项目数量分析

2012年，国家级非物质文化遗产项目数量最多的是榕江县（8个），250个革命老区区县尚无国家级非物质文化遗产项目。国家级非物质文化遗产项目数量排名前十的区县依次为榕江县、黎平县、泰顺县、从江县、井陉县、万载县、泸溪县、凤凰县、贞丰县、门头沟区，其中，有四个区县在贵州省，两个区县在湖南省。到2021年，榕江县国家级非物质文化遗产项目数量增加了1个，数量仍最多，316个革命老区区县已有国家级非物质文化遗产项目。国家级非物质文化遗产项目数量排名前十的革命老区区县依次为榕江县、黎平县、泰顺县、门头沟区、潜江市、从江县、井陉县、蔚县、平定县、平阳县。其中，有三个在贵州省，两个分别在浙江省和河北省。可以发现，2012~2021年，成功申报国家级非物质文化遗产项目的革命老区区

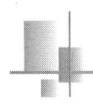

县数量大幅增加。从排名前十的革命老区区县位次变化来看，榕江县保持第一不变，国家级非物质文化遗产项目由8个增至9个①；黎平县仍为第二，国家级非物质文化遗产项目由6个增至7个；泰顺县始终保持第三，国家级非物质文化遗产项目由5个增至6个；从江县由第四降至第五；万载县、泸溪县、凤凰县、贞丰县退出前十行列；门头沟区由第十升至第四，国家级非物质文化遗产项目由3个增至5个。2021年，潜江市、蔚县、平定县、平阳县跻身前十行列，潜江市国家级非物质文化遗产项目数量由3个增至5个，蔚县国家级非物质文化遗产项目数量由3个增至4个，平定县国家级非物质文化遗产项目数量由1个增至4个，平阳县国家级非物质文化遗产项目数量由3个增至4个。总体来看，2012～2021年，中国革命老区的国家级非物质文化遗产项目总量由397个增至547个，年均增长率为3.625%（见表8-2）。

表8-2　　　　2012年、2021年国家级非物质文化遗产项目数量排名前十的革命老区县区　　　　单位：个

2012年		2021年	
区县	数量	区县	数量
榕江县	8	榕江县	9
黎平县	6	黎平县	7
泰顺县	5	泰顺县	6
从江县	5	门头沟区	5
井陉县	4	从江县	5
万载县	4	潜江市	5
泸溪县	4	蔚县	4
凤凰县	4	平阳县	4
贞丰县	4	缙云县	4
门头沟区	3	青田县	4

资料来源：中国非物质文化遗产网（https://www.ihchina.cn/project#target1）。我国分别于2006年、2008年、2011年、2014年和2021年公布了共5批国家级非物质文化遗产名录，本书2012年和2021年数据分别统计自前三批和前五批数据。

① 国务院：《国务院关于公布第五批国家级非物质文化遗产代表性项目名录的通知》，2021年6月10日，https://www.gov.cn/zhengce/content/2021-06/10/content_5616457.htm。

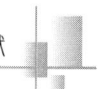

4. 英烈人数分析

英烈人数最多的革命老区区县是兴国县（22418 人），英烈人数排名前十的区县依次为兴国县、平江县、瑞金市、浏阳市、宁都县、于都县、红安县、新县、修水县以及吉安县，其中，有 6 个区县在江西省，两个在湖南省。

5. 脱贫系数分析

2012 年，有 343 个革命老区县为非国家级贫困县，到 2021 年，全国革命老区县均退出了国家级贫困县。其中，有 6 个区县最早在 2016 年脱贫摘帽，分别是吉安县、南部县、井冈山市、秀山土家族苗族自治县、黔江区以及赤水市，有 30 个区县在 2017 年实现脱贫摘帽，82 个区县在 2018 年实现脱贫摘帽，119 个区县在 2019 年实现脱贫摘帽，13 个区县在 2020 年脱贫摘帽，分别是酉阳土家族苗族自治县、大化瑶族自治县、都安瑶族自治县、广南县、镇原县、隆林各族自治县、那坡县、望谟县、榕江县、西吉县、乐业县、从江县以及晴隆县。2012～2021 年，实现脱贫的革命老区县数量逐步增多，革命老区坚持脱贫攻坚战并且成效卓著。

6. 专项转移支付预算数分析

这项指标反映了中央财政在安排革命老区转移支付时对革命老区予以倾斜支持，以促进革命老区各项社会事业发展，支持革命老区保障和改善民生。由表 8-3 可以看出，2012 年，专项转移支付预算数最多的革命老区区县是浏阳市（232306.549 万元），专项转移支付预算数最少的区县是吴堡县（10158.721 万元），专项转移支付预算数均值为 61216.567 万元。排名前十的区县依次为浏阳市、宣汉县、神木市、三台县、涪城区、达川区、渠县、南部县、大竹县以及江油市，其中，有 9 个区县在四川省。到 2021 年，专项转移支付预算数最多的革命老区区县是万宁市（148262.564 万元），专项转移支付预算数最少的区县是梅江区（2554.080 万元），专项转移支付预算数均值为 21030.730 万元。专项转移支付预算数排名前十的区县依次为万宁市、文昌市、仁怀市、神木市、浏阳市、澄迈县、榆阳区、儋州市、兴义市以及广南县。

表8-3　2012年、2021年专项转移支付预算数排名前十的革命老区县　单位：万元

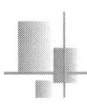

2012年		2021年	
区县	专项转移支付预算数	区县	专项转移支付预算数
浏阳市	232306.549	万宁市	148262.564
宣汉县	214489.743	文昌市	122505.778
神木市	211525.900	仁怀市	98693.951
三台县	202575.194	神木市	79014.409
涪城区	194176.422	浏阳市	69018.427
达川区	192979.394	澄迈县	68976.543
渠县	191417.776	榆阳区	67712.740
南部县	189092.265	儋州市	63236.127
大竹县	173801.863	兴义市	62813.086
江油市	170966.644	广南县	60497.632

资料来源：2021年中央对地方专项转移支付数据来源于中华人民共和国财政部《2023年中央对地方专项转移支付分地区情况汇总表》，2012年数据来源于各省财政厅，缺失数据根据《全国地市县财政统计资料》以及吕瑞林（2022）、程毓（2014）补齐。

7. 革命老区乡镇分类人口数分析

2012年，革命老区乡镇分类人口数最多的区县是普宁市（237.277万人），革命老区乡镇分类人口数最少的区县是太白县（0.254万人）。排名前10的区县为普宁市、陆丰市、监利市、仙桃市、巴州区、天门市、宣汉县、三台县、固始县以及兰陵县，其中，有三个区县在四川省，三个区县在湖北省。到2021年，革命老区乡镇分类人口数最多的区县是凭祥市（251.500万人），革命老区乡镇分类人口数最少的区县仍是太白县（0.234万人）。排名前10的区县为凭祥市、万宁市、文昌市、监利市、仙桃市、兰陵县、固始县、天门市、普宁市以及宣汉县，其中，有三个在湖北省。可以发现，2012~2021年，革命老区乡镇分类人口数排名前10有较大变化，普宁市由第1降至第9，陆丰市、巴州区、三台县退出前10行列，监利市由第3降至第4，仙桃市由第4降至第5，天门市由第6降至第8，宣汉县由第7降至第10，固始县由第九升至第七，兰陵县由第十升至第六。2012~2021年，革命老区县的乡镇分类人口总数由21601.855万人增至22219.075万人，增长了2.857%，年均增长率为0.314%（见表8-4）。

表 8-4　　2012 年、2021 年革命老区乡镇分类人口数量前十名　　单位：万人

2012 年		2021 年	
区县	人数	区县	人数
普宁市	237.277	凭祥市	251.500
陆丰市	178.870	万宁市	193.709
监利市	156.270	文昌市	156.600
仙桃市	144.649	监利市	154.600
巴州区	138.700	仙桃市	141.047
天门市	137.452	兰陵县	135.873
宣汉县	132.800	固始县	135.227
三台县	132.570	天门市	129.800
固始县	130.831	普宁市	129.700
兰陵县	120.900	宣汉县	126.581

第四节　中国革命老区红色基因传承贡献的县域比较

一、总量贡献率比较

2012 年全国革命老区红色基因总得分为 149.060，2021 年全国革命老区红色基因总得分为 169.314。2012 年，红色基因得分最高的是浏阳市（0.563），得分最低的是佛坪县（0.019）。红色基因得分均值为 0.251。排名前十的区县依次为浏阳市、弋阳县、宁都县、兴国县、泰和县、铅山县、红安县、文昌市、平江县、海丰县。其中，有 5 个属于江西省。2021 年，红色基因得分最高的仍是浏阳市（0.600），得分最低的是隆林各族自治县（0.043）。红色基因得分均值为 0.286。排名前 10 的区县依次为浏阳市、平江县、红安县、文昌市、万宁市、凭祥市、弋阳县、武安市、万载县、宁都县。其中，有三个属于江西省。

表 8-5 展示了 2012 年和 2021 年革命老区县红色基因得分占比前 100 强，其中，2021 年各革命老区县红色基因得分与全国革命老区红色基因总

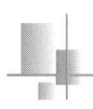

得分的比值为总量贡献率。可以发现，2012年，江西省排名前100的区县有17个，其中，弋阳县、宁都县、兴国县、泰和县及铅山县排名前十，红色基因得分占比在0.286%及以上。2021年，排名前100的区县江西省有14个，其红色基因得分的总量贡献率累计3.338%。其中，弋阳县、万载县及宁都县排名前十，红色基因得分占比在0.261%及以上。总体来看，江西省红色基因得分的总量贡献率排名靠前的革命老区县数量较多且占比较大。

表8-5　　　2012年、2021年全国革命老区县红色基因得分与2021年总量贡献率（C_1）前100强

省份	地级市	区县	2012年红色基因得分	省份	地级市	区县	2021年红色基因得分	2021年总量贡献率（%）	总量贡献率排名
湖南省	长沙市	浏阳市	0.563	湖南省	长沙市	浏阳市	0.600	0.354	1
江西省	上饶市	弋阳县	0.454	湖南省	岳阳市	平江县	0.510	0.301	2
江西省	赣州市	宁都县	0.444	湖北省	黄冈市	红安县	0.497	0.293	3
江西省	赣州市	兴国县	0.440	海南省	—	文昌市	0.489	0.289	4
江西省	吉安市	泰和县	0.430	海南省	—	万宁市	0.476	0.281	5
江西省	上饶市	铅山县	0.426	广西壮族自治区	崇左市	凭祥市	0.457	0.270	6
湖北省	黄冈市	红安县	0.425	江西省	上饶市	弋阳县	0.444	0.262	7
海南省	—	文昌市	0.425	河北省	邯郸市	武安市	0.443	0.262	8
湖南省	岳阳市	平江县	0.423	江西省	宜春市	万载县	0.442	0.261	9
广东省	汕尾市	海丰县	0.422	江西省	赣州市	宁都县	0.441	0.261	10
四川省	达州市	达川区	0.419	江西省	赣州市	兴国县	0.440	0.260	11
湖北省	—	天门市	0.416	北京市	—	房山区	0.436	0.258	12
四川省	绵阳市	三台县	0.415	北京市	—	门头沟区	0.433	0.256	13
湖北省	荆州市	公安县	0.415	河南省	安阳市	林州市	0.433	0.256	14
四川省	达州市	渠县	0.414	福建省	龙岩市	长汀县	0.429	0.253	15
北京市	—	房山区	0.414	山东省	临沂市	沂南县	0.425	0.251	16
浙江省	温州市	泰顺县	0.410	贵州省	遵义市	仁怀市	0.425	0.251	17
河南省	安阳市	安阳县	0.408	江西省	吉安市	泰和县	0.424	0.251	18
四川省	绵阳市	江油市	0.408	福建省	龙岩市	上杭县	0.424	0.250	19

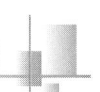

续表

省份	地级市	区县	2012年红色基因得分	省份	地级市	区县	2021年红色基因得分	2021年总量贡献率（%）	总量贡献率排名
浙江省	温州市	永嘉县	0.407	浙江省	温州市	泰顺县	0.421	0.249	20
湖北省	荆州市	监利市	0.406	海南省	—	琼海市	0.418	0.247	21
海南省	—	万宁市	0.400	浙江省	温州市	平阳县	0.418	0.247	22
湖北省	—	仙桃市	0.400	江西省	上饶市	铅山县	0.416	0.246	23
四川省	绵阳市	梓潼县	0.398	河南省	信阳市	新县	0.416	0.246	24
陕西省	榆林市	神木市	0.395	湖北省	荆州市	洪湖市	0.414	0.245	25
湖北省	随州市	曾都区	0.394	浙江省	丽水市	遂昌县	0.414	0.245	26
浙江省	丽水市	龙泉市	0.393	广东省	汕尾市	海丰县	0.414	0.245	27
浙江省	丽水市	遂昌县	0.393	海南省	—	澄迈县	0.414	0.245	28
广东省	普宁市	普宁市	0.391	江西省	赣州市	瑞金市	0.414	0.244	29
广东省	梅州市	大埔县	0.391	山东省	临沂市	莒南县	0.413	0.244	30
四川省	绵阳市	涪城区	0.384	陕西省	延安市	宝塔区	0.411	0.243	31
广西壮族自治区	崇左市	凭祥市	0.383	江西省	九江市	修水县	0.410	0.242	32
陕西省	咸阳市	泾阳县	0.382	山东省	临沂市	蒙阴县	0.409	0.241	33
四川省	达州市	大竹县	0.381	河南省	新乡市	辉县市	0.406	0.240	34
江西省	吉安市	青原区	0.381	山东省	临沂市	沂水县	0.405	0.239	35
山西省	阳泉市	郊区	0.381	贵州省	遵义市	红花岗区	0.405	0.239	36
浙江省	丽水市	松阳县	0.380	山东省	临沂市	兰山区	0.405	0.239	37
湖北省	黄冈市	黄州区	0.380	浙江省	丽水市	龙泉市	0.404	0.239	38
浙江省	丽水市	莲都区	0.380	贵州省	遵义市	播州区	0.404	0.238	39
湖北省	—	潜江市	0.380	北京市	—	昌平区	0.403	0.238	40
贵州省	黔西南布依族苗族自治州	兴义市	0.379	福建省	南平市	武夷山市	0.401	0.237	41
江西省	赣州市	大余县	0.378	贵州省	遵义市	汇川区	0.401	0.237	42
江西省	赣州市	于都县	0.377	四川省	巴中市	巴州区	0.400	0.236	43
河南省	安阳市	林州市	0.376	福建省	龙岩市	连城县	0.399	0.236	44

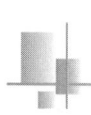

续表

省份	地级市	区县	2012年红色基因得分	省份	地级市	区县	2021年红色基因得分	2021年总量贡献率（%）	总量贡献率排名
湖北省	黄冈市	黄梅县	0.373	河北省	邯郸市	涉县	0.399	0.236	45
江西省	鹰潭市	贵溪市	0.372	海南省	海口市	琼山区	0.398	0.235	46
江西省	宜春市	万载县	0.371	湖北省	荆州市	公安县	0.397	0.234	47
贵州省	遵义市	播州区	0.371	广东省	梅州市	大埔县	0.397	0.234	48
广东省	汕尾市	陆丰市	0.370	河南省	信阳市	浉河区	0.396	0.234	49
湖北省	襄阳市	枣阳市	0.369	福建省	三明市	宁化县	0.396	0.234	50
贵州省	遵义市	仁怀市	0.368	山东省	临沂市	河东区	0.395	0.233	51
湖南省	株洲市	醴陵市	0.368	安徽省	六安市	金安区	0.394	0.233	52
江西省	赣州市	瑞金市	0.368	海南省	—	定安县	0.393	0.232	53
四川省	南充市	营山县	0.368	河南省	信阳市	罗山县	0.393	0.232	54
河北省	邯郸市	武安市	0.367	浙江省	温州市	永嘉县	0.392	0.231	55
江西省	新余市	渝水区	0.367	浙江省	丽水市	松阳县	0.391	0.231	56
四川省	达州市	宣汉县	0.366	陕西省	榆林市	靖边县	0.391	0.231	57
福建省	龙岩市	长汀县	0.361	安徽省	六安市	霍山县	0.391	0.231	58
湖南省	常德市	澧县	0.361	广东省	韶关市	南雄市	0.390	0.231	59
福建省	泉州市	南安市	0.360	湖北省	—	天门市	0.389	0.230	60
江西省	吉安市	吉水县	0.359	湖北省	随州市	曾都区	0.389	0.230	61
山东省	日照市	莒县	0.359	浙江省	丽水市	莲都区	0.389	0.230	62
湖北省	荆州市	洪湖市	0.358	江西省	吉安市	青原区	0.388	0.229	63
湖北省	武汉市	黄陂区	0.358	河南省	安阳市	安阳县	0.388	0.229	64
湖北省	黄冈市	蕲春县	0.358	四川省	广元市	剑阁县	0.388	0.229	65
山西省	晋城市	泽州县	0.357	湖北省	恩施土家族苗族自治州	咸丰县	0.388	0.229	66
陕西省	榆林市	榆阳区	0.356	江西省	吉安市	永新县	0.387	0.229	67
湖南省	常德市	桃源县	0.355	江西省	新余市	渝水区	0.387	0.229	68
山东省	临沂市	沂水县	0.355	福建省	南平市	邵武市	0.387	0.229	69
河南省	—	济源市	0.353	广东省	河源市	龙川县	0.386	0.228	70

续表

省份	地级市	区县	2012年红色基因得分	省份	地级市	区县	2021年红色基因得分	2021年总量贡献率（%）	总量贡献率排名
湖北省	随州市	随县	0.352	山西省	长治市	黎城县	0.386	0.228	71
福建省	泉州市	安溪县	0.352	福建省	漳州市	平和县	0.386	0.228	72
湖南省	常德市	武陵区	0.351	江西省	宜春市	铜鼓县	0.386	0.228	73
河南省	新乡市	辉县市	0.351	福建省	龙岩市	武平县	0.385	0.227	74
山东省	临沂市	兰陵县	0.350	陕西省	延安市	黄陵县	0.385	0.227	75
福建省	龙岩市	上杭县	0.350	广东省	梅州市	梅县区	0.384	0.227	76
陕西省	延安市	宝塔区	0.349	湖北省	黄冈市	黄州区	0.384	0.227	77
江西省	赣州市	信丰县	0.348	四川省	绵阳市	梓潼县	0.384	0.227	78
四川省	广元市	剑阁县	0.348	福建省	三明市	永安市	0.383	0.226	79
湖南省	株洲市	攸县	0.347	陕西省	延安市	洛川县	0.382	0.226	80
四川省	南充市	顺庆区	0.345	福建省	三明市	泰宁县	0.382	0.225	81
江西省	吉安市	永丰县	0.345	贵州省	遵义市	余庆县	0.381	0.225	82
四川省	南充市	蓬安县	0.345	山西省	阳泉市	郊区	0.381	0.225	83
河北省	石家庄市	井陉县	0.344	陕西省	延安市	子长市	0.380	0.224	84
江西省	上饶市	广丰区	0.343	山西省	长治市	沁源县	0.379	0.224	85
江西省	宜春市	袁州区	0.343	陕西省	咸阳市	泾阳县	0.379	0.224	86
贵州省	遵义市	红花岗区	0.343	江西省	赣州市	于都县	0.379	0.224	87
湖北省	武汉市	新洲区	0.343	江西省	萍乡市	安源区	0.378	0.223	88
河南省	驻马店市	泌阳县	0.343	广东省	惠州市	惠阳区	0.378	0.223	89
湖北省	黄冈市	浠水县	0.342	福建省	三明市	建宁县	0.377	0.223	90
河南省	信阳市	息县	0.342	四川省	达州市	宣汉县	0.377	0.222	91
海南省	儋州市	—	0.341	陕西省	延安市	志丹县	0.376	0.222	92
湖北省	黄冈市	武穴市	0.341	陕西省	延安市	吴起县	0.376	0.222	93
山东省	泰安市	新泰市	0.341	四川省	达州市	通川区	0.376	0.222	94
福建省	龙岩市	新罗区	0.341	湖北省	荆州市	监利市	0.376	0.222	95
山东省	临沂市	平邑县	0.340	山西省	晋中市	昔阳县	0.376	0.222	96
四川省	巴中市	巴州区	0.340	安徽省	安庆市	宜秀区	0.375	0.222	97

续表

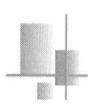

省份	地级市	区县	2012年红色基因得分	省份	地级市	区县	2021年红色基因得分	2021年总量贡献率（%）	总量贡献率排名
山西省	晋城市	阳城县	0.340	贵州省	铜仁市	印江土家族苗族自治县	0.375	0.222	98
陕西省	榆林市	靖边县	0.340	福建省	三明市	清流县	0.374	0.221	99
山西省	晋城市	高平市	0.339	安徽省	六安市	金寨县	0.373	0.220	100

二、增量贡献率比较

2012～2021年，全国革命老区红色基因总得分的增长量为20.254，由此计算得出各革命老区县的增量贡献率，即2012～2021年各革命老区县红色基因得分增长量与全国革命老区红色基因总得分增长量的比值。表8-6展示了2012年、2021年革命老区县红色基因得分增量贡献率前100强，可以发现，江西省井冈山市的红色基因得分增量贡献率排名第一，其增量贡献率为1.454%。江西省排名前100的区县有7个，分别是井冈山市、遂川县、广昌县、修水县、万安县、吉安县和莲花县。

表8-6　　　2012年、2021年全国革命老区县红色基因得分与2012～2021年增量贡献率（C_2）前100强

省份	地级市	区县	红色基因得分 2012年	红色基因得分 2021年	2012～2021年增量贡献率（%）	增量贡献率排名
江西省	吉安市	井冈山市	0.057	0.352	1.454	1
贵州省	遵义市	赤水市	0.086	0.364	1.373	2
湖南省	郴州市	桂东县	0.055	0.316	1.293	3
宁夏回族自治区	固原市	泾源县	0.036	0.288	1.246	4
河北省	保定市	顺平县	0.074	0.301	1.122	5
山西省	晋中市	左权县	0.078	0.304	1.115	6
湖北省	黄冈市	团风县	0.074	0.298	1.108	7

续表

省份	地级市	区县	红色基因得分 2012年	红色基因得分 2021年	2012~2021年增量贡献率（%）	增量贡献率排名
湖北省	黄冈市	英山县	0.092	0.314	1.096	8
陕西省	咸阳市	旬邑县	0.077	0.298	1.092	9
山西省	长治市	武乡县	0.088	0.307	1.081	10
山西省	大同市	灵丘县	0.079	0.298	1.079	11
河北省	保定市	涞水县	0.081	0.299	1.076	12
广西壮族自治区	崇左市	龙州县	0.113	0.328	1.063	13
宁夏回族自治区	固原市	隆德县	0.081	0.295	1.059	14
陕西省	榆林市	绥德县	0.109	0.323	1.056	15
广西壮族自治区	百色市	乐业县	0.051	0.264	1.052	16
山西省	忻州市	代县	0.069	0.277	1.029	17
陕西省	渭南市	富平县	0.107	0.313	1.016	18
河北省	保定市	唐县	0.109	0.312	1.003	19
湖南省	郴州市	汝城县	0.104	0.306	0.998	20
河北省	保定市	阜平县	0.075	0.276	0.992	21
河北省	石家庄市	平山县	0.170	0.370	0.985	22
陕西省	铜川市	耀州区	0.084	0.283	0.983	23
河北省	保定市	易县	0.161	0.359	0.978	24
湖北省	恩施土家族苗族自治州	鹤峰县	0.105	0.302	0.973	25
湖北省	黄冈市	罗田县	0.117	0.313	0.966	26
河北省	保定市	涞源县	0.084	0.277	0.952	27
安徽省	安庆市	岳西县	0.154	0.347	0.951	28
宁夏回族自治区	吴忠市	盐池县	0.132	0.325	0.950	29
海南省	—	临高县	0.105	0.295	0.938	30
山西省	忻州市	五台县	0.102	0.290	0.926	31
贵州省	黔西南布依族苗族自治州	晴隆县	0.075	0.262	0.921	32
贵州省	遵义市	习水县	0.152	0.336	0.908	33

续表

省份	地级市	区县	红色基因得分 2012年	红色基因得分 2021年	2012~2021年增量贡献率（%）	增量贡献率排名
贵州省	遵义市	桐梓县	0.160	0.343	0.903	34
贵州省	铜仁市	石阡县	0.136	0.318	0.897	35
陕西省	汉中市	佛坪县	0.019	0.201	0.896	36
江西省	吉安市	遂川县	0.137	0.315	0.883	37
湖南省	郴州市	宜章县	0.129	0.307	0.880	38
河南省	驻马店市	确山县	0.114	0.287	0.851	39
甘肃省	庆阳市	华池县	0.099	0.268	0.837	40
河南省	信阳市	新县	0.248	0.416	0.829	41
陕西省	汉中市	南郑区	0.109	0.276	0.824	42
河南省	信阳市	商城县	0.164	0.327	0.806	43
重庆市	—	城口县	0.113	0.272	0.780	44
安徽省	安庆市	太湖县	0.118	0.275	0.777	45
河南省	南阳市	桐柏县	0.129	0.286	0.776	46
湖南省	张家界市	桑植县	0.152	0.302	0.741	47
安徽省	六安市	裕安区	0.168	0.316	0.729	48
宁夏回族自治区	吴忠市	同心县	0.133	0.277	0.711	49
湖南省	湘西土家族苗族自治州	永顺县	0.172	0.313	0.697	50
甘肃省	庆阳市	正宁县	0.063	0.204	0.696	51
安徽省	六安市	舒城县	0.180	0.316	0.674	52
湖北省	孝感市	大悟县	0.205	0.338	0.658	53
重庆市	—	黔江区	0.148	0.279	0.646	54
宁夏回族自治区	固原市	西吉县	0.133	0.263	0.642	55
四川省	广元市	旺苍县	0.170	0.298	0.632	56
重庆市	—	秀山土家族苗族自治县	0.165	0.292	0.626	57
江西省	抚州市	广昌县	0.104	0.229	0.619	58
甘肃省	白银市	会宁县	0.151	0.274	0.607	59

续表

省份	地级市	区县	红色基因得分 2012年	红色基因得分 2021年	2012~2021年增量贡献率（%）	增量贡献率排名
贵州省	遵义市	凤冈县	0.090	0.211	0.601	60
陕西省	榆林市	吴堡县	0.022	0.143	0.598	61
陕西省	铜川市	宜君县	0.033	0.150	0.577	62
江西省	九江市	修水县	0.293	0.410	0.575	63
贵州省	遵义市	湄潭县	0.104	0.219	0.568	64
四川省	南充市	仪陇县	0.250	0.364	0.563	65
陕西省	安康市	镇坪县	0.027	0.141	0.563	66
贵州省	黔东南苗族侗族自治州	黎平县	0.228	0.342	0.560	67
海南省	—	琼中黎族苗族自治县	0.050	0.164	0.559	68
四川省	巴中市	南江县	0.208	0.320	0.554	69
安徽省	六安市	金寨县	0.262	0.373	0.548	70
陕西省	汉中市	留坝县	0.033	0.142	0.541	71
江西省	吉安市	万安县	0.139	0.245	0.522	72
云南省	文山壮族苗族自治州	西畴县	0.052	0.156	0.512	73
江西省	吉安市	吉安县	0.242	0.345	0.509	74
湖北省	黄冈市	麻城市	0.258	0.360	0.505	75
四川省	南充市	阆中市	0.266	0.368	0.499	76
河北省	邢台市	临城县	0.052	0.153	0.498	77
陕西省	榆林市	横山区	0.121	0.219	0.485	78
陕西省	延安市	宜川县	0.056	0.154	0.485	79
北京市	—	门头沟区	0.335	0.433	0.484	80
广西壮族自治区	百色市	西林县	0.053	0.148	0.471	81
陕西省	咸阳市	长武县	0.054	0.148	0.463	82
四川省	广元市	苍溪县	0.226	0.319	0.461	83
陕西省	咸阳市	淳化县	0.054	0.147	0.460	84

续表

省份	地级市	区县	红色基因得分 2012年	红色基因得分 2021年	2012~2021年增量贡献率（%）	增量贡献率排名
山东省	临沂市	蒙阴县	0.318	0.409	0.449	85
河北省	石家庄市	赞皇县	0.068	0.157	0.441	86
山东省	临沂市	沂南县	0.337	0.425	0.435	87
海南省	—	澄迈县	0.327	0.414	0.431	88
山西省	忻州市	繁峙县	0.077	0.164	0.430	89
河南省	驻马店市	新蔡县	0.163	0.250	0.430	90
山西省	晋中市	和顺县	0.066	0.153	0.430	91
湖南省	岳阳市	平江县	0.423	0.510	0.429	92
江西省	萍乡市	莲花县	0.102	0.189	0.426	93
安徽省	安庆市	潜山市	0.136	0.222	0.425	94
海南省	—	琼海市	0.333	0.418	0.424	95
四川省	广元市	昭化区	0.077	0.162	0.422	96
四川省	广元市	朝天区	0.073	0.158	0.419	97
海南省	—	定安县	0.310	0.393	0.413	98
河北省	石家庄市	灵寿县	0.076	0.159	0.412	99
山东省	临沂市	河东区	0.312	0.395	0.411	100

第五节　中国革命老区红色基因传承贡献的省域格局

一、总量贡献率比较

从各省份革命老区红色基因得分来看，2012年，红色基因得分最高的是江西省（17.169），得分最低的是云南省（0.928）。排名前10的省份依次为江西省、湖北省、福建省、陕西省、四川省、贵州省、河南省、山西省、广东省、湖南省。到2021年，红色基因得分最高的仍是江西省（18.824），得分最低的仍是云南省（1.043）。排名前10的省份依次为江西省、陕西省、湖北省、福建省、四川省、贵州省、河南省、山西省、湖南省、广东省。省级革命老区红色基因的均值从 2012 年的 7.098 增至 8.063，说明 2012~2021 年，全国省级区域革命老区红色基因的平均水平有所提升。

各革命老区省份红色基因得分与全国革命老区红色基因总得分的比值为总量贡献率。由 2012 年、2021 年全国 21 个革命老区省份的红色基因得分占比情况可知（见表 8-7），2012 年江西省革命老区红色基因得分为 17.169，全国革命老区红色基因总得分为 149.060，江西省革命老区红色基因得分占全国的 11.518%。2021 年，江西省革命老区红色基因得分为 18.824，全国革命老区红色基因总得分为 169.314，江西省革命老区红色基因得分占全国的 11.118%。2012~2021 年，江西省革命老区红色基因得分比重从 11.518% 降至 11.118%，但从排名来看，2012 年和 2021 年，江西省革命老区红色基因得分占比均为排名第 1。这表明在省级层面的比较中，江西省革命老区红色基因的总量贡献率是最高的。

表 8-7　　2012 年、2021 年省级革命老区红色基因得分与 2021 年总量贡献率（C_1）及排名

省份	红色基因得分 2012 年	红色基因得分 2021 年	2021 年总量贡献率（%）	总量贡献率排名
江西省	17.169	18.824	11.118	1
陕西省	12.037	14.942	8.825	2
湖北省	12.644	13.776	8.136	3
福建省	12.451	13.486	7.965	4
四川省	11.133	11.691	6.905	5
贵州省	9.764	11.649	6.880	6
河南省	9.275	10.195	6.021	7
山西省	8.801	10.087	5.957	8
湖南省	8.477	9.823	5.801	9
广东省	8.482	8.648	5.108	10
河北省	5.830	7.813	4.615	11
山东省	5.941	6.421	3.793	12
广西壮族自治区	5.343	6.252	3.693	13

续表

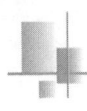

省份	红色基因得分 2012 年	红色基因得分 2021 年	2021 年总量贡献率（%）	总量贡献率排名
安徽省	4.600	5.453	3.220	14
浙江省	4.936	5.139	3.035	15
海南省	3.646	4.481	2.647	16
宁夏回族自治区	2.818	3.634	2.146	17
甘肃省	2.702	3.181	1.879	18
重庆市	1.011	1.505	0.889	19
北京市	1.071	1.272	0.751	20
云南省	0.928	1.043	0.616	21

由于12个重点连片革命老区分布在全国21个省份，各省份的革命老区县区数量不同，红色基因发展程度也存在差异。从县区平均计算的红色基因得分来看，2012年，革命老区红色基因得分最高的是北京市（0.357），得分最低的是云南省（0.116）。排名前10的省份依次是北京市、浙江省、山东省、广东省、福建省、四川省、江西省、湖北省、海南省、河南省。2021年，革命老区红色基因得分均值最高的仍是北京市（0.424），得分最低的是云南省（0.130）。排名前10的省份依次是北京市、浙江省、山东省、海南省、福建省、广东省、江西省、四川省、湖北省、河南省（见表8-8）。

表8-8　2012年、2021年省级革命老区红色基因得分均值及排名

省份	2012年 得分	2012年 排名	2021年 得分	2021年 排名	排名变化
北京市	0.357	1	0.424	1	0
浙江省	0.353	2	0.367	2	0
山东省	0.330	3	0.357	3	0
海南省	0.280	9	0.345	4	+5
福建省	0.311	5	0.337	5	0
广东省	0.326	4	0.333	6	-2
江西省	0.291	7	0.319	7	0

续表

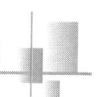

省份	2012 年 得分	排名	2021 年 得分	排名	排名变化
四川省	0.301	6	0.316	8	-2
湖北省	0.281	8	0.306	9	-1
河南省	0.273	10	0.300	10	0

二、增量贡献率比较

2012~2021年，全国革命老区红色基因总得分的增量为20.254，由此计算得出各革命老区省份的增量贡献率，即2012~2021年各革命老区省份红色基因得分增量与全国革命老区红色基因总得分增量的比值。由表8-9可知，2012~2021年，陕西省革命老区红色基因得分的增量贡献率最高，为14.343%，云南省革命老区红色基因得分增量贡献率最低，为0.567。其中，江西省革命老区红色基因的增量贡献率为8.170%，排名全国第4。

表8-9　　　2012年、2021年省级革命老区红色基因得分
与2012~2021年增量贡献率（C_2）及排名

省份	红色基因得分 2012 年	红色基因得分 2021 年	2012~2021年增量贡献率（%）	增量贡献率排名
陕西省	12.037	14.942	14.343	1
河北省	5.830	7.813	9.793	2
贵州省	9.764	11.649	9.305	3
江西省	17.169	18.824	8.170	4
湖南省	8.477	9.823	6.643	5
山西省	8.801	10.087	6.349	6
湖北省	12.644	13.776	5.588	7
福建省	12.451	13.486	5.112	8
河南省	9.275	10.195	4.540	9
广西壮族自治区	5.343	6.252	4.490	10
安徽省	4.600	5.453	4.210	11

续表

省份	红色基因得分 2012年	红色基因得分 2021年	2012~2021年增量贡献率（%）	增量贡献率排名
海南省	3.646	4.481	4.122	12
宁夏回族自治区	2.818	3.634	4.028	13
四川省	11.133	11.691	2.756	14
重庆市	1.011	1.505	2.441	15
山东省	5.941	6.421	2.370	16
甘肃省	2.702	3.181	2.365	17
浙江省	4.936	5.139	1.001	18
北京市	1.071	1.272	0.991	19
广东省	8.482	8.648	0.821	20
云南省	0.928	1.043	0.567	21

第九章

江西省革命老区红色基因传承的贡献分析

第一节 革命老区红色基因传承的江西贡献评估

表9-1展示了2012~2021年中国革命老区县红色基因传承总贡献率前100强，可以发现，江西省的井冈山市排名第一，总贡献率为0.671%；铜鼓县排名第100，总贡献率为0.431%。并且，江西省排名前100的区县有7个，分别是井冈山市、遂川县、修水县、吉安县、万载县、广昌县、铜鼓县。其中，井冈山市、遂川县、修水县排名前50，红色基因得分总贡献率在0.5%以上。总体来看，江西省革命老区县红色基因得分的总贡献率排名较靠前。

表9-1 2012~2021年全国革命老区县域红色基因得分总贡献率（C）前100强

省份	地级市	区县	总量贡献率（%）	增量贡献率（%）	总贡献率（%）	总贡献率排名
江西省	吉安市	井冈山市	0.208	1.454	0.671	1
贵州省	遵义市	赤水市	0.215	1.373	0.666	2
湖南省	郴州市	桂东县	0.187	1.293	0.623	3
河北省	石家庄市	平山县	0.218	0.985	0.599	4
宁夏回族自治区	固原市	泾源县	0.170	1.246	0.597	5
河北省	保定市	易县	0.212	0.978	0.592	6
广西壮族自治区	崇左市	龙州县	0.194	1.063	0.591	7

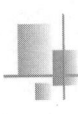

续表

省份	地级市	区县	总量贡献率（%）	增量贡献率（%）	总贡献率（%）	总贡献率排名
河南省	信阳市	新县	0.246	0.829	0.589	8
湖北省	黄冈市	英山县	0.186	1.096	0.588	9
陕西省	榆林市	绥德县	0.191	1.056	0.586	10
山西省	晋中市	左权县	0.179	1.115	0.585	11
河北省	保定市	顺平县	0.178	1.122	0.584	12
山西省	长治市	武乡县	0.181	1.081	0.581	13
湖北省	黄冈市	团风县	0.176	1.108	0.580	14
安徽省	安庆市	岳西县	0.205	0.951	0.580	15
陕西省	咸阳市	旬邑县	0.176	1.092	0.577	16
河北省	保定市	涞水县	0.177	1.076	0.575	17
山西省	大同市	灵丘县	0.176	1.079	0.574	18
陕西省	渭南市	富平县	0.185	1.016	0.573	19
河北省	保定市	唐县	0.184	1.003	0.570	20
宁夏回族自治区	固原市	隆德县	0.175	1.059	0.570	21
贵州省	遵义市	桐梓县	0.203	0.903	0.568	22
宁夏回族自治区	吴忠市	盐池县	0.192	0.950	0.567	23
湖南省	郴州市	汝城县	0.181	0.998	0.565	24
贵州省	遵义市	习水县	0.198	0.908	0.565	25
湖北省	黄冈市	罗田县	0.185	0.966	0.563	26
湖北省	恩施土家族苗族自治州	鹤峰县	0.178	0.973	0.558	27
山西省	忻州市	代县	0.164	1.029	0.552	28
贵州省	铜仁市	石阡县	0.188	0.897	0.552	29
江西省	吉安市	遂川县	0.186	0.883	0.548	30
陕西省	铜川市	耀州区	0.167	0.983	0.548	31
广西壮族自治区	百色市	乐业县	0.156	1.052	0.547	32
海南省	—	临高县	0.174	0.938	0.547	33
河北省	保定市	阜平县	0.163	0.992	0.544	34

续表

省份	地级市	区县	总量贡献率（%）	增量贡献率（%）	总贡献率（%）	总贡献率排名
湖南省	郴州市	宜章县	0.181	0.880	0.542	35
山西省	忻州市	五台县	0.171	0.926	0.541	36
河南省	信阳市	商城县	0.193	0.806	0.538	37
河北省	保定市	涞源县	0.164	0.952	0.538	38
河南省	驻马店市	确山县	0.169	0.851	0.524	39
贵州省	黔西南布依族苗族自治州	晴隆县	0.155	0.921	0.522	40
江西省	九江市	修水县	0.242	0.575	0.518	41
安徽省	六安市	裕安区	0.187	0.729	0.514	42
陕西省	汉中市	南郑区	0.163	0.824	0.512	43
甘肃省	庆阳市	华池县	0.159	0.837	0.510	44
湖南省	张家界市	桑植县	0.179	0.741	0.509	45
湖北省	孝感市	大悟县	0.200	0.658	0.508	46
河南省	南阳市	桐柏县	0.169	0.776	0.508	47
湖南省	岳阳市	平江县	0.301	0.429	0.506	48
湖南省	湘西土家族苗族自治州	永顺县	0.185	0.697	0.505	49
安徽省	安庆市	太湖县	0.163	0.777	0.502	50
安徽省	六安市	舒城县	0.187	0.674	0.501	51
重庆市	—	城口县	0.160	0.780	0.500	52
北京市	—	门头沟区	0.256	0.484	0.498	53
四川省	南充市	仪陇县	0.215	0.563	0.495	54
安徽省	六安市	金寨县	0.220	0.548	0.494	55
宁夏回族自治区	吴忠市	同心县	0.163	0.711	0.488	56
贵州省	黔东南苗族侗族自治州	黎平县	0.202	0.560	0.483	57
四川省	广元市	旺苍县	0.176	0.632	0.481	58
山东省	临沂市	沂南县	0.251	0.435	0.478	59
四川省	南充市	阆中市	0.217	0.499	0.477	60

续表

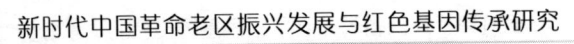

省份	地级市	区县	总量贡献率（%）	增量贡献率（%）	总贡献率（%）	总贡献率排名
山东省	临沂市	蒙阴县	0.241	0.449	0.477	61
重庆市	—	秀山土家族苗族自治县	0.172	0.626	0.476	62
湖北省	黄冈市	麻城市	0.213	0.505	0.475	63
陕西省	汉中市	佛坪县	0.119	0.896	0.474	64
重庆市	—	黔江区	0.165	0.646	0.474	65
海南省	—	澄迈县	0.245	0.431	0.472	66
四川省	巴中市	南江县	0.189	0.554	0.471	67
海南省	—	琼海市	0.247	0.424	0.471	68
海南省	—	万宁市	0.281	0.372	0.471	69
江西省	吉安市	吉安县	0.204	0.509	0.470	70
湖北省	黄冈市	红安县	0.293	0.354	0.470	71
宁夏回族自治区	固原市	西吉县	0.155	0.642	0.464	72
浙江省	温州市	平阳县	0.247	0.402	0.463	73
甘肃省	白银市	会宁县	0.162	0.607	0.461	74
广西壮族自治区	崇左市	凭祥市	0.270	0.363	0.461	75
河北省	邯郸市	武安市	0.262	0.374	0.461	76
海南省	—	定安县	0.232	0.413	0.458	77
山东省	临沂市	河东区	0.233	0.411	0.458	78
北京市	—	昌平区	0.238	0.399	0.456	79
海南省	海口市	琼山区	0.235	0.400	0.455	80
福建省	龙岩市	上杭县	0.250	0.365	0.450	81
海南省	—	文昌市	0.289	0.316	0.450	82
江西省	宜春市	万载县	0.261	0.349	0.450	83
山东省	临沂市	莒南县	0.244	0.368	0.448	84
福建省	南平市	武夷山市	0.237	0.374	0.446	85
四川省	广元市	苍溪县	0.189	0.461	0.443	86
广东省	韶关市	南雄市	0.231	0.377	0.443	87

续表

省份	地级市	区县	总量贡献率(%)	增量贡献率(%)	总贡献率(%)	总贡献率排名
山东省	临沂市	兰山区	0.239	0.362	0.443	88
福建省	龙岩市	连城县	0.236	0.366	0.442	89
福建省	龙岩市	长汀县	0.253	0.334	0.439	90
福建省	南平市	邵武市	0.229	0.369	0.439	91
甘肃省	庆阳市	正宁县	0.120	0.696	0.438	92
江西省	抚州市	广昌县	0.135	0.619	0.438	93
福建省	三明市	泰宁县	0.225	0.371	0.437	94
贵州省	遵义市	汇川区	0.237	0.353	0.437	95
福建省	三明市	建宁县	0.223	0.365	0.433	96
福建省	龙岩市	武平县	0.227	0.353	0.431	97
山西省	长治市	黎城县	0.228	0.352	0.431	98
广东省	惠州市	惠阳区	0.223	0.358	0.431	99
江西省	宜春市	铜鼓县	0.228	0.350	0.431	100

表9-2显示了2012~2021年省级革命老区红色基因传承的总贡献率，可以发现，陕西省革命老区红色基因传承的总贡献率最高，为5.021%，云南省革命老区红色基因得分总贡献率最低，为0.704%。其中，江西省革命老区红色基因的总贡献率为4.495%，排名全国第2。具体来看，江西省革命老区红色基因的总量贡献率最高，为11.118%，居全国第1。

表9-2 2012~2021年省级革命老区红色基因得分总贡献率（C）及排名

省份	总量贡献率（%）	增量贡献率（%）	总贡献率（%）	总贡献率排名
陕西省	8.825	14.343	5.021	1
江西省	11.118	8.170	4.495	2
贵州省	6.880	9.305	4.000	3
湖北省	8.136	5.588	3.569	4
河北省	4.615	9.793	3.562	5
福建省	7.965	5.112	3.440	6

续表

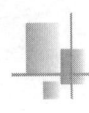

省份	总量贡献率（%）	增量贡献率（%）	总贡献率（%）	总贡献率排名
湖南省	5.801	6.643	3.378	7
山西省	5.957	6.349	3.357	8
河南省	6.021	4.540	3.012	9
四川省	6.905	2.756	2.670	10
广西壮族自治区	3.693	4.490	2.550	11
安徽省	3.220	4.210	2.384	12
海南省	2.647	4.122	2.218	13
山东省	3.793	2.370	2.079	14
宁夏回族自治区	2.146	4.028	2.052	15
甘肃省	1.879	2.365	1.644	16
广东省	5.108	0.821	1.613	17
浙江省	3.035	1.001	1.448	18
重庆市	0.889	2.441	1.295	19
北京市	0.751	0.991	0.906	20
云南省	0.616	0.567	0.704	21

第二节　江西省革命老区县红色基因传承贡献比较

在江西省59个革命老区县中，2012年，红色基因得分最高的是弋阳县，得分最低的是井冈山市。排名前十的区县依次为弋阳县、宁都县、兴国县、泰和县、铅山县、青原区、大余县、于都县、贵溪市、万载县。2021年，红色基因得分最高的仍是弋阳县，得分最低的是上犹县。排名前十的区县依次为弋阳县、万载县、宁都县、兴国县、泰和县、铅山县、瑞金市、修水县、青原区、永新县。2012~2021年，江西省自身红色基因得分总体水平有较大提升。其中，总量贡献率为江西省革命老区红色基因得分占全国革命老区红色基因得分的比重，总量贡献率排名第一的是弋阳县，为0.262%。增量贡献率指的是江西省革命老区红色基因得分增量占全国革命老区红色基因得分增量的比重，增量贡献率排名第一的是井冈山市，为

1.454%。井冈山市的总贡献率排名第一,为0.671%。江西省革命老区县区红色基因传承的贡献率排名见表9-3。

表9-3　2012~2021年江西省革命老区县红色基因得分贡献率排名

区县	总量贡献率（%）	区县	增量贡献率（%）	区县	总贡献率（%）	总贡献率排名
弋阳县	0.262	井冈山市	1.454	井冈山市	0.671	1
万载县	0.261	遂川县	0.883	遂川县	0.548	2
宁都县	0.261	广昌县	0.619	修水县	0.518	3
兴国县	0.260	修水县	0.575	吉安县	0.470	4
泰和县	0.251	万安县	0.522	万载县	0.450	5
铅山县	0.246	吉安县	0.509	广昌县	0.438	6
瑞金市	0.244	莲花县	0.426	铜鼓县	0.431	7
修水县	0.242	上犹县	0.366	万安县	0.423	8
青原区	0.229	铜鼓县	0.350	安源区	0.419	9
永新县	0.229	万载县	0.349	永新县	0.398	10
渝水区	0.229	石城县	0.340	横峰县	0.390	11
铜鼓县	0.228	安源区	0.329	瑞金市	0.380	12
于都县	0.224	乐安县	0.304	莲花县	0.362	13
安源区	0.223	安远县	0.302	石城县	0.339	14
大余县	0.220	横峰县	0.287	上犹县	0.326	15
吉水县	0.213	寻乌县	0.279	乐安县	0.313	16
贵溪市	0.209	永新县	0.276	安远县	0.309	17
井冈山市	0.208	瑞金市	0.224	寻乌县	0.304	18
横峰县	0.207	南康区	0.185	会昌县	0.295	19
吉安县	0.204	会昌县	0.180	渝水区	0.282	20
袁州区	0.198	渝水区	0.098	南康区	0.268	21
永丰县	0.197	资溪县	0.049	资溪县	0.208	22
信丰县	0.196	黎川县	0.046	黎川县	0.206	23
安福县	0.193	青原区	0.034	青原区	0.198	24
广丰区	0.193	宜黄县	0.018	宜黄县	0.150	25

续表

区县	总量贡献率（%）	区县	增量贡献率（%）	区县	总贡献率（%）	总贡献率排名
南丰县	0.190	南丰县	0.017	南丰县	0.147	26
广信区	0.190	吉州区	0.013	吉州区	0.134	27
黎川县	0.189	吉水县	0.010	吉水县	0.128	28
宜黄县	0.187	章贡区	0.010	于都县	0.121	29
遂川县	0.186	于都县	0.008	章贡区	0.121	30
樟树市	0.186	金溪县	0.006	金溪县	0.101	31
资溪县	0.186	定南县	0.003	定南县	0.079	32
新干县	0.184	全南县	0.002	全南县	0.067	33
崇义县	0.182	南城县	-0.004	南城县	-0.088	34
余江区	0.182	兴国县	-0.004	兴国县	-0.102	35
金溪县	0.182	新干县	-0.008	新干县	-0.112	36
吉州区	0.182	龙南市	-0.009	龙南市	-0.117	37
南城县	0.182	崇仁县	-0.009	崇仁县	-0.117	38
上栗县	0.181	宁都县	-0.013	峡江县	-0.134	39
龙南市	0.181	峡江县	-0.013	余江区	-0.142	40
章贡区	0.181	余江区	-0.016	湘东区	-0.149	41
分宜县	0.181	湘东区	-0.018	宁都县	-0.149	42
湘东区	0.181	芦溪县	-0.021	芦溪县	-0.155	43
崇仁县	0.180	大余县	-0.025	赣县区	-0.158	44
全南县	0.180	泰和县	-0.029	大余县	-0.178	45
定南县	0.180	赣县区	-0.030	安福县	-0.186	46
峡江县	0.180	安福县	-0.033	崇义县	-0.189	47
芦溪县	0.178	袁州区	-0.037	泰和县	-0.194	48
万安县	0.145	崇义县	-0.037	袁州区	-0.194	49
会昌县	0.143	分宜县	-0.041	分宜县	-0.196	50
广昌县	0.135	上栗县	-0.042	上栗县	-0.197	51
赣县区	0.134	樟树市	-0.043	樟树市	-0.200	52
石城县	0.114	铅山县	-0.048	永丰县	-0.226	53

续表

区县	总量贡献率（％）	区县	增量贡献率（％）	区县	总贡献率（％）	总贡献率排名
莲花县	0.111	弋阳县	-0.051	广信区	-0.227	54
南康区	0.104	永丰县	-0.059	铅山县	-0.227	55
乐安县	0.101	广信区	-0.062	弋阳县	-0.237	56
寻乌县	0.100	广丰区	-0.080	广丰区	-0.249	57
安远县	0.098	信丰县	-0.084	信丰县	-0.254	58
上犹县	0.095	贵溪市	-0.087	贵溪市	-0.263	59

第三节　江西省红色基因传承的核心精神引领

江西是红色革命老区，具有红色文化资源优势。推进江西省革命老区振兴发展，就需要和红色基因传承相结合，特别是要大力弘扬井冈山精神、苏区精神、长征精神，让江西省红色基因成为振兴发展的精神动力。

一、井冈山精神

井冈山是"中国革命的摇篮"。井冈山精神，又称井冈山革命精神，是中国共产党在革命斗争中形成的一种特有的精神风貌和斗争作风[1]。井冈山精神形成始于1927年，红军在井冈山地区建立了第一个农村革命根据地。在这一时期，红军通过坚持实事求是、依靠群众、创新战术和农村革命实践，取得了一系列重大胜利，逐渐形成了"井冈山精神"的初步理念。坚定信念和艰苦奋斗构成了井冈山精神的核心。坚定信念和艰苦奋斗在井冈山精神中相互交融，是不可分割的统一体。坚定信念和艰苦奋斗也是井冈山精神的灵魂，它们共同构成了共产党员顽强斗争的核心动力。井冈山精神是井冈山革命根据地党政军民共同创立和践行的伟大精神，是中国共产党在极艰难条件下将马克思主义基本原理同中国革命具体实践相结合而培育和涵养的

---

[1] 韩延民：《中国共产党人精神谱系之：井冈山精神》，党史博彩，2022年3月8日，https：//baijiahao.baidu.com/s?id=1728526207592658356&wfr=spider&for=pc。

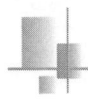

伟大精神。习近平总书记指出："井冈山精神，最重要的方面就是坚定信念、艰苦奋斗，实事求是、敢闯新路，依靠群众，勇于胜利。"① "井冈山精神，实事求是，闯新路"是中国共产党领导下的红军在井冈山革命根据地时期形成的一种重要指导思想，它包含三个关键要素：井冈山精神、实事求是、闯新路。井冈山精神给革命老区振兴发展带来的重要经验启示就是，只有坚持实事求是、敢闯新路，振兴发展才会有活力、有动力，才能在危机中育先机、于变局中开新局。

二、苏区精神

苏区精神，又称红色苏区精神，是指革命战争年代，特别是在20世纪20年代末至20世纪30年代初在中国共产党领导下，建立和发展起来的一系列革命实践和精神风貌。这一时期，中国共产党在农村地区建立了一些具有相对独立政治经济体系的红色革命根据地，被称为"苏区"。2019年5月20日，习近平总书记在视察江西时指出："井冈山精神和苏区精神，承载着中国共产党人的初心和使命，铸就了中国共产党的伟大革命精神。这些伟大革命精神跨越时空、永不过时，是砥砺我们不忘初心、牢记使命的不竭精神动力。"② 苏区精神的内涵主要为坚定信念、求真务实、一心为民、清正廉洁、艰苦奋斗、争创一流、无私奉献。"坚定信念"是苏区精神的灵魂所在③。"求真务实"是苏区精神的核心内涵。"一心为民"是苏区精神的宗旨要求。"清正廉洁"是苏区精神的本质特征。"争创一流"是苏区精神的显著特点。"无私奉献"是苏区精神的重要方面。

三、长征精神

长征精神是指中国共产党领导下红军在1934～1936年长征途中所展现的顽强意志、坚持不懈和无私奉献的精神。长征精神体现在红军战士们的顽

---

① 习近平：《论中国共产党历史》，中央文献出版社2021年版。
② 习近平在江西考察并主持召开推动中部地区崛起工作座谈会，中国政网，https：// www.gov.cn/ xinwen/2019－05/22/ content_5393815. htm? eqid = d6997a5300006ffe000000066470101d。
③ 全国高校思想政治工作网：《苏区精神详细介绍》，2021年6月8日，https：//www. sizhengwang. cn/a/sqjs_gmjsjd/210608/884422. shtml

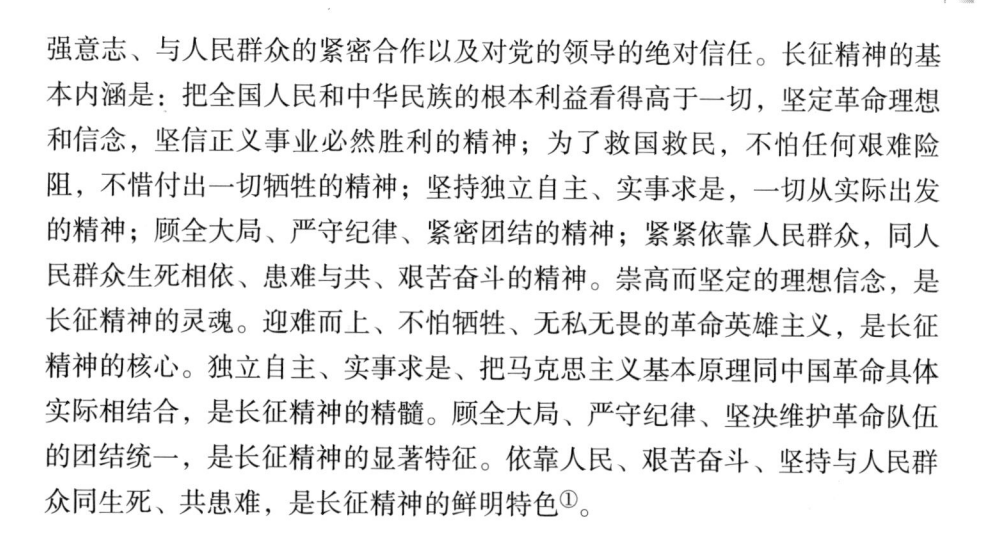

强意志、与人民群众的紧密合作以及对党的领导的绝对信任。长征精神的基本内涵是：把全国人民和中华民族的根本利益看得高于一切，坚定革命理想和信念，坚信正义事业必然胜利的精神；为了救国救民，不怕任何艰难险阻，不惜付出一切牺牲的精神；坚持独立自主、实事求是，一切从实际出发的精神；顾全大局、严守纪律、紧密团结的精神；紧紧依靠人民群众，同人民群众生死相依、患难与共、艰苦奋斗的精神。崇高而坚定的理想信念，是长征精神的灵魂。迎难而上、不怕牺牲、无私无畏的革命英雄主义，是长征精神的核心。独立自主、实事求是、把马克思主义基本原理同中国革命具体实际相结合，是长征精神的精髓。顾全大局、严守纪律、坚决维护革命队伍的团结统一，是长征精神的显著特征。依靠人民、艰苦奋斗、坚持与人民群众同生死、共患难，是长征精神的鲜明特色①。

第四节 江西省革命老区红色基因传承的主要任务

江西省是全国著名的革命老区，革命根据地创建早、数量多、面积大、分布广，在中国革命史上具有特殊重要的地位。作为中国革命的重要发源地和红色革命的重要战略区域，江西省具有丰富的红色资源和深厚的红色基因。自20世纪初以来，江西省涌现了一大批杰出的革命先烈和红色英雄，为中国共产党的兴起和中国革命的胜利做出了卓越贡献。近年来，江西省积极推动红色基因传承，取得了一定成效。对红色革命遗址和纪念馆的保护和修缮投入了大量的资金和人力资源。同时，江西省还加强对红色文物的保护和修复，确保红色基因传承和延续。在红色文化传播方面积极探索和创新。利用新媒体平台扩大了红色文化的传播。江西省还注重红色基因传承的教育工作。通过开设红色基因传承课程、组织学生参观红色革命遗址，加强了对青少年的红色基因传承教育。围绕打造新时代革命老区振兴发展高地，江西省红色基因传承主要有以下几种途径：

---

① 韩延民：《中国共产党人精神谱系之：长征精神》，党史博彩，2022年4月6日，https：//baijiahao. baidu. com/s?id =1729346119881349300&wfr = spider&for = pc。

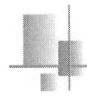

一、建立红色基因库

江西省革命老区具有丰富的红色资源和深厚的红色基因。红色基因库数字化建设，深入挖掘和传承红色基因，激发革命老区群众的创造力和实干精神，增强振兴发展的精神动力。2023年2月18日江西省人民政府办公厅关于印发《赣州革命老区高质量发展示范区发展规划》的通知中提道：推进红色基因保护传承，开展赣州红色资源调研普查，建立"红色基因库"，推进红色资源数据库系统建设，打造新时代革命老区红色基因传承高地。[①]

二、打造红色文化品牌

红色文化品牌是指以红色文化为核心内容，通过打造独特的品牌形象和价值观，使其在文化领域具有广泛的影响力和竞争力的品牌。结合江西省革命老区的历史和地域特点，江西省积极挖掘和利用红色文化资源，打造具有江西特色的红色文化项目，如红色旅游景区、红色文化展览、红色文化主题活动等，形成具有江西底色的红色文化品牌。

三、建设红色教育基地

红色教育基地是指为了纪念和传承中国共产党和革命先烈的光辉事迹，以及将红色文化和教育理念融入教育活动中而建立的教育场所。红色教育基地在培养和传承红色基因方面起着重要作用。江西省通过建设革命老区红色教育基地，搭建红色教育交流平台，吸引更多的师生和游客前来学习和参观。同时，建立全省红色教育培训联盟，打造红色教育培训"江西品牌"，推动红色教育事业发展。

---

① 江西省人民政府办公厅：《关于印发赣州革命老区高质量发展示范区发展规划的通知》，江西省人民政府网，2023年2月18日，http://www.jiangxi.gov.cn/art/2023/3/3/art_4968_4376261.html。

四、发展红色旅游基地

江西是全国红色旅游的策源地与领跑者[①]。江西省近年来不断推进红色旅游与乡村旅游、研学旅游、生态旅游等融合发展，推动南昌以"天下英雄城"、赣州以"红色故都"、吉安以"革命摇篮"、萍乡以"毛主席去安源"、上饶以"可爱的中国"为主题建设一批红色旅游精品区。积极支持南昌、井冈山、瑞金、安源、于都高质量发展红色旅游产业，打造全国革命老区红色文化传承创新高地。同时办好中国红色旅游博览会，提升中国红色旅游推广联盟影响力，推进红色旅游与相关产业融合发展，引领全国革命老区红色旅游创新发展，打造成为全国红色旅游首选地。[②] 与粤港澳大湾区、长三角区域等地建立广泛的革命老区红色旅游合作机制。

五、推进红色文化产业发展

红色文化产业是指以中国革命历史、党的优秀文化传统为核心内容，以文化创意、文化产品和文化服务为主要形式，通过艺术表演、展览展示、旅游观光、文化遗产保护、文化教育等方式进行创造、传播和运营的产业。红色文化产业包括文化创意产品的设计、制作和销售，以及红色旅游景区的开发和管理等。江西不断培育和壮大文化创意企业，加强文化人才培养，关注革命老区红色文化资源的整合和保护，延伸红色旅游产业链条，提升红色文化产业的品质和影响力。以赣南红色文化产业为引领，借助国家长征文化公园（赣州段）的建设，推进革命老区红色文化产业的发展。

[①] 朱虹：《江西建设全国红色基因传承的路径》，载于《中国井冈山干部学院学报》2022 年第 6 期。
[②] 赣府厅发〔2022〕8 号《江西省人民政府办公厅关于推进旅游业高质量发展的实施意见》，省政府办公厅，2022 年 3 月 9 日。

第十章

新时代中国革命老区全面振兴发展战略路径

第一节 新时代我国革命老区振兴发展面临的突出问题

一、经济基础薄弱，对红色资源依赖度高而利用度低

和发达地区相比，我国革命老区的经济基础整体来看还比较薄弱，大多数革命老区还属于欠发达地区。尽管革命老区的红色资源十分丰富，拥有独特的红色资源优势，近年来红色资源已经成为了带动老区经济发展的重要资源和力量。但由于红色基因的特殊性以及地方政府政策惯性，我国一些革命老区存在严重依赖当地红色资源的倾向，陷入"红色资源陷阱"。具体表现在：其"红色经济"仅为单纯的红色旅游，旅游业附加值不高，且与外部市场的商业发展模式不协调。革命老区宝贵的红色资源未得到充分利用。如何将红色资源的经济潜力和商业效益发挥到最大，从而激活红色资源潜力，放大其对老区经济的拉动效应，是我国推进革命老区高质量发展必须重视的现实问题。

二、短板制约突出，实现全面振兴发展压力增大

2015年3月6日习近平总书记在参加十二届全国人大三次会议江西代表团审议时发表讲话："决不能让老区群众在全面建成小康社会进程中掉队，立下愚公志、打好攻坚战，让老区人民同全国人民共享全面建成小康社

会成果。这是我们党的历史责任。"在国家多年来给予革命老区各种倾斜性政策的帮助下，我国革命老区在改善其经济发展、政治环境、人民生活以及文化发展等方面取得了长足进步。有关部门对革命老区振兴发展的各项工作进行了战略部署和具体安排，但是由于各类、各个革命老区存在区位条件、经济环境或基础设施不完善等多种原因，各老区的振兴发展在经济发展、公共服务、居民生活或红色基因等方面存在明显不足，这导致我国大多数革命老区在振兴发展具体领域存在明显的结构不平衡问题，这对革命老区的全面振兴发展形成明显的阻碍，严重制约我国革命老区振兴发展质量和全面发展水平。这就需要做好革命老区全面振兴发展的顶层设计和路线图规划，因地制宜、分类施策，具体问题具体施策，花大力气不断补齐各类、各个革命老区的发展短板。

三、区位劣势难以扭转，生态环境建设相对滞后

历史上，革命老区的创建以革命战争形势为基础，其独特而相对偏远的地理位置，为保存当时革命力量提供了有利条件。作为革命时期的"大后方"，我国很多革命老区地理区位相对偏僻，经济发展滞后，不少革命老区县是原来的贫困县。但革命老区生态优势十分明显，如何将生态资源优势转变为生态经济优势以及生态福祉优势，这已成为新时代背景下老区振兴发展的重要潜力，但目前的问题是不少革命老区在振兴发展的同时由于环保意识低、环保政策执行力弱等原因，往往导致老区的环境保护未能与经济发展同步发展，生态环境建设相对滞后，尤其是一些生态优势十分突出的革命老区，难以将其生态资源优势转变为生态价值，形成有效的生态福祉，让人民获得实实在在的生态福利。

四、开发模式单一，缺乏积极的主体意识

目前，我国为数不少的革命老区在红色资源开发以及对红色基因的传承中以保护和宣传或简单开发为主，普遍缺乏适合当地发展实际和特点的振兴发展新模式，特别是对其革命老区的宣传和开发方式也趋于单一。有一些革命老区在红色基因传承中对文化旅游业等现代化产业融合发展的长期效应不够重视，缺乏对红色基因传承中的现代化产业融合发展因素渗透，使革命老

区的红色文化传承和振兴发展仍过于依赖于国家投资，还没有在理念上实现由以往的"输血"扶贫为主向"造血"自主发展为主的转变，具体表现为：在革命老区自身发展上，依旧十分缺乏依托当地红色资源积极创造经济效益的发展主动性和积极性。革命老区对于红色基因的传承，缺乏一种独特的红色文化氛围和主体意识，长久以来僵化的、被动的红色文化振兴开发模式，很难形成具有全国引领作用和重大影响的红色基因精神力量，很难实现红色基因传承带动革命老区振兴发展的新局面，这与我国实现现代化发展战略不相适应。

第二节　新时代我国革命老区实现振兴发展的关键思路

一、补齐发展短板，大力缩小与发达地区的发展差距

当前，我国已经进入扎实推动共同富裕和社会主义现代化的新历史阶段，党中央、国务院高度关注革命老区振兴发展，先后做出一系列部署，加大了对革命老区高质量发展的支持力度，助力革命老区打赢了脱贫攻坚战，持续改善了革命老区的基本公共服务。在此基础上，要实现中国式现代化战略目标，必须要全面振兴和发展革命老区，而实现革命老区全面振兴的首要任务和重点环节就是要大力补齐革命老区发展中存在的短板，着力缩小和统筹解决革命老区与国内发达地区之间的发展差距。瞄准革命老区振兴发展面临的短板，有的放矢地加大对革命老区的支持力度，继续出台一系列有针对性的政策和重要举措。让革命老区持续发挥红色基因优势、绿色生态优势、区位特色优势以及后发赶超优势，使其经济社会发展整体赶上全国步伐，这是革命老区在新时代实现跨越式发展进而实现全国共同富裕的关键所在。

二、发挥比较优势，因地制宜推进老区特色化发展

在全面建设社会主义现代化国家新征程中，革命老区要发挥自身优势，明确自身发展定位。我国革命老区大部分位于多省交界地区，很多仍属于欠发达地区。但革命老区自然资源丰富，区位条件独特，红色文化厚重，如何

利用好革命老区分布范围广，劳动力相对充足，有色金属等矿产丰富等优势，发挥好革命老区绿色发展基础和红色文化基因等特色，充分挖掘革命老区的优势资源，激活其开发潜力和发展活力，这就必须从革命老区自身条件和本地实际出发，找准自身比较优势，发挥老区特色，加强与周边省市、发达地区的协同发展、联动发展与错位发展，走出一条响应时代发展需求，适合老区自身发展实际的振兴发展之路。让革命老区人民过上更加幸福美好的生活，使发展成果更多更公平地惠及老区人民，切切实实增进老区人民福祉，这是贯彻落实习近平总书记对革命老区振兴发展"两个更好"指示的现实需求。

三、激发红色力量，红色基因赋能老区自主发展

实现革命老区振兴发展不仅要有坚实的物质和经济基础支撑，还要有强劲的文化和精神力量驱动。激发红色精神力量，不断传承红色基因，这是革命老区实现振兴发展新的力量源泉。红色基因是革命老区实现跨越式发展的精神活力和动力。推动新时代革命老区振兴发展，长远看就需要用好革命老区的红色资源，传承和弘扬好革命老区的红色基因。

第三节 新时代我国革命老区实现振兴发展的政策建议

一、红色资源保护与开发并举，推动革命老区红色基因传承和发展

一是加强红色资源保护，深入实施革命文物集中连片保护利用工程。支持创建一批革命文物保护利用示范县。建立激励机制，让老区红色基因传承形成"由点到线扩展到面"的发展模式。二是促进红色旅游高质量发展，加强文旅融合发展。支持红色旅游重点景区提质升级，推动红色旅游与乡村旅游、研学旅游、生态旅游等业态融合发展，培育一批红色旅游精品线路，评选全国著名的红色旅游目的地。三是推动红色精神"物化"建设，建好并开发利用好全国革命老区红色基因库。通过产品打造、品牌构建等方式，提升革命老区红色基因的影响力和号召力。做好红色基因传承的科学研究和

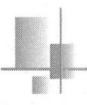

数据库建设，建好用好全国红色基因传承研究中心，探索推行"红色文化+"发展模式，红色资源保护与开发并举，推动革命老区红色基因传承和发展。

二、补齐短板与培育引擎"双管齐下"，抓好革命老区县域经济振兴和产业发展

一是推进乡村振兴，加快补齐革命老区公共服务短板。扎实推进人居环境整治，打造宜居宜业和美乡村。促进更多生产要素向乡村流动，着力增强农业农村发展活力，高质量建设现代农业产业园区。借助红色旅游平台，依靠政府、高校的"定点帮扶"，形成老区农产品产供销一体化的发展模式。二是深入实施创新驱动发展战略，构建现代化产业体系。加快建设创新型城市和创新型县（市），以科技创新引领县域产业升级。加快推动工业园区产业集群发展，实施制造业重点产业链现代化建设，推动传统产业转型升级，培育壮大战略性新兴产业集群式发展。

三、瞄准"两个更好"持久发力，大力提升老区人民福祉和生活水平

要进一步落实落细就业优先政策，突出抓好高校毕业生、退役军人、农民工等重点群体就业。健全重点群体就业支持体系，帮扶困难人员就业。形成老区经济与人民收入基本同步增长机制。进一步缩小革命老区的收入差距，使老区人民共同过上更加富裕的生活。不断完善就业、教育、文化、医疗、体育、社保、住房等公共服务体系，提高基本公共服务均等化和可及性。健全覆盖全民、统筹城乡、公平统一、安全规范、可持续的多层次社会保障体系，切实兜住兜牢民生底线。不断提高人民生活水平，满足人民日益增长的美好生活需要。

四、发挥"红色+绿色"资源协同优势，加快革命老区绿色转型和高质量发展

革命老区红色基因的继承、红色文化的发展离不开绿色发展的支撑。在

开发红色资源的同时，不以牺牲老区环境为代价，加大对老区环境优化治理的投入，着力筑牢绿色发展的根基，推动老区生态振兴。对老区的相关企业发展给予环境保护的鼓励性补贴，以"轻效益，重环保"作为老区发展的辅助手段。积极稳妥推进碳达峰、碳中和，扎实推进碳达峰试点，创建一批老区绿色园区、绿色工厂。建立健全老区生态产品价值实现机制，加快推动将生态优势转变为经济优势。充分发挥革命老区生态富集优势，推动生态价值转换，打通"两山"双向转化通道，实现生态资源变生态资产、生态资产变生态资本，助力革命老区经济发展提质增速。

五、高位打造和示范引领相结合，建好全国革命老区高质量发展的样板

要深入挖掘全国 12 个连片革命老区红色基因特色，努力形成在全国具有一定影响力的全国革命老区高质量发展示范模式。江西省紧紧围绕和聚焦习近平总书记"走在前、勇争先、善作为"的指示要求，聚力打造革命老区高质量发展高地[①]，奋力开创革命老区高质量发展新局面，积极探索革命老区中国式现代化建设的新路径。在赣南等原中央苏区振兴发展战略的带动下，江西省革命老区红色基因传承和振兴发展在全国同类革命老区中走在前列。全国推进革命老区全面全域振兴，需要高位规划、全局谋划，紧紧扣住振兴发展这一目标不动摇，建好全国革命老区高质量发展的样板省、市、县，不断在各自优势领域争先进位、勇创一流，发挥示范引领作用，这对革命老区实现全面振兴、共同富裕和同步现代化都具有十分重要的时代价值和现实意义。

---

① 江西省人民政府：《"走在前、勇争先、善作为"感恩奋进千帆竞》，2023 年 10 月 24 日，http：//www.jiangxi.gov.cn/art/2023/10/24/art_4985_4640755.html。

参 考 文 献

[1] 中国老区建设促进会：《中国革命老区》，中共党史出版社 1997 年版。

[2] 习近平：《用好红色资源，传承好红色基因 把红色江山世世代代传下去》，载于《求是》2021 年第 10 期。

[3] 习近平：《在纪念红军长征胜利 80 周年大会上的讲话》，载于《人民日报》2016 年 10 月 22 日。

[4] 习近平：《要把革命老区建设得更好 让老区人民过上更好生活》，载于《中国老区建设》2019 年第 11 期。

[5] 王稼裕、周云：《共同富裕视域下中国共产党助力革命老区振兴发展实践研究——以广东省海陆丰革命老区为例》，载于《特区经济》2023 年第 8 期。

[6] 史婵、奚哲伟、王小林：《革命老区振兴发展实践与基本公共服务短板分析》，载于《中国农村经济》2023 年第 7 期。

[7] 王露瑶、盛方富：《中国式现代化进程中革命老区振兴发展路径研究》，载于《老区建设》2023 年第 6 期。

[8] 高国力、贾若祥、徐睿宁：《加快特殊类型地区高质量振兴发展研究》，载于《经济纵横》2022 年第 7 期。

[9] 刘善庆、黎志辉、严文波等：《革命老区蓝皮书：革命老区振兴发展报告（2022）》，社会科学文献出版社 2022 年版。

[10] 胡海峰：《守好红色根脉 在推进革命老区共同富裕上先行示范》，载于《中国老区建设》2022 年第 11 期。

[11] 陈雨昕：《推进老区共同富裕的理论指南和行动纲领——学习〈习近平谈治国理政〉第四卷关于老区建设的重要论述》，载于《老区建设》2022 年第 17 期。

[12] 许亚萍、廖昕、马晓敏：《习近平同志关于革命老区振兴发展重要论述的逻辑、内涵与新时代实践》，载于《毛泽东思想研究》2022 年

第 4 期。

［13］《用活用好各类红色资源带动革命老区振兴发展》，载于《乡村振兴》2022 年第 2 期。

［14］喻云林：《努力走出新时代振兴发展新路，把革命老区建设得更好》，载于《中国老区建设》2022 年第 1 期。

［15］张帆：《老区精神研究述评》，载于《苏区研究》2022 年第 6 期。

［16］刘奥、张双龙：《革命老区振兴规划实施的共同富裕效应——基于城乡收入差距视角》，载于《中国农村经济》2023 年第 3 期。

［17］姚林香、卢光熙：《革命老区振兴规划实施的乡村振兴效应——基于对省界毗邻地区县域样本的分析》，载于《中国农村经济》2023 年第 3 期。

［18］龚斌磊、张启正、袁菱苒等：《革命老区振兴发展的政策创新与效果评估》，载于《管理世界》2022 年第 8 期。

［19］苟护生、童章舜：《新时代革命老区振兴发展的历史逻辑和现实意义》，载于《理论视野》2022 年第 7 期。

［20］常河、马荣瑞：《大别山精神：赓续红色血脉　逐梦新的征程》，载于《光明日报》2021 年 3 月 24 日。

［21］新华社：《不忘初心，重整行装再出发——习近平总书记在江西调研并主持召开推动中部地区崛起工作座谈会纪实》，新华网，2019 年 5 月 24 日，http：//news.youth.cn/sz/201905/t20190524_11962885.htm。

［22］国务院：《国务院关于新时代支持革命老区振兴发展的意见》，载于《国务院公报》2021 年 1 月 24 日。

［23］国家发展和改革委员会：《"十四五"特殊类型地区振兴发展规划》，国家发展和改革委员会，2021 年 11 月 26 日，https：//www.ndrc.gov.cn/xxgk/zcfb/ghwb/202111/t20211126_1305254.html。

［24］国家发展和改革委员会：《革命老区重点城市对口合作工作方案》，中国政府网，2022 年 5 月 19 日，https：//www.gov.cn/zhengce/zhengceku/2022-06/08/content_5694557.htm。

［25］国家发展改革委地区振兴司、中国国际工程咨询有限公司：《牢牢把握新时代革命老区振兴发展的新使命新要求》，载于《习近平经济思想研究》2022 年第 3 期。

［26］江西省发展和改革委员会：《奋力开创革命老区高质量发展新局

面》，江西日报，2023年9月6日，http：//drc. jiangxi. gov. cn/art/2023/9/6/art_14591_4588426. html。

[27] 国家统计局：《什么是"贡献率"？它是怎样计算的？》，中国政府网，2005年6月8日，https：//www. gov. cn/test/2005 - 06/08/content_4944. htm。

[28] 《大力推进红色基因传承——五论学习贯彻习近平总书记视察江西省时的重要讲话精神》，载于《理论导报》2019年第6期。

[29] 中国新闻社：《习近平在江西省考察并主持召开推动中部地区崛起工作座谈会时强调 贯彻新发展理念推动高质量发展 奋力开创中部地区崛起新局面》，中国新闻网，2019年5月22日，http：//www. chinanews. com/gn/2019/05 - 22/8844505. shtml。

[30] 河北省人民政府：《河北省政府出台实施意见支持重点革命老区振兴发展》，河北省乡村振兴局，2021年4月1日，http：//fp. hebei. gov. cn/2021 - 04/01/content_8718358. htm。

[31] 中共江西省委、江西省人民政府：《关于新时代进一步推动江西革命老区振兴发展的实施意见》，江西省人民政府网，2021年5月27日，http：//www. jiangxi. gov. cn/art/2021/5/27/art_396_3377098. html。

[32] 福建省人民政府：《福建省人民政府关于印发新时代进一步推动福建革命老区振兴发展实施方案的通知》，福建省人民政府网，2022年1月30日，https：//www. fujian. gov. cn/zwgk/zxwj/szfwj/202201/t20220130_5829546. htm。

[33] 河南省人民政府：《河南省人民政府关于新时代支持革命老区振兴发展的实施意见》，河南省人民政府网，2021年9月10日，https：//www. henan. gov. cn/2021/09 - 10/2310627. html。

[34] 江西省人民政府办公厅：《江西省人民政府办公厅关于印发赣州革命老区高质量发展示范区发展规划的通知》，江西省人民政府网，2023年2月18日，http：//www. jiangxi. gov. cn/art/2023/3/3/art_4968_4376261. html。

[35] 程晖：《奋力走好新时代革命老区振兴发展路》，中国发展网，2021年6月30日，http：//special. chinadevelopment. com. cn/2021zt/bnfhcxrp/sy/2021/06/1732625. shtml。

[36] 刘静波：《代表建议推动构建"1 + N + X"政策体系 助力革命老区振兴发展》，载于《法治日报》2022年9月27日。

[37] 朱虹：《江西建设全国红色基因传承的路径》，载于《中国井冈山

干部学院学报》2022 年第 6 期。

［38］安东尼·哈尔、詹姆斯·梅志里：《发展型社会政策》，社会科学文献出版社 2006 年版。

［39］王圣云、魏博通、向云波等：《长江经济带创新发展报告（2020）》，经济科学出版社 2020 年版。

［40］王圣云：《中国区域福祉不平衡及其均衡机制》，中国社会科学出版社 2017 年版。

［41］庞朴：《文化结构与近代中国》，载于《中国社会科学》1986 年第 5 期。

［42］王恩涌等：《人文地理学》，高等教育出版社 2000 年版。

［43］罗海平、刘耀彬、王军花等：《中国革命老区发展报告（2020）》，经济科学出版社 2020 年版。

［44］冷波：《红色旅游是激活红色基因的重要方式》，载于《党史文苑》2015 年第 2 期。

［45］任姗姗：《弘扬革命文化 传承红色基因》，载于《人民日报》2022 年 3 月 26 日。

［46］王圣云、姜婧：《中国人类发展指数（HDI）区域不平衡演变及其结构分解》，载于《数量经济技术经济研究》2020 年第 4 期。

［47］中科院可持续发展研究组：《2001 年中国可持续发展战略报告》，科学出版社 2001 年版。

［48］张磊主编：《中国扶贫政策演变（1949 – 2005 年）》，中国财政经济出版社 2007 年版。

［49］张军扩、侯永志：《协调区域发展——30 年区域政策与发展回顾》，中国发展出版社 2008 年版。

［50］姚洋主编：《转轨中国：审视社会公正和平等》，中国人民大学出版社 2004 年版。

［51］国家发展和改革委员会：《着力打造支持政策体系 全力推动全国革命老区脱贫攻坚振兴发展》，载于《人民日报》2015 年 11 月 29 日。

附 录[①]

附表1　中国12个重点连片革命老区所涉县（市）振兴发展相关指标数据

2021年振兴发展度排序	所在省份	县（市）	2021年户籍人口数（万人）	2021年GDP（万元）	2021年振兴发展度分项指数 红色基因	生态环境	经济发展	居民生活	公共服务	2012年振兴发展度	2021年振兴发展度	2012～2021年振兴发展度年均增长率（%）
1	湖南	浏阳市	148.10	16165620	0.600	0.728	0.430	0.609	0.240	0.447	0.532	1.954
2	福建	南安市	166.60	15363641	0.347	0.674	0.414	0.674	0.125	0.383	0.469	2.265
3	陕西	神木市	46.17	18481800	0.340	0.554	0.514	0.448	0.409	0.413	0.458	1.139
4	浙江	平阳县	87.87	6005100	0.418	0.709	0.256	0.551	0.187	0.374	0.448	2.021
5	浙江	永嘉县	98.69	4863400	0.391	0.731	0.214	0.551	0.169	0.395	0.439	1.184
6	贵州	仁怀市	74.89	15644900	0.425	0.663	0.384	0.405	0.227	0.359	0.438	2.234
7	广东	南雄市	49.02	1185894	0.390	0.704	0.441	0.390	0.156	0.345	0.437	2.635
8	浙江	龙泉市	28.78	1617600	0.404	0.744	0.089	0.488	0.264	0.390	0.436	1.244
9	湖南	醴陵市	103.50	8251853	0.335	0.714	0.284	0.524	0.188	0.383	0.435	1.412
10	浙江	云和县	11.33	980600	0.309	0.778	0.099	0.453	0.437	0.371	0.434	1.759
11	海南	万宁市	205.20	3902924	0.476	0.727	0.141	0.427	0.157	0.376	0.431	1.525
12	福建	上杭县	51.50	4663625	0.424	0.729	0.169	0.456	0.198	0.368	0.430	1.761

① 附录中附表1、附表2数据为作者计算得到。

续表

2021年振兴发展度排序	所在省份	县（市）	2021年户籍人口数（万人）	2021年GDP（万元）	红色基因	生态环境	经济发展	居民生活	公共服务	2012年振兴发展度	2021年振兴发展度	2012~2021年振兴发展度年均增长率（%）
13	浙江	遂昌县	22.77	1530000	0.414	0.754	0.090	0.470	0.236	0.388	0.430	1.156
14	广西	凭祥市	251.50	6075850	0.457	0.733	0.189	0.428	0.103	0.364	0.428	1.804
15	福建	漳浦县	94.90	5836090	0.320	0.695	0.195	0.501	0.325	0.360	0.425	1.881
16	湖南	平江县	111.30	3612400	0.510	0.729	0.140	0.353	0.152	0.365	0.423	1.642
17	福建	永安市	32.60	4879903	0.383	0.717	0.207	0.437	0.256	0.363	0.422	1.713
18	浙江	青田县	57.05	2729900	0.338	0.731	0.104	0.534	0.192	0.374	0.421	1.338
19	福建	长汀县	54.70	3181550	0.429	0.730	0.119	0.420	0.194	0.369	0.421	1.484
20	浙江	松阳县	23.91	1290800	0.391	0.744	0.076	0.444	0.296	0.376	0.421	1.263
21	海南	文昌市	156.60	3884147	0.489	0.679	0.141	0.427	0.131	0.377	0.421	1.226
22	陕西	黄陵县	11.82	2489900	0.385	0.704	0.220	0.381	0.370	0.378	0.420	1.177
23	湖南	吉首市	31.70	2202359	0.315	0.745	0.100	0.370	0.427	0.370	0.419	1.407
24	福建	安溪县	120.70	8456095	0.345	0.683	0.246	0.547	0.129	0.361	0.419	1.659
25	浙江	缙云县	46.79	2739300	0.338	0.739	0.121	0.485	0.236	0.374	0.418	1.239
26	浙江	景宁畲族自治县	16.83	806700	0.329	0.755	0.057	0.435	0.347	0.370	0.418	1.341
27	浙江	泰顺县	36.97	1324100	0.421	0.746	0.054	0.440	0.173	0.386	0.418	0.877
28	福建	平和县	60.70	2714946	0.386	0.690	0.110	0.426	0.343	0.351	0.416	1.919

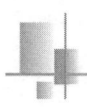

续表

2021年振兴发展度排序	所在省份	县（市）	2021年户籍人口数（万人）	2021年GDP（万元）	红色基因	生态环境	经济发展	居民生活	公共服务	2012年振兴发展度	2021年振兴发展度	2012~2021年振兴发展度年均增长率（%）
29	福建	武平县	39.30	2867557	0.385	0.740	0.123	0.431	0.190	0.363	0.416	1.524
30	海南	澄迈县	57.30	4008100	0.414	0.701	0.162	0.405	0.259	0.351	0.415	1.865
31	江西	万载县	58.00	2404636	0.442	0.726	0.104	0.371	0.210	0.368	0.414	1.319
32	广东	惠东县	90.80	7108695	0.321	0.720	0.222	0.499	0.174	0.369	0.414	1.293
33	湖南	攸县	79.70	4571587	0.320	0.713	0.174	0.502	0.187	0.370	0.414	1.264
34	湖北	宜都市	38.10	8000605	0.315	0.705	0.285	0.440	0.247	0.360	0.414	1.564
35	湖北	仙桃市	151.50	9299000	0.371	0.590	0.294	0.493	0.159	0.366	0.414	1.374
36	江西	弋阳县	43.10	1414805	0.444	0.728	0.074	0.392	0.195	0.381	0.413	0.890
37	广东	海丰县	78.00	4061425	0.414	0.698	0.134	0.433	0.178	0.380	0.413	0.929
38	福建	连城县	33.90	2943521	0.399	0.725	0.134	0.413	0.199	0.359	0.413	1.550
39	福建	邵武市	30.00	2570361	0.387	0.727	0.123	0.428	0.231	0.364	0.412	1.384
40	福建	建宁县	15.30	1511761	0.377	0.749	0.119	0.391	0.265	0.357	0.411	1.595
41	江西	铜鼓县	13.70	645123	0.386	0.774	0.056	0.336	0.307	0.368	0.411	1.245
42	浙江	苍南县	96.02	3996200	0.340	0.714	0.161	0.506	0.113	0.378	0.410	0.923
43	福建	武夷山市	24.80	2246809	0.401	0.733	0.119	0.422	0.190	0.362	0.410	1.376
44	江西	泰和县	57.90	2352828	0.424	0.707	0.092	0.410	0.182	0.375	0.410	0.982

续表

2021年振兴发展度排序	所在省份	县（市）	2021年户籍人口数（万人）	2021年GDP（万元）	2021年振兴发展度分项指数 红色基因	生态环境	经济发展	居民生活	公共服务	2012年振兴发展度	2021年振兴发展度	2012~2021年振兴发展度年均增长率（%）
45	江西	兴国县	85.90	2258487	0.439	0.733	0.081	0.372	0.150	0.376	0.409	0.940
46	江西	宁都县	83.30	2456057	0.441	0.729	0.090	0.367	0.169	0.375	0.409	0.967
47	河北	武安市	85.05	6974381	0.443	0.586	0.205	0.465	0.173	0.352	0.409	1.678
48	江西	贵溪市	64.70	5923221	0.354	0.718	0.192	0.432	0.185	0.369	0.409	1.146
49	湖北	红安县	64.30	2274000	0.496	0.696	0.086	0.344	0.173	0.362	0.409	1.358
50	广东	兴宁市	11.70	845535	0.307	0.718	0.081	0.518	0.272	0.357	0.409	1.537
51	江西	瑞金市	70.80	1952348	0.413	0.730	0.073	0.382	0.201	0.358	0.409	1.486
52	福建	明溪县	11.60	1218465	0.370	0.764	0.122	0.391	0.237	0.364	0.408	1.269
53	福建	宁化县	36.90	2266395	0.396	0.738	0.104	0.391	0.185	0.359	0.408	1.412
54	海南	琼海市	38.40	1594504	0.418	0.732	0.073	0.414	0.140	0.371	0.408	1.051
55	福建	清流县	15.20	1569517	0.374	0.739	0.123	0.405	0.226	0.355	0.407	1.530
56	河南	林州市	113.30	6153428	0.433	0.617	0.177	0.472	0.120	0.360	0.407	1.392
57	福建	泰宁县	13.70	1021587	0.382	0.751	0.091	0.399	0.227	0.361	0.406	1.305
58	浙江	庆元县	20.11	851600	0.308	0.750	0.056	0.433	0.291	0.368	0.406	1.088
59	江西	铅山县	48.10	1826428	0.416	0.732	0.074	0.378	0.182	0.374	0.405	0.863
60	安徽	霍山县	35.90	1931888	0.390	0.716	0.090	0.394	0.227	0.365	0.404	1.130

续表

2021年振兴发展度排序	所在省份	县（市）	2021年户籍人口数（万人）	2021年GDP（万元）	红色基因	生态环境	经济发展	居民生活	公共服务	2012年振兴发展度	2021年振兴发展度	2012~2021年振兴发展度年均增长率（%）
61	江西	修水县	90.10	2935622	0.409	0.725	0.101	0.373	0.160	0.345	0.403	1.753
62	福建	云霄县	46.80	2367468	0.305	0.702	0.099	0.417	0.348	0.352	0.403	1.501
63	河南	济源市	73.30	7622300	0.334	0.641	0.227	0.469	0.216	0.358	0.403	1.301
64	江西	宜黄县	23.30	997768	0.316	0.755	0.064	0.376	0.326	0.361	0.402	1.195
65	湖北	枣阳市	110.90	7560617	0.345	0.631	0.246	0.442	0.179	0.361	0.402	1.178
66	江西	南丰县	31.30	1619927	0.321	0.744	0.080	0.441	0.191	0.370	0.401	0.920
67	河南	新县	37.90	1808552	0.416	0.734	0.081	0.368	0.147	0.347	0.401	1.637
68	海南	陵水黎族自治县	38.60	2233901	0.316	0.715	0.102	0.386	0.327	0.353	0.401	1.423
69	陕西	靖边县	36.39	4500200	0.391	0.591	0.180	0.346	0.358	0.352	0.401	1.430
70	湖北	天门市	158.10	7188900	0.389	0.591	0.232	0.439	0.147	0.364	0.400	1.062
71	浙江	文成县	40.67	1165200	0.347	0.741	0.048	0.446	0.161	0.367	0.400	0.963
72	陕西	黄龙县	4.74	225300	0.303	0.734	0.052	0.309	0.463	0.359	0.399	1.192
73	湖北	潜江市	99.30	8527381	0.369	0.590	0.263	0.437	0.156	0.360	0.399	1.150
74	江西	永丰县	49.60	2112753	0.333	0.732	0.090	0.417	0.192	0.366	0.399	0.977
75	福建	德化县	35.70	3274842	0.310	0.734	0.143	0.420	0.191	0.364	0.399	1.038
76	福建	光泽县	16.00	1204739	0.372	0.763	0.099	0.374	0.189	0.366	0.398	0.946

续表

2021年振兴发展度排序	所在省份	县（市）	2021年户籍人口数（万人）	2021年GDP（万元）	2021年振兴发展度分项指数 红色基因	生态环境	经济发展	居民生活	公共服务	2012年振兴发展度	2021年振兴发展度	2012~2021年振兴发展度年均增长率（%）
77	江西	吉水县	56.80	2103818	0.361	0.712	0.087	0.418	0.171	0.363	0.398	1.042
78	广东	龙川县	97.30	1702466	0.386	0.734	0.062	0.388	0.147	0.356	0.398	1.253
79	江西	资溪县	11.40	518693	0.314	0.792	0.052	0.375	0.255	0.368	0.397	0.843
80	广东	大埔县	54.40	1002715	0.397	0.734	0.047	0.371	0.158	0.367	0.396	0.840
81	江西	井冈山市	19.00	884614	0.352	0.746	0.058	0.379	0.232	0.328	0.396	2.116
82	江西	于都县	111.80	3180558	0.379	0.714	0.112	0.381	0.152	0.356	0.395	1.179
83	福建	永春县	59.90	5412329	0.324	0.707	0.184	0.426	0.145	0.358	0.395	1.114
84	江西	大余县	30.30	1263304	0.373	0.729	0.060	0.367	0.223	0.364	0.395	0.914
85	河南	辉县市	93.30	3590386	0.406	0.613	0.116	0.424	0.197	0.348	0.395	1.405
86	福建	将乐县	18.60	1804767	0.305	0.737	0.123	0.416	0.213	0.358	0.394	1.096
87	陕西	佛坪县	3.24	130500	0.201	0.732	0.043	0.353	0.456	0.342	0.393	1.563
88	贵州	赤水市	31.82	1179700	0.364	0.706	0.057	0.385	0.253	0.313	0.393	2.580
89	山东	沂水县	119.70	5037082	0.405	0.596	0.171	0.448	0.157	0.345	0.393	1.468
90	四川	北川羌族自治县	23.08	843470	0.340	0.663	0.054	0.453	0.210	0.353	0.393	1.178
91	湖南	桃源县	95.20	4629308	0.322	0.706	0.165	0.422	0.178	0.354	0.393	1.169
92	山东	沂南县	99.00	2647409	0.425	0.602	0.116	0.415	0.152	0.343	0.392	1.492

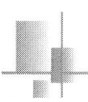

续表

2021年振兴发展度排序	所在省份	县(市)	2021年户籍人口数(万人)	2021年GDP(万元)	红色基因	生态环境	经济发展	居民生活	公共服务	2012年振兴发展度	2021年振兴发展度	2012~2021年振兴发展度年均增长率(%)
93	江西	信丰县	78.00	2801981	0.331	0.724	0.107	0.397	0.158	0.356	0.392	1.062
94	江西	黎川县	24.90	973855	0.320	0.752	0.055	0.377	0.223	0.362	0.392	0.879
95	江西	全南县	19.40	975331	0.304	0.753	0.065	0.326	0.303	0.349	0.392	1.280
96	贵州	余庆县	31.09	947196	0.381	0.723	0.049	0.360	0.201	0.345	0.392	1.421
97	江西	南城县	33.60	1751316	0.307	0.737	0.079	0.420	0.187	0.358	0.392	0.989
98	山西	沁水县	19.98	3310976	0.325	0.684	0.193	0.367	0.284	0.348	0.391	1.313
99	江西	定南县	21.90	977622	0.304	0.756	0.060	0.347	0.258	0.357	0.391	1.033
100	海南	定安县	34.80	1176439	0.393	0.696	0.062	0.380	0.157	0.348	0.391	1.306
101	陕西	凤县	9.10	915000	0.268	0.686	0.108	0.349	0.424	0.354	0.391	1.109
102	福建	南靖县	35.40	3659047	0.307	0.717	0.173	0.434	0.128	0.357	0.391	1.029
103	江西	横峰县	22.90	1008274	0.350	0.747	0.062	0.344	0.216	0.352	0.391	1.155
104	湖北	随县	89.90	2797617	0.330	0.718	0.135	0.425	0.116	0.359	0.391	0.931
105	湖北	洪湖市	90.30	3190196	0.414	0.590	0.145	0.402	0.164	0.344	0.391	1.421
106	陕西	吴起县	14.53	2104900	0.376	0.594	0.160	0.355	0.333	0.365	0.390	0.748
107	江西	芦溪县	31.20	1322011	0.302	0.726	0.072	0.422	0.231	0.359	0.390	0.944
108	湖南	澧县	89.30	4170908	0.345	0.645	0.142	0.436	0.169	0.350	0.390	1.206

续表

2021年振兴发展度排序	所在省份	县（市）	2021年户籍人口数（万人）	2021年GDP（万元）	2021年振兴发展度分项指数 红色基因	生态环境	经济发展	居民生活	公共服务	2012年振兴发展度	2021年振兴发展度	2012~2021年振兴发展度年均增长率（%）
109	江西	崇义县	21.60	1017954	0.309	0.748	0.060	0.353	0.262	0.356	0.390	1.036
110	江西	龙南市	33.80	2001185	0.307	0.742	0.094	0.367	0.226	0.354	0.390	1.100
111	山东	新泰市	144.60	5738985	0.340	0.585	0.170	0.499	0.145	0.361	0.390	0.853
112	山西	沁源县	15.85	1980860	0.379	0.698	0.141	0.400	0.198	0.351	0.390	1.174
113	四川	梓潼县	38.58	1595329	0.384	0.632	0.068	0.447	0.162	0.355	0.390	1.067
114	湖北	咸丰县	38.50	1084400	0.388	0.732	0.047	0.325	0.185	0.350	0.390	1.190
115	四川	宣汉县	126.58	3735205	0.376	0.661	0.120	0.424	0.142	0.339	0.389	1.537
116	福建	尤溪县	44.70	2480213	0.323	0.722	0.108	0.418	0.147	0.357	0.389	0.968
117	安徽	岳西县	41.30	1292520	0.347	0.714	0.062	0.364	0.229	0.330	0.389	1.840
118	安徽	桐城市	74.50	4191055	0.316	0.649	0.165	0.443	0.197	0.353	0.389	1.083
119	江西	吉安县	52.60	2433803	0.345	0.697	0.126	0.383	0.173	0.330	0.389	1.842
120	海南	儋州市	52.30	3378745	0.328	0.670	0.154	0.428	0.222	0.348	0.389	1.222
121	江西	安福县	41.80	1923085	0.327	0.714	0.085	0.404	0.201	0.354	0.389	1.050
122	广东	平远县	25.90	856603	0.303	0.750	0.046	0.392	0.188	0.361	0.388	0.819
123	湖北	蕲春县	99.00	2896035	0.356	0.692	0.110	0.390	0.161	0.351	0.388	1.130
124	山东	莒南县	106.50	3393762	0.412	0.594	0.145	0.413	0.119	0.346	0.388	1.270

续表

2021年振兴发展度排序	所在省份	县（市）	2021年户籍人口数（万人）	2021年GDP（万元）	2021年振兴发展度分项指数 红色基因	生态环境	经济发展	居民生活	公共服务	2012年振兴发展度	2021年振兴发展度	2012~2021年振兴发展度年均增长率（%）
125	安徽	金寨县	67.80	2248048	0.373	0.690	0.084	0.376	0.176	0.335	0.387	1.628
126	湖南	茶陵县	63.50	2452331	0.362	0.719	0.092	0.351	0.165	0.337	0.387	1.556
127	江西	新干县	35.30	2040517	0.312	0.694	0.108	0.410	0.212	0.351	0.387	1.112
128	江西	永新县	52.40	1340030	0.387	0.713	0.057	0.354	0.157	0.346	0.387	1.262
129	广东	普宁市	129.70	3121854	0.336	0.694	0.111	0.436	0.127	0.368	0.387	0.544
130	海南	东方市	46.40	2150305	0.329	0.714	0.093	0.393	0.181	0.351	0.387	1.072
131	广东	蕉岭县	23.00	1064014	0.300	0.746	0.059	0.398	0.192	0.358	0.387	0.846
132	江西	上栗县	52.40	1950282	0.307	0.718	0.078	0.422	0.169	0.358	0.387	0.851
133	江西	樟树市	60.20	4901809	0.315	0.622	0.174	0.447	0.224	0.336	0.386	1.567
134	福建	建瓯市	54.20	2956157	0.309	0.712	0.114	0.437	0.150	0.355	0.386	0.948
135	广东	陆丰市	120.70	4036744	0.340	0.656	0.147	0.415	0.135	0.354	0.386	0.949
136	湖南	炎陵县	18.80	981253	0.328	0.747	0.073	0.323	0.223	0.335	0.385	1.566
137	江西	崇仁县	38.90	1522846	0.305	0.720	0.072	0.411	0.181	0.355	0.385	0.907
138	四川	阆中市	87.59	2805000	0.367	0.615	0.088	0.430	0.157	0.332	0.384	1.629
139	湖北	麻城市	114.00	4102600	0.360	0.667	0.164	0.385	0.150	0.325	0.384	1.883
140	湖北	黄梅县	100.10	2759717	0.370	0.628	0.116	0.401	0.163	0.351	0.383	0.975

续表

2021年振兴发展度排序	所在省份	县（市）	2021年户籍人口数（万人）	2021年GDP（万元）	红色基因	生态环境	经济发展	居民生活	公共服务	2012年振兴发展度	2021年振兴发展度	2012~2021年振兴发展度年均增长率（%）
141	湖北	公安县	96.60	3521755	0.397	0.582	0.133	0.417	0.157	0.350	0.383	1.021
142	山东	蒙阴县	58.30	1958716	0.408	0.612	0.082	0.393	0.157	0.339	0.383	1.356
143	湖北	广水市	88.80	3900726	0.318	0.689	0.138	0.397	0.149	0.354	0.383	0.869
144	福建	浦城县	41.90	1817422	0.311	0.723	0.079	0.388	0.185	0.354	0.383	0.879
145	湖南	津市市	22.40	1935557	0.307	0.658	0.118	0.405	0.242	0.342	0.383	1.266
146	福建	漳平市	29.00	2950251	0.306	0.694	0.146	0.434	0.187	0.335	0.383	1.486
147	四川	渠县	128.67	3801736	0.352	0.616	0.137	0.440	0.153	0.354	0.382	0.856
148	海南	屯昌县	30.80	967923	0.306	0.734	0.054	0.382	0.177	0.357	0.382	0.756
149	江西	会昌县	53.40	1512347	0.242	0.740	0.062	0.360	0.198	0.338	0.382	1.368
150	四川	三台县	136.75	2287774	0.339	0.609	0.094	0.449	0.177	0.360	0.382	0.660
151	安徽	舒城县	98.30	3573719	0.316	0.686	0.120	0.399	0.150	0.328	0.382	1.700
152	重庆	秀山土家族苗族自治县	67.35	3195273	0.291	0.711	0.108	0.381	0.190	0.326	0.381	1.753
153	湖南	临澧县	43.50	2198386	0.310	0.676	0.095	0.417	0.181	0.347	0.381	1.062
154	湖北	武穴市	81.60	3478649	0.337	0.643	0.131	0.400	0.165	0.352	0.381	0.904
155	陕西	志丹县	15.85	1964100	0.376	0.611	0.140	0.353	0.263	0.360	0.381	0.648

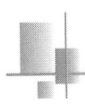

续表

2021年振兴发展度排序	所在省份	县(市)	2021年户籍人口数(万人)	2021年GDP(万元)	2021年振兴发展度分项指数 红色基因	生态环境	经济发展	居民生活	公共服务	2012年振兴发展度	2021年振兴发展度	2012~2021年振兴发展度年均增长率(%)
156	海南	琼中黎族苗族自治县	21.30	663226	0.164	0.759	0.043	0.372	0.269	0.337	0.381	1.384
157	山东	临朐县	92.80	3894200	0.334	0.609	0.154	0.460	0.148	0.338	0.381	1.321
158	广东	紫金县	75.50	1432894	0.314	0.735	0.058	0.385	0.120	0.353	0.381	0.851
159	贵州	都匀市	51.09	2344772	0.319	0.689	0.076	0.399	0.239	0.340	0.380	1.264
160	福建	大田县	41.20	2493797	0.309	0.702	0.113	0.415	0.162	0.342	0.380	1.191
161	湖南	汉寿县	85.50	3620600	0.312	0.625	0.128	0.421	0.200	0.343	0.380	1.139
162	福建	顺昌县	22.70	1406184	0.302	0.728	0.080	0.387	0.179	0.354	0.380	0.794
163	湖北	英山县	39.20	1228100	0.314	0.721	0.067	0.344	0.212	0.330	0.380	1.560
164	湖北	大梧县	66.90	1961884	0.338	0.706	0.082	0.339	0.181	0.334	0.379	1.422
165	贵州	玉屏侗族自治县	17.63	1048200	0.304	0.682	0.072	0.360	0.295	0.339	0.379	1.240
166	贵州	兴义市	93.69	5484000	0.357	0.621	0.159	0.418	0.211	0.333	0.379	1.457
167	四川	大竹县	106.03	1594803	0.322	0.638	0.088	0.456	0.165	0.353	0.379	0.790
168	江西	分宜县	34.50	2159287	0.307	0.706	0.098	0.418	0.171	0.354	0.379	0.750
169	江西	峡江县	19.00	926846	0.304	0.724	0.069	0.366	0.233	0.350	0.379	0.878
170	广东	五华县	152.30	1758411	0.333	0.726	0.063	0.370	0.108	0.433	0.379	-1.478

续表

2021年振兴发展度排序	所在省份	县（市）	2021年户籍人口数（万人）	2021年GDP（万元）	红色基因	生态环境	经济发展	居民生活	公共服务	2012年振兴发展度	2021年振兴发展度	2012~2021年振兴发展度年均增长率（%）
171	四川	剑阁县	69.00	1689606	0.388	0.655	0.056	0.374	0.144	0.339	0.379	1.237
172	河南	罗山县	78.00	2560050	0.393	0.628	0.104	0.376	0.120	0.342	0.378	1.137
173	山西	泽州县	48.75	4327024	0.344	0.649	0.157	0.401	0.188	0.338	0.378	1.258
174	湖北	监利市	154.60	3358329	0.376	0.588	0.158	0.405	0.106	0.353	0.378	0.770
175	广西	龙州县	27.40	1041859	0.328	0.733	0.058	0.345	0.178	0.328	0.378	1.600
176	广东	和平县	56.00	1278721	0.304	0.739	0.050	0.376	0.116	0.349	0.378	0.889
177	湖南	宜章县	64.60	2421808	0.307	0.721	0.088	0.341	0.180	0.315	0.378	2.030
178	广东	丰顺县	72.60	1186812	0.326	0.727	0.046	0.375	0.119	0.356	0.378	0.675
179	江西	金溪县	31.60	1081376	0.308	0.711	0.053	0.391	0.175	0.347	0.378	0.944
180	湖北	应城市	62.40	4335014	0.315	0.593	0.152	0.414	0.203	0.341	0.378	1.149
181	山东	沂源县	57.20	3155250	0.322	0.626	0.106	0.449	0.153	0.344	0.378	1.023
182	福建	诏安县	68.40	3282680	0.308	0.694	0.122	0.400	0.116	0.352	0.378	0.775
183	广东	揭西县	97.80	2620139	0.318	0.720	0.092	0.362	0.128	0.353	0.378	0.721
184	广西	平果市	52.00	1886795	0.308	0.716	0.065	0.386	0.172	0.345	0.377	1.006
185	湖北	罗田县	58.60	1687326	0.313	0.717	0.070	0.342	0.189	0.324	0.377	1.699
186	江西	遂川县	62.20	2007617	0.315	0.715	0.078	0.363	0.173	0.318	0.377	1.884

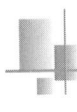

续表

2021年振兴发展度排序	所在省份	县（市）	2021年户籍人口数（万人）	2021年GDP（万元）	2021年振兴发展度分项指数 红色基因	生态环境	经济发展	居民生活	公共服务	2012年振兴发展度	2021年振兴发展度	2012~2021年振兴发展度年均增长率（%）
187	海南	白沙黎族自治县	19.40	625686	0.154	0.752	0.045	0.362	0.299	0.331	0.376	1.435
188	山东	费县	92.90	4696819	0.330	0.601	0.234	0.408	0.142	0.335	0.376	1.286
189	广西	南丹县	32.80	1255464	0.314	0.730	0.053	0.363	0.159	0.350	0.376	0.790
190	四川	盐亭县	59.94	4501000	0.311	0.627	0.142	0.411	0.180	0.339	0.376	1.164
191	江西	万安县	31.60	1093895	0.245	0.729	0.061	0.356	0.214	0.330	0.376	1.447
192	广东	连平县	41.00	978227	0.304	0.730	0.043	0.378	0.150	0.352	0.375	0.724
193	湖南	石门县	65.50	3424986	0.232	0.711	0.126	0.370	0.215	0.326	0.375	1.559
194	湖北	松滋市	80.70	4050149	0.317	0.645	0.126	0.410	0.138	0.345	0.375	0.941
195	广东	陆河县	35.50	1007702	0.307	0.738	0.044	0.356	0.154	0.352	0.375	0.688
196	湖南	汝城县	41.70	1000606	0.306	0.730	0.047	0.335	0.178	0.312	0.375	2.053
197	湖北	浠水县	98.10	2682900	0.330	0.650	0.111	0.382	0.161	0.349	0.374	0.798
198	海南	临高县	51.00	2229134	0.295	0.681	0.149	0.376	0.133	0.326	0.374	1.546
199	福建	松溪县	16.50	855441	0.302	0.735	0.065	0.358	0.179	0.346	0.374	0.881
200	四川	南部县	131.56	4575000	0.296	0.607	0.129	0.447	0.129	0.329	0.374	1.440
201	江西	广昌县	25.00	951927	0.229	0.745	0.057	0.345	0.212	0.327	0.374	1.504
202	贵州	桐梓县	75.14	1769800	0.343	0.677	0.064	0.372	0.188	0.308	0.374	2.194

续表

2021年振兴发展度排序	所在省份	县（市）	2021年户籍人口数（万人）	2021年GDP（万元）	2021年振兴发展度分项指数 红色基因	生态环境	经济发展	居民生活	公共服务	2012年振兴发展度	2021年振兴发展度	2012~2021年振兴发展度年均增长率（%）
203	陕西	洛川县	21.54	2790500	0.382	0.635	0.158	0.320	0.165	0.353	0.374	0.650
204	广西	扶绥县	46.00	2367752	0.302	0.693	0.100	0.390	0.150	0.347	0.374	0.826
205	河南	桐柏县	49.40	1979885	0.286	0.667	0.079	0.360	0.260	0.316	0.374	1.875
206	广东	饶平县	105.50	3244356	0.316	0.691	0.125	0.388	0.095	0.346	0.374	0.852
207	山西	襄垣县	25.93	3207125	0.330	0.590	0.156	0.423	0.194	0.340	0.374	1.057
208	江西	寻乌县	32.90	1148254	0.170	0.745	0.058	0.357	0.205	0.335	0.373	1.221
209	宁夏	盐池县	17.24	1629790	0.325	0.592	0.112	0.354	0.315	0.305	0.373	2.252
210	河南	商城县	79.90	2580891	0.327	0.669	0.100	0.373	0.133	0.325	0.373	1.526
211	贵州	绥阳县	57.19	1216100	0.314	0.714	0.056	0.375	0.130	0.345	0.373	0.878
212	湖南	桂东县	18.40	505312	0.316	0.734	0.034	0.327	0.202	0.310	0.373	2.079
213	陕西	府谷县	24.94	7358800	0.313	0.505	0.337	0.366	0.322	0.349	0.373	0.750
214	山西	高平市	48.49	3417235	0.330	0.610	0.123	0.406	0.182	0.338	0.373	1.101
215	广西	天峨县	18.00	658194	0.302	0.747	0.044	0.322	0.193	0.353	0.372	0.584
216	四川	仪陇县	112.56	2576000	0.364	0.613	0.080	0.400	0.104	0.319	0.372	1.730
217	贵州	习水县	78.93	2384900	0.336	0.695	0.074	0.356	0.161	0.302	0.372	2.335
218	湖北	鹤峰县	21.30	763000	0.302	0.719	0.049	0.331	0.198	0.324	0.372	1.542

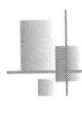

续表

2021年振兴发展度排序	所在省份	县(市)	2021年户籍人口数(万人)	2021年GDP(万元)	2021年振兴发展度分项指数 红色基因	生态环境	经济发展	居民生活	公共服务	2012年振兴发展度	2021年振兴发展度	2012~2021年振兴发展度年均增长率(%)
219	安徽	怀宁县	70.30	3308920	0.307	0.616	0.126	0.424	0.167	0.338	0.372	1.067
220	湖北	恩施市	82.20	4162938	0.178	0.704	0.115	0.357	0.278	0.315	0.372	1.885
221	湖北	安陆市	59.90	2883197	0.311	0.631	0.104	0.393	0.185	0.340	0.372	1.019
222	山东	莒县	116.80	4249700	0.357	0.570	0.145	0.443	0.132	0.330	0.372	1.324
223	四川	万源市	60.30	1451347	0.334	0.680	0.057	0.370	0.152	0.328	0.372	1.407
224	四川	通江县	71.57	1282171	0.346	0.655	0.046	0.380	0.178	0.325	0.372	1.510
225	福建	华安县	163.00	1907386	0.320	0.703	0.068	0.405	0.056	0.358	0.371	0.409
226	四川	旺苍县	46.00	1550638	0.298	0.681	0.059	0.399	0.175	0.319	0.371	1.690
227	湖北	秭归县	36.40	1873530	0.324	0.695	0.080	0.331	0.186	0.344	0.371	0.842
228	贵州	荔波县	18.58	746500	0.287	0.719	0.048	0.346	0.222	0.330	0.371	1.303
229	贵州	黎平县	58.04	1038500	0.342	0.711	0.039	0.326	0.150	0.318	0.371	1.708
230	陕西	留坝县	4.15	220500	0.142	0.717	0.057	0.363	0.405	0.332	0.370	1.219
231	广西	田东县	44.00	1942606	0.162	0.727	0.085	0.397	0.187	0.335	0.370	1.103
232	安徽	太湖县	57.50	2042654	0.275	0.712	0.081	0.369	0.152	0.321	0.370	1.596
233	安徽	潜山市	58.30	2300976	0.222	0.702	0.093	0.387	0.168	0.323	0.370	1.506
234	四川	平昌县	91.66	1733468	0.328	0.652	0.061	0.385	0.152	0.324	0.370	1.482

318

续表

2021年振兴发展度排序	所在省份	县（市）	2021年户籍人口数（万人）	2021年GDP（万元）	2021年振兴发展度分项指数 红色基因	生态环境	经济发展	居民生活	公共服务	2012年振兴发展度	2021年振兴发展度	2012~2021年振兴发展度年均增长率（%）
235	山东	兰陵县	146.10	3168209	0.351	0.578	0.121	0.417	0.142	0.340	0.370	0.944
236	贵州	印江土家族苗族自治县	44.54	1307400	0.375	0.680	0.059	0.324	0.140	0.321	0.370	1.571
237	湖南	永顺县	52.60	948446	0.313	0.721	0.040	0.318	0.176	0.322	0.370	1.555
238	河北	怀来县	36.76	1358026	0.307	0.647	0.055	0.426	0.178	0.339	0.369	0.975
239	四川	南江县	69.00	1286065	0.320	0.678	0.048	0.384	0.145	0.324	0.369	1.474
240	重庆	西阳土家族苗族自治县	85.14	2155830	0.309	0.704	0.076	0.344	0.145	0.329	0.369	1.285
241	贵州	江口县	25.24	773500	0.304	0.734	0.042	0.325	0.189	0.337	0.369	1.006
242	四川	蓬安县	71.32	2009234	0.319	0.605	0.073	0.410	0.163	0.347	0.369	0.689
243	山东	五莲县	50.70	2118514	0.315	0.619	0.093	0.410	0.152	0.344	0.369	0.754
244	四川	开江县	61.00	5007397	0.312	0.634	0.142	0.399	0.119	0.337	0.368	0.980
245	湖北	云梦县	55.80	2311604	0.317	0.591	0.092	0.404	0.175	0.341	0.368	0.855
246	河南	泌阳县	97.10	3300271	0.328	0.615	0.127	0.368	0.156	0.339	0.368	0.908
247	湖南	桑植县	46.10	1064071	0.302	0.712	0.044	0.322	0.193	0.314	0.368	1.773
248	陕西	太白县	4.67	455500	0.080	0.740	0.103	0.327	0.345	0.340	0.368	0.866

续表

2021年振兴发展度排序	所在省份	县（市）	2021年户籍人口数（万人）	2021年GDP（万元）	红色基因	生态环境	经济发展	居民生活	公共服务	2012年振兴发展度	2021年振兴发展度	2012~2021年振兴发展度年均增长率（%）
249	河北	易县	57.51	1279418	0.359	0.643	0.059	0.339	0.185	0.304	0.367	2.130
250	河北	涞水县	36.04	942780	0.299	0.695	0.041	0.356	0.179	0.308	0.367	1.966
251	山东	郯城县	104.70	3626161	0.335	0.583	0.115	0.416	0.106	0.338	0.367	0.937
252	广东	惠来县	149.40	2939483	0.326	0.668	0.099	0.366	0.074	0.341	0.367	0.828
253	江西	安远县	40.80	1021434	0.165	0.744	0.048	0.342	0.181	0.331	0.367	1.154
254	江西	石城县	33.30	947842	0.193	0.723	0.048	0.343	0.218	0.324	0.367	1.383
255	河南	博爱县	39.70	1636000	0.317	0.629	0.062	0.407	0.162	0.342	0.367	0.788
256	湖南	安乡县	51.60	2401997	0.304	0.591	0.094	0.394	0.203	0.334	0.366	1.027
257	山东	临沭县	68.50	2323796	0.323	0.589	0.098	0.404	0.143	0.338	0.366	0.890
258	贵州	石阡县	41.35	1261216	0.318	0.706	0.057	0.323	0.161	0.311	0.366	1.847
259	贵州	三都水族自治县	38.09	959000	0.320	0.704	0.043	0.341	0.164	0.330	0.366	1.159
260	陕西	山阳县	46.37	1717500	0.312	0.650	0.062	0.372	0.193	0.344	0.366	0.677
261	陕西	子长市	26.35	1356700	0.380	0.617	0.068	0.316	0.196	0.351	0.366	0.449
262	河北	平山县	49.85	2561288	0.369	0.629	0.091	0.339	0.155	0.304	0.366	2.071
263	贵州	松桃苗族自治县	73.28	1870100	0.317	0.705	0.065	0.327	0.141	0.336	0.366	0.934
264	贵州	湄潭县	51.98	1310400	0.219	0.718	0.056	0.389	0.166	0.317	0.366	1.603

续表

2021年振兴发展度排序	所在省份	县（市）	2021年户籍人口数（万人）	2021年GDP（万元）	2021年振兴发展度分项指数 红色基因	生态环境	经济发展	居民生活	公共服务	2012年振兴发展度	2021年振兴发展度	2012~2021年振兴发展度年均增长率（%）
265	四川	西充县	65.86	2032500	0.309	0.608	0.073	0.394	0.184	0.335	0.366	0.987
266	山西	长子县	36.67	2524690	0.328	0.618	0.099	0.387	0.154	0.335	0.365	0.969
267	河北	涉县	43.35	1807268	0.399	0.560	0.072	0.383	0.204	0.330	0.365	1.136
268	山东	平邑县	112.20	2791978	0.337	0.595	0.117	0.402	0.138	0.336	0.365	0.920
269	四川	苍溪县	79.00	1969088	0.319	0.634	0.061	0.386	0.137	0.317	0.365	1.566
270	四川	营山县	95.18	2503000	0.328	0.628	0.078	0.356	0.164	0.349	0.365	0.493
271	陕西	富县	15.48	831300	0.305	0.667	0.066	0.366	0.198	0.345	0.365	0.619
272	陕西	绥德县	34.75	1111700	0.323	0.606	0.051	0.339	0.280	0.308	0.365	1.894
273	广西	罗城仫佬族自治县	38.70	654981	0.314	0.732	0.035	0.309	0.153	0.319	0.365	1.510
274	河南	卫辉市	54.10	1862464	0.305	0.586	0.064	0.386	0.282	0.328	0.365	1.196
275	湖南	溆浦县	93.70	2003234	0.148	0.723	0.077	0.363	0.189	0.327	0.365	1.197
276	河南	唐河县	144.50	4110824	0.311	0.588	0.147	0.401	0.128	0.339	0.364	0.805
277	山西	黎城县	16.16	434049	0.386	0.640	0.031	0.324	0.173	0.331	0.364	1.074
278	河南	确山县	55.90	2130347	0.287	0.641	0.090	0.362	0.192	0.315	0.364	1.599
279	贵州	册亨县	25.04	878775	0.316	0.712	0.051	0.309	0.187	0.320	0.364	1.447
280	湖北	石首市	60.40	2393488	0.314	0.597	0.098	0.394	0.137	0.338	0.364	0.817

续表

2021年振兴发展度排序	所在省份	县（市）	2021年户籍人口数（万人）	2021年GDP（万元）	2021年振兴发展度分项指数 红色基因	生态环境	经济发展	居民生活	公共服务	2012年振兴发展度	2021年振兴发展度	2012~2021年振兴发展度年均增长率（%）
281	陕西	宁陕县	6.97	243400	0.079	0.718	0.039	0.319	0.403	0.337	0.364	0.852
282	福建	政和县	23.60	1045018	0.307	0.658	0.066	0.367	0.158	0.337	0.364	0.855
283	山西	昔阳县	23.05	1388196	0.376	0.633	0.076	0.345	0.200	0.303	0.363	2.029
284	江西	莲花县	27.70	730171	0.189	0.731	0.042	0.350	0.185	0.327	0.363	1.187
285	江西	上饶县	32.20	1047927	0.160	0.730	0.053	0.350	0.198	0.327	0.363	1.161
286	陕西	镇坪县	5.83	261900	0.141	0.680	0.050	0.380	0.332	0.323	0.363	1.287
287	重庆	石柱土家族自治县	54.62	1827230	0.200	0.675	0.071	0.389	0.224	0.317	0.362	1.501
288	河南	安阳县	56.50	1074618	0.388	0.569	0.035	0.396	0.102	0.356	0.362	0.198
289	广西	乐业县	18.30	381386	0.264	0.742	0.027	0.323	0.187	0.321	0.362	1.355
290	陕西	吴堡县	8.01	312700	0.143	0.613	0.043	0.416	0.329	0.307	0.362	1.845
291	广西	大新县	38.30	1193864	0.171	0.729	0.053	0.374	0.156	0.327	0.362	1.118
292	重庆	城口县	24.95	606334	0.271	0.662	0.033	0.334	0.260	0.318	0.361	1.420
293	宁夏	中宁县	34.93	1799455	0.311	0.556	0.266	0.364	0.224	0.321	0.361	1.337
294	湖北	团风县	36.60	1287900	0.298	0.663	0.058	0.343	0.173	0.307	0.361	1.807
295	四川	江油市	84.72	5282664	0.347	0.526	0.085	0.485	0.231	0.357	0.361	0.140
296	贵州	独山县	35.81	1426300	0.273	0.696	0.064	0.353	0.164	0.322	0.361	1.287

续表

2021年振兴发展度排序	所在省份	县（市）	2021年户籍人口数（万人）	2021年GDP（万元）	2021年振兴发展度分项指数 红色基因	2021年振兴发展度分项指数 生态环境	2021年振兴发展度分项指数 经济发展	2021年振兴发展度分项指数 居民生活	2021年振兴发展度分项指数 公共服务	2012年振兴发展度	2021年振兴发展度	2012~2021年振兴发展度年均增长率（%）
297	湖南	辰溪县	52.80	1348707	0.165	0.730	0.078	0.339	0.180	0.324	0.361	1.213
298	河南	息县	112.20	2879947	0.332	0.587	0.107	0.372	0.117	0.335	0.361	0.813
299	陕西	岚皋县	16.42	550000	0.302	0.630	0.042	0.325	0.290	0.350	0.361	0.323
300	湖南	凤凰县	41.90	959305	0.172	0.736	0.072	0.342	0.160	0.325	0.361	1.154
301	宁夏	隆德县	15.31	372210	0.295	0.579	0.069	0.324	0.341	0.292	0.361	2.357
302	贵州	凤冈县	45.56	959800	0.211	0.716	0.045	0.357	0.185	0.314	0.361	1.557
303	山西	寿阳县	20.93	1892306	0.312	0.602	0.110	0.395	0.185	0.328	0.361	1.043
304	贵州	罗甸县	36.66	906400	0.304	0.697	0.041	0.345	0.178	0.328	0.360	1.048
305	湖北	五峰土家族自治县	19.30	1000200	0.155	0.722	0.067	0.322	0.234	0.332	0.360	0.932
306	湖南	沅陵县	63.40	1957667	0.147	0.733	0.066	0.337	0.172	0.325	0.360	1.161
307	河南	固始县	178.40	4528414	0.218	0.601	0.162	0.424	0.119	0.330	0.360	0.965
308	河南	修武县	27.20	1540545	0.305	0.634	0.073	0.391	0.199	0.318	0.360	1.404
309	湖南	新化县	150.60	3098137	0.180	0.707	0.114	0.356	0.147	0.330	0.360	0.977
310	湖南	泸溪县	31.20	778591	0.157	0.750	0.036	0.318	0.176	0.318	0.360	1.404
311	江西	乐安县	39.10	863123	0.171	0.733	0.038	0.340	0.166	0.327	0.360	1.069
312	陕西	商南县	24.80	940600	0.274	0.656	0.050	0.322	0.267	0.338	0.360	0.707

续表

2021年振兴发展度排序	所在省份	县（市）	2021年户籍人口数（万人）	2021年GDP（万元）	红色基因	生态环境	经济发展	居民生活	公共服务	2012年振兴发展度	2021年振兴发展度	2012~2021年振兴发展度年均增长率（%）
313	贵州	平塘县	33.70	977200	0.130	0.706	0.048	0.342	0.274	0.309	0.359	1.709
314	甘肃	华池县	14.00	1178517	0.268	0.611	0.095	0.321	0.309	0.302	0.359	1.959
315	湖北	长阳土家族自治县	38.80	1834271	0.145	0.714	0.085	0.333	0.201	0.323	0.359	1.171
316	湖南	安仁县	45.30	1243300	0.185	0.721	0.065	0.347	0.159	0.309	0.359	1.692
317	陕西	淳化县	18.95	1059300	0.147	0.618	0.075	0.455	0.189	0.313	0.359	1.546
318	广西	靖西市	66.00	1394285	0.143	0.704	0.047	0.390	0.173	0.323	0.359	1.181
319	湖南	古丈县	13.70	339174	0.093	0.760	0.033	0.313	0.271	0.317	0.359	1.382
320	陕西	平利县	22.75	1040700	0.309	0.618	0.067	0.315	0.266	0.352	0.359	0.205
321	湖北	来凤县	33.40	955000	0.179	0.734	0.044	0.322	0.186	0.326	0.359	1.069
322	河北	涿鹿县	34.65	956892	0.308	0.648	0.040	0.389	0.182	0.327	0.358	1.027
323	陕西	延长县	15.23	684900	0.301	0.619	0.055	0.363	0.230	0.336	0.358	0.720
324	湖南	慈利县	68.00	1885985	0.184	0.704	0.067	0.354	0.185	0.319	0.358	1.296
325	重庆	彭水苗族土家族自治县	70.27	2679152	0.154	0.695	0.092	0.365	0.184	0.318	0.358	1.320
326	河南	遂平县	57.70	2583300	0.310	0.593	0.087	0.369	0.170	0.332	0.358	0.852
327	陕西	镇安县	29.57	1002200	0.150	0.643	0.047	0.420	0.236	0.324	0.358	1.105

续表

2021年振兴发展度排序	所在省份	县（市）	2021年户籍人口数（万人）	2021年GDP（万元）	红色基因	生态环境	经济发展	居民生活	公共服务	2012年振兴发展度	2021年振兴发展度	2012~2021年振兴发展度年均增长率（%）
328	湖北	宣恩县	35.60	927639	0.166	0.725	0.044	0.321	0.195	0.323	0.357	1.149
329	贵州	沿河土家族自治县	69.37	1445400	0.312	0.680	0.056	0.321	0.148	0.327	0.357	0.985
330	广西	宁明县	44.30	1183977	0.158	0.730	0.057	0.356	0.144	0.336	0.357	0.684
331	安徽	枞阳县	78.70	1882758	0.312	0.624	0.069	0.373	0.106	0.342	0.357	0.483
332	山西	盂县	30.67	1683069	0.310	0.631	0.075	0.394	0.162	0.335	0.357	0.702
333	四川	青川县	24.00	566641	0.301	0.642	0.033	0.365	0.176	0.323	0.356	1.081
334	陕西	定边县	36.04	3417200	0.218	0.584	0.140	0.395	0.209	0.328	0.355	0.877
335	广西	巴马瑶族自治县	29.90	927161	0.124	0.749	0.044	0.314	0.156	0.324	0.355	1.038
336	山西	陵川县	24.98	615610	0.317	0.681	0.033	0.331	0.171	0.328	0.355	0.889
337	贵州	榕江县	38.50	899000	0.259	0.717	0.039	0.323	0.158	0.318	0.355	1.231
338	湖北	江陵县	38.30	1227358	0.306	0.593	0.063	0.368	0.153	0.328	0.355	0.866
339	湖北	利川市	91.80	2317200	0.159	0.705	0.076	0.336	0.177	0.319	0.355	1.188
340	陕西	甘泉县	8.72	330700	0.305	0.632	0.042	0.332	0.243	0.340	0.355	0.456
341	贵州	兴仁市	57.98	2165500	0.316	0.634	0.081	0.332	0.139	0.327	0.355	0.898
342	河北	涞源县	28.31	767263	0.277	0.655	0.037	0.312	0.256	0.291	0.355	2.204
343	湖南	龙山县	59.90	1060063	0.130	0.716	0.044	0.334	0.211	0.318	0.354	1.227

续表

2021年振兴发展度排序	所在省份	县（市）	2021年户籍人口数（万人）	2021年GDP（万元）	红色基因	生态环境	经济发展	居民生活	公共服务	2012年振兴发展度	2021年振兴发展度	2012~2021年振兴发展度年均增长率（%）
344	河南	汝南县	89.70	2701000	0.312	0.584	0.101	0.367	0.117	0.334	0.354	0.663
345	河南	正阳县	87.40	2716500	0.303	0.586	0.099	0.364	0.139	0.331	0.354	0.746
346	山西	定襄县	21.84	737533	0.309	0.602	0.045	0.388	0.168	0.325	0.354	0.973
347	广西	马山县	56.90	951749	0.127	0.730	0.041	0.344	0.134	0.326	0.353	0.894
348	河北	阜平县	22.78	553492	0.275	0.639	0.036	0.328	0.263	0.294	0.353	2.041
349	陕西	泾阳县	53.75	1167800	0.379	0.590	0.053	0.324	0.104	0.356	0.353	-0.096
350	河北	沙河市	46.49	1953924	0.332	0.563	0.071	0.422	0.161	0.322	0.353	1.001
351	贵州	长顺县	27.37	932500	0.305	0.684	0.051	0.341	0.167	0.312	0.353	1.374
352	山西	阳城县	37.89	3246204	0.338	0.599	0.131	0.387	0.191	0.314	0.353	1.287
353	湖南	麻阳苗族自治县	39.30	1011173	0.084	0.736	0.044	0.318	0.201	0.317	0.352	1.162
354	湖南	芷江侗族自治县	37.20	1132403	0.164	0.729	0.052	0.322	0.183	0.313	0.352	1.324
355	湖南	新晃侗族自治县	25.50	811488	0.149	0.725	0.043	0.319	0.265	0.304	0.352	1.628
356	湖南	保靖县	29.40	800548	0.105	0.729	0.060	0.329	0.197	0.314	0.352	1.259
357	湖北	建始县	50.50	1354400	0.099	0.712	0.053	0.326	0.195	0.320	0.351	1.020
358	宁夏	泾源县	11.47	223437	0.288	0.615	0.045	0.316	0.275	0.290	0.351	2.128
359	湖北	巴东县	48.10	1459200	0.117	0.701	0.057	0.326	0.195	0.318	0.351	1.090

续表

2021年振兴发展度排序	所在省份	县（市）	2021年户籍人口数（万人）	2021年GDP（万元）	红色基因	生态环境	经济发展	居民生活	公共服务	2012年振兴发展度	2021年振兴发展度	2012~2021年振兴发展度年均增长率（%）
360	云南	砚山县	53.98	2012600	0.168	0.675	0.077	0.352	0.185	0.322	0.350	0.934
361	广西	都安瑶族自治县	72.60	796586	0.115	0.740	0.030	0.311	0.131	0.324	0.350	0.868
362	山西	左权县	16.39	761585	0.304	0.645	0.055	0.277	0.262	0.280	0.350	2.505
363	广西	环江毛南族自治县	37.90	723573	0.116	0.737	0.038	0.337	0.144	0.328	0.350	0.746
364	陕西	旬邑县	28.85	1183200	0.298	0.640	0.064	0.328	0.144	0.316	0.350	1.143
365	河北	元氏县	44.57	1628166	0.302	0.577	0.063	0.390	0.151	0.324	0.350	0.853
366	甘肃	崇信县	10.10	520921	0.304	0.601	0.057	0.308	0.255	0.317	0.350	1.105
367	甘肃	华亭市	19.20	817292	0.307	0.598	0.049	0.328	0.223	0.324	0.350	0.859
368	湖南	花垣县	30.80	832564	0.153	0.719	0.052	0.322	0.176	0.316	0.350	1.122
369	陕西	彬州市	36.28	2809500	0.305	0.594	0.107	0.323	0.170	0.339	0.350	0.338
370	河南	淇县	30.10	2626522	0.304	0.561	0.117	0.400	0.212	0.316	0.349	1.102
371	陕西	洋县	44.36	1929000	0.286	0.638	0.076	0.340	0.140	0.334	0.349	0.472
372	河北	顺平县	30.94	850644	0.301	0.598	0.048	0.304	0.210	0.282	0.349	2.401
373	河南	西平县	88.70	2792230	0.313	0.564	0.100	0.376	0.158	0.316	0.349	1.101
374	河南	潢川县	88.40	3317533	0.152	0.589	0.111	0.393	0.180	0.311	0.348	1.272
375	陕西	三原县	40.37	2360900	0.306	0.551	0.103	0.412	0.154	0.343	0.348	0.162

续表

2021年振兴发展度排序	所在省份	县（市）	2021年户籍人口数（万人）	2021年GDP（万元）	2021年振兴发展度分项指数 红色基因	生态环境	经济发展	居民生活	公共服务	2012年振兴发展度	2021年振兴发展度	2012~2021年振兴发展度年均增长率(%)
376	河南	新蔡县	125.70	2949800	0.250	0.586	0.107	0.380	0.095	0.310	0.348	1.301
377	贵州	道真仡佬族苗族自治县	35.26	885700	0.166	0.688	0.045	0.341	0.194	0.302	0.348	1.576
378	云南	富宁县	46.18	1404700	0.132	0.718	0.060	0.323	0.144	0.338	0.348	0.327
379	贵州	务川仡佬族苗族自治县	48.57	911900	0.155	0.696	0.040	0.344	0.180	0.303	0.348	1.536
380	广西	东兰县	31.30	506370	0.113	0.738	0.025	0.306	0.168	0.315	0.348	1.103
381	陕西	富平县	78.58	2146600	0.313	0.582	0.076	0.333	0.169	0.305	0.347	1.467
382	陕西	西乡县	41.32	1339800	0.270	0.623	0.063	0.340	0.189	0.326	0.347	0.722
383	广西	大化瑶族自治县	48.60	776427	0.086	0.735	0.029	0.311	0.166	0.324	0.347	0.782
384	贵州	惠水县	48.03	1487800	0.169	0.694	0.070	0.354	0.143	0.305	0.347	1.465
385	贵州	望谟县	32.71	1122200	0.074	0.722	0.056	0.306	0.201	0.311	0.347	1.220
386	云南	马关县	38.87	1275300	0.104	0.667	0.058	0.399	0.164	0.325	0.347	0.735
387	宁夏	同心县	38.77	1216032	0.277	0.587	0.054	0.328	0.233	0.298	0.347	1.690
388	河南	光山县	93.30	2600886	0.186	0.604	0.102	0.384	0.133	0.313	0.347	1.137
389	安徽	宿松县	86.60	2543370	0.156	0.627	0.094	0.376	0.157	0.316	0.347	1.052

续表

2021年振兴发展度排序	所在省份	县（市）	2021年户籍人口数（万人）	2021年GDP（万元）	红色基因	生态环境	经济发展	居民生活	公共服务	2012年振兴发展度	2021年振兴发展度	2012~2021年振兴发展度年均增长率（%）
390	广西	那坡县	21.90	473549	0.044	0.731	0.029	0.309	0.206	0.326	0.346	0.667
391	河南	沁阳市	49.30	3206313	0.322	0.552	0.111	0.428	0.144	0.324	0.346	0.760
392	广西	凤山县	22.20	334402	0.082	0.742	0.020	0.306	0.184	0.318	0.346	0.938
393	宁夏	灵武市	25.55	6390372	0.312	0.416	0.276	0.395	0.313	0.292	0.346	1.889
394	陕西	勉县	40.89	1787400	0.088	0.636	0.072	0.399	0.202	0.346	0.346	-0.005
395	广西	天等县	45.50	870280	0.102	0.722	0.035	0.341	0.118	0.325	0.346	0.686
396	陕西	石泉县	18.11	938900	0.112	0.641	0.065	0.332	0.291	0.314	0.346	1.083
397	贵州	贞丰县	43.34	1696700	0.164	0.688	0.068	0.327	0.170	0.310	0.346	1.224
398	贵州	德江县	55.58	1592600	0.118	0.693	0.060	0.328	0.185	0.304	0.345	1.410
399	安徽	寿县	139.30	2437875	0.201	0.584	0.107	0.372	0.163	0.308	0.345	1.250
400	四川	平武县	17.38	738290	0.155	0.629	0.052	0.378	0.204	0.300	0.345	1.566
401	云南	文山市	54.65	3605300	0.114	0.660	0.115	0.351	0.174	0.333	0.344	0.367
402	云南	广南县	92.90	1749300	0.148	0.687	0.071	0.347	0.152	0.328	0.344	0.527
403	广西	德保县	36.70	1043815	0.095	0.716	0.045	0.347	0.150	0.314	0.344	1.029
404	云南	麻栗坡县	29.84	1005500	0.097	0.678	0.048	0.357	0.195	0.326	0.343	0.596
405	陕西	旬阳市	21.30	792400	0.094	0.638	0.054	0.316	0.311	0.327	0.343	0.535

续表

2021年振兴发展度排序	所在省份	县(市)	2021年户籍人口数(万人)	2021年GDP(万元)	红色基因	生态环境	经济发展	居民生活	公共服务	2012年振兴发展度	2021年振兴发展度	2012~2021年振兴发展度年均增长率(%)
406	陕西	米脂县	21.92	700700	0.294	0.589	0.041	0.308	0.191	0.327	0.343	0.517
407	贵州	从江县	39.30	806200	0.170	0.700	0.036	0.329	0.158	0.310	0.343	1.135
408	山西	沁县	17.25	409238	0.310	0.624	0.029	0.289	0.218	0.309	0.343	1.145
409	山东	泗水县	64.60	2033000	0.312	0.561	0.092	0.382	0.136	0.310	0.343	1.104
410	安徽	霍邱县	161.80	2693601	0.161	0.587	0.100	0.383	0.127	0.325	0.342	0.570
411	陕西	丹凤县	31.14	995100	0.100	0.671	0.049	0.345	0.200	0.324	0.342	0.620
412	云南	丘北县	57.86	1296200	0.122	0.668	0.058	0.375	0.137	0.316	0.342	0.870
413	甘肃	宁县	55.43	711061	0.309	0.619	0.030	0.323	0.106	0.323	0.342	0.618
414	广西	西林县	16.50	424451	0.148	0.682	0.036	0.336	0.214	0.324	0.342	0.582
415	陕西	延川县	18.42	1189700	0.156	0.614	0.077	0.350	0.215	0.316	0.341	0.847
416	贵州	思南县	66.89	1909700	0.105	0.686	0.074	0.326	0.150	0.306	0.341	1.200
417	陕西	白河县	44.33	2007400	0.091	0.657	0.073	0.340	0.200	0.328	0.341	0.432
418	河北	唐县	58.96	1270720	0.312	0.590	0.055	0.326	0.152	0.269	0.341	2.671
419	甘肃	环县	36.40	1295726	0.282	0.585	0.055	0.314	0.195	0.306	0.340	1.182
420	陕西	宜君县	8.83	427400	0.150	0.671	0.054	0.310	0.263	0.319	0.340	0.729
421	宁夏	西吉县	47.41	806868	0.263	0.570	0.133	0.328	0.212	0.289	0.340	1.823

续表

2021年振兴发展度排序	所在省份	县（市）	2021年户籍人口数（万人）	2021年GDP（万元）	红色基因	生态环境	经济发展	居民生活	公共服务	2012年振兴发展度	2021年振兴发展度	2012~2021年振兴发展度年均增长率（%）
422	贵州	正安县	66.81	1371800	0.115	0.671	0.054	0.351	0.150	0.298	0.340	1.454
423	贵州	安龙县	49.76	1639400	0.168	0.657	0.068	0.328	0.164	0.296	0.340	1.549
424	河南	平舆县	117.60	2932200	0.139	0.585	0.105	0.375	0.145	0.309	0.339	1.028
425	贵州	晴隆县	34.89	955600	0.262	0.624	0.045	0.311	0.168	0.293	0.338	1.609
426	宁夏	彭阳县	24.62	761619	0.148	0.585	0.125	0.334	0.249	0.295	0.338	1.492
427	云南	西畴县	25.98	638700	0.156	0.677	0.035	0.347	0.135	0.317	0.337	0.707
428	安徽	淮滨县	82.40	2532125	0.124	0.589	0.105	0.363	0.145	0.306	0.337	1.101
429	安徽	望江县	64.00	2022654	0.090	0.606	0.078	0.376	0.129	0.306	0.337	1.059
430	陕西	宜川县	12.23	455700	0.154	0.650	0.046	0.314	0.235	0.320	0.337	0.583
431	山西	平定县	31.66	1436337	0.330	0.558	0.068	0.385	0.179	0.291	0.336	1.603
432	河北	蔚县	49.09	852845	0.191	0.613	0.031	0.357	0.168	0.296	0.336	1.427
433	陕西	宁强县	32.18	1249900	0.087	0.629	0.058	0.359	0.191	0.322	0.336	0.474
434	陕西	城固县	54.07	2824400	0.096	0.629	0.105	0.350	0.171	0.317	0.336	0.635
435	甘肃	正宁县	24.30	274103	0.204	0.645	0.015	0.333	0.161	0.293	0.336	1.502
436	陕西	佳县	26.30	717600	0.277	0.588	0.041	0.278	0.192	0.324	0.335	0.386
437	陕西	柞水县	16.02	972700	0.100	0.674	0.069	0.285	0.234	0.321	0.335	0.473

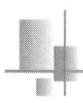

续表

2021年振兴发展度排序	所在省份	县(市)	2021年户籍人口数(万人)	2021年GDP(万元)	红色基因	生态环境	经济发展	居民生活	公共服务	2012年振兴发展度	2021年振兴发展度	2012~2021年振兴发展度年均增长率(%)
438	山西	灵丘县	24.47	678851	0.297	0.589	0.037	0.308	0.238	0.267	0.335	2.546
439	陕西	洛南县	45.17	1379100	0.124	0.642	0.052	0.339	0.171	0.319	0.335	0.538
440	河北	内丘县	29.71	752589	0.306	0.581	0.036	0.368	0.152	0.305	0.335	1.054
441	湖北	孝昌县	65.60	1716960	0.126	0.632	0.071	0.335	0.137	0.304	0.335	1.057
442	陕西	长武县	18.59	2701600	0.148	0.590	0.166	0.333	0.209	0.310	0.334	0.826
443	河北	临城县	22.01	540403	0.153	0.616	0.039	0.329	0.198	0.297	0.334	1.329
444	山西	平顺县	14.96	301830	0.097	0.677	0.024	0.297	0.234	0.314	0.334	0.668
445	陕西	镇巴县	27.66	946900	0.090	0.644	0.051	0.334	0.202	0.306	0.333	0.947
446	广西	凌云县	22.90	551441	0.116	0.678	0.032	0.317	0.173	0.323	0.333	0.339
447	河北	行唐县	45.60	1270720	0.169	0.580	0.059	0.331	0.189	0.282	0.333	1.875
448	陕西	紫阳县	33.04	1078400	0.094	0.621	0.052	0.323	0.223	0.326	0.333	0.242
449	陕西	汉阴县	31.09	1109100	0.087	0.622	0.056	0.322	0.215	0.329	0.332	0.107
450	山西	广灵县	18.15	525813	0.087	0.624	0.036	0.310	0.276	0.289	0.332	1.540
451	河南	上蔡县	160.50	2967700	0.289	0.582	0.093	0.381	0.102	0.306	0.332	0.924
452	山西	五台县	30.60	693625	0.085	0.607	0.033	0.292	0.182	0.273	0.331	2.178
453	甘肃	合水县	18.10	681409	0.085	0.660	0.045	0.314	0.186	0.299	0.331	1.150

续表

2021年振兴发展度排序	所在省份	县(市)	2021年户籍人口数(万人)	2021年GDP(万元)	红色基因	生态环境	经济发展	居民生活	公共服务	2012年振兴发展度	2021年振兴发展度	2012~2021年振兴发展度年均增长率(%)
454	河北	灵寿县	35.06	1159678	0.159	0.619	0.060	0.321	0.174	0.286	0.331	1.666
455	山西	繁峙县	28.44	944247	0.164	0.610	0.049	0.325	0.196	0.290	0.331	1.484
456	广西	田林县	26.60	775016	0.083	0.626	0.045	0.353	0.184	0.330	0.331	0.049
457	甘肃	静宁县	47.50	873297	0.269	0.578	0.044	0.297	0.170	0.300	0.331	1.082
458	河北	曲阳县	65.54	1298242	0.188	0.583	0.048	0.324	0.141	0.289	0.330	1.507
459	陕西	清涧县	21.00	696500	0.098	0.618	0.047	0.317	0.214	0.330	0.330	-0.017
460	广西	隆安县	42.10	1121151	0.086	0.674	0.065	0.356	0.163	0.301	0.329	1.005
461	山西	代县	20.21	804694	0.277	0.615	0.056	0.268	0.183	0.280	0.329	1.804
462	甘肃	会宁县	56.60	768223	0.274	0.570	0.038	0.307	0.154	0.290	0.329	1.399
463	广西	隆林各族自治县	44.00	734546	0.043	0.686	0.031	0.326	0.140	0.311	0.328	0.581
464	贵州	普安县	36.04	1121400	0.099	0.624	0.051	0.320	0.176	0.296	0.328	1.128
465	河北	赞皇县	27.97	798895	0.157	0.625	0.044	0.304	0.173	0.288	0.328	1.443
466	陕西	子洲县	29.11	772900	0.088	0.601	0.040	0.344	0.155	0.302	0.325	0.796
467	河北	井陉县	32.80	1029748	0.339	0.523	0.048	0.380	0.159	0.308	0.323	0.545
468	甘肃	泾川县	34.70	461300	0.161	0.592	0.021	0.329	0.137	0.292	0.323	1.125
469	宁夏	海原县	45.47	889695	0.088	0.573	0.141	0.317	0.206	0.286	0.323	1.362

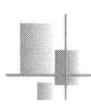

续表

2021年振兴发展度排序	所在省份	县（市）	2021年户籍人口数（万人）	2021年GDP（万元）	2021年振兴发展度分项指数 红色基因	生态环境	经济发展	居民生活	公共服务	2012年振兴发展度	2021年振兴发展度	2012~2021年振兴发展度年均增长率（%）
470	山西	壶关县	29.72	758762	0.128	0.641	0.036	0.289	0.137	0.292	0.322	1.103
471	甘肃	灵台县	22.60	390044	0.146	0.595	0.024	0.306	0.177	0.294	0.321	0.997
472	甘肃	庆城县	28.90	941687	0.091	0.596	0.045	0.318	0.155	0.294	0.320	0.925
473	陕西	略阳县	17.51	697000	0.079	0.618	0.048	0.327	0.257	0.304	0.320	0.565
474	甘肃	镇原县	52.30	931839	0.063	0.586	0.041	0.319	0.150	0.287	0.317	1.096
475	宁夏	青铜峡市	27.43	1557915	0.311	0.469	0.080	0.384	0.198	0.299	0.316	0.617
476	山西	和顺县	13.69	921691	0.153	0.614	0.077	0.299	0.246	0.254	0.312	2.298
477	甘肃	庄浪县	44.90	763645	0.097	0.587	0.037	0.276	0.164	0.281	0.312	1.166
478	山西	浑源县	33.89	554101	0.094	0.608	0.025	0.311	0.178	0.274	0.311	1.403
479	河北	磁县	49.30	884936	0.313	0.434	0.035	0.397	0.186	0.315	0.310	-0.176
480	山西	武乡县	20.77	855080	0.306	0.522	0.051	0.300	0.195	0.245	0.307	2.538
481	山西	榆社县	14.26	425199	0.301	0.427	0.035	0.269	0.188	0.236	0.272	1.562

附录

附表 2　中国 12 个连片革命老区所涉市辖区振兴发展相关指标

2021年振兴发展度排序	所在省份	市辖区	2021年户籍人口数（万人）	2021年GDP（万元）	红色基因	生态环境	经济发展	居民生活	公共服务	2012年振兴发展度	2021年振兴发展度	2012~2021年振兴发展度年均增长率（%）
1	北京	昌平区	67.42	12869778	0.435	0.688	0.482	0.819	0.487	0.413	0.565	3.546
2	北京	门头沟区	25.74	2687841	0.498	0.689	0.189	0.707	0.526	0.420	0.534	2.714
3	浙江	莲都区	42.39	4535270	0.407	0.734	0.284	0.749	0.438	0.402	0.526	3.028
4	北京	房山区	84.74	8183536	0.500	0.646	0.347	0.745	0.383	0.417	0.525	2.597
5	河南	鹤山区	6.72	926100	0.300	0.587	0.239	0.572	1.000	0.342	0.505	4.439
6	广东	惠阳区	43.60	7504064	0.388	0.637	0.541	0.721	0.251	0.439	0.504	1.558
7	湖北	黄陂区	116.64	11655300	0.419	0.639	0.542	0.696	0.174	0.391	0.504	2.874
8	福建	新罗区	61.09	11090300	0.397	0.673	0.542	0.686	0.105	0.397	0.491	2.374
9	广东	惠城区	106.30	9726100	0.319	0.685	0.464	0.788	0.116	0.392	0.481	2.284
10	湖南	武陵区	72.75	12745545	0.334	0.617	0.491	0.748	0.047	0.397	0.470	1.884
11	湖北	新洲区	95.95	10036500	0.363	0.600	0.450	0.660	0.148	0.384	0.463	2.116
12	山东	兰山区	143.53	13341000	0.443	0.574	0.527	0.545	0.055	0.378	0.458	2.141
13	江西	渝水区	90.31	9386692	0.401	0.674	0.394	0.614	0.053	0.393	0.451	1.533
14	海南	琼山区	45.78	3041400	0.428	0.732	0.183	0.534	0.142	0.376	0.442	1.812
15	广西	右江区	37.80	3631300	0.315	0.727	0.216	0.539	0.335	0.373	0.441	1.896
16	广东	梅县区	61.80	2377127	0.403	0.724	0.174	0.605	0.113	0.376	0.437	1.674

335

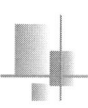

续表

2021年振兴发展度排序	所在省份	市辖区	2021年户籍人口数（万人）	2021年GDP（万元）	2021年振兴发展度分项指数 红色基因	生态环境	经济发展	居民生活	公共服务	2012年振兴发展度	2021年振兴发展度	2012~2021年振兴发展度年均增长率（%）
17	贵州	汇川区	58.70	4569700	0.426	0.707	0.218	0.540	0.095	0.372	0.436	1.784
18	陕西	榆阳区	62.51	13546400	0.379	0.558	0.557	0.367	0.188	0.372	0.435	1.753
19	江西	广丰区	97.10	5517356	0.364	0.714	0.281	0.573	0.088	0.373	0.434	1.691
20	贵州	红花岗区	83.47	4818400	0.431	0.693	0.224	0.551	0.104	0.368	0.434	1.857
21	四川	涪城区	78.10	3768500	0.324	0.589	0.296	0.707	0.149	0.394	0.431	1.009
22	福建	龙海区	91.20	12657788	0.322	0.542	0.528	0.649	0.048	0.333	0.431	2.913
23	江西	袁州区	117.35	5203619	0.372	0.722	0.278	0.549	0.074	0.367	0.430	1.820
24	福建	芗城区	49.03	8273400	0.304	0.680	0.379	0.617	0.069	0.359	0.429	2.029
25	四川	巴州区	77.00	2245564	0.549	0.638	0.141	0.472	0.083	0.398	0.429	0.826
26	湖北	曾都区	66.00	4678600	0.407	0.695	0.261	0.533	0.059	0.383	0.427	1.268
27	陕西	安塞区	19.48	1457200	0.332	0.580	0.132	0.668	0.176	0.342	0.426	2.492
28	贵州	播州区	89.78	3683300	0.429	0.687	0.209	0.536	0.068	0.373	0.423	1.473
29	福建	沙县区	27.10	3544375	0.313	0.710	0.251	0.597	0.127	0.359	0.421	1.851
30	河南	浉河区	63.37	3551400	0.428	0.699	0.203	0.530	0.061	0.354	0.420	1.954
31	江西	湘东区	40.45	1463724	0.315	0.742	0.112	0.583	0.157	0.371	0.420	1.387
32	四川	游仙区	58.60	4230235	0.322	0.615	0.312	0.597	0.088	0.344	0.417	2.182

续表

2021年振兴发展度排序	所在省份	市辖区	2021年户籍人口数（万人）	2021年GDP（万元）	红色基因	生态环境	经济发展	居民生活	公共服务	2012年振兴发展度	2021年振兴发展度	2012~2021年振兴发展度年均增长率（%）
33	安徽	金安区	88.00	3351000	0.421	0.621	0.288	0.509	0.076	0.345	0.417	2.112
34	江西	安源区	47.14	2609417	0.386	0.633	0.146	0.648	0.133	0.344	0.416	2.140
35	湖南	鼎城区	70.96	4807322	0.339	0.649	0.291	0.558	0.118	0.348	0.415	1.969
36	福建	延平区	45.10	4386900	0.312	0.714	0.235	0.567	0.060	0.366	0.415	1.419
37	江西	章贡区	55.29	6068576	0.313	0.695	0.245	0.601	0.053	0.426	0.414	-0.298
38	四川	达川区	114.76	3714336	0.425	0.628	0.205	0.543	0.057	0.380	0.414	0.950
39	山东	河东区	77.70	4009300	0.419	0.585	0.212	0.537	0.095	0.351	0.412	1.806
40	江西	吉州区	37.31	2787618	0.318	0.663	0.167	0.585	0.124	0.348	0.411	1.866
41	河南	山城区	15.60	1383500	0.376	0.592	0.161	0.567	0.166	0.349	0.411	1.835
42	福建	永定区	47.40	3121022	0.283	0.708	0.196	0.594	0.069	0.347	0.410	1.887
43	江西	赣县区	66.00	2321900	0.433	0.720	0.142	0.437	0.090	0.359	0.410	1.498
44	四川	通川区	42.38	1859835	0.385	0.634	0.202	0.579	0.111	0.342	0.408	2.003
45	广东	城区	38.98	3184800	0.323	0.638	0.195	0.573	0.107	0.347	0.408	1.811
46	广东	潮阳区	187.60	5293243	0.344	0.643	0.274	0.534	0.043	0.355	0.408	1.560
47	湖北	荆州区	54.26	3850900	0.340	0.599	0.228	0.561	0.101	0.395	0.407	0.340
48	湖北	沙市区	52.82	5563000	0.318	0.593	0.278	0.580	0.072	0.350	0.407	1.684

续表

2021年振兴发展度排序	所在省份	市辖区	2021年户籍人口数（万人）	2021年GDP（万元）	2021年振兴发展度分项指数 红色基因	生态环境	经济发展	居民生活	公共服务	2012年振兴发展度	2021年振兴发展度	2012~2021年振兴发展度年均增长率（%）
49	福建	建阳区	36.40	2686796	0.316	0.723	0.185	0.537	0.107	0.353	0.407	1.579
50	湖南	武陵源区	6.15	402046	0.310	0.756	0.109	0.479	0.253	0.361	0.406	1.326
51	江西	广信区	86.40	3367087	0.346	0.725	0.213	0.439	0.119	0.352	0.406	1.603
52	广东	梅江区	35.95	1124669	0.300	0.680	0.239	0.606	0.100	0.353	0.406	1.566
53	湖北	黄州区	35.59	2236638	0.398	0.605	0.174	0.510	0.102	0.360	0.405	1.327
54	福建	三元区	13.82	2559000	0.304	0.641	0.276	0.604	0.106	0.327	0.402	2.345
55	贵州	碧江区	35.04	2553700	0.326	0.712	0.154	0.497	0.124	0.343	0.402	1.774
56	广东	湖南区	150.51	4945792	0.326	0.647	0.278	0.539	0.018	0.346	0.402	1.684
57	安徽	宜秀区	27.11	1490000	0.382	0.638	0.116	0.553	0.036	0.346	0.401	1.630
58	安徽	迎江区	21.41	2438000	0.306	0.608	0.181	0.581	0.115	0.345	0.400	1.640
59	湖北	孝南区	94.24	3965891	0.362	0.588	0.211	0.535	0.074	0.353	0.399	1.372
60	河北	井陉矿区	8.57	559167	0.301	0.665	0.107	0.575	0.163	0.357	0.399	1.233
61	江西	南康区	89.20	4097717	0.223	0.712	0.296	0.458	0.104	0.321	0.398	2.414
62	四川	顺庆区	65.43	5012600	0.325	0.602	0.202	0.543	0.084	0.353	0.393	1.180
63	湖南	永定区	48.30	2396700	0.321	0.710	0.194	0.418	0.107	0.327	0.393	2.064
64	河北	满城区	40.76	1328102	0.341	0.597	0.123	0.561	0.059	0.343	0.391	1.480

续表

2021年振兴发展度排序	所在省份	市辖区	2021年户籍人口数（万人）	2021年GDP（万元）	2021年振兴发展度分项指数 红色基因	生态环境	经济发展	居民生活	公共服务	2012年振兴发展度	2021年振兴发展度	2012~2021年振兴发展度年均增长率（%）
65	广西	田阳区	35.60	1808200	0.334	0.708	0.141	0.494	0.088	0.354	0.391	1.109
66	重庆	黔江区	54.51	2709774	0.307	0.669	0.164	0.468	0.130	0.313	0.390	2.484
67	河北	信都区	76.22	3047650	0.337	0.620	0.149	0.523	0.073	0.379	0.390	0.297
68	陕西	宝塔区	48.84	4164700	0.453	0.618	0.231	0.329	0.082	0.385	0.389	0.110
69	山西	郊区	16.04	1551084	0.390	0.563	0.153	0.515	0.186	0.336	0.389	1.655
70	四川	利州区	49.04	5282700	0.335	0.613	0.262	0.484	0.066	0.318	0.389	2.255
71	四川	安州区	44.06	2068321	0.322	0.605	0.195	0.570	0.078	0.317	0.387	2.255
72	广西	金城江区	34.90	2400121	0.307	0.745	0.148	0.437	0.065	0.343	0.386	1.335
73	安徽	大观区	24.60	1856000	0.301	0.616	0.139	0.558	0.045	0.340	0.385	1.384
74	广西	宜州区	66.90	1453403	0.330	0.711	0.146	0.460	0.055	0.359	0.385	0.765
75	安徽	裕安区	104.02	3356000	0.366	0.598	0.182	0.504	0.076	0.325	0.383	1.846
76	江西	余江区	40.20	1916212	0.324	0.614	0.130	0.564	0.119	0.316	0.382	2.160
77	山西	潞州区	89.53	5657000	0.336	0.510	0.251	0.640	0.030	0.347	0.382	1.075
78	山西	城区	41.72	4207112	0.351	0.585	0.236	0.506	0.046	0.326	0.381	1.762
79	广西	江州区	38.10	2387594	0.317	0.676	0.159	0.502	0.075	0.358	0.381	0.683
80	河南	淇滨区	27.04	2653200	0.306	0.572	0.175	0.562	0.137	0.316	0.381	2.084

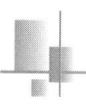

续表

2021年振兴发展度排序	所在省份	市辖区	2021年户籍人口数（万人）	2021年GDP（万元）	2021年振兴发展度分项指数 红色基因	生态环境	经济发展	居民生活	公共服务	2012年振兴发展度	2021年振兴发展度	2012~2021年振兴发展度年均增长率（%）
81	四川	高坪区	59.97	2236700	0.326	0.601	0.173	0.480	0.081	0.337	0.380	1.349
82	山西	潞城区	22.42	1325939	0.337	0.584	0.113	0.506	0.117	0.349	0.376	0.861
83	河北	峰峰矿区	46.52	1744445	0.325	0.574	0.106	0.498	0.121	0.347	0.376	0.892
84	陕西	汉滨区	102.61	4072700	0.327	0.596	0.220	0.438	0.076	0.346	0.375	0.880
85	贵州	万山区	20.39	864600	0.302	0.733	0.086	0.382	0.157	0.319	0.374	1.802
86	四川	恩阳区	56.30	877800	0.325	0.618	0.083	0.491	0.084	0.350	0.374	0.733
87	河南	驿城区	86.72	5755300	0.328	0.581	0.257	0.451	0.062	0.322	0.373	1.654
88	四川	昭化区	24.30	3789000	0.192	0.658	0.230	0.452	0.102	0.293	0.373	2.701
89	江西	青原区	23.08	1477235	0.415	0.526	0.125	0.506	0.098	0.301	0.369	2.297
90	山东	罗庄区	63.18	4250900	0.332	0.533	0.218	0.502	0.085	0.330	0.368	1.197
91	安徽	叶集区	27.86	775000	0.301	0.638	0.082	0.460	0.074	0.329	0.368	1.233
92	河南	平桥区	86.39	4315500	0.355	0.555	0.254	0.446	0.052	0.318	0.368	1.630
93	山西	城区	27.16	2259576	0.315	0.591	0.150	0.555	0.073	0.342	0.364	0.669
94	陕西	王益区	16.01	1032600	0.302	0.599	0.113	0.437	0.131	0.347	0.362	0.443
95	四川	嘉陵区	70.16	2270000	0.230	0.599	0.205	0.448	0.068	0.302	0.360	1.964
96	山西	屯留区	28.79	1469966	0.336	0.583	0.110	0.403	0.115	0.337	0.356	0.605

续表

2021年振兴发展度排序	所在省份	市辖区	2021年户籍人口数（万人）	2021年GDP（万元）	2021年振兴发展度分项指数					2012年振兴发展度	2021年振兴发展度	2012~2021年振兴发展度年均增长率（%）
					红色基因	生态环境	经济发展	居民生活	公共服务			
97	陕西	横山区	38.45	2734700	0.241	0.566	0.169	0.414	0.146	0.313	0.354	1.392
98	宁夏	利通区	42.59	2363031	0.319	0.509	0.142	0.525	0.062	0.304	0.352	1.611
99	宁夏	沙坡头区	41.74	2358174	0.321	0.522	0.148	0.467	0.076	0.327	0.351	0.780
100	宁夏	红寺堡区	17.71	857900	0.304	0.545	0.092	0.392	0.221	0.277	0.350	2.658
101	陕西	耀州区	35.70	2160800	0.304	0.584	0.146	0.421	0.115	0.312	0.350	1.296
102	四川	朝天区	20.90	798055	0.178	0.591	0.078	0.451	0.136	0.279	0.347	2.461
103	陕西	汉台区	56.50	4164300	0.318	0.600	0.202	0.263	0.063	0.346	0.343	-0.081
104	陕西	南郑区	57.76	2397500	0.288	0.566	0.146	0.415	0.077	0.280	0.341	2.230
105	甘肃	西峰区	40.10	2838313	0.137	0.571	0.165	0.398	0.107	0.299	0.337	1.359
106	河北	鹿泉区	45.19	3113309	0.326	0.301	0.183	0.593	0.146	0.283	0.335	1.875
107	陕西	印台区	17.41	773300	0.103	0.618	0.090	0.358	0.126	0.330	0.327	-0.080
108	陕西	商州区	55.69	1515700	0.094	0.615	0.096	0.377	0.069	0.311	0.324	0.478
109	山西	矿区	25.30	372491	0.296	0.506	0.073	0.456	0.054	0.286	0.324	1.392
110	山西	上党区	35.01	2239870	0.348	0.261	0.144	0.567	0.134	0.267	0.322	2.125
111	宁夏	原州区	46.96	1587122	0.105	0.517	0.103	0.421	0.134	0.253	0.313	2.370
112	甘肃	崆峒区	52.70	1713177	0.215	0.402	0.104	0.416	0.084	0.218	0.275	2.630

后　　记

本书立足于当前国家重点振兴发展的 12 个重点连片革命老区及其涉及的 593 个县域单元，进行了党的十八大以来新时代十年中国革命老区振兴发展水平综合评价与红色基因传承贡献等研究。

本书在逻辑上分为四大板块，第一板块即第一、第二章，为总论部分，指出了革命老区的战略地位、振兴成效与政策机遇，阐明了本书革命老区研究对象，并建立了中国革命老区振兴发展综合评价指标体系。第三章~第七章为第二板块，为多尺度、多维度下中国革命老区振兴发展评价研究；第八、第九章是第三板块，进行了中国革命老区红色基因传承的贡献评估与江西实证。第十章为第四板块，关于新时代中国革命老区实现全面振兴发展的战略思路与路径研究。

全书由王圣云设计和总撰。王圣云、潘柳欣撰写第一、第二、第三章。朱欣仪、刘俊莉参与第四、第五章，陈莹芬、夏养雪、滕自平参与第六章，顾筱和、张晓宇、邓斌、杨希、穆卓君参与第七章，房方、聂伟芬、陶丽娟参与第九章等初稿写作。王圣云、房方撰写第八章。王圣云、顾筱和、房方撰写第十章。全书排版由房方完成，顾筱和、刘俊莉、王石、龙庆、曾裕彬等参与了部分章节的校对，潘柳欣协助本人完成书稿定稿。

课题组成员在数据收集和初稿撰写中付出了大量时间和努力。本书出版得到了南昌大学经济管理学院、南昌大学中国中部经济社会发展研究中心各位领导和同仁的大力支持，经济科学出版社李一心编辑、宋涛主任付出了辛勤劳动和帮助，在此一并致以诚挚的感谢。本书也是南昌大学红色基因传承研究中心 2023 年度基金重点项目（HSZD2302）、国家自然科学基金项目（42061026）、2023 年度江西省研究生创新专项资金立项项目（YC2023－B021）的研究成果。

王圣云

2023 年 10 月